U0930425

不良、特殊地质条件隧道
施工技术及实例（二）

BULIANG TESHU DIZHI TIAOJIAN SUIDAO
SHIGONG JISHU JI SHILI

肖广智　编著

人民交通出版社股份有限公司
China Communications Press Co.,Ltd.

内 容 提 要

本书为《不良、特殊地质条件隧道施工技术及实例(二)》。全书共分为八章,主要内容包括:瓦斯;高温热害;寒区冻害;化学侵蚀;浅层岩溶;隧道内无砟轨道上鼓病害及整治;洞口施工技术及病害处治;铁路隧道关门坍方抢险救援。

本书可供从事隧道与地下工程建设管理、设计、施工的工程技术人员学习参考,同时也可作为相关院校师生的学习资料。

图书在版编目(CIP)数据

不良、特殊地质条件隧道施工技术及实例. 2 / 肖广智编著. — 北京 : 人民交通出版社股份有限公司, 2015.5

ISBN 978-7-114-12033-6

Ⅰ. ①不… Ⅱ. ①肖… Ⅲ. ①隧道施工 Ⅳ. ①U455.49

中国版本图书馆 CIP 数据核字(2015)第 021257 号

隧道工程修建关键技术丛书

书　　名: 不良、特殊地质条件隧道施工技术及实例(二)
著 作 者: 肖广智
责任编辑: 温鹏飞
出版发行: 人民交通出版社股份有限公司
地　　址: (100011)北京市朝阳区安定门外外馆斜街 3 号
网　　址: http://www.ccpress.com.cn
销售电话: (010)59757973
总 经 销: 人民交通出版社股份有限公司发行部
经　　销: 各地新华书店
印　　刷: 北京虎彩文化传播有限公司
开　　本: 787×1092　1/16
印　　张: 21.5
字　　数: 490 千
版　　次: 2015 年 5 月　第 1 版
印　　次: 2022 年11月　第 4 次印刷
书　　号: ISBN 978-7-114-12033-6
定　　价: 68.00 元

作 者 简 介

肖广智，现任中国铁路总公司工程管理中心副总工程师，教授级高工。毕业于西南交通大学铁道工程系隧道与地下铁道专业。1984 年 7 月至 2005 年 9 月，在中铁隧道勘测设计院工作，历任设计副部长、副总工程师、总工程师等职；2005 年 9 月至今，在中国铁路总公司（原铁道部）工程管理中心工作，历任桥隧部副部长、副总工程师等职。

长期从事隧道与地下工程的设计施工技术研究和管理工作，在城市浅埋暗挖工程设计施工技术、特殊地质条件隧道设计施工技术等方面积累了丰富的经验。撰写二十余篇论文，获国家科技进步奖一项，省部级科技进步奖六项，国家优秀设计奖两项。曾获火车头奖章、詹天佑人才奖、茅以升铁道工程师奖等。

序

随着铁路建设的快速发展，铁路隧道数量大量增加，目前投入运营的隧道约9000km，在建隧道约1万km，近期计划建设的隧道约3000km。在建铁路隧道主要特点：一是控制全线工期，从近几年铁路建设实践来看，控制全线工期的往往是一座或两座复杂的重难点隧道，主要原因是遇到特殊的复杂地质条件，技术储备不足，设计施工经验不足；二是安全事故多，铁路建设的安全事故主要集中在隧道，主要安全事故为塌方、突泥突水、瓦斯等，群死群伤事故时有发生；三是特殊地质条件施工难度大，我国幅员辽阔，地质复杂，如高压富水断层、宽张裂隙、高地应力软岩、硬质破碎岩、第三系未成岩砂层等特殊地质条件施工难度极大，安全风险大，给设计施工带来极大挑战。

作者是长期从事隧道与地下工程设计、施工技术研究和管理工作的技术专家，主持过许多复杂的重难点工程设计，也是技术的总工。他深入施工现场，和施工单位共同结合工程地质和水文地质特点开展科技攻关，组织研究解决了几十座特殊及复杂地质条件隧道施工技术难题，推动了隧道工程的技术进步，同时积累了大量复杂地质条件的工程案例经验，把这些工程案例经验进行系统归纳、总结、提炼，上升到理论，是本书的特点。目前国内还没有一本不良及特殊地质条件隧道施工技术的专著，本书的出版非常及时，相信本书对在建隧道遇到高压富水断层、宽张裂隙、第三系未成岩含水砂层、高地应力软岩、硬质破碎岩等特殊地质条件处理具有很大的指导意义和参考价值。另外，隧道塌方、岩溶突泥突水事故预防及处治，对目前隧道安全施工具有很大的应用价值。

作者也参与过城市地铁车站、区间的设计和施工，对大量暗挖车站不同形式的修建技术进行了探索，取得很大成绩，形成了许多不扰民、不拆迁、不破坏环境、不影响交通的车站施工范例。地铁车站暗挖施工方法及结构形式选择，内容丰富，对目前的地铁设计和施工具有很大的引领作用。通过该书的出版，应大力推广应用暗挖法车站施工技术，多考虑市民的利益，给城市带来福音。

不良及特殊地质类型约有十八种之多，希望作者对其他类型继续总结、分析、提炼，作为另册出版。

中国工程院院士

王梦恕

2014年8月3日

前　言

本人自调入中国铁路总公司(原铁道部)以来,主要负责铁路隧道技术管理工作,其中最主要的工作就是组织研究解决复杂、重难点、高风险隧道的施工技术难题及现场施工推进,多年来深入施工现场,开展科技攻关,组织研究解决了几十座特殊及复杂地质条件隧道施工技术难题,确保了施工正常推进,推动了隧道工程的技术进步,同时积累了大量复杂地质条件的工程案例经验。把这些工程案例经验进行系统归纳、总结、提炼,对类似工程提供借鉴,是我多年的心愿,也是广大工程技术人员的期盼。

本书为《不良、特殊地质条件隧道施工技术及实例(二)》。全书共分为八章,第一章,介绍了有关瓦斯基本知识,铁路、公路瓦斯隧道与煤矿巷道的不同特点,瓦斯隧道事故、灾害及瓦斯隧道分类、勘察、结构设计、辅助坑道设计、安全施工技术,以及渝黔铁路天坪隧道、林织铁路坪子上隧道等瓦斯突出隧道施工案例等;第二章,介绍了高地温的热源、高温热害工程问题、施工技术措施以及玉蒙、蒙河铁路隧道工程实例;第三章,介绍了寒区冻害的基本知识、寒区隧道冻害现象、防冻害技术措施,以及吉图珲客专隧道、兰新第二双线甘青段隧道、东北铁路隧道等防寒工程实例;第四章,介绍了化学侵蚀结构耐久性设计、硫酸盐侵蚀环境下隧道结构病害等级研究,以及新建成昆铁路永仁至广通段含盐地层隧道设计、既有成昆铁路含盐地层隧道化学侵蚀性病害调查;第五章,介绍了浅层岩溶隧道特点及工程问题、设计、施工技术,以及娄邵铁路扩能张家湾隧道、贵广客专东科岭、斗篷山隧道、沪昆客专大坪地隧道、沈丹客专于家岭隧道等浅层岩溶处治工程实例;第六章,介绍了隧道内无砟轨道上鼓病害现象、原因分析、处治技术、预防建议,以及向莆铁路隧道、兰新铁路福川隧道、中南部铁路吾沿河隧道道床积水、六沾线三联隧道、宁杭客专湖州隧道仰拱上鼓轨道隆起病害整治技术;第七章,介绍了洞口修建问题及病害、病害处治、洞口施工技术、病害预防措施,以及南广铁路走军岭 2 号隧道洞口、宝兰客专塔稍村隧道病害处治、南广铁路新蓝隧道进洞施工技术等工程案例;第八章,介绍了铁路隧道关门坍方抢险救援、FS－120CZ 大口径水平钻机,以及部分铁路隧道关门坍方抢险救援案例。

感谢昆明铁路局、成都铁路局、沈阳铁路局、广铁集团、渝黔铁路公司、兰渝铁路公司、吉图珲客专公司、贵广客专公司、云桂客专公司、向莆铁路公司、中南部通道晋鲁豫公司、兰新铁路甘青公司、南广铁路公司、宁杭客专公司等铁路运营企业,铁一、二、三、四、五院,中铁咨询集团、中铁隧道院，中铁工、中铁建各工程局等单位提供了工程案例资料；感谢关宝树教授提供了寒区冻害基本知识资料。

感谢中国铁路总公司工管中心原主任张梅、主任李志义、副主任何志军、原副总工程师黄鸿健等同志在技术工作中给予的指导和帮助。感谢同事张民庆、任诚敏、游旭、刘俊成、王昱生等参加本书的资料整理工作。

由于时间急迫，水平有限，书中难免有错误之处，敬请读者批评指正！

作　者

2014 年 10 月

目　　录

第一章 瓦　　斯

第一节　有关瓦斯基本知识

一、定义

(1)广义——凡从围岩或煤层渗入隧道的有害气体,均称为瓦斯。其主要成分为甲烷(沼气 CH_4)、二氧化碳(CO_2)、氮气(N_2),还有少量的硫化氢(H_2S)、一氧化碳(CO)、氢气(H_2)、二氧化硫(SO_2)及其他碳氢化物和稀有气体。

(2)狭义——单指甲烷(CH_4),包括煤层甲烷和石油甲烷。

二、瓦斯生成、成分及性质

1. 瓦斯生成

植物及其他生物在高温缺氧条件下,有机物化学分解生成瓦斯。在植物变成煤的过程中,随着煤的变质,生成的瓦斯越来越多。瓦斯生成过程如图 1-1-1 所示。

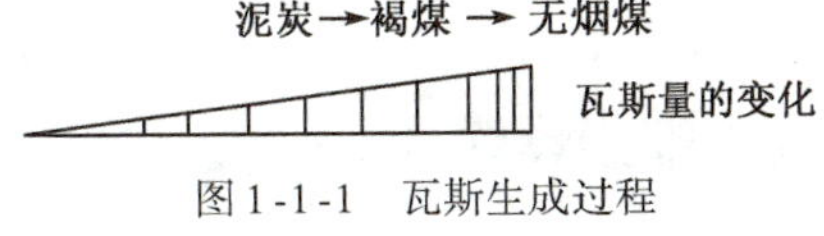

图 1-1-1　瓦斯生成过程

2. 化学反应式

纤维素——甲烷 + 二氧化碳 + 水 + 烟煤

$$4C_6H_{10}O_5 \longrightarrow \text{微生物}\ 7CH_4\uparrow + 8CO_2\uparrow + 3H_2O + C_9H_6O$$

烟煤——无烟煤 + 甲烷 + 水

$$3C_9H_6O \longrightarrow 2C_{13}H_4 + CH_4\uparrow + 3H_2O$$

3. 广义瓦斯主要成分

由四部分组成:

(1)沼气(CH4)及同系物、H_2、H_2S 等可燃气体。

(2)CO、NO、H_2S、NH_3 含硫气体、乙醛等有毒气体。

(3)CO_2、N_2、Ar(氩气)等,基本上为化学不活泼的惰性气体。

(4)Rn(氡)、Tn(钍)、Ac(锕)等放射性气体。

上述四部分中,沼气(CH_4)是最主要成分,其他气体含量极少。

4. 沼气物理性质

(1)无色、无味、无臭、无毒。

(2)密度 0.716 kg/m^3(空气为 1.2 kg/m^3)。

(3)微溶于水(20℃时,100m^3 瓦斯能溶解于 3.5m^3 水中)。

(4)比空气轻，渗透能力比空气强，能很容易透过裂隙岩体。
(5)特殊场合，如混有乙烷、丙烷时，有麻醉性，令人产生头昏反应。
(6)混有 H_2S 时，有臭鸡蛋味。
(7)混有芳香族气体时，有苹果味。

三、瓦斯爆炸与燃烧

瓦斯爆炸及燃烧先决条件：
(1)燃烧条件：适当的浓度；火源；氧浓度。
(2)瓦斯爆炸化学反应式：

$$CH_4 + 2O_2 \longrightarrow CO_2 + H_2O + 198.4\text{kcal/g}\cdot\text{分子}$$

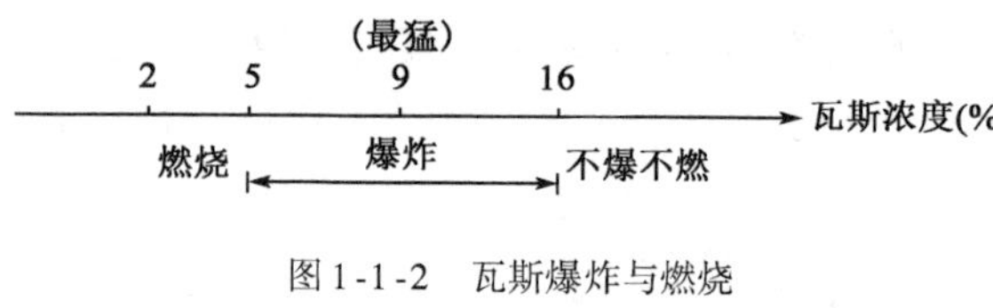

图 1-1-2　瓦斯爆炸与燃烧

即，1 份瓦斯 +2 份氧时，反应最充分。但因空气中仅含氧 20%，所以 1 份瓦斯 +10 份空气反应最充分。因此，最猛烈的瓦斯爆炸发生在瓦斯浓度 1∶11 时，即 9.1%（图 1-1-2）。

需要说明的是瓦斯燃烧点、爆炸点与空气中氧浓度、火源温度有关，图 1-1-2 只是一般的通常值。

四、煤尘爆炸

煤是可燃的。煤的粉尘（极小颗粒）由于与空气接触面积大，更易燃烧，燃烧的速度更快、温度更高，空气会急速膨胀，形成爆炸。煤尘爆炸判别式：

$$V_a = \frac{V_{daf}}{100 - A_d - M_{ad}} \geq 10\% \text{ 时，有爆炸危险}$$

式中：V_{daf}——煤的挥发分（%）；
A_d——灰分（%）；
M_{ad}——水分（%）。
以上成分均为煤样化验测定值。
当巷道空气中煤尘含量小于 30 ~ 40g/m³时，不会发生爆炸。

第二节　铁路、公路瓦斯隧道与煤矿巷道的不同特点

一、相同点

(1)都是地下工程。
(2)都进行钻爆作业。
(3)巷道中有煤或瓦斯存在，都有危险性。

二、不同点

(1)工程目的不同。铁路和公路隧道的修建是形成通道,而煤矿建设的目的是进入煤体采煤。

(2)工程范围内煤与瓦斯的数量不同。煤与瓦斯是不良地质现象,所以交通隧道定线时都是尽量避绕煤层,避不开一定要穿过煤层时,尽量使隧道轴线垂直于煤层,以最短长度穿越。所以,很多瓦斯隧道洞身只有极小长度有煤,有时只是很薄的煤层(煤线或鸡窝煤),隧道长度的绝大部分是岩石,煤层只占极小比例,而且有时煤质低劣,无开采价值,含瓦斯也不多。而煤矿则不同,不是避绕而是哪儿有煤往哪开巷道;很多巷道直接在煤层中,而且煤质一般较好,所以煤矿的瓦斯含量一般都比较大。比如:低瓦斯矿的标准是瓦斯涌出量小于 $40m^3/min$,而低瓦斯隧道的标准是 $0.5m^3/min$,同样都是属于低瓦斯等级,煤矿的瓦斯涌出量是交通隧道的80倍。

(3)煤层巷道灵活性大,而交通隧道一旦线路位置确定之后,隧道的平面位置和标高都基于固定,不能随便移动。

煤矿的运输大巷多在岩石中,但它的位置灵活,可以选择最有利的位置和方向;而交通隧道不同,有时位置很不利。如南昆线家竹箐隧道,隧道与煤层夹角只有14°,即使不厚的煤层,隧道穿煤长度也很大,如17号煤层真厚度10.7m,但隧道穿煤长度84.8m,增加了施工难度。

(4)交通隧道断面大,煤矿巷道断面小。公路隧道断面可达100多平方米,而煤矿巷道大多数很小,只几个平方米,即使通过架线机车的运输采煤大巷道也只有20多平方米。

(5)交通隧道有支护,有衬砌,能封闭瓦斯,而煤矿巷道大多数不支护,允许长期放出瓦斯。

(6)交通隧道施工时严防坍塌,一旦坍方处理代价高、时间长;煤矿巷道施工时也避免坍方,但一旦坍方,断面小,处理的代价也小。煤矿有时还人工制造小坍方,比如揭露瓦斯压力大的煤层时,采用震动放炮,加大药量,人工诱导小型突出。

(7)通风系统不同。煤矿通风系统很复杂。因煤矿巷道多,而且不在一个平面上,煤矿的通风是网路通风;而交通隧道只一根管道,通风较为简单。

(8)瓦斯防灾经验和施工装备不同。煤炭部门有多年的预防瓦斯灾害经验,规章制度比较健全,且正规的煤矿施工设备都是防爆的。另外在组织机构上,配备有通风专业人员和机电专业人员,还有矿山救护队,这些都有利于防灾救灾。而铁路和公路施工单位大多是临时组建综合性的建筑单位,关于瓦斯的经验不多、设备不完善,组织机构不固定(项目经理部人员变化大),不利于瓦斯防灾。

三、小结

交通隧道有利之处是大多数隧道通过煤层少、瓦斯涌出量小,而且衬砌及时,可以封闭瓦斯减少逸出,通风巷道管路也比较简单。但不利之处也不少,如开挖断面大,隧道与煤层的相对关系不允许随意改变,施工装备防爆性能差,施工队伍不是专门化,技术管理和技术教育不够等等。交通隧道的施工过程中,要发扬优势、纠正劣势,以最小的代价保证生产安全。

第三节　瓦斯隧道事故、灾害

一、瓦斯灾害

瓦斯隧道施工时，可能发生以下 7 种灾害：

(1)煤与瓦斯突出——在地应力和瓦斯压力的共同作用下，很短的时间内破碎的煤、岩和瓦斯从洞壁突然抛出，伴有猛烈的声响和巨大的动能，同时释放出大量的瓦斯，有时伴随瓦斯爆炸，造成二次破坏。"突出"事故的伤亡和损失一般都是很惨重的。

(2)煤突然倾出——在重力作用下松软的煤层突然坍下，同时有大量瓦斯释放，坍下的煤以煤块形式堆积。

(3)煤突然压出——一部分煤在构造应力或放炮震动影响下，整体抛出，但位移距离不大，压出的煤或呈小块状，或呈有大量裂隙的大块状。

(4)岩石与瓦斯突出——原因与煤与瓦斯突出相似，有时还加上掘进放炮的震动作用。大多数发生在破碎的砂岩中，放炮时，发生岩石破坏、抛出的现象，在抛出的砂岩岩块中含有大量的砂粒和粉尘，洞壁上形成空洞(不一定与爆破洞穴同一位置)，与此同时，洞内瓦斯大量增加。

(5)瓦斯爆炸——达到爆炸浓度的瓦斯(一般在 5% ~16% 之间)与火源接触(一般需要 512℃以上)，并且坑道内有氧气存在(含量 12% 以上)，就会发生猛烈爆炸，有时会造成大量伤亡。

(6)煤尘爆炸——当煤质中挥发物占总可燃物(固定炭加挥发物)10% 以上，且形成的小颗粒煤尘悬浮在空气中，当空气中煤尘含量较多($30g/m^3$ 以上)，遇 700℃以上的火源，即会发生煤尘爆炸，煤尘爆炸的后果比瓦斯爆炸更严重，因为煤尘爆炸会产生大量一氧化碳(CO)使人中毒，很多人不是炸死而是被毒死。

(7)巷道坍塌——煤系地层大多数强度很低，尤其是煤中的软分层，用手即可捻成粉碎，所以巷道稳定性差，容易产生坍塌事故。

二、瓦斯事故

我国瓦斯灾害的发生是频繁的，尤其是近几年在采煤行业，经常发生瓦斯爆炸。仅 2005 年一年，各种煤矿事故死亡人数 5986 人，其中瓦斯爆炸和突出死亡 2157 人。在铁路和公路隧道方面，安全形势好得多。其主要原因在于，除施工单位比较正规，管理也比较正规外(煤矿是私人小煤窑多)，铁路和公路隧道通过煤层少，而且大多数是薄煤层，瓦斯涌出量相对较小。

新中国成立以来，交通隧道(主要是铁路隧道)的瓦斯事故不多，较大的有：

(1)贵昆线岩脚寨铁路隧道。隧道长 2714m，原铁道兵六师施工，穿过 7 层煤，薄者0.1m，厚者 8.92m，瓦斯涌出强度 $150m^3/h$，压力 0.4mPa。1959 年 1 月 27 日，下导坑掘进距洞口 242m 处，火雷管点火及电灯接线引起二次瓦斯爆炸，并形成坍方，共死 34 人，伤 65 人；同年 6 月 26 日，电闸拉火又引起瓦斯爆炸，坑道坍方 7 处。从 1 月 27 日至 6 月 26 日的半年中，共发生瓦斯爆炸 6 次，由于处置不当，死伤惨重(总计死伤 220 人)。

(2)达成铁路炮台山隧道。全长3078m,位于成都郊区的金堂县境内,铁15局施工,全隧道不通过煤层,但隧道下方2000~3000m处有煤,瓦斯沿地层裂隙上升到地表浅层,形成储气构造。1994年4月3日,平导掘进到距洞口808m处,灯泡爆裂引发瓦斯燃烧,死1人,伤3人。次日,汽车进洞运风管,由于汽车打火,又引起瓦斯爆炸,死12人。事故后实测,隧道瓦斯逸出强度为3.54m^3/h。

(3)都汶高速公路董家山隧道。双洞,长4111m+4081m,中铁一局施工进口,中铁二局施工出口。该隧道多次通过煤层,但煤层都很薄,瓦斯压力0.172~0.67MPa,勘测资料认定为低瓦斯隧道,施工中又委托煤炭专业单位鉴定,仍定为低瓦斯隧道,因此施工中允许使用非防爆设备,采用汽车进洞出渣、进料。2005年12月上旬,隧道右洞进口掌子面发生坍方(图1-3-1)。由于该处位于背斜核部、裂隙发育、裂隙中含有煤层瓦斯,坍方又促使瓦斯大量涌出。12月22日,衬砌台车上的不防爆插座打火,引起瓦斯爆炸,当场死44人,伤11人。爆炸气流充满1500巷道并冲出洞口,将洞外几十吨重台车推动几十米。

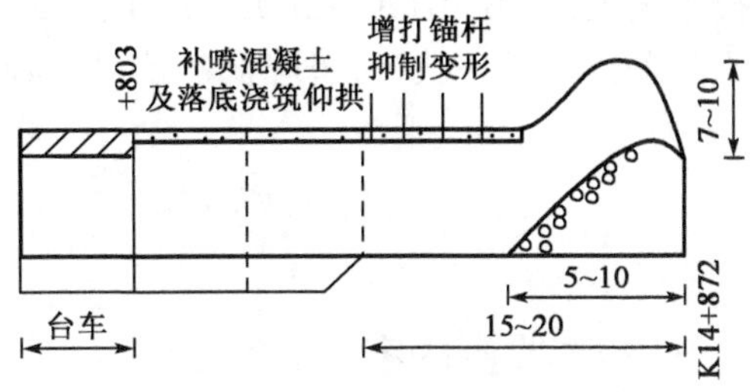

图1-3-1 董家山隧道坍方瓦斯爆炸(尺寸单位:m)

第四节 瓦斯隧道分类

一、瓦斯隧道

凡隧道通过的地层中预计含有瓦斯或检出瓦斯,即属于瓦斯隧道(与瓦斯地段长度占全隧道比例大小无关)。

二、分类

(1)瓦斯隧道分为低瓦斯隧道、高瓦斯隧道及瓦斯突出隧道三种,瓦斯隧道的类型按隧道内瓦斯工区的最高级确定。

(2)瓦斯隧道工区分为非瓦斯工区、低瓦斯工区、高瓦斯工区、瓦斯突出工区共四类。

三、瓦斯工区的判断

(1)低瓦斯工区和高瓦斯工区可按绝对瓦斯涌出量进行判定。当全工区的瓦斯涌出量小于0.5m^3/min时,为低瓦斯工区;大于或等于0.5m^3/min时,为高瓦斯工区。

(2)瓦斯隧道只要有一处有突出危险,该处所在的工区即为瓦斯突出工区。判定瓦斯突出必须同时满足下列4个指标:

①瓦斯压力$P\geqslant0.74$MPa;

②瓦斯放散初速度$\Delta P\geqslant10$;

③煤的坚固性系数$f\leqslant0.5$;

④煤的破坏类型为Ⅲ类及以上。

(3)瓦斯工区判断铁路隧道与煤矿的不同点。低瓦斯工区与低瓦斯煤矿不同，低瓦斯煤矿瓦斯涌出量的上限是 $40m^3/min$，而铁路隧道低瓦斯工区瓦斯上限是 $0.5m^3/min$，仅是前者1/80。所以，判断是否属于低瓦斯隧道的标准是很严格的，只有隧道通过煤很少、煤不厚、瓦斯含量也低的隧道才能列入低瓦斯隧道，在公路和铁路隧道中，这种情况很多。2002 年以前，对瓦斯隧道不分高瓦斯还是低瓦斯，一律要求采用防爆设备，如一个 3000m 的隧道，只通过一次煤线而且瓦斯不严重，也要求采用全套防爆设备。2002 年以后，原铁道部颁布的《铁路瓦斯隧道技术规范》(TB 10120—2002)中，把低瓦斯隧道分出来，允许在一定安全措施的前提下，使用不防爆机具设备，这对于降低造价、提高修建速度是很有意义的。

第五节　瓦斯隧道勘察

一、资料收集内容

(1)区域性地质、矿产地质、水文地质、有害气体的实测资料，油气田、气井资料及有关瓦斯赋存、突出的其他地质资料。

(2)井田的分布、开采水平、通风方式、瓦斯等级、采空区范围、采煤及顶板管理办法、接替采区和规划采区的位置及范围等资料。

(3)有关瓦斯矿井通风和煤与瓦斯突出的历史记载和实测资料。

二、着重查明和确定的内容

(1)隧道的瓦斯来源。

(2)隧道通过的地层层序、年代、岩层种类及含煤地层的分布，煤层数及顶底板特征和位置，煤层厚度、倾角，隧道穿煤里程及长度。

(3)煤层的主要物理性质和指标以及工业成分分析，包括颜色、光泽、重度、硬度、水分、挥发分、固定碳、灰分、瓦斯含量、瓦斯压力、瓦斯放散初速度等。

(4)煤的自燃及煤尘爆炸性判断，煤与瓦斯突出危险性判断。

(5)采空区形态，接替及规划采区位置及压煤量。

(6)煤层的瓦斯带和瓦斯风化带位置。

(7)查明形成瓦斯的地质构造，包括煤层、油页岩层所处的构造部位，天然气的生成、运移、储集、封闭条件及影响因素，地下水对天然气运移、储存的影响。

三、钻探要求

瓦斯隧道除应按一般隧道布置勘探工作外，尚应适当增加钻孔，采取煤样和气样进行成分分析，并在现场进行瓦斯及天然气含量、涌出量、压力等测试工作。

四、施工中地质复查

瓦斯隧道施工期间，应进行地质复查工作。对于揭露的煤层，应取样复测煤层的瓦斯含量和其他有关参数，必要时应钻孔埋管实测瓦斯压力，以及通过通风和瓦斯检测计算全坑道的瓦斯涌出量，根据检测结果核对施工工区和煤系地层的瓦斯等级，必要时应进行修正，同时应相应修改设计。

第六节 瓦斯隧道结构设计要点

瓦斯隧道结构设计时，不完全按照瓦斯工区划分进行设计，而是按照吨煤瓦斯含量、瓦斯压力对瓦斯工区再进行分级设计。

一、瓦斯工区分级

瓦斯工区根据其含瓦斯的情况，可划分三级、二级与一级三种含瓦斯地段，并分别采用不同的衬砌结构。含瓦斯地段的等级应见表 1-6-1。

瓦 斯 地 段 等 级　　表 1-6-1

地段等级	吨煤瓦斯含量(m^3/t)	瓦斯压力(MPa)
三	<0.5	<0.15
二	≥0.5	≥0.15 且 <0.74
一	—	≥0.74

注：当按吨煤瓦斯含量及瓦斯压力确定的地段等级不一致时，应取较高者。

二、结构设计措施

(1)一、二级瓦斯地段采用复合式衬砌，初期支护和二次衬砌按全封闭原则进行设计。

(2)技术措施可见表 1-6-2。

衬砌防瓦斯措施　　表 1-6-2

封 闭 措 施	瓦 斯 地 段 等 级		
	三	二	一
围岩注浆			选用
喷射混凝土中掺气密剂		选用	采用
设置瓦斯隔离层		采用	采用
模筑混凝土中掺气密剂	采用	采用	采用
模筑混凝土中掺钢纤维	—	—	选用
施工缝气密处理	采用	采用	采用

(3)含瓦斯地段的喷射混凝土厚度不小于 15cm，模筑混凝土衬砌厚度不小于 40cm。

(4)喷射混凝土中掺用气密剂后，透气系数不大于 10^{-10}cm/s，模筑混凝土中掺用气密剂后，透气系数不大于 10^{-11}cm/s。模筑混凝土衬砌施工缝应进行气密处理，其封闭瓦斯性能不小于衬砌本体。

(5)当衬砌内设置瓦斯隔离层时，其垫层应采用闭孔型泡沫塑料，厚度不应小于4mm。

(6)全封闭防瓦斯地段有地下水时，宜采取在左右边墙下部外侧铺设纵向透水管，将地下水引离含瓦斯地段的排水措施。透水管终点宜设置气水分离装置，分离出的瓦斯气体可用管道引出洞外在高处放散。

(7)从隧道内引出瓦斯的金属管，其上端管口距地面不应小于10m，并应妥善接地，防止雷击。瓦斯放空管的接地电阻不得大于5Ω，其周围20m内禁止有明火火源及易燃易爆物品。

(8)当隧道内含瓦斯地段较长且初始瓦斯压力大于0.74MPa时，宜在衬砌背后预埋通向大气的降压管；有平行导坑时，可从平行导坑向正洞施钻瓦斯降压孔，防止隧道建成后瓦斯压力回升。

第七节　辅助坑道设计

(1)高瓦斯工区和瓦斯突出工区宜设置平行导坑，采用巷道式通风，设置灾害避难所，进行远距离爆破等安全措施。

(2)瓦斯隧道的斜(竖)井作为抽出式通风井时，不得兼作提升井。井内应设方便检修人员工作及避难行走的人行台阶(竖井为梯子间)。

(3)瓦斯隧道的辅助坑道，当在运营期间予以利用时，应设置永久性支护。

(4)隧道竣工交付运营前，在辅助坑道洞口及与正洞相交处、含瓦斯地段两端等位置，宜修建永久性防瓦斯密闭门和采取其他防瓦斯措施，并应定期维修。

(5)隧道竣工后，必要时应在辅助坑道内设置专供运营期间使用的瓦斯检测仪表和通风设备，保障辅助坑道维修管理工作的安全。

第八节　安全施工技术

一、瓦斯工区钻爆作业

(1)钻孔作业必须采用湿式钻孔，开挖工作面附近20m的风流中，瓦斯浓度必须小于1.5%。

(2)爆破作业必须采用煤矿许用炸药，有突出地段应采用安全等级不低于三级的煤矿许用的含水炸药。

(3)必须采用电力起爆，并使用煤矿许用电雷管，严禁使用秒或半秒级电雷管。使用煤矿许用毫秒延期电雷管时，最后一段的延期时间不得大于130ms。

(4)采用电雷管起爆时，严禁反向装药。采用正向连续装药结构时，雷管以外不得装药卷。

在岩层内爆破，炮眼深度不足0.9m时，装药长度不得大于炮眼深度的1/2；炮眼深度为

0.9m 以上时，装药长度不得大于炮眼深度的 2/3。在煤层中爆破，装药长度不得大于炮眼深度的 1/2。

所有炮眼的剩余部分应用炮泥封堵。炮泥应用水炮泥和黏土泡泥。水炮泥外剩余的炮眼部分应用黏土炮泥填满封实。严禁用煤粉、块状材料或其他可燃性材料作炮泥。

(5)爆破网路和连线，必须符合下列要求：

①采用串联连接方式。

②母线与电缆、电线、信号线应分别挂在巷道的两侧，若必须在同一侧时，母线必须挂在电缆下方，并应保持 0.3m 以上间距。

③母线应采用具有良好绝缘性和柔软性的铜芯电缆，并随用随挂，严禁将其固定。母线的长度必须大于规定的爆破安全距离。

④采用绝缘母线单回路爆破。

⑤严禁将瞬发电雷管与毫秒电雷管在同一串联网路中使用。

(6)电力起爆必须使用防爆型起爆器作为起爆电源，一个开挖工作面不得同时使用两台及以上起爆器起爆。

(7)在低瓦斯工区和高瓦斯工区进行爆破作业时，爆破 15min 后应巡视爆破地点，检查通风、瓦斯、煤尘、瞎炮、残炮等情况，遇有危险必须立即处理。在瓦斯浓度小于 1%，二氧化碳浓度小于 1.5%，解除警戒后，工作人员方可进入开挖工作面工作。

二、揭煤防突

1. 煤层超前探测

(1)接近突出煤层前，必须对设计标示的各突出煤层位置进行超前探测，标定各突出煤层准确位置，掌握其赋存情况及瓦斯状况。

(2)超前探孔施工：

①接近突出煤层前，应在距设计煤层位置 15 ~ 20m(垂距)处的开挖工作面打超前探孔 1 个，初探煤层位置。

②在距初探煤层位置 10m(垂距)处的开挖工作面上打 3 个超前探孔，并取芯，分别探测开挖工作面前方上部及左右部位煤层位置。

③按各孔见煤、出煤点计算煤层厚度、倾角、走向及与隧道的关系，并分析煤层顶、底板岩性。

④掌握并收集探孔施工过程中的瓦斯动力现象。

2. 揭煤前瓦斯突出危险性预测

(1)在距煤层垂距 5m 处的开挖工作面打瓦斯测压孔。

(2)瓦斯突出危险性预测方法有五种，即，瓦斯压力法、综合指标法、钻屑指标法、钻孔瓦斯涌出初速度法、“R”指标法。应从这五种方法中选用两种方法，相互验证。

(3)突出危险性预测方法中有任何一项指标超过临界指标，该开挖工作面即为有突出危险工作面。其预测时的临界指标应根据实测数据确定，当无实测数据时，可见表 1-8-1 中所列突出危险性临界值。

突出危险性预测指标临界值 表1-8-1

序号	预测类型	预测方法	预测指标	突出危险性临界值
1	石门揭煤突出危险性预测	瓦斯压力法	P（MPa）	0.74
		综合指标法	D	0.25
			K	20（无烟煤）、15（其他煤）
		钻屑指标法	Δh_2（Pa）	160（湿煤）、200（干煤）
2	煤巷开挖工作面突出危险性预测	钻孔瓦斯涌出初速度法	Q	4
		"R"指标法	R_m	6
		钻屑指标法	Δh_2（Pa）	160（湿煤）、200（干煤）
			K_1[mL/(g·min$^{1/2}$)]	0.4（湿煤）、0.5（干煤）
			最大钻屑量（kg/m）	6

（4）钻孔过程中出现顶钻、夹钻、喷孔等动力现象时，应视该开挖工作面为突出危险工作面。

3. *防治煤与瓦斯突出措施*

（1）防治煤与瓦斯突出宜采用钻孔排放。

（2）钻孔排放瓦斯应按下列要求进行：

①钻孔排放设计内容：煤层赋存状况、煤层参数、预测时的各项指标、排放范围、钻孔排放半径、排放时间、排放孔个数、每孔长度和角度、排放孔施工及排放期间的安全措施等。

②排放时间、排放半径及排放孔个数，应根据排放范围综合分析确定，其排放范围及排放孔角度可见表1-8-2取值。

钻孔排放参数值 表1-8-2

排放范围（m）				排放半径（m）	排放时间（d）	排放孔角（°）		
左	右	上	下			水平角	仰角	倾角
≥5	≥5	≥5～7	≥3	0.3～1.0	15～30	0～90	0～45	0～20

③钻孔排放位置应设在距煤层垂距不小于3m的开挖工作面上；施钻时各孔应穿透煤层，并进入顶（底）板岩层不小于0.5m。

④钻孔排放布孔时，在煤层厚度1/2处的孔距不应大于2倍排放半径，一般孔底间距不大于2m，并以此计算各孔的角度和长度。

⑤当煤层倾角小、煤层厚、一次排放钻孔过长、俯角过大时，可采用分段分部多次排放，但首次排放钻孔的穿煤深度不得小于1.0m。

⑥瓦斯突出工区，宜采用上下半断面长台阶法开挖，利用上部台阶排放下部台阶的部分瓦斯，其台阶长度应根据通风需要和隧道结构安全性、围岩稳定性综合考虑确定。

⑦下部台阶瓦斯排放可采取下列措施：在上部台阶底部打俯角孔排放，孔距与排距宜为1.0m。

⑧排放孔施工过程中，应注意观察各种异常情况及动力现象，当某孔施工中动力现象严

重,可暂停该孔施工,待其他孔施工完后再补贴该孔。

⑨每钻完一个孔应检测该孔瓦斯浓度,以后每天进行两次,掌握排放效果和修正排放时间。

4.石门揭煤及煤巷掘进

(1)揭煤前应进行石门揭煤设计,其内容包括:揭开石门、半煤半岩等各阶段施工方法、支护手段、组织指挥、抢险救灾方案及安全措施等。

(2)采用震动放炮措施时,石门开挖工作面距煤层的最小垂距是:急倾斜煤层2m、倾斜和缓倾斜煤层1.5m,如果岩层松软、破碎,还应适当增加垂距。

(3)石门揭煤宜用微震动爆破法。

(4)掘进:

①揭开煤层后,应检验开挖工作面前方10m上、中、下、左、右范围内煤与瓦斯突出的危险性,如各项指标均符合要求,可掘进5m,始终保持工作面前方有5m的安全区。如任一指标达到或超过临界值时,应采取补充防突措施。

②每循环进尺不宜超过1.0m,在全煤层中掘进应少钻孔、少装药,且必须采用电煤钻钻孔。

③在软弱破碎岩层或煤层中掘进,应采用超前支护或预注浆,防止坍塌,引起突出。

④爆破后及时喷锚支护,及时封闭瓦斯。

三、施工通风

(1)瓦斯隧道施工期间,应建立瓦斯通风监控、检测的组织系统,测定气象参数、瓦斯浓度、风速、风量等参数。低瓦斯工区可用便携式瓦检仪,高瓦斯工区和瓦斯突出工区除便携式瓦检仪外,尚应配置高浓度瓦检仪和瓦斯自动检测报警断电装置并配备救护队。

(2)通风系统:

①非瓦斯工区的施工通风方式宜采用压入式或混合式;低瓦斯工区的施工通风方式应采用压入式,也可采用巷道式;高瓦斯工区和瓦斯突出工区,施工通风方式宜采用巷道式。

②瓦斯隧道各开挖工作面必须采用独立通风,严禁任何两个工作面之间串联通风。

③按瓦斯绝对涌出量计算风量时,对于低瓦斯工区,应将洞内各处的瓦斯浓度稀释到0.5%以下;对于高瓦斯工区和瓦斯突出工区,其长度较大的独头坑道,应将开挖工作面风流中的瓦斯浓度稀释到0.5%以下;平行导坑仅作巷道式通风的回风道时,其瓦斯浓度应小于0.75%。

④瓦斯隧道施工中,防止瓦斯积聚的风速不宜小于1m/s。

⑤瓦斯隧道在施工期间,应实施连续通风。因检修、停电等原因停风时,必须撤出人员,切断电源。恢复通风前,必须检查瓦斯浓度。当停风区中瓦斯浓度不超过1%,并在压入式局部通风机及其开关地点附近10m以内风流中的瓦斯浓度均不超过0.5%时,方可人工开动局部通风机。当停风区中瓦斯浓度超过1%时,必须制订排除瓦斯的安全措施。回风系统内还必须停电撤人。只有经检查证实停风区中瓦斯浓度不超过1%时,方可人工恢复局部通风机供风的坑道中一切电气设备的供电。

⑥采用平行导坑作回风道时,除用作回风的横通道外,其他不用的横通道应及时封闭。留

作运输用的横通道应设两道风门，防止风流短路。

(3)通风设备：

①压入式通风机必须装设在洞外或洞内新鲜风流中，避免污风循环。瓦斯工区的通风机应设两路电源，并应装设风电闭锁装置。当一路电源停止供电时，另一路应在15min内接通，保证风机正常运转。

②瓦斯工区，必须有一套同等性能的备用通风机，并经常保持良好的使用状态。

③瓦斯突出隧道掘进工作面附近的局部通风机，均应实行专用变压器、专用开关、专用线路供电、风电闭锁、瓦斯电闭锁装置。

④瓦斯隧道应采用抗静电、阻燃的风管。风管口到开挖工作面的距离应小于5m，风管百米漏风率不应大于2%。

四、电气设备与作业机械

(1)隧道内非瓦斯工区和低瓦斯工区的电气设备与作业机械可使用非防爆型，其行走机械严禁驶入高瓦斯工区和瓦斯突出工区。

(2)隧道内高瓦斯工区和瓦斯突出工区的电气设备与作业机械必须使用防爆型。

(3)高瓦斯工区和瓦斯突出工区供电应配置两路电源。工区内采用双电源线路，其电源线上不得分接隧道以外的任何负荷。

(4)瓦斯工区内各级配电电压和各种机电设备的额定电压等级应符合下列要求：

①高压不应大于10000 V。

②低压不应大于1140 V。

③照明、手持式电气设备的额定电压和电话、信号装置的额定供电电压，在低瓦斯工区不应大于220 V；在高瓦斯工区和瓦斯突出工区不应大于127 V。

④远距离控制线路的额定电压不应大于36 V。

(5)瓦斯工区内的配电变压器严禁中性点直接接地，严禁由洞外中性点直接接地的变压器或发电机直接向瓦斯隧道内供电。

(6)电缆：

①瓦斯工区内高压电缆，移动变电站应采用监视型屏蔽橡套电缆，电缆应采用铜芯。

②瓦斯工区内低压动力电缆，固定敷设的电缆应采用铠装铅包纸绝缘电缆、铠装聚氯乙烯电缆或不延燃橡套电缆；移动式或手持式电气设备的电缆，应采用专用的不延燃橡套电缆；开挖面的电缆必须采用铜芯。

③瓦斯工区内固定敷设的照明、通信、信号和控制用的电缆应采用铠装电缆、不延燃橡套电缆或矿用塑料电缆。

④电缆的连接，电缆与电气设备连接，必须使用与电气设备的防爆性能相符合的接线盒。在高瓦斯工区和瓦斯突出工区内，电缆之间若采用接线盒连接时，其接线盒必须是防爆型的。高压纸绝缘电缆接线盒内必须灌注绝缘充填物。

五、电器与保护

(1)瓦斯工区内的低压电气设备，严禁使用油断路器、带油的起动器和一次线圈为低压的油浸变压器。

(2)瓦斯工区照明灯具的选用,已衬砌地段的固定照明灯具,可采用 EXd Ⅱ型防爆照明灯;开挖工作面附近的固定照明灯具,必须采用 Exd Ⅰ型矿用防爆照明灯;移动照明必须使用矿灯。

(3)隧道内高压电网的单相接地电容电流不得大于 20 A。

(4)瓦斯工区内禁止高压馈电线路单相接地运行,当发生单向接地时,应立即切断电源。低压馈电线路上,必须装设能自动切断漏电线路的检漏装置。

(5)高瓦斯工区和瓦斯突出工区内的局部通风机和开挖工作面的电气设备,必须装设风电闭锁装置。当局部通风机停止运转时,应立即自动切断局部通风机供风区段的一切电源。

(6)为了防止雷电波及隧道内引起瓦斯爆炸,必须遵守下列规定:

①经由地面架空线路引入隧道内的供电线路,必须在隧道洞口处装设避雷装置;

②由地面直接进入隧道内的轨道和露天架空引入(出)的管路,必须在隧道洞口附近将金属体进行不少于 2 处的集中接地;

③通信线路必须在隧道洞口处装设熔断器和避雷装置。

(7)隧道内 36 V 以上的和由于绝缘损坏可能带有危险电压的电气设备的金属外壳、构架等,都必须有保护接地,其接地电阻值应满足接地网上任一保护接地点的接地电阻值不得大于 2Ω;每一移动式或手持式电气设备与接地网间的保护接地所用的电缆芯线的电阻值不得大于 1Ω。

六、施工安全

(1)开工前必须对施工作业及管理人员进行安全技术培训。爆破、电工、瓦检等特种作业人员必须持证上岗。

(2)瓦斯隧道应建立专门机构进行通风、防突、防爆及瓦斯检测工作,设置消防设施。高瓦斯工区及瓦斯突出工区应配备救护队。

(3)在揭开有煤与瓦斯突出危险的煤层时,应遵守下列安全规定:

①开挖工作面出现煤与瓦斯突出预兆时,应立即报警,停止工作,撤出人员,切断电源,并上报有关部门。

②石门揭煤爆破时,应在洞外起爆,洞内必须停电,停止一切作业,人员撤至洞外。在煤层中开挖时,可在洞内远距离爆破。

③揭煤爆破 15min 后,应由救护队员配戴防毒面具或自救器到开挖工作面对爆破效果、瓦斯浓度等进行检查,确认安全后通知送电、开动局部通风机。通风 30min 后,由瓦检人员检测开挖工作面、回风道瓦斯浓度,当开挖工作面瓦斯浓度小于 1.0%,二氧化碳浓度小于 1.5% 时,方可通知工地负责人允许施工人员进洞。

④揭煤工作应由揭煤领导小组统一协调指挥。揭煤时救护队员及设备在洞口待命,一旦发生险情立即抢救。

(4)在瓦斯隧道顶部进行作业时,应随时检测作业范围的瓦斯浓度,尤其应注意检测塌空区、拱顶、脚手架顶、台车顶等易于形成瓦斯积聚且风流不易到达的地方。当瓦斯积聚体积大于 0.5m^3,浓度大于 2% 时,附近 20m 范围内必须立即停止作业,撤出人员,切断电源,进行处理。

(5)在有煤尘爆炸危险的煤层开挖过程中,除加强通风外,放炮前后在开挖工作面附近20m内必须喷雾洒水。

(6)高瓦斯工区及瓦斯突出工区,不应进行电焊、气焊、喷灯焊接、切割等工作。当情况特殊不可避免时,在焊接、切割等工作地点前后各20m范围内,风流中瓦斯浓度不得大于0.5%,并不得有可燃物,两端应各设一个供水阀门和灭火器,并在作业完成前由专人检查,确认无残火后方可结束作业。

(7)隧道内瓦斯浓度限值及超限处理措施应符合表1-8-3的规定。

隧道内瓦斯浓度限值及超限处理措施　表1-8-3

序号	地　点	限值(%)	超限处理措施
1	低瓦斯工区任意处	0.5	超限处20m范围内立即停工,查明原因,加强通风监测
2	局部瓦斯积聚(体积大于0.5m^3)	2.0	超限处附近20m停工,断电,撤人,进行处理,加强通风
3	开挖工作面风流中	1.0	停止电钻钻孔
		1.5	超限处停工,撤人,切断电源,查明原因,加强通风等
4	回风巷或工作面回风流中	1.0	停工、撤人、处理
5	放炮地点附近20m风流中	1.0	严禁装药放炮
6	煤层放炮后工作面风流中	1.0	继续通风、不得进人
7	局扇及电气开关10m范围内	0.5	停机、通风、处理
8	电动机及开关附近20m范围内	1.5	停止运转、撤出人员,切断电源,进行处理
9	竣工后洞内任何处	0.5	查明渗漏点,进行整治

(8)在高瓦斯工区和瓦斯突出工区施工期间,应利用避车洞或横通道设置避难所,并应有向外开启的隔离门和电话。避难所内应有安全设施和足够数量的自救器。

(9)机电设备应符合下列防爆安全规定:

①瓦斯工区使用的光电测距仪及其他有电源的设备,应采用防爆型。当采用非防爆型时,在仪器设备20m范围内瓦斯浓度必须小于1%。

②安装后的机电设备,必须经过外观、防爆性能、操作性能的检查,合格后方可投入使用。

③机电设备应重点检查专用供电线路、专用变压器、专用开关、瓦斯浓度超限与供电的闭锁、局扇与供电的闭锁情况。供电线路应无明接头,无接头连接不紧密或散接头,有漏电保护装置,有接地装置,电缆悬挂整齐,防护装置齐全等。

④电动装渣、开挖等作业机械在操作中,防爆开关表面温度过高时应立即停止作业。

⑤瓦斯工区使用蓄电池机车应遵守下列规定:司机离开座位时,必须切断电动机电源;机车和矿车必须定期检查和维修,保证防爆性能良好;机车的闸、撒砂装置,任何一项不正常或电气部分失去防爆性能时,不得使用该机车。

⑥瓦斯隧道使用的机电设备,在使用期间,除日常检查外,尚应按规定的周期进行检查,其检查周期应符合表1-8-4的规定。

机电设备和电缆的检查周期　　表 1-8-4

序号	检 查 项 目	周 期	备 注
1	使用中的防爆机电设备的防爆性能	每月一次	专职电工应每日检查外部一次
2	配电系统继电保护装置检查、整定	每半年一次	
3	高压电缆的泄漏和耐压试验	每年一次	
4	主要机电设备绝缘电阻检查	每月一次	
5	固定敷设电缆的绝缘和外部检查	每季一次	外观和悬挂情况由专职电工每周检查一次
6	移动式机电设备的橡胶电缆绝缘检查	每月一次	由当班司机或专职电工每班检查一次外表有无破损
7	接地电阻测定	每季一次	
8	新安装的机电设备绝缘电阻和接地		投入运行前测定
9	瓦斯检测仪器仪表	10d 一次	检查校正方法见附录 C

(10)瓦斯工区施工应遵守下列防火安全规定：

①消防设施：

a. 瓦斯工区必须在洞外设置消防水池和消防用砂，水池中应经常保持不小于 200m^3 储水量，保持一定的水压。

b. 瓦斯工区内必须设置消防管路系统，并每隔 100m 设置一个阀门(消火栓)。

c. 瓦斯作业区内应设置灭火器及消防设施，并经常保持良好状态。

②火源管理：

a. 严禁火源进洞，洞口、洞口房、通风机房附近 20m 范围内不得有火源，当通风机房不在洞口作业场内时，需另制订防火措施。

b. 瓦斯工区作业人员进洞前必须经洞口检查人员检查确认无火源带入洞内。

③易燃品管理：

a. 瓦斯工区内不得存放各种油类，废油应及时运出洞外，不得洒在洞内。

b. 瓦斯工区内待用和使用过的棉纱、布头和纸张等，必须存放在密闭的铁桶内，并由专人送到洞外处理。

第九节　运 营 通 风

(1)瓦斯隧道在运营中，瓦斯浓度在任何时间、任何地点都不得大于 0.5%。

(2)瓦斯隧道运营期间，必须进行瓦斯检测，低瓦斯隧道可采用人工检测，高瓦斯和瓦斯突出隧道，则应采用自动检测。自动检测系统应具有瓦斯超限报警、通风机自动控制等功能，系统可采用洞口或远程计算机集中控制。

(3)隧道运营期间瓦斯检测断面的位置，应根据施工期间的瓦斯涌出情况确定。施工期间有瓦斯涌出地段，每 50 ~ 100m 设置一处，其他地段视具体情况确定。人工检测点或自动检测探头应位于隧道断面中部拱顶下 25cm 处。自动检测时，检测系统应能抗强电磁干扰，探头的安装结构应便于定时检查维修。

(4)瓦斯隧道的机械通风方式，可采用壁龛式射流风机、洞口风道式纵向通风或竖(斜)井分段式纵向通风,应在技术经济比较后确定。

(5)瓦斯隧道运营通风机可采用普通型,有特殊要求时可采用防爆型。

(6)设置机械通风的瓦斯隧道的通风量,应在稀释隧道内瓦斯所需风量和防止瓦斯积聚最小风速之相应风量中取大者确定。计算风压时需计入适量自然反风。防止瓦斯积聚的最小风速按 1m/s 计。

(7)机械通风的风机应有一定的备用量,采用射流风机时应有 50% 的备用量,采用大型风机时应有 100% 的备用量。备用风机必须能在 10min 内启动。

(8)瓦斯隧道的机械通风运转时间由计算确定,风机每次运转时间不应小于 15min。风机应具有短时反转控制风流大小及方向的消防功能。

(9)瓦斯隧道运营期间宜采用定时通风;当隧道内瓦斯浓度达到 0.4% 时,必须启动风机进行通风。保证隧道内瓦斯浓度不大于 0.5%,当瓦斯浓度降到 0.3% 以下时,可停止通风。

(10)设置机械通风的瓦斯隧道的监控中心与车站运转室和风机房之间应设置直通专线电话。

第十节　低瓦斯隧道安全施工技术

一、低瓦斯隧道安全施工的重要性

(1)低瓦斯隧道在铁路和公路的瓦斯隧道中,数量最多、比例最大。

(2)低瓦斯隧道中瓦斯涌出量小,洞内瓦斯浓度低,有时甚至量不出来。不论设计单位还是施工单位,都容易忽视。

(3)铁路规范规定,低瓦斯隧道不要求使用防爆的机具和电气设备,很多人以为与普通隧道没有区别。

(4)低瓦斯隧道一般不会出事故,在南昆线以后,内昆、水柏、渝怀等很多铁路的低瓦斯隧道都正常施工,没有出事故,已经产生了麻痹思想;但低瓦斯隧道搞不好一样会爆炸,一样会出事故,有必要强调它的安全生产重要性,有必要针对低瓦斯隧道的特点研究其安全生产技术。

二、瓦斯浓度管理标准

低瓦斯隧道中的瓦斯量虽然不多,通风不良仍可引起爆炸。由于隧道采用非防爆施工机具,所以低瓦斯隧道对瓦斯浓度的管理非常严格,要求:

(1)工区内任何地点、任何时刻的瓦斯浓度不大于 0.3%。

(2)任何地点瓦斯浓度达到 0.4% 时,应即刻报警,找出原因,及时处理。

(3)任何地点瓦斯浓度超过 0.5%,应在前后 20m 范围内立即停工,切断电气设备电源,查找原因并加强通风,观测浓度变化。

(4)开挖面瓦斯涌出,且浓度超过 0.5% 时,掌子面至二次模筑衬砌起点之间立即断电、停工撤人,如加强通风后浓度仍降不下来,则全工区停电撤人立即研究处理办法。

低瓦斯隧道的瓦斯浓度正常值是 0.3%,上限值是 0.5%,与瓦斯爆炸下限浓度 5% 相比,小很多,这是因为:

①5%是理想条件下的数据，由于隧道中条件复杂，瓦斯爆炸下限有时会有所降低。比如：空气中煤尘浓度达到5g/m^{3}时，瓦斯爆炸下限可降为3%；有电火花发生时，因其温度较一般火焰高，700℃可引爆浓度3.25%瓦斯。

②测定人员有读数误差，仪表本身也有一定误差。

③隧道中的瓦斯泄漏点及浓度千变万化无一定规律，而且泄漏的速度也不均匀，检测浓度不一定是最高浓度。

④一般规定，凡事故严重，可能产生人员伤亡时，安全系数应大一些（比如：竖井人员提升钢绳安全系数规定为9），5%的爆炸浓度取安全系数为10，即得到低瓦斯隧道施工的上限浓度0.5%。

⑤上限浓度0.5%适合低瓦斯工区的非防爆装备（0.5%浓度瓦斯遇火源不会燃烧和爆炸），同时一般的通风设备也很容易使低瓦斯工区的瓦斯降到安全浓度（如风机供风量500m^3/min时，瓦斯稀释后的浓度为0.5/500=0.1%，小于0.5%）。

三、洞内易引起瓦斯爆炸的危险地点

1. 煤层附近的掌子面

瓦斯是由煤层中散发出来的，由于接近煤层的岩石存在裂隙，所以煤层前后50m范围的岩石巷道，都可能有瓦斯涌出，特别是掌子面新暴露的煤面和岩石，瓦斯压力大，涌出量也大。

2. 拱顶坍穴

一旦发生坍方，地层裂隙中的瓦斯大量逸出，由于瓦斯的空气轻，拱顶以上的坍穴中往往积累大量瓦斯，而且坍穴是通风死角，所以瓦斯浓度大，而且不容易发现（一般不上去检测）。

3. 拱顶以下30~40cm范围

据有关资料，当隧道内风速较低时，较轻的瓦斯往往贴在拱顶下部形成断断续续的滞留层，每个滞留层层厚20cm左右，宽度为2~3m，长度为10~15m，滞留层瓦斯浓度在底部2%，顶部可达到10%。

4. 巷道转角

由于巷道转角处风速较低，容易积累高浓度瓦斯。

5. 避人洞、避车洞、横通道

这些地方是独头巷道，或者虽不是独头巷道但风速很低，也易积累瓦斯。

6. 停留的大型设备背风处

长时间停留的装渣机、模板台车背后往往有通风死角，瓦斯浓度也会比较高。

上述危险地点要加强瓦斯检测，一旦发现浓度超标（0.4%），应采取局部通风方式，冲淡瓦斯。如设置局扇、设置风动或水力引风机（如QF-5型、YR-101型）、采用高压风管等。

四、瓦斯检测

1. 瓦斯检测设备

瓦斯自动断电报警器（如：AWJ-6型）；便携式瓦检仪（光干涉如：SWJ-A型、催化型如AZJ-91型）；凡重要地点（如开挖面、煤层附近、衬砌台车前方等），人员难于攀登地点（如坍穴顶部），均应设置自动断电报警器的探头。

2. 检测地点

开挖工作面风流中；未成洞段及已成洞段的拱顶下沿；衬砌台车前方；坍方、凹陷、裂隙、风流死角；地质破碎、地层变化、溶洞；进洞汽车、装渣机车头上（机头上固定设置瓦测仪）；停放的大型设备后方风流死角；洞内电焊地点；洞电通风机、电机及开关附近；避人车洞、横通道内；其他通风不良处。

3. 检测频率

开挖面在打眼后、放炮前、放炮后各检测一次（即“一炮三检测”）；其余时间及地点，每班至少 2 次；有异常现象时，每小时 1 次；特殊情况时，应旁站不间断量测。

4. 检测设备标定及检修

每 5d 校正便携式报警器或瓦斯传感器（探头）一次；每 7d 校正瓦斯自动断电报警器一次；每 15d 校正光干涉瓦斯测定仪一次；每天应对照各种不同类型瓦检仪表读数，其误差不应超过允许值；每次通过煤层，应测量总回风风速及瓦斯浓度，计算出洞内瓦斯涌出总量（其他时间每月至少测量一次），并重新判定工区的瓦斯等级。

五、关于瓦电闭锁和风电闭锁

在设计时判定隧道是否属于低瓦斯隧道的依据是地质勘察资料，但由于技术水平和设备限制，地质工作往往存在或大或小的误差。为了确保隧道开挖时即使突然出现大量瓦斯，仍不会发生爆炸事故。在隧道中安装“两闭锁”是非常必要的，所谓“两闭锁”即“瓦电闭锁”和“风电闭锁”。

“瓦电闭锁”——前已述，洞内重要位置均应布置探头，长期不间断监测瓦斯。当探头测得风流中瓦斯浓度超标时，可立即自动启动断电报警器，切断规定范围的电器设备电源，并产生声光报警。

“风电闭锁”——当隧道内通风机由于某种原因不能运转供风时，自动切断停风区全部电气设备电源。

六、过煤层钻爆作业

按照规范，低瓦斯工区有以下特殊要求：

(1) 全工区采用煤矿许用炸药。

(2) 全工区采用煤矿许用瞬发或毫秒电雷管，最后一段延时不大于 130ms。

这里有一个问题：有时一个瓦斯工区长度几千米，仅因当中只有几十米地段有煤层瓦斯，即要求全工区都采用爆力较低的煤矿许用炸药，且总延时不大于 130ms，致使大多数无瓦斯的岩石巷道进度缓慢，并限制不能采用全断面开挖（否则雷管总延时超标）。

考虑到隧道在第一次掘进到煤层之前，可视做一般的岩石巷道；在煤系地层通过而且二次衬砌浇筑之后，瓦斯渗出已非常轻微而且不会随通风飘向掌子面，参考 1992 年版的《煤矿安全规程》（在无瓦斯的岩石巷道中允许采用非煤矿许用炸药和非煤矿许用电雷管），建议：

低瓦斯工区的煤层地段和煤层前后有瓦斯溢出的岩石巷道，采用不低于二级的煤矿许用炸药和许用雷管，并应符合 130ms 的规定。除此以外的地段，可以采用一般岩石巷道使用的炸药雷管。必须指出的是，采用一般的炸药雷管必须先确定该段岩石巷道是否有瓦斯溢出；其次,采用上述炸药雷管的地段至少应距离煤层50m以外。

七、施工通风

低瓦斯工区可以用独头巷道风管压入式通风,也可以用巷道式通风。当采用巷道式通风时,开挖面附近还应布置局扇(压入式)。目前射流风机常常作为隧道通风的辅助风机,比如:布置在掌子面附近防止瓦斯停留(因压入式通风管端部常常距开挖面太远),布置在横通道内作为主风机形成巷道全风压风流。洞内风机及开关应使用防爆型。

八、电源

低瓦斯工区不要求设置两套互为独立的供电系统,但主通风机应有二路电源,直接由变电所馈出并来自不同变压器,当一路停电时,另一路在15min内接通供电。

九、其他

(1)施工通风应24h不间断,通风机应有备用。

(2)低瓦斯工区也应进行火源管理,严禁火源进洞,洞内及洞口20m范围禁烟,洞口设检查岗,洞内不得储存易燃品(油类等),进洞人员不得穿易产生静电服装,进出洞人员应登记。

(3)所有施工人员均需岗前培训,合格后发给上岗证才能进洞。

(4)各工区应建立必要的安全生产制度,如瓦斯检测登记制度,瓦斯检测工作细则、瓦斯仪表校正检修制度、电气设备检查和修理保养制度、煤层采样试验规程、超前探孔施工作业细则等。

第十一节　林织铁路坪子上隧道瓦斯突出施工技术

一、工程概述

坪子上隧道位于织金县化起镇境内,进口里程ZDK34+650,出口里程ZDK40+946,施工图设计全长6296m,设计行车速度120km/h,为电力牵引单线隧道;隧道最大埋深180m。

隧道进口工区主要穿越灰岩地层,出口工区隧道于里程ZDK38+600~ZDK40+946穿越或紧邻龙潭组(P_2l)含煤地层通过,该段地层含煤层11~17层,一般12层,其中部分煤层为可采层和局部可采煤层,最大可开采厚度1.8m;定测阶段,由四川省煤田地质工程勘察设计研究院提供的《煤层瓦斯勘察汇总报告》中可知:P_2l地层含可采煤4层,煤层主要参数均低于《防治煤与瓦斯突出规定》中判定煤层突出危险性单项指标临界值;据此判定:隧道出口工区为高瓦斯工区,煤与瓦斯不具突出威胁。设计中针对高瓦斯工区施工方法、瓦斯处理措施、衬砌封闭措施、瓦斯监控检测、施工通风、风险评估等内容进行了详细设计,并就人员培训、设备配备、施工管理等提出了具体要求。为确保施工安全,根据《煤矿安全规程》、《铁路瓦斯隧道技术规范》的相关规定,施工图要求施工阶段进一步开展煤与瓦斯突出危险性预测。

2012年2月,坪子上隧道出口平导施工至PZDK40+362,在施工中,发现瓦斯突出迹象(钻孔顶钻、瓦斯喷孔)。施工单位按照施工图中瓦斯作业程序设计的要求停止掘进、封闭掌子面,并根据《防治煤与瓦斯突出规定》(国家安全监察总局2009年5月14日19号令发布,以下简称《防突规定》）第十二条规定委托具有相关资质的单位对 PD-M4（自编 1 号）、PD-M5（自编 2 号）煤层进行突出危险性预测。根据测试结果，确认上述两层煤均具有煤与瓦斯突出危险。

坪子上隧道出口端穿越同一套煤系地层（P_2l 地层），含四层可采煤，各层煤具有相同的生成因素、沉积环境，具有相同的瓦斯工程地质条件；按照煤矿对矿区煤与瓦斯突出判定方法和对同一煤层不同位置煤与瓦斯突出危险性的判定准则，段内可采煤均具有相同的瓦斯动力现象。

根据定测地勘资料，本隧道于大坝断层与杨家寨断层间（ZDK38 + 740 ~ ZDK39 + 030）穿过龙潭组（P_2l）含煤地层，形成一个含煤瓦斯地层单元（第一单元）；在杨家寨断层与店子上断层之间（ZDK39 + 080 ~ ZDK40 + 440），隧道未直接穿越龙潭组（P_2l）含煤地层，而从其上覆地层紧邻龙潭组（P_2l）含煤地层通过，形成另一个瓦斯地层单元（第二单元）；隧道于（ZDK40 + 675 ~ ZDK40 + 946）洞身穿越龙潭组（P_2l）含煤地层，形成第三个含煤瓦斯地层单元（第三单元）。由于各含煤瓦斯地层单元均位于两断层构造之间，可以认为各单元内的构造、地应力环境是一致的。平行导坑于 PZDK40 + 362 揭示煤层处，本属于第二瓦斯地层单元，揭示龙潭组（P_2l）含煤地层的事实说明该处实际地层分界线与勘察资料有差异。

结论：隧道（平导及正洞）将要揭示属第二瓦斯地层单元的四层可采煤均具有突出危险性；同时，按《防突规定》第九条要求，对于区内隧道可能揭示的厚度大于 0.3m 的煤层应进行突出危险性评估。

二、施工图设计概况

1. 地勘

根据地质资料，隧道于出口段穿越或紧邻二叠系龙潭组煤系地层，根据段内地质构造可分为三个单元：

（1）第一单元：ZDK38 + 740 ~ ZDK39 + 030 段位于大坝断层与杨家寨断层之间，隧道位于二叠系龙潭组煤系地层中，上覆地层为三叠系下统夜郎组泥岩、页岩夹灰岩及二叠系上统灰岩、硅质岩、砂页岩夹煤线，最大埋深 60m；

（2）第二单元：隧道位于杨家寨断层与店子上断层之间（ZDK39 + 080 ~ ZDK40 + 480），隧道未直接通过龙潭组煤系地层，其中：

①ZDK39 + 080 ~ ZDK40 + 075 隧道通过杨家寨断层后隧道洞身穿越三叠系下统夜郎组泥岩夹灰岩地层、下伏二叠系上统长兴、大隆组灰岩、硅质岩、砂页岩夹煤线；二叠系龙潭组煤系地层低于隧道设计高程 130 ~ 30m，隧道在本段一般埋深为 50m，最大埋深 150m。

②ZDK40 + 075 ~ ZDK40 + 480 段隧道洞身穿越二叠系上统长兴、大隆组灰岩、硅质岩、砂页岩夹煤线（该地层厚约 30m），其下为二叠系龙潭组煤系地层（该地层低于隧道设计高程 30 ~ 10m），隧道在本段一般埋深为 110m，最大埋深 180m。

③第三单元：隧道于 ZDK40 + 675 穿过店子上断层破碎带后，洞身均穿过二叠系龙潭组煤系地层，该段最大埋深为 60m。

根据地质勘查资料，隧道通过的二叠系龙潭组地层（P_2l）属于该地层中段，该段地层含煤 11 ~ 17 层（一般为 12 层），煤质为无烟煤，属高变质煤；最大可采厚度为 1.8m，地层厚度稳定、变化规律明显，总的趋势是由北东向南西逐渐增厚。底部有一层铝土质泥岩和一层铁铝岩。

坪子上隧道纵断面图见图 1-11-1。

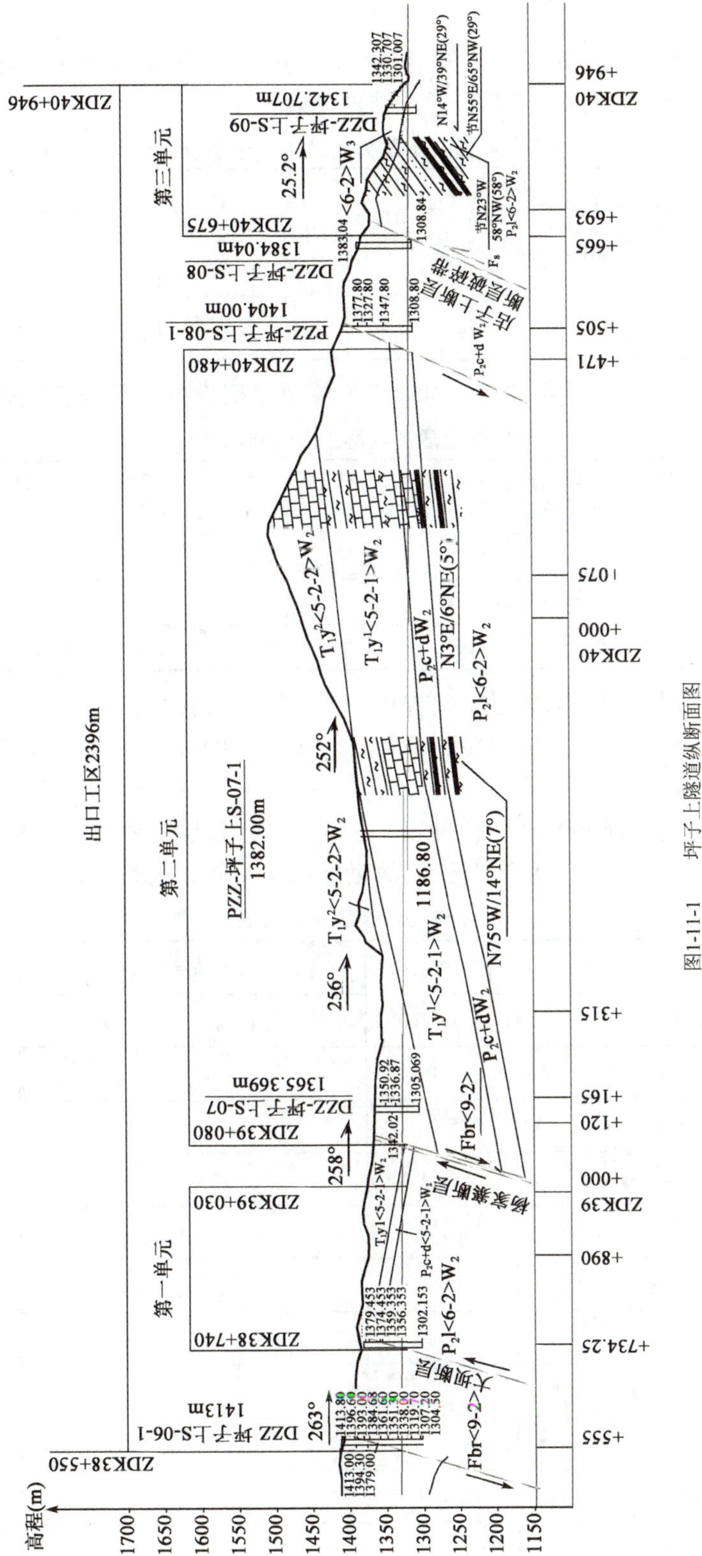

图1-11-1 坪子上隧道纵断面图

2. 瓦斯测试工作

2009 年 11 月，专业单位对坪子上隧道 DZZ-坪子上 S-06-1 号钻孔（ZDK38+580 右 8m）进行了瓦斯压力测试外业工作，主要数据及结论见表 1-11-1。

坪子上隧道瓦斯压力测试主要数据及结论 表 1-11-1

测试钻孔名称	测试深度（m）	瓦斯压力（MPa）	计算瓦斯压力梯度（MPa/m）	推算全隧瓦斯最大压力（MPa）	瓦斯含量（m^3/t）	煤层瓦斯涌出量（m^3/min）	瓦斯放散初速度（mL/s）	煤的坚固性系数	煤的破坏类型	煤层爆炸危险	煤层瓦斯突出
DZZ-坪子上 S-06-1	62.7	0.53	0.0084	1.47	7.06	2.46	3.101	1.9	Ⅰ	无	无

其中根据 S-06、S-06-1 钻孔取样，对坪子上隧道煤层进行工业分析，成果见图1-11-2。

坪子上隧道煤层工业分析结果 表 1-11-2

煤样	水分 M_{ad}（%）	灰分 A_d（%）	挥发分 V_{daf}（%）	固定碳 F_{cd}（%）	全硫 S_{td}（%）	真密度 g/cm^3	坚固性系数	放散初速度（mL/s）	a	b
原煤	2.48	25.74	6.49	67.77	4.22	1.69	1.9	3.101	25.58	0.543
浮煤	0.93	10.65	5.93							
原煤	1.2	32.86	6.42	60.90	2.38	1.77	2.2	3.264	19.716	0.977

根据初测阶段计算及收集各方资料，提出坪子上隧道埋深局部较深，隧道洞身煤层瓦斯压力 0.53（实测值）~0.672（计算值）MPa，煤层瓦斯含量 4.93m^3/t（计算值）。

3. 瓦斯危险性预测

施工图阶段，煤与瓦斯参数及评价见表 1-11-3。根据煤矿、铁路瓦斯相关规范，隧道工程区域内煤与瓦斯参数不满足瓦斯突出标准，故勘察判定本隧道通过煤层无突出危险。

煤与瓦斯参数及评价表 表 1-11-3

项目	施工图阶段	突出判定标准	突出性评价
煤层厚度（m）	0.6~2.2		综合判断无突出危险
水分 M_{ad}（%）	2.48		
灰分 A_d（%）	25.74		
挥发分 V_{daf}（%）	6.49		
固定碳 F_{cd}（%）	67.77		
全硫 S_{td}（%）	4.22		
真密度 TRD（g/cm^3）	1.69		
视密度 ARD（g/cm^3）			
孔隙率 F（%）			
瓦斯吸附常数 a	25.58		
瓦斯吸附常数 b	0.543		

续上表

项 目	施工图阶段	突出判定标准	突出性评价
瓦斯放散初速度 Δp(mL/s)	3.101	≥10	
坚固性系数 f	1.9	≤0.5	
瓦斯压力(MPa)	0.672	≥0.74	
破坏类型	Ⅰ	Ⅲ、Ⅳ、Ⅴ	
瓦斯含量(m^3/t)	4.93	≥8	
绝对瓦斯涌出量(m^3/min)			
相对瓦斯涌出量(m^3/t)			
钻屑瓦斯解析指标 Δh_2(Pa)		≥干煤样200、湿煤样160	
钻屑瓦斯解析指标 K_1($mL/g \cdot min^{1/2}$)		≥干煤样0.5、湿煤样0.4	
石门揭煤综合指标 D	0.18	≥0.25	
石门揭煤综合指标 K	0.35	≥无烟煤20、其他煤15	

三、隧道施工揭示情况

1. 施工现状

坪子上隧道出口端：截至2012年2月，坪子上隧道正洞的工作面里程为ZDK40+490，累计进尺466m，平导工作面里程为PZDK40+362，累计进尺414m，平导工作面超前正洞工作面128m。2012年2月，正洞已停止掘进，工期已延误6个月。

2. 煤层揭示情况

根据现场勘察，本隧道出口平导自PZDK40+420遇第一层煤(编号PD-M1)，该煤层分布不规律，最大厚度约2.5m，估计延展长约50m。岩层产状N12°E/21°S。

出口平导里程PZDK40+362掌子面反映出：在掌子面拱部见一煤层的底部，真厚度不详(编号PD-M4)；拱部下约2m，揭示一煤层，厚约50cm(编号PD-M3)；隧底左下角，揭示出一煤层的顶部，下部厚度约50cm，(编号PD-M2)。掌子面上岩层产状：S-N/32°E。

针对自编1号煤层(PD-M4)进行钻探后又揭示自编2号煤层(PD-M5)，自编1号及自编2号煤层真厚不详，两层煤均按2.5m厚考虑。

以上共揭示5层煤。

3. 煤层瓦斯突出危险性预测

2012年2月，中铁二局委托中煤科工集团重庆研究院在坪子上隧道出口工区平导内对PD-M4(自编1号)及PD-M5(自编2号)的煤层进行煤与瓦斯突出性预测。根据对煤层赋存条件、瓦斯压力、瓦斯含量、钻屑瓦斯解吸指标、煤的坚固性系数、瓦斯防散初速度等进行了现场及实验室测试，PD-M4(自编1号)及PD-M5(自编2号)煤层煤与瓦斯参数及指标如表1-11-4。根据《煤与瓦斯突出矿井鉴定规范》(AQ 1024—2006)及《防止煤与瓦斯突出规定》

(2009)，当煤的破坏类型、瓦斯放散初速度、坚固性系数、瓦斯压力全部达到或超过临界值时，煤层可确定为突出煤层。表 1-11-4 数据表明，PD-M4(自编 1 号)及 PD-M5(自编 2 号)煤层具有煤与瓦斯突出危险性，均为突出煤层。

施工阶段煤与瓦斯参数及评价表

表 1-11-4

项　　目	PD-M4（自编 1 号）	PD-M5（自编 2 号）	突出判定标准	突出性评价
煤层厚度(m)				综合判断有突出危险
水分 M_{ad}(%)	1.35	1.07		
灰分 A_{d}(%)	21.04	18.21		
挥发分 V_{daf}(%)	8.47	7.95		
固定碳 F_{cd}(%)	—	—		
全硫 S_{td}(%)	—			
真密度 TRD(g/cm^3)	1.62	1.56		
视密度 ARD(g/cm^3)	1.54	1.48		
孔隙率 F(%)	4.94	5.13		
瓦斯吸附常数 a	34.1903	33.6078		
瓦斯吸附常数 b	1.5979	1.5062		
瓦斯放散初速度 Δp(mL/s)	28	28	≥10	
坚固性系数 f	0.16	0.23	≤0.5	
瓦斯压力(MPa)	1.15	0.95	≥0.74	
破坏类型	Ⅲ~Ⅳ	Ⅲ~Ⅳ	Ⅲ、Ⅳ、Ⅴ	
瓦斯含量(m^3/t)	13.160	11.629	≥8	
绝对瓦斯涌出量(m^3/min)				
相对瓦斯涌出量(m^3/t)				
钻屑瓦斯解析指标 Δh_2(Pa)	220(湿)	204(湿)	≥干煤样 200、湿煤样 160	
钻屑瓦斯解析指标 K_1($mL/g\cdot min^{1/2}$)			≥干煤样 0.5、湿煤样 0.4	
石门揭煤综合指标 D	1.07625	0.19174	≥0.25	
石门揭煤综合指标 K	175	121.74	≥无烟煤 20、其他煤 15	

按煤矿煤与瓦斯突出的判别方法和规定，正洞通过该两层煤也具有煤与瓦斯突出危险。

四、防治煤与瓦斯突出措施比选

1. 瓦斯排放措施

根据《防治煤与瓦斯突出规定》第八十一条规定，石门揭煤工作面的防突措施包括预抽瓦斯、排放钻孔、水力冲孔、金属骨架、煤体固化或其他经试验证明有效的措施。

(1) 预抽瓦斯

抽放瓦斯是指采用瓦斯泵或其他抽放设备抽取煤层中的瓦斯，通过管网把抽出的瓦斯排至洞外，可加快瓦斯排放和煤体卸压速度。瓦斯机械抽放系统布置图如图 1-11-2 所示。

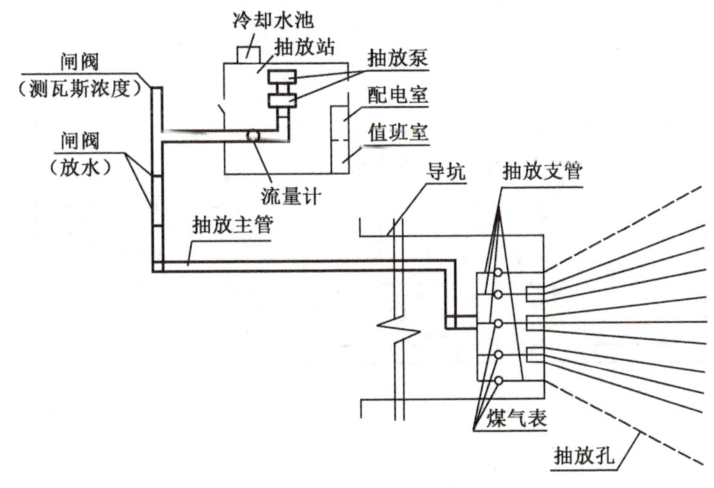

图 1-11-2 预抽瓦斯示意图

(2) 钻孔排放

钻孔自然排放是在工作面向前方煤体钻孔进行煤层瓦斯排放，钻孔同时可对煤层卸压，达到防突目的。

在开挖面工作面前方，一次存在着卸压带、应力集中带、和正常卸压带。在靠近工作面的卸压带中，地应力和瓦斯压力大为降低，是阻止突出的防护带。通过在工作面前方打设钻孔，在钻孔周围产生一个卸压圈和瓦斯排放圈，圈内煤体压力和瓦斯压力都大为降低，这样，人为地造成和保持一个较长的卸压带，可降低瓦斯压力梯度，避免在工作面附近出现应力集中和高压瓦斯。同时由于布设多个钻孔，可有效增加煤体瓦斯的排放，降低瓦斯潜能。

(3) 水力冲孔

水力冲孔措施利用岩石巷道为安全屏障，采用水力作用冲出部分煤体和瓦斯，具有较好的卸压增透效果，可有效提高抽放效果，实现安全快速区域消突。水力冲孔工艺为：装备选型→水力冲孔系统安装→泵压调定→设计冲孔布置方式→施工钻孔→水力冲孔→煤量、瓦斯量计量→冲孔效果评价。其装置如图 1-11-3 所示。

(4) 排放措施优缺点比较

煤矿在具有突出危险性的新矿井、矿区建设中首选的区域性防突措施是地面预抽瓦斯，而在井巷建设和开采中更多地采用水力冲孔，究其原因是：

①局部抽放代价高而效率低，除有限（区域、量值）地降低瓦斯含量及压力外，无法有效消除煤与瓦斯突出的另一重大条件——地应力及构造应力。

②排放由于无负压条件，其效率低于抽放，且由于排放孔缩孔、坍孔现象普遍存在，孔壁瓦斯排放裂隙的堵塞将进一步导致排放效率的降低，这在坚固系数较低的煤层中尤为突出；同样，排放孔也无法有效地消除煤与瓦斯突出的另一重大条件——地应力及构造应力。

③水力冲孔可以有较大的孔壁面积，利于瓦斯的外泄逸出；利用高压水对煤体的破坏作用可以扩大煤体裂隙及范围增大瓦斯逸出面积；破坏并软化煤体以消减地应力及构造应力这一突出的重要诱因；同时高压水带走部分煤体有利于快速降低煤层的瓦斯压力和含量。水力冲孔较适合于煤体坚固性系数 $f \leq 0.5$、钻孔具有自喷现象的情况。因而非常适合本隧的现有情况。

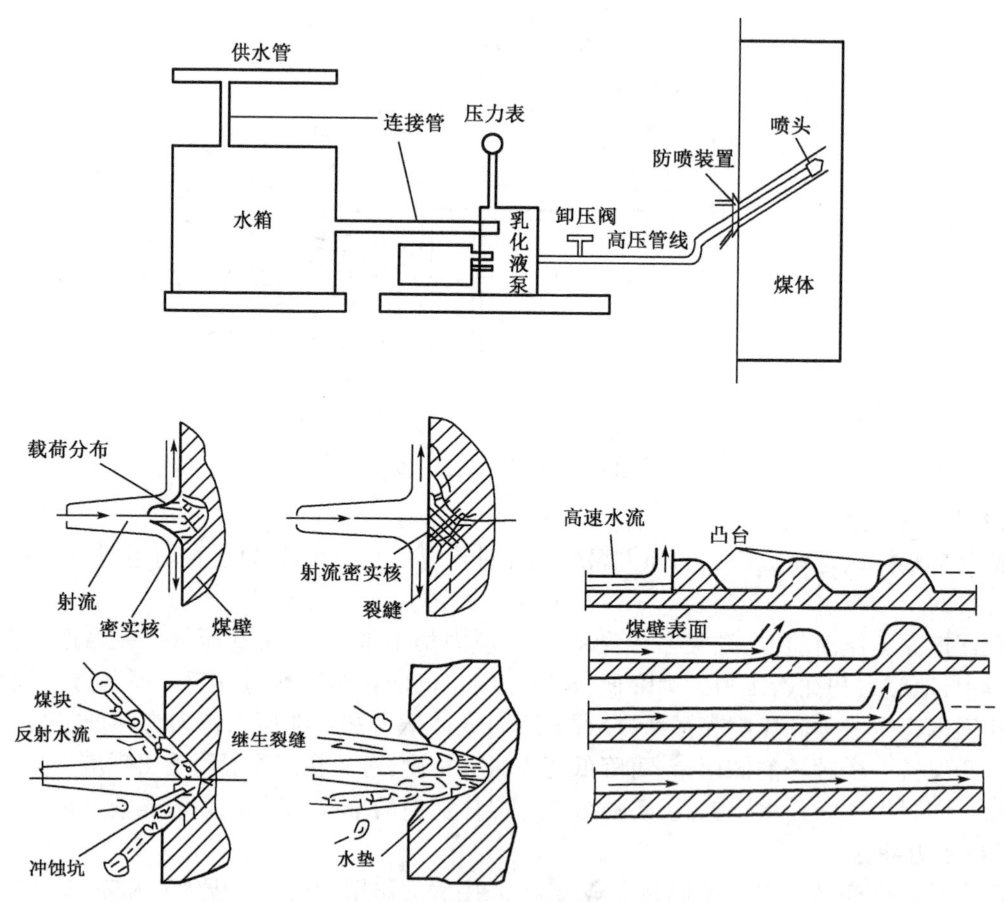

图 1-11-3　水力冲孔示意图

根据本隧特点，揭煤防突措施采用安全度较高、效率较高的综合防突措施，即钻孔排放或机械抽排与水利冲孔 + 金属骨架 + 煤体固化措施相结合。首先通过对煤层瓦斯进行排放或抽放，将隧道施工可能扰动范围煤层中瓦斯含量降至 $8m^3/t$ 以下，瓦斯压力降至 0.74MPa 以下；

然后施作金属骨架(超前管棚),再采用震动放炮揭开石门;若钻孔内瓦斯压力、含量降低幅度不大,不满足要求(瓦斯压力未降至0.74MPa,瓦斯含量降至8m^3/t以下),需在对水力冲孔进行试验判别有效后,采用水力冲孔措施,将可能扰动范围煤层中瓦斯含量降至8m^3/t以下,瓦斯压力降至0.74MPa以下,施作金属骨架(超前管棚)+煤体固化措施(管棚注水泥砂浆),采用震动放炮揭开石门。

2. 钻孔排放与机械抽排方案比选

(1)正洞瓦斯涌出量

根据《矿井瓦斯涌出量预测方法》(AQ 1018—2006)附录B计算得出PD-M4(自编1号)掘进巷道煤壁瓦斯涌出量及掘进落煤瓦斯涌出量分别为0.24m^3/min、0.7421m^3/min;PD-M5(自编2号)掘进巷道煤壁瓦斯涌出量及掘进落煤瓦斯涌出量分别为0.21m^3/min、0.7641m^3/min。

(2)平导瓦斯涌出量

同样,根据《矿井瓦斯涌出量预测方法》(AQ 1018—2006)附录B计算得出PD-M4(自编1号)掘进巷道煤壁瓦斯涌出量及掘进落煤瓦斯涌出量分别为0.2374m^3/min、0.595m^3/min;PD-M5(自编2号)掘进巷道煤壁瓦斯涌出量及掘进落煤瓦斯涌出量分别为0.206m^3/min、0.4505m^3/min。

(3)钻孔自然排放

根据施工图阶段施工通风设计及目前现场出口正洞及出口平导配置风机能力,正洞可提供风量2400m^3/min,回风瓦斯浓度为0.0409%,回风风速为0.7236m/s,平导可提供风量1100m^3/min,回风瓦斯浓度为0.0754%,回风风速为0.66m/s,可满足自然排放要求。

(4)机械抽排

①瓦斯机械抽排标准。根据《煤矿瓦斯抽放规范》(AQ 1027—2006)符合下列情况之一的矿井,必须建立地面永久抽放系统或井下移动泵站瓦斯抽放系统。

a. 一个采煤工作面绝对瓦斯涌出量大于5m^3/min或一个掘进工作面绝对瓦斯涌出量大于3m^3/min,用通风方式解决瓦斯问题不合理的。

b. 矿井绝对瓦斯涌出量达到以下条件的:

- 大于或等于40m^3/min;
- 年产量1.0Mt~1.5Mt的矿井,大于30m^3/min;
- 年产量0.6Mt~1.0Mt的矿井,大于25m^3/min;
- 年产量0.4Mt~0.6Mt的矿井,大于20m^3/min;
- 年产量等于或小于0.4Mt的矿井,大于15m^3/min。

c. 开采具有煤与瓦斯突出危险煤层。目前,由于隧道及平导瓦斯绝对涌出量远小于煤矿对瓦斯进行抽放的标准,且通过加大局部风机的通风配置,可满足防局部瓦斯积聚、洞内最小风速的要求,故不需进行抽放。

②机械抽排与钻孔自然排放效果比较。按施作1.5m×1.5m孔间距、直径100mm排放钻孔计算瓦斯绝对涌出量,可知理论上钻孔自然排放需8d便可达到预抽率25%的效果,要将瓦斯含量降至8m^3/t约需13d。但由于排放孔形成的卸压区有限,排放孔对煤层破坏范围不大,较难有效排放瓦斯。根据工程经验,排放孔作用明显期是成孔后72h范围,若遇到坍孔或煤层坚固系数低时产生缩孔均可能极大影响其排放效率。

③根据《防治煤与瓦斯细则》第60条规定，抽放瓦斯应有足够的抽放时间（大于3个月），且预抽率大于25%。

（5）比选结论

基于上述计算分析，对于PD-M4（自编1号）及PD-M5（自编2号）煤层，在现有通风配置的基础上，抽放方案无论从技术条件、施工实现、工程经济上均无优势可言。因此，本隧道揭煤防突措施采用钻孔排放与水力冲孔及金属骨架相结合。

五、出口平导中自编1、2号瓦斯处理效果分析

2012年6月22日，对坪子上隧道出口平导开始施工地质超前勘探钻孔及施工瓦斯排放钻孔，对平导自编1号、自编2号煤层揭煤区域利用排放钻孔，实施区域防突措施，排放钻孔孔径94mm，钻孔终孔间距2m，至2012年7月22日施工完全部钻孔。

截至2012年8月9日，出口平导瓦斯自然排放将近20d后，专业公司在掌子面布置4个效检钻孔，测定煤层的综合瓦斯压力；同时作为取芯钻孔，对各煤层分别进行取样，测定各煤层的残余瓦斯含量。效检孔分别布置在排放区域的上部、中部和两侧，左侧检验孔位于要求排放区域内距边缘2m的位置。当钻孔进入自编1号煤层后，对自编1号煤层进行取样后，再打到自编2号煤层再进行取样。分别对各煤层的瓦斯含量和煤层的综合瓦斯压力残余瓦斯含量及进行了测定。各效检孔测定的瓦斯压力结果见表1-11-5。

坪子上隧道出口平导瓦斯压力排放前后对照表（单位：MPa）　　表1-11-5

坪子上隧道出口平导瓦斯压力排放前后对照表														
煤层编号	原预测孔						效验孔测压					瓦斯压力评价		备注
	孔号	稳定后表压	修正瓦斯压力	标准	超限值	备注	编号	稳定后表压	标准	超限值	备注	压力降低值	评价	
自编1号	1-1	1.15	1.15	0.74	0.41	—	4	0.83	0.74	0.09		0.32	效果明显，但尚需进一步卸压	本次测定的为各效验孔的煤层综合瓦斯压力，至少有一层煤的瓦斯压力值仍大于临界值
	1-2	—	—	0.74	—	有水	2	0.80	0.74	0.06		—		
	1-3	—	—	0.74	—	—	3	0.78	0.74	0.04		—		
	—	—	—	0.74	—		1	0.79	0.74	0.05		—		
自编2号	2-1	—	—	0.74	—	有水	3	0.78	0.74	0.04		—		
	2-2	0.95	0.95	0.74	0.21	—	2	0.80	0.74	0.06		0.15	效果不明显，但尚需进一步强化卸压	
	2-3	0.85	0.85	0.74	0.11	—	4	0.83	0.74	0.09		0.02		
	—	—	—	0.74	—	—	1	0.79	0.74	0.05		—		

对各个钻孔取样解吸后，各煤层残余瓦斯含量结果见表1-11-6。

坪子上平导瓦斯排放前后瓦斯含量对比表 表 1-11-6

坪子上平导瓦斯排放前后 瓦斯含量对比表												
煤层编号	原预测报告数据							排放孔施工后的残余含量测定			备注
	现场瓦斯含量测量结果					间接瓦斯含量测定					
	煤样编号	取样点深度(m)	取样点标高(m)	取样点埋深(m)	瓦斯含量(m^3/t)	瓦斯压力(MPa)	间接瓦斯含量(m^3/t)	残余含量分布(m^3/t)	含量降低值(m^3/t)	含量降低率(%)	
自编1号	1-HL-1	16	+1310.0	132.2	13.160	1.15	12.440	9.8601	3.300	25.075	
	1-HL-2	14	+1310.2	134.0	10.732	—	—	10.2134	2.947	22.391	
	1-HL-3	—	—	—	—	—	—	10.1616	2.998	22.784	
	1-HL-4	—	—	—	—	—	—	9.3811	3.779	28.715	
自编2号	2-HL-1	22	+1316.0	124.7	11.629			8.4858	3.1432	27.029	
	2-HL-2	21	+1312.0	129.0	9.890	0.95	12.240	8.4489	3.1801	27.346	
	2-HL-3	—	—	—	—	0.85	11.681	8.4103	3.2187	27.678	
	2-HL-4	—	—	—	—	—	—	8.6375	2.9915	25.724	

从各效验孔煤层综合瓦斯压力及残余瓦斯含量的测定结果,初步可以判断:

(1)在施作瓦斯排放孔,经历近20d的自然排放后,各效验孔煤层综合瓦斯压力仍然超过煤层瓦斯压力指标临界值。由于两层煤同孔测压,结果表明,至少有一层煤瓦斯压力还超过临界值,也有可能是两层煤的瓦斯压力均超过临界值。但采取瓦斯排放孔自然排放后,对于降低瓦斯压力,效果是明显的,只是瓦斯压力尚未达到消突临界指标以下。

(2)残余瓦斯含量也超标,部分效验孔的残余瓦斯含量超过指标临界值达 $2m^3/t$ 左右。

(3)施作瓦斯排放孔方式对煤层瓦斯排放,有较明显的效果,但两项主要指标仍未达标,需要继续排放或者采取增强措施来有效排放煤层瓦斯。究其原因主要有:①掌子面前方煤层透气性差,排放孔半径有限,排放面积偏小;②孔内情况复杂,不排除坍孔等原因,一定程度影响排放效果。

(4)根据现场情况,煤层瓦斯突出判别检验需要大概1个月,瓦斯钻孔自然排放需要至少1.5个月时间(排放措施在20d左右,仍未达到规范规范允许的范围,因此判断至少需要1.5个月时间)以及验证、揭煤等措施的实施,每层煤的工期至少需要3个月,4层煤则为12个月,隧道施工工期大大滞后,因此应进一步增加水力冲孔措施,以加强排放效果,缩短排放时间。

六、变更设计方案

变更设计范围为第二煤层瓦斯单元内正洞(ZDK39+080~ZDK40+480)段、平行导坑(PD2K39+080~ PD2K40+362)段隧道穿越二叠系龙潭组煤系地层区间,内容包括针对自编1、2煤层以及前方推测的其余两层可采煤的煤与瓦斯突出危险性预测措施、防突消突工程措施、防突效果检验措施及揭煤工程措施。

1. 煤与瓦斯突出危险性预测

本隧出口工区为瓦斯突出工区，除已开挖段落外，其余未开挖段落各煤层揭煤前均应进行煤与瓦斯突出危险性预测，未进行突出危险性预测的工作面，均应视为突出危险工作面；预测应由有资质的单位进行，每层煤均应进行包含工业分析、现场测试、试验室测试、预测报告的全参数预测，对于突出煤层根据专项防突设计治理后仍需对瓦斯含量、瓦斯压力、钻屑指标进行测定。即使无突出危险时，也应采取安全防护措施，并保留足够的突出预测超前距或防突措施超前距。

2. 揭煤防突作业流程

(1)平导作业流程

平导揭煤作业流程如图 1-11-4 所示。

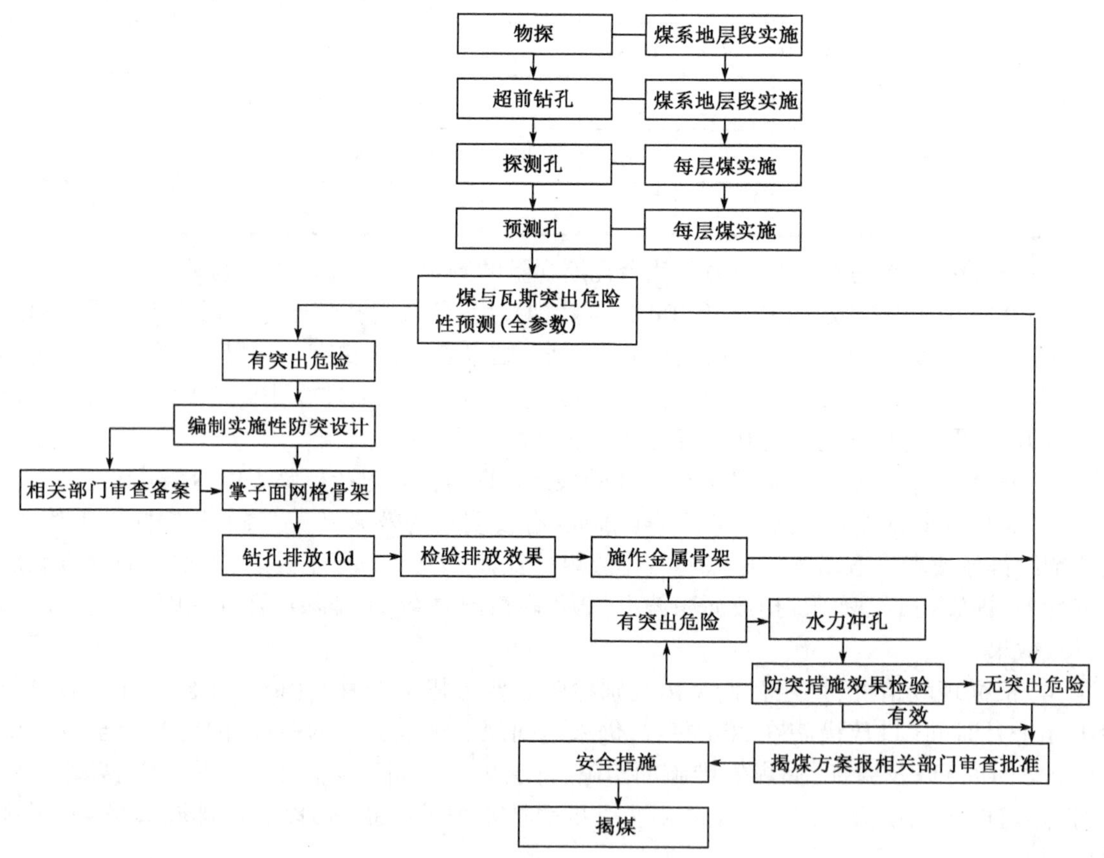

图 1-11-4　平导揭煤作业流程

(2)正洞作业流程

正洞揭煤作业流程如图 1-11-5 所示。

(3)本隧单层煤揭煤与防突工序

①在预定接近煤层 10m(最小法向距离)是打 2 个穿透煤层并进入顶(底)板岩层不小于 0.5m 的取芯钻孔。

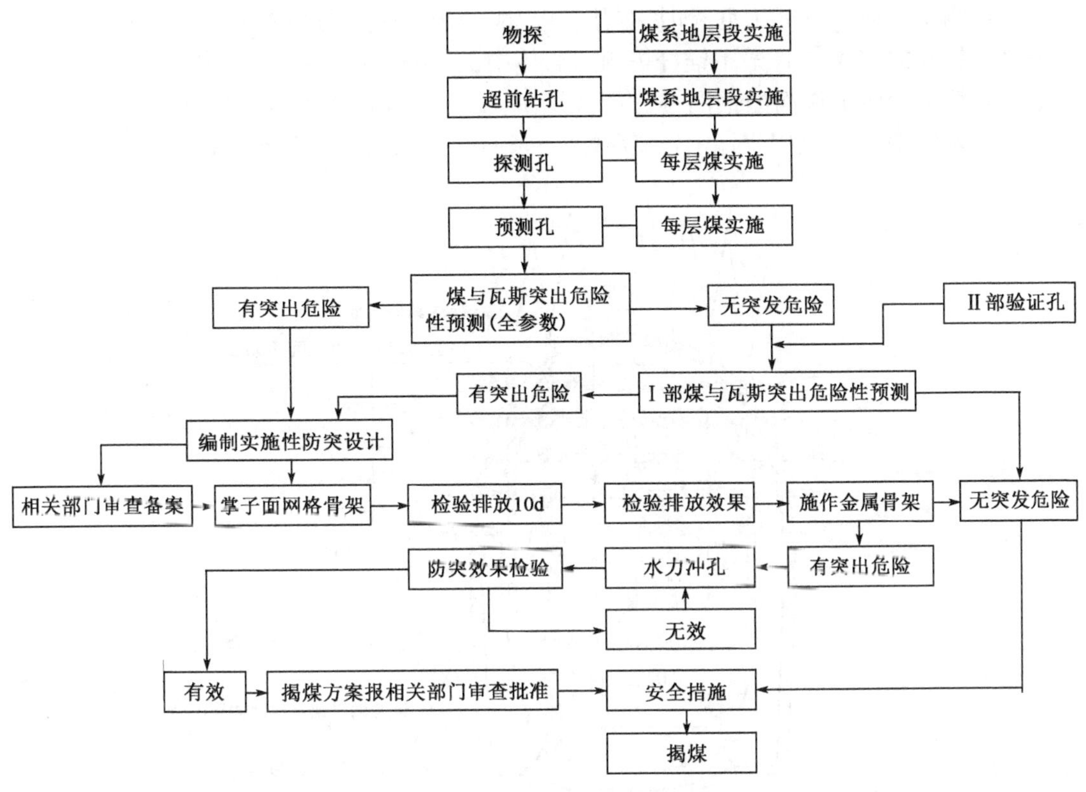

图 1-11-5 正洞揭煤作业流程

本隧超前探测孔如图 1-11-6 所示，施工中除取岩芯外，初步确定煤层的具体位置、煤层厚度、煤层的倾角及煤层的平面方程。

②在接近煤层 5m(最小法向距离)时，施作钻孔定位煤层，利用钻孔实测瓦斯压力、瓦斯含量、煤的坚固性系数、瓦斯放散初速度等基础参数，用综合指标法预测揭煤工作面突出危险性。

③在工作面另打 3 个钻孔，采用钻屑指标法预测工作面突出危险。

本隧超前预测孔如图 1-11-7 所示，预测孔对煤层突出危险性进行预测，并对煤层平面方程进行修正。

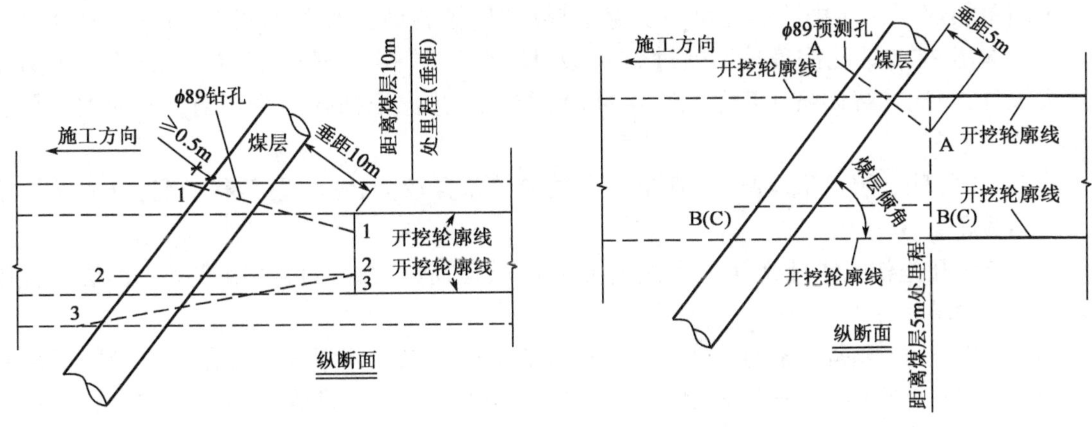

图 1-11-6 超前取芯孔

图 1-11-7 钻屑指标法钻孔

④当预测工作面具有突出危险时，采用工字钢（Ⅰ16）形成网格骨架封闭工作面（间距等要考虑排放钻孔的需要），骨架用锚杆等植入岩体中，在网格骨架后方设两榀工字钢架。

本隧正洞上台阶工作面型钢网格骨架如图1-11-8所示，型钢节点处采用单根长3mϕ22锚杆锚固与岩体中，平导型钢网格I16型钢钢架竖向间距0.8m，横向间距0.8m。

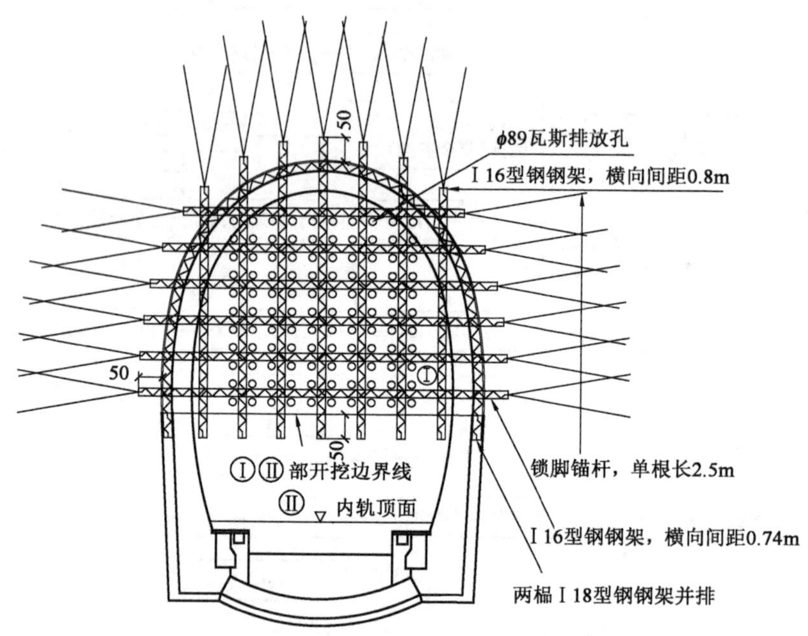

图1-11-8　工作面封闭（尺寸单位：cm）

⑤工作面网格骨架安装后，施作排放钻孔对瓦斯进行排放，排放孔控制范围为开挖轮廓线外5m（隧底或导坑底外3m），力争一次穿透煤层，并进入顶（底）板不小于0.5m；当不能穿透时，其穿煤长度不应小于15m，本隧道的钻孔最长按不超过25m控制，则不能一次穿透煤层，施工中，须至少留有5m超前距离；钻孔直径根据工地设备能力在75～120mm范围选用，根据煤矿防突经验，排放钻孔长度控制在25m范围内，因此每层煤需要2次金属骨架和防突措施。

正洞单层煤层瓦斯排放钻孔可一次穿透煤层时，排放钻孔布置如图1-11-9～图1-11-11所示。本次排放钻孔按最长不超过25m设计，则不能一次穿透煤层，施工中按二次揭煤及防突设计，每次揭煤防突工序按（5）～（11）部施作，并保证钻孔至少留有5m（垂距）超前距离。

若P_2l未探明2层可采煤厚度、倾角等煤层参数差异较大，考虑最不利状况，排放钻孔不能一次穿透煤层。

⑥所有钻孔施作完毕排放10d后，施作钻孔测试瓦斯压力、含量，并用钻屑指标法进行排放防突效果检验。

⑦施作大管棚（金属骨架的一部分），间距0.3m，长度以一环穿透煤层进入顶（底）板岩层0.5m为宜；当不能穿透时，进入煤层的长度不应小于15m。本隧道煤层倾角缓、煤层厚，首环骨架长度按不小于32m设计。首环骨架采用108mm钢管，其余采用75mm钢管，就位后压注

水泥砂浆。本隧正洞穿煤层金属骨架如图 1-11-12 所示。

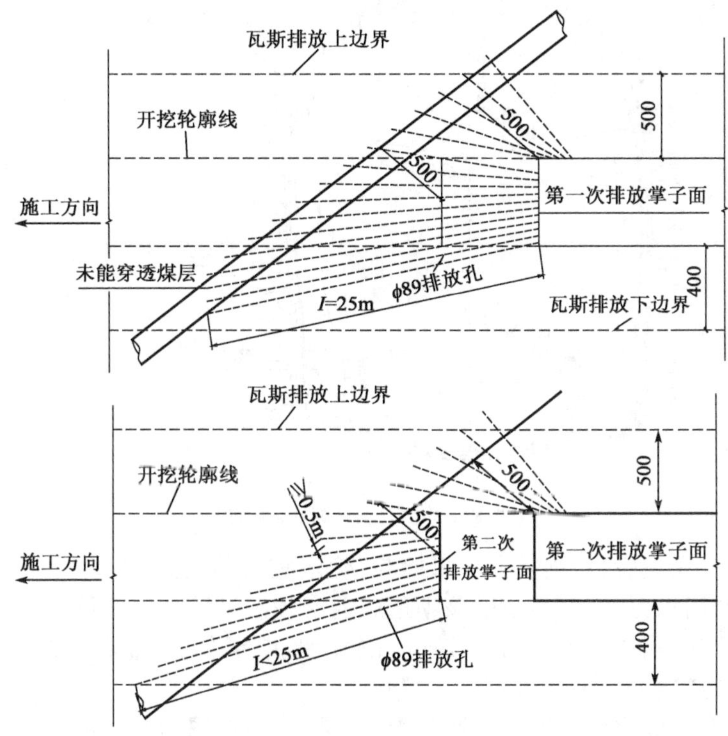

图 1-11-9　瓦斯排放钻孔(分 2 次排放)纵断面布置图(尺寸单位:cm)

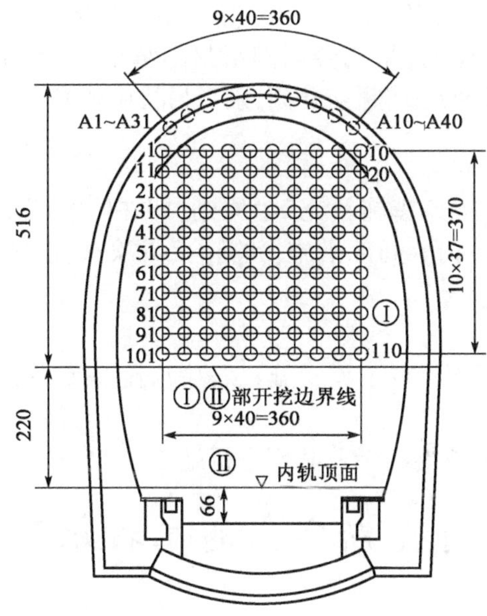

图 1-11-10　掌子面排放钻孔布置图(尺寸单位:cm)

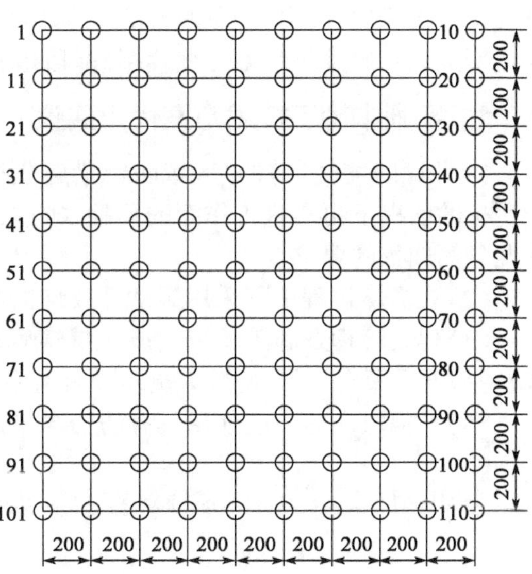

图 1-11-11　Ⅰ-Ⅰ断面钻孔终孔布置图(尺寸单位:cm)

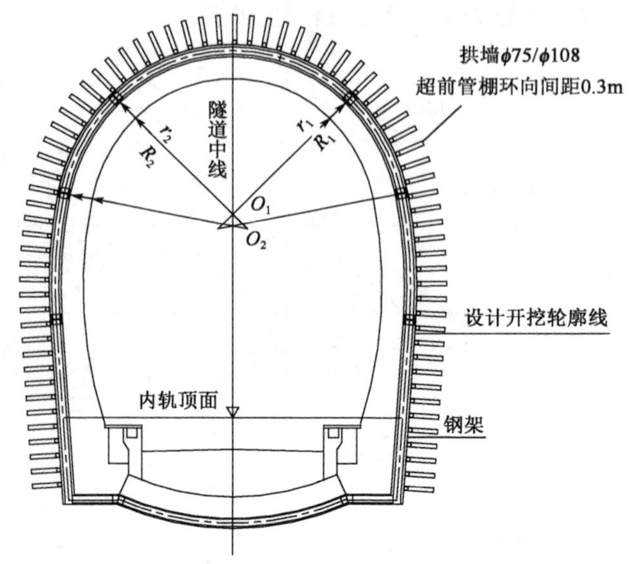

图1-11-12　本隧正洞穿煤层金属骨架

⑧金属骨架施作完成后，根据防突效果检验，确定是否需要进行水力冲孔，如果钻孔排放仍未达到效果，应选用水力冲孔，但采取该项措施前必须经试验考察确认防突效果有效后方可使用。水力冲孔均匀间隔选用1/3的排放孔（孔底间距控制在3m左右）进行，冲孔要求按《防治煤与瓦斯突出规定》第八十三条办理。

⑨水力冲孔后再次施作钻孔测试瓦斯压力、含量，并用钻屑指标法进行排放防突效果检验（未达到防突效果，则利用剩余排放孔的一半再次进行水力冲孔）。

⑩达到防突要求后，按《防治煤与瓦斯突出规定》第六十四、六十五条要求揭开煤层。

⑪揭开煤层后，在煤层范围内每施工10m，进行一次煤与瓦斯突出预测（采用瓦斯压力、含量及钻屑指标法评价），当预测前方煤体仍有突出危险时，采用金属网格封闭掌子面，钻孔排放瓦斯至无突出危险后方可继续掘进（段落若已超出原施作超前管棚，则需另行施作）。

七、实施中施工技术方案优化建议

（1）以《防突规定》的“区域防突措施先行、局部防突措施补充”为原则，即在防突区域预抽达标的前提下再实施工作面的预抽、排放或水力冲孔等局部措施，并符合《防突规定》第四十九条第四款的要求。

（2）在揭煤过程中不采用振动性放炮揭煤措施。

（3）建设管理及施工单位应成立揭煤管理领导小组，在工程实施过程中应配备专业设备和专业人员，操作人员、检验人员均须具有专业资质。

（4）在揭煤实施中应使用具有防治煤与瓦斯突出技能的专业队伍进行施工。

第十二节　渝黔铁路天坪隧道瓦斯突出施工技术

一、工程设计概况

隧址位于贵州省北部，重庆与贵州省交界地段，赶水东至夜郎区间，行政区划属贵州省桐梓县。天坪隧道地质条件复杂，属Ⅰ级高风险隧道，隧道起点里程 DIK116 + 258，终点里程 DK130 + 236，隧道全长 13978.252m，设计“平导 + 2 斜井 + 横洞（主、副井）”，平导位于线路左侧，距离隧道线路左线 30m，全长 11775m，平导与正洞之间共设置 25 个横通道，6 个联络通道。

隧道以Ⅳ级围岩为主，其中Ⅱ级围岩 480m，占隧道全长 3.43%；Ⅲ级围岩长 4190m，占隧道全长 29.98%；Ⅳ级围岩 7677m，占隧道全长 54.92%；Ⅴ级围岩 1631.252m，占隧道全长 11.67%。

天坪隧道横洞工区在 DK127 + 710 ~ DK127 + 850 段穿越龙潭组煤系地层，且发育 F12 断层，隧道连续穿越 C6、C5、C3 煤层，层厚分别为 1.33m、2.45m、2.6m，瓦斯含量高、压力大，施工风险极大。

1. 工程地质情况

DK127 + 710 ~ DK127 + 850 段二叠系上统龙潭组（P_2l）主要为黏土岩、砂岩、硅质岩、灰岩，夹 3 ~ 23 层煤及多层菱铁矿，底部常有高岭土及黄铁矿（易出现 H_2S 等有毒有害气体），与下伏茅口组假整合接触，厚约 80m。

龙潭组上覆地层为二叠系上统—长兴组（P_2c）灰岩，下伏地层为二叠系下统茅口组（P_1m）灰岩，厚度约 130m。天坪隧道揭煤段地层呈单斜构造，地层走向 N42°E，倾向 70°S。

F12 断层位于下营堡一带，DZ - 7 钻孔发现该断层，断层把煤层错动，错动距离为 20 ~ 30m，推测为正断层，走向 N40°E，倾向 72°N，倾向进口，与线路相交于 DK127 + 780 附近。

2. 煤系地层煤与瓦斯情况

天坪隧道横洞龙潭组地层共有 3 ~ 22 层煤，其中稳定可采的有 2 层，较稳定的可采煤有 3 层，其余 4 层煤稳定性差，局部可采。其中对隧道影响较大的为 C3、C5、C6 煤层，见图1 - 12 - 1。

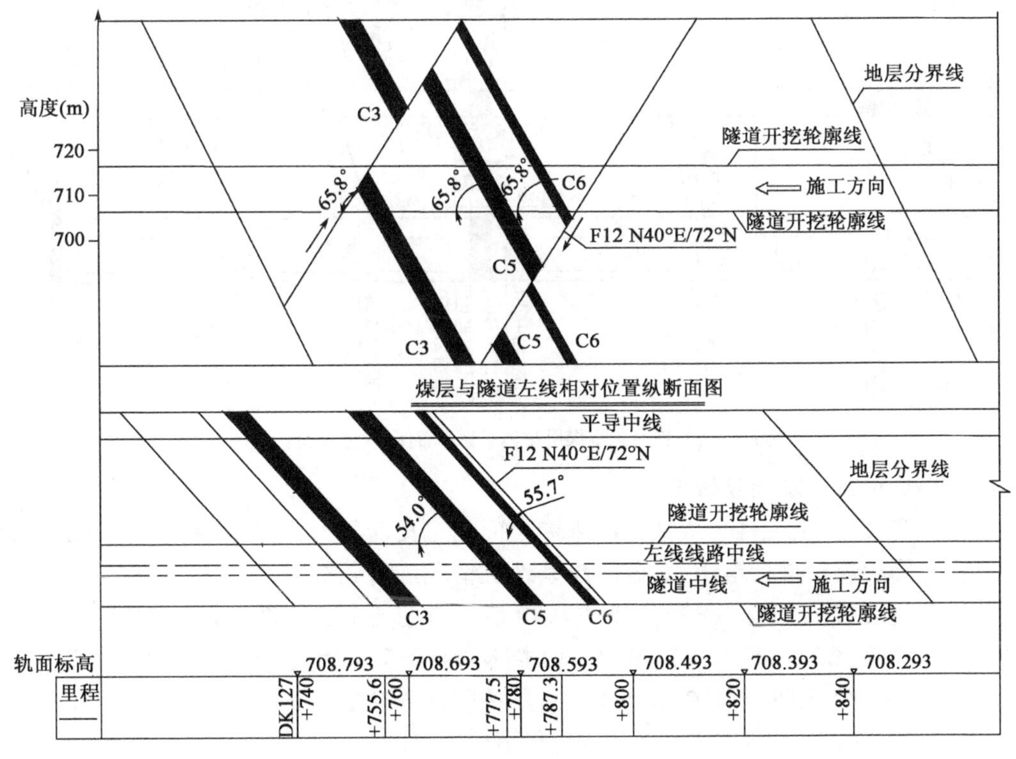

图 1 - 12 - 1　C3、C5、C6 煤层纵断面及平面图（高程单位：m）

隧道穿煤段东侧约 81m 为新渝兴煤矿规划区，周边马湖塘煤矿、松坎煤矿均为高瓦斯矿井（表 1-12-1）。根据 DZ-7 钻孔煤与瓦斯参数测试成果显示，煤层瓦斯压力≥0.74MPa，达到 3.75MPa。

DZ-7 煤与瓦斯参数测试成果表　　表 1-12-1

参　　数	瓦斯突出临界值	矿井瓦斯等级	备　　注
瓦斯压力 P（MPa）	≥0.74	3.75	
瓦斯放散初速度 ΔP	≥10	5.059	
煤的坚固系数 f	≤0.5	1.5	
煤的破坏类型	Ⅲ及以上	Ⅳ（粉碎煤）	

由于 C3、C5、C6 煤层在 DZ-7 钻孔中未能全面测定瓦斯压力、瓦斯含量等各项煤层瓦斯参数，在收集参考渝兴煤矿数据的基础上，需对隧道施工作业中进行实地测定，以利防突工作顺利完成。横洞工区煤层平面布置见图 1-12-2。

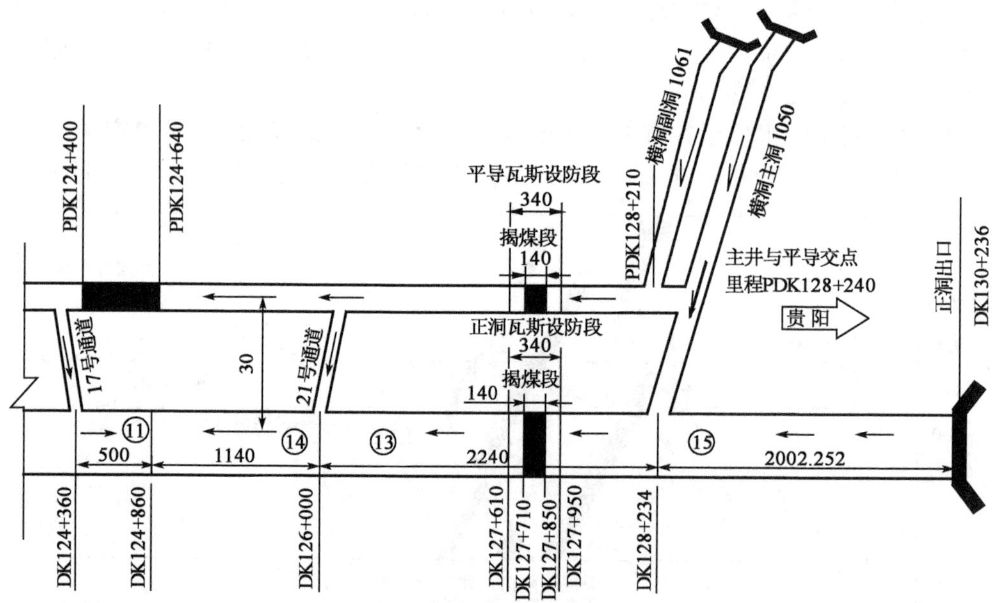

图 1-12-2　横洞工区煤层总体平面布置图（尺寸单位：m）

3. 隧址周边煤系地层调查情况

由于 C3、C5、C6 煤层在 DZ-7 钻孔中未能全面测定瓦斯压力、瓦斯含量等各项煤层瓦斯参数，施工前，对周边煤矿进行走访，对该段煤系地层情况进行调查。

松藻煤电公司（原松藻矿务局位于重庆市綦江县打通镇，距离贵州省桐梓县松坎镇约 19km）采掘的 M6（C6）、M7（C5）、M8（C3）煤层的参考原始瓦斯含量分别为 9.03m^3/t、17.66m^3/t、19.5m^3/t，瓦斯压力在 2MPa 以上，具备突出危险性。煤层透气性极差，普遍采用水力压裂增透技术，抽排期普遍在半年至一年，甚至更长时间。

隧道穿煤段东侧约 81m 为新渝兴煤矿规划区，包括松藻煤电在内的周边煤矿均为突出矿井，均出现过突出事故。周边煤矿情况见表1-12-2。

隧址区及周边煤矿瓦斯等级鉴定结果一览表 表1-12-2

煤矿名称	气体名称	相对涌出量 m^3/t	隧道瓦斯等级	备 注
马湖塘煤矿	CH_4	53.24	瓦斯突出	现合并为渝兴煤矿，矿区面积为1.3998km^2
	CO_2	9.94		
松坎煤矿	CH_4	34.56	瓦斯突出	距离松坎镇捷阵约9km，属夜郎镇
	CO_2	8.53		
德泰煤矿	CH4	17.44	瓦斯突出	于2003年11月成立，位于松坎镇水通村

二、天坪隧道横洞工区煤系地层专项施工方案简介

平导及正洞煤系地层施工程序包括：①综合超前地质预报，第一次超前地质钻孔；②煤层瓦斯预测结果判定；③区域性防突措施；④第二次超前探钻孔；⑤区域防突措施及效果验证；⑥煤系地层开挖及揭煤施工；⑦水气排放及二次衬砌施工。

1. 主要施工工艺

第一次超前地质钻孔距C6煤层50m处，在PDK127+831处实施，钻孔3个；第二次超前地质钻孔在平导进入龙潭组煤系地层17m后（约距离C6煤层20m处），于PDK127+794里程处实施，计划施工10个超前地质钻孔。

区域性防突措施主要是穿层钻孔煤层水力压裂增透及穿层网格钻孔预抽煤层瓦斯，其中穿层网格钻孔预抽煤层瓦斯，钻孔共布置488个，总长约31000m；钻孔孔口抽采负压不得小于13kPa。

区域防突措施效果检验主要采用钻孔取样验证，共设25个钻孔，其中C6煤层25个煤样、C5煤层21个煤样、C3煤层15个煤样，全部煤样的残余瓦斯含量均小于8m^3/t，钻孔期间无瓦斯动力现象，则防突措施有效，可执行安全防护措施开挖掌子面。否则，补孔后继续抽采，直至达标为止。

区域预测、区域防突措施、区域效果检验采取平导、正洞一并进行。判定为区域抽采有效后，隧道施工进入下一步揭煤作业，即在采取安全防护措施后，实行边探边掘，并按设计要求及时进行支护，直至达到距C6煤层法向距离7m时，进行区域防突措施的验证。

在区域验证阶段，分平导、正洞及各煤层分别进行。隧道施工（平导、正洞）设计采用“渐进式”揭煤技术，分步验证，每揭完一层煤，需进行四次验证。分别是平导（正洞）掌子面距C6、C5、C3煤层垂距7m、2m、进入煤层及过煤层后验证，共21个煤层验证钻孔，采用钻屑指标法验证。

局部综合防突措施主要也是采用排放或抽采钻孔。

煤系地层开挖及揭煤施工揭煤前应根据围岩及赋水情况采取超前预注浆的方式进行围岩加固和堵水施工，防止出现坍方及涌水等事故。爆破采用钻爆作业采用煤电钻钻眼，钻眼采用湿式钻孔，采用三级煤矿许用含水炸药及1~5段煤矿许用电雷管爆破，线路连接采用大串联方式，远距离爆破揭开煤层。

揭煤后按照设计进行支护、瓦斯水气排放及二次衬砌施工。

2. 工艺流程

工艺流程见图1-12-3。

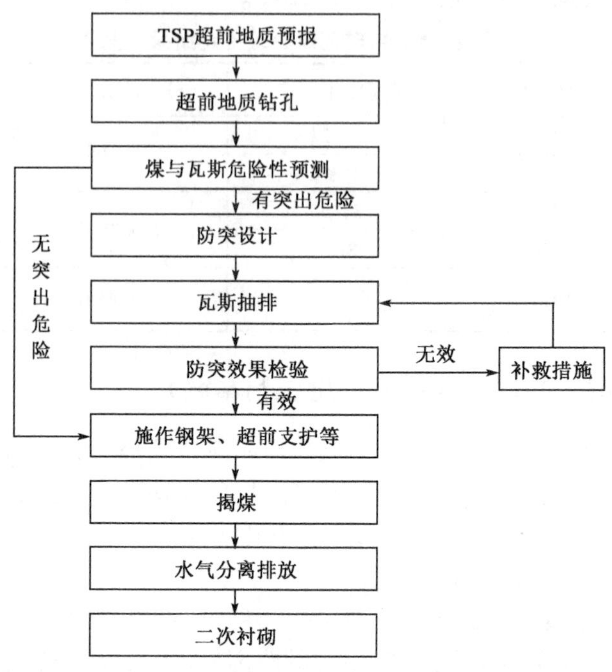

图1-12-3　揭煤施工工艺流程图

三、专项方案执行情况

1. 专项方案安全措施落实情况

(1)设备防爆改装:进洞挖掘、装载、运输等设备委托有资质的单位进行防爆改装,通过政府监督部门验收且验收合格,满足瓦斯隧道相应规范要求;电力供应和电气设备严格执行“三专两闭锁”和“MA”准入制度,见图1-12-4。

图1-12-4　装载机设备改装

(2)安全系统设置:安全监控系统、人员定位系统、紧急避险系统、压风自救系统、供水施救系统、通信联络系统等均已完成,加强日常巡检及维护,确保各项安全系统正常运行,见图1-12-5～图1-12-9。

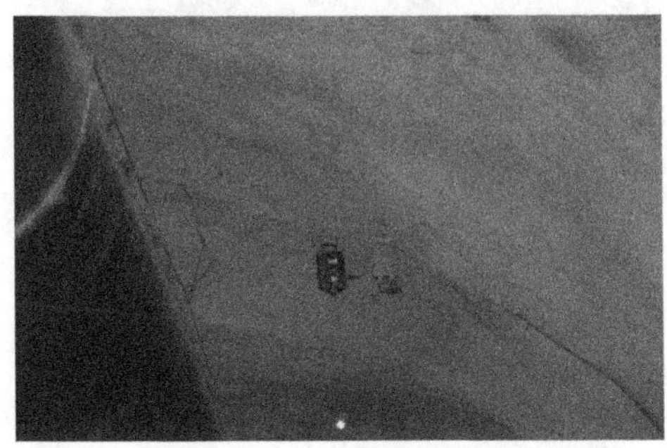

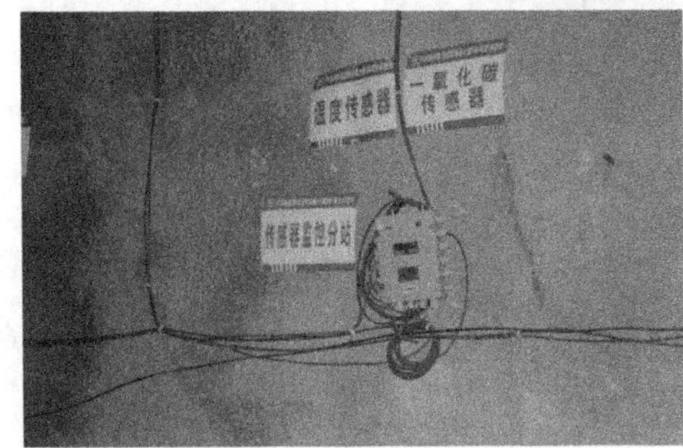

图 1-12-5 安全监控系统

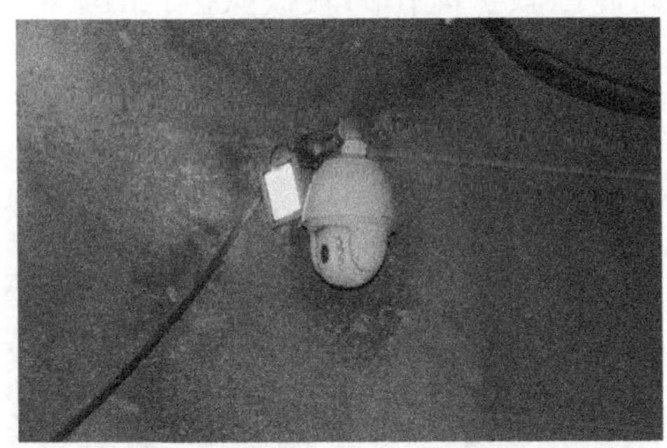

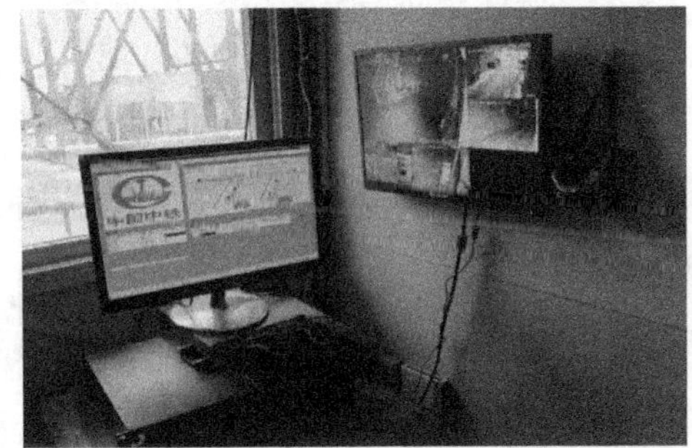

图 1-12-6 人员定位系统

图 1-12-7 紧急避险系统

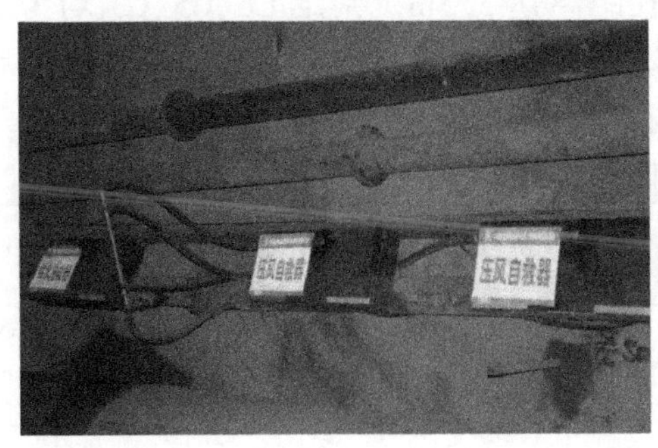

图 1-12-8 压风自救、供水施救系统

图 1-12-9　通信联络系统

(3)救援队伍及应急救援预案:请松藻矿务局矿山救护队作为救援队伍;2014 年 6 月 10 日完成煤系地层段瓦斯应急救援演练,地方政府、业主、设计、监理及兄弟单位全程观摩演练,见图 1-12-10。

图 1-12-10　瓦斯事故应急救援演练

2. 瓦斯参数测定情况

平导施工时,应严格执行煤系地层专项方案。2014 年 5 月 18 日开始在平导 PDK127 + 850 施工 3 个超前探孔进行前方煤层探测;2014 年 6 月 18 日开始在平导 PDK127 + 810 采用施工 12 个超前探孔进行前方煤层探测及取样测定煤层相关参数。

天坪隧道煤系地层地质钻孔煤样瓦斯测试报告显示最大吨煤瓦斯含量达 13.913m^3、瓦斯压力达 1.342MPa,地质钻孔及抽排钻孔施工中出现卡钻、顶钻、喷孔等动力现象十分严重,且 C6、C5、C3 煤层均不同程度出现了喷孔,最大喷孔距离达 3.3m。判定 C6、C5、C3 均为突出煤层,且隧道过煤系地层区域为严重突出危险区域。探明距掌子面最近的 C6 煤层与平导相交于 PDK127 + 780。煤层及瓦斯测定情况见表 1-12-3。

煤层瓦斯参数　　表 1-12-3

煤层编号	吨煤瓦斯含量(m^3)	瓦斯压力(MPa)	煤层厚度	煤层与平导交角	煤层倾角	煤层层间距
C6	11.47	1.036	0.8 ~ 3.5m、平均 1.48m	64°	72°	C6 ~ C5 平均间距 6.1m、C5 ~ C3 平均层间 8.5m
C5	9.87	1.112	0.7 ~ 3.6m、平均 1.46m			
C3	13.91	1.342	0.2 ~ 1.4m、平距 0.6m			

根据本次检测报告结果，说明3层煤的吨煤瓦斯含量均大于8m³，瓦斯压力均大于0.74 MPa，3层煤均有突出危险性；钻孔过程中多个孔出现动力现象，可以判定本区段煤系地层为煤与瓦斯突出区域。

3. 横洞煤系地层超前地质探孔情况

(1)第一次地质钻探

2014年5月18日横洞工区在平导掌子面PDK127+850布置3个超前地质钻孔，并于6月3日完成钻孔任务。

钻孔过程中1号钻孔出现两次跨孔，见到4层煤；在进行2号地质钻孔时，见到2层煤，过程中出现卡钻、顶钻、垮孔、孔内瓦斯推钻等动力现象，孔口瓦斯检测浓度超量程；3号孔穿过断层破碎带、未见煤层。2号孔在C6煤层出现垮孔、取芯管被压弯，由于地压大、钻孔涌水量大，在整个地质钻孔中未能取到煤样，未测定瓦斯参数。

1号孔在49m时出现断层水，到58.78m时见C6层煤、厚度1.06m，在64.8m见C5层煤、煤厚1.2m，在78.6m时见C3层煤、煤厚0.72m；2号钻孔在26m左右出现裂隙水，到81m见C6层煤，煤厚0.5m，瓦斯突然增大，孔内超量程，孔口瓦斯都在8%左右，在89m处见C5煤厚0.4m，在113m处见C3煤厚0.2m；3号钻孔在16m处发现裂隙水，在进入煤系地层后，出现垮孔、卡钻现象，而垮孔严重，退钻困难。到90m左右时遇见一层煤线大约0.2m。该孔在遇见此煤线后未再见煤层，煤系地层揭完，进入底板大约20m停钻。

通过此次钻探初步判断天坪隧道横洞煤系地层断层水量大、地压大，预计平导在PDK127+780见煤，具体钻孔布置见图1-12-11。

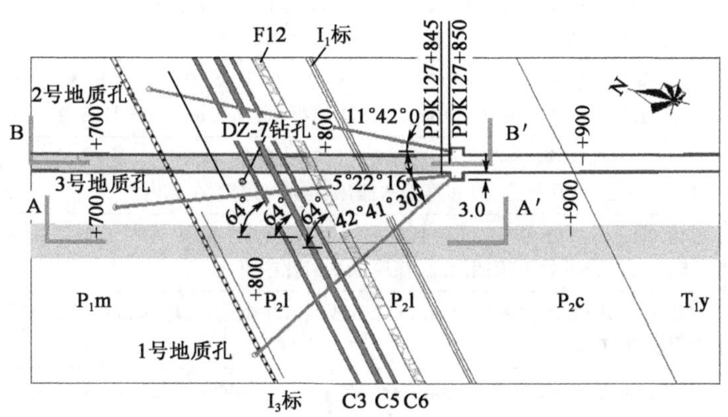

图1-12-11　第一次钻探成果示意图

(2)第二次地质钻探

从2014年6月18日至6月30日在第一次钻探的基础上，平导在里程PDK127+810处，实施第二次地质钻探。本次钻探共布置探孔12个，见图1-12-12。

钻探情况见表1-12-4。

本轮钻孔施工C6、C5、C3煤层均出现了瓦斯喷孔或卡钻等动力现象，而且地质构造复杂、地应力大。

煤层及瓦斯情况见表1-12-3。

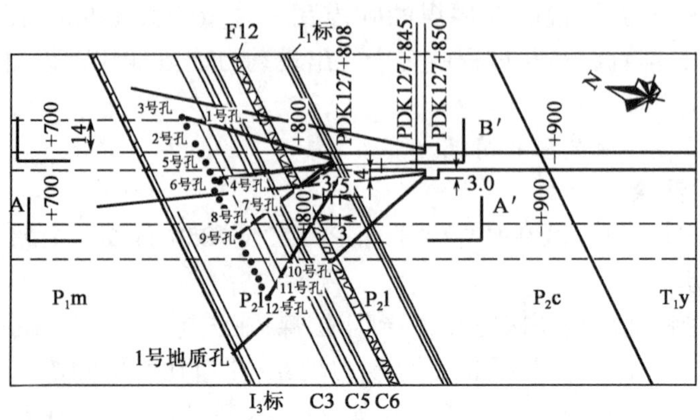

图 1-12-12　第二次钻探成果示意图(尺寸单位:m)

第二次超前地质钻孔施工记录　　表 1-12-4

钻孔编号	进尺(m)	情况说明
1号	60.12	36m 见 C6 煤层,取煤样 0.6m,C6 煤层厚度 1.1m。过完 C6 煤层出水量不大,49.96m 见 C5 煤层、煤厚 3.6m。58.32m 见 C3 煤层,煤厚 1.4m,钻孔穿底板 0.4m,孔口瓦斯 5%,喷孔,掌子面 0.2%
2号	96.14	57m 见 C6 煤层、煤厚 1.0m。69.92m 见 C5 煤层、煤厚 1.2m。94.44m 见 C3 煤层、煤厚 0.2m,进入底板 1.52m 停钻
3号	103.80	54.4m 见 C6 煤层、煤厚 1.0m。74.72m 见 C5 煤层、煤厚 1.0m。76.48m 见煤层、煤厚 1.4m。102.5m 见 C3 煤层、煤厚 0.3m,穿过煤层 1.0m
4号	77.78	39.34m 见 C6 煤层、煤厚 0.9m。在 24.9m 处见水,有瓦斯喷孔现象,45.42m 见 C5 煤层、煤厚 1.0m,有喷孔现象。在 71.28m 处见 C3 层煤,煤厚 0.8m,有喷孔现象,喷孔
5号	45.68	36.94m 见 C6 煤层、煤厚 1.2m,有瓦斯喷孔现象。43.85m,见 C5 煤层,煤厚 1.0m,取煤样撤钻时,由于孔内垮孔严重,取芯管无法撤出,取心钻管断在孔内
6号	69.24	46.70m 处见 C6 煤层,煤厚 1.6m。59.56m 见 C5 煤层,煤厚 1.8m。64.94m 处见 C3 煤层,煤厚 0.5m,又在 66m 处见第四层煤,煤厚 2.0m,孔内有水
7号	66.24	在 32m 见 C6 煤,煤厚 3.5m。41.8m 见第 C5 煤层、煤厚 0.8m,有瓦斯喷孔现象。64.74m 见 C3 煤层,煤厚 0.3m
8号	73.10	34.24m 见 C6 煤,煤厚 0.6m。44m 见 C5 煤层,煤厚 0.8m。64.8m 见 C3 煤层,煤厚 0.2m
9号	85.22	29.3m 见 C6 煤层、煤厚 1.2m,孔内有喷孔现象。35.82m 见 C5 煤层、煤厚 0.8m。未见 C3 煤层,流出的水灰白色
10号	51.80	28.9m 见 C6 煤层,煤厚 1.2m。36.5m 见 C5 煤层、煤厚 1.1m。49.00m 见 C3 煤层,煤厚 0.8m。在过煤层时都有瓦斯喷孔、堵水现象
11号	51.80	29.7m 见 C6 煤层,煤厚 0.8m。36.5m 见 C5 煤层,煤厚 1.1m,夹矸 0.8m,见煤层,煤厚 1.7m。48m 见 C3 煤层,煤厚 0.7m。该孔垮孔严重,退钻困难
12号	76.94	34.64m 见 C6 煤层,煤厚 0.8m,见夹矸 0.5m 又见煤 1.2m,共计 3.4m,过煤时有喷孔现象,见煤后是 3～5m 的黑矸,水是黑色,后是泥水。46.8m,见 C5 煤层,煤厚 0.7m,过后水是乳白色。56.12m见第 C3 煤层,煤厚 1.0m
合计	857.86	

地质构造情况：

经过本轮地质探初步查明本段煤系地层分布 2 个断层，一个正断层和一个逆断层，地质勘察 DZ-7 钻孔发现并推测仅有一处断层。其中 F12 断层平行于煤分布，F13 断层将煤层错动断裂，走向 148°，倾向 35°，倾角 18°本次超前地质钻均发现该断层，断层把煤层错动，错动距离为 20m 左右；F12 断层推测为逆断层，走向 50°，倾向 140°，倾角 73°，与平导相交于 PDK127 +794 附近。地下水发育。断层附近围岩及煤层破碎、松软，具体见图 1-12-13、图 1-12-14。

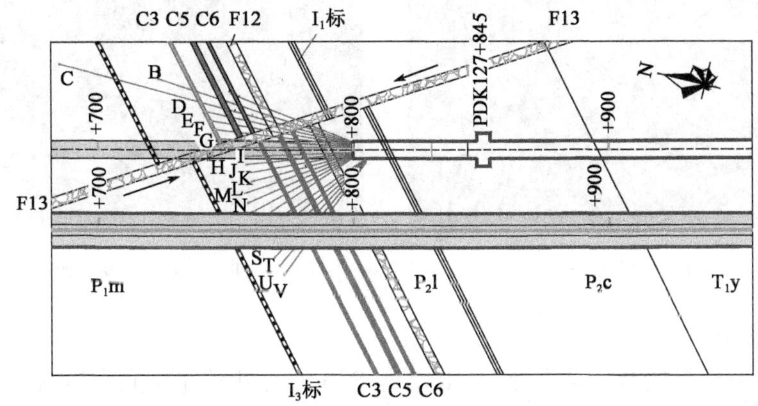

图 1-12-13 第二次超前地质钻孔竣工图

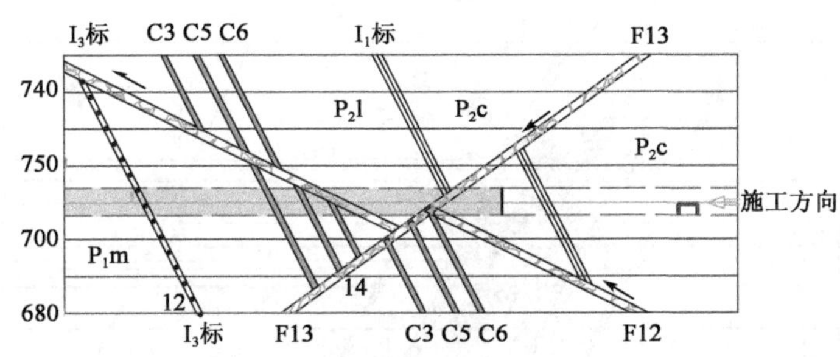

图 1-12-14 第二次探明煤层剖面图

地应力情况：断层附近围岩及煤层地应力大，需要提前做好超前支护。

其他有害气体情况：平导施工中在 PDK127 +905 施工探孔时出现 H_2S，本次及上轮超前地质钻施工也出现 H_2S，需要在今后施工做好防范措施。

根据此次钻探，基本摸清了该段煤系地层的大致情况，但由于断层影响，该段地层及煤层分布情况异常复杂，突出风险性很高。因此在 PDK127 +800 处实施抽排钻孔对瓦斯进行抽排。

（3）主要问题及分析

①天坪隧道过煤区域为严重突出危险性区域，主要表现瓦斯压力大、瓦斯含量高、构造复杂、煤层及围岩松软破碎、裂隙发育、钻孔涌水量大。导致该隧道揭煤难度极大，可以说该隧道揭煤集石门的所有困难于一身。

②由于构造复杂、裂隙发育、钻孔涌水量大，导致瓦斯抽采效果差。

③由于裂隙水发育、地压大、煤层厚度变化极大，导致无法采用风排取样，岩芯取样难度极大，对下步抽采效果检验提出了难题。

④隧道前方 F13、F12 两条断层的破坏，特别是 F13 为正断层，将会导致煤层重复出现，增加隧道过煤次数。

第二次钻探现场情况见图 1-12-15、图 1-12-16。

图 1-12-15　岩芯进行分析

图 1-12-16　现场解析试验

(4) 瓦斯抽排钻孔施工情况

结合地质钻探成果进行优化调整，PDK127 + 800 处瓦斯抽排钻孔布置见图 1-12-17。

①瓦斯抽排钻孔施工情况

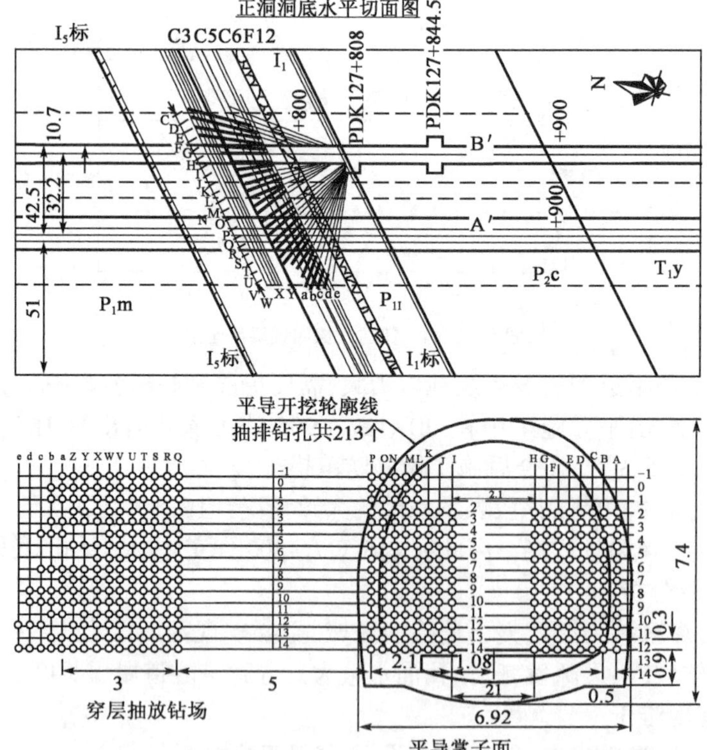

图 1-12-17　抽排钻孔布置示意图(尺寸单位：m)

截至2014年8月9日，平导部分钻孔共完成214个，累计15819m，于2014年8月15日开始瓦斯抽排。

正洞部分抽排孔已经完成32个，长度为1486m。

②瓦斯抽排钻孔地质情况

从目前钻孔情况来看（图1-12-17），动力现象和喷孔现象比较普遍（喷孔比例占到21.4%，严重喷孔的有3个），地下水发育，地质结构多变，煤层呈离散状分布，厚度极不稳定，瓦斯浓度高，突出风险极高。

③瓦斯抽放情况

平导瓦斯抽排钻孔封孔后即投入瓦斯抽排工作，从近期抽排情况来看，平均每分钟抽放瓦斯混合流量约35m^3，纯瓦斯流量约3.0m^3/min，管道内瓦斯平均含量在7.5%左右（后期抽放速度和浓度会逐渐降低，抽放效率下降），管道瓦斯抽放负压平均约37.5kPa（泵房附近管道负压为57kPa左右，设计不小于13kPa），根据前期地质钻孔情况，仅平导段煤系地层纯瓦斯总量预计在5×105m^3左右，目前已经抽放约31560m^3，平均每天2800m^3左右，若将煤系地层瓦斯全部抽放，按理想状态还需170d，瓦斯抽放周期长。钻孔布置、抽放情况见图1-12-18～图1-12-22。

根据目前平导抽采初步分析：俯孔、穿过裂隙面的钻孔抽采难度极大，其他钻孔抽采效果较好，但从重庆地区、贵州地区煤层瓦斯抽采经验来看，即或是抽放效果较好的钻孔，在采用常规抽采方法的条件下要实现抽采达标，抽采时间也在6个月至1年。

图1-12-18 煤系地层进行瓦斯抽排钻孔现场布孔及钻孔

图1-12-19 瓦斯抽放设备准备就绪

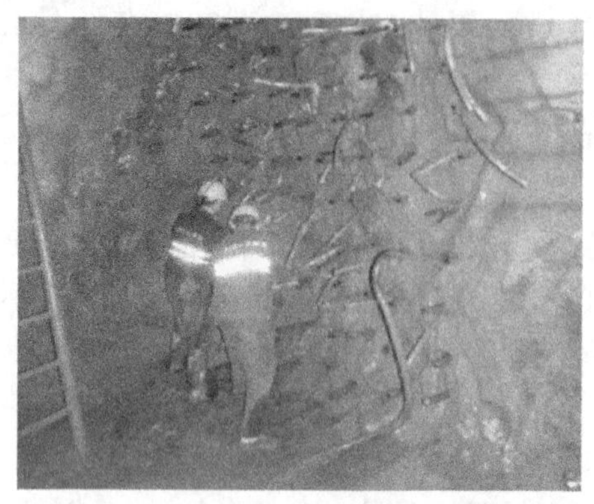

图 1-12-20　平导瓦斯抽放钻孔封孔及现场抽放情况

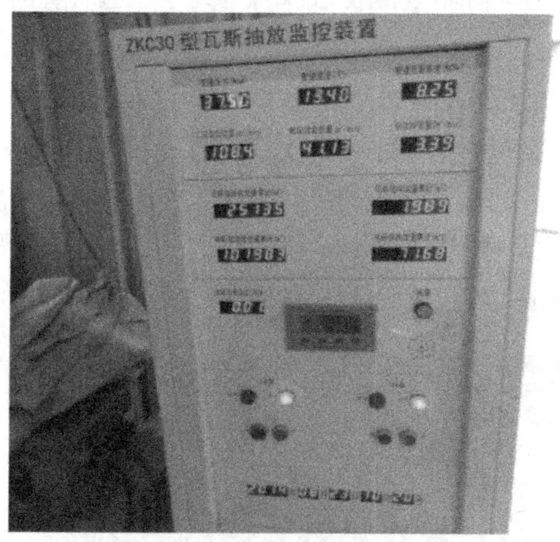

图 1-12-21　瓦斯抽放泵站及 ZKC30 瓦斯抽放监控装置抽放数据

图 1-12-22　正洞瓦斯抽放钻孔钻机定位及现场钻孔情况

四、施工中存在的问题

1. 地质条件复杂，抽放难度大

（1）由于两条断层的破坏，特别是正断层的存在，导致同一层煤在隧道范围内重复出现，增加揭煤次数和过煤隧道长度;做好揭煤过程中的边探边掘工作,严防误穿煤层,严防出现抽采空白区域,在探煤过程中发现煤层重复区域立即实施局部防突措施。

(2)由于该区域地应力大,地层裂隙发育、涌水量大,将导致以下施工难点:

①取样难度大,实施地质钻孔时取样管被压弯,部分抽放钻孔因地压无法一次施工到位,导致该孔周围钻孔施工后,需要二次钻孔才完成,势必增加防突措施效果检验的工程难度和工程量;

②抽放难度大:一是封孔难,目前抽放钻开始采用AB胶封孔失败,后改为水力、石膏粉封孔;二是钻孔围岩裂隙漏风和串风;三是钻孔内涌水量大,增加抽放阻力;四是地压大,部分钻孔出现垮孔,降低抽放效果。

2. 资金投入大,工期紧迫

(1)资金压力大:煤系地层施工前的安全培训、防爆设备改装、供电系统、通风系统及紧急避险系统投入大;施工中煤层定位及相关参数确定、瓦斯抽排孔施作、瓦斯抽排等投入费用大,人员、设备窝工现象严重导致资金压力大。

(2)工期压力大:煤层受断层错动、地下水丰富、煤层透气性差,瓦斯抽排难度大增、抽排时间长,施工效率低(根据煤矿瓦斯防突及揭煤时间统计,仅瓦斯抽排时间一般在6至12个月左右,施工周期长),项目总体工期压力大(横洞煤系地层段位于关键线路上)。

按照将煤层瓦斯含量降到$8m^3/t$以下作为控制指标,经计算需抽采纯瓦斯25.5万m^3,根据目前瓦斯抽排实际效率统计,并考虑后期抽采率下降,平均每天抽排量按$1800m^3$,按此计算,仅瓦斯抽排需用时超5个月。加上前期煤层定位及瓦斯相关参数检测2个月,瓦斯抽排孔施工2个月,消突效果验证至少1个月,则平导完成消突并通过煤系地层将超过10个月,滞后计划工期至少8个月。

五、后续工程措施

针对目前施工中的重难点,采取以下措施:

1. 加强管理,优化方案,确保施工安全

持续改进和完善安全管理体系和安全设施,始终将安全工作放在首要位置。

根据抽排孔钻孔情况,更清晰的掌握该段煤系地层的特点,不断完善和优化下一步施工方案。

不断调整和优化资源配置,确保精干有效,确保作为关键工序的瓦斯抽排工作安全优质高效推进。

2. 加强工程措施,确保工期

根据目前2次超前地质探测及瓦斯抽排钻孔情况统计,天坪隧道横洞工区煤系地层地质条件复杂,煤层呈离散状分布,厚度极不稳定,煤层瓦斯压力高,突出风险高,岩层裂隙发育、涌水量大、地压大,施工中不可控因素多,可以说是集煤矿瓦斯、断层及地应力灾害于一体,不可控因素多,造成的施工安全风险大,施工周期长。

针对目前施工中的重难点,采取以下措施:对瓦斯抽排情况进行动态监控,抽排2个月后,对抽排实际效果进行评估,若效果不理想,及时采取水力割缝技术,提前铣出部分煤,加快瓦斯排放速度;同时采用煤层固化技术措施,以达到防突效果,并最终实现保工期的目标。

第二章 高温热害

第一节 高地温的热源

隧道通过高温、高热地段,会给施工带来困难。一般在火山地带的地区修建隧道或地下工程会遇到比较高温高热的情况。在高温隧道中发生过施工人员由于地层喷出热水或硫化氢等有害气体,而烫伤或中毒。

地热的形成按热源分类,可分为三大类:即地球的地幔对流、火山岩浆集中处的热及放射性元素的裂变热成为热源。其中,对隧道工程造成施工影响的,主要是火山的热源和放射性元素的裂变热源。

1. 火山热的热源

由于火山供给的热是地下的岩浆集中处的热能而产生热水,这种热水(泉水)成为热源又将热供给周围的岩层。当隧道或地下工程穿过这种岩层,就有发生高温、高热的现象。

2. 放射性元素的裂变热的热源

根据日本文献介绍,由于地壳内岩石中含有放射性物质,其裂变热产生地温,地下增温率以所处的深度不同而异,其平均值为 30℃/100m 。东京大学院内测定的实例表明,该处地下增温率为 2. 20℃/100m 。假定地表温度为 15℃ ,地下增温率以 3℃/100m 计,覆盖层厚 1000m 深处的地温而成为 45℃。日本某地质调查所对 30 处深层热水地区调查的结果,在平原地区认为不受火山热源的影响,其地下 2000m 深处的地下温度为 67 ~ 136℃。这说明如果覆盖层很厚,即使没有火山热源供给也有发生高温、高热问题的可能性。

第二节 高温热害工程问题

一、热害工程问题

各国在修建深埋长大隧道时都曾出现了不同程度地热害问题。表 2-2-1 列举了国内外部分深埋长隧道的地温值及穿越的主要地层岩性。

隧道施工中遇到高温,其主要危害是:影响施工人员身体健康甚至生命安全,降低劳动效率,机械设备故障率增多,影响混凝土质量。

为保证隧道施工人员进行正常的安全生产,我国有关部对隧道施工作业环境的卫生标准都有规定。如原铁道部规定,隧道内气温不得超过 28℃ ;交通部规定,隧道内气温不宜高于 30℃。国外的资料介绍,日本规定隧道内温度低于 37℃。

部分国内外隧道地温值及岩性分布　　表2-2-1

国别	隧道名称	长度(km)	最大埋深(m)	施工期地温(℃)	主要岩性
中国	布仑口—公格尔电站发电引水隧洞	18	300	82	云母、石英、片岩夹有石墨片岩
中国	昆河铁路旧寨隧道	4.46	150	52	砂岩、砾岩、白云岩、灰岩、页岩
中国	禄劝铅厂水电站引水隧洞	5.59	380	76	白云岩
中国	西康铁路秦岭隧道	18.45	1600	31.5	混合花岗岩、混合片麻岩
日本	安房公路隧道	4.35	700	75	黏板岩、砂岩、花岗闪绿斑岩
意大利	亚平宁铁路隧道	18.52	2000	63.8	砂质片麻岩、软岩、黏土
瑞士	辛普隆隧道	19.8	2140	55.4	流纹岩、片麻岩、花岗岩
法国、意大利	里昂—都灵隧道	54.0	2000	40	砂页岩、灰岩、片麻岩、石英岩
法国、意大利	勃朗峰公路隧道	11.6	2480	35	花岗岩、结晶片岩、片麻岩
瑞士	老列其保隧道	14.6	1640	34	石灰岩、片麻岩、花岗岩
俄罗斯	阿尔帕—谢万输水隧洞	43.0	—	30	大部分为中等～坚硬岩层

二、采矿行业高温热害研究现状

1.深井热害影响研究

高温高湿的作业环境，尤其是当风温高于30℃时，矿工某些疾病的发病率明显上升，易产生高温中暑、热晕并诱发其他疾病以及神经中枢系统失调，从而造成职工防护能力降低，严重影响生产安全。由于湿热环境能引起人的中枢神经失调，从而使人精神恍惚、昏昏欲睡，导致采煤工作面的事故率增多。据日本北海道七个矿井的调查统计，气温在30℃以上的工作面事故率比气温在30℃以下的高1.5～2.3倍。据南非金矿多年的调查统计，当矿内作业地点的空气湿球温度达到28.9℃时（干球温度30℃），开始出现热晕中暑死亡事故。图2-2-1为南非金矿井下温度与事故率关系曲线图。

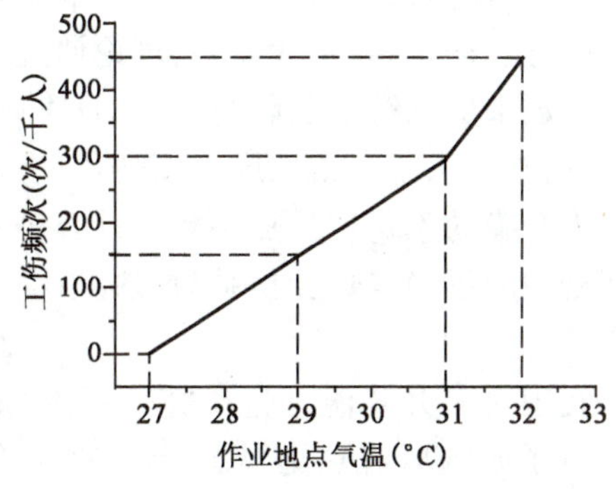

图2-2-1　南非矿井下温度与事故率关系曲线图

我国《煤矿安全规程》第102条规定："生产矿井采掘工作面空气温度不得超过26℃"，"当空气温度超过时，必须缩短超温点工作人员的工作时间，并给予高温保健待遇"，"采掘工作面的空气温度超过30℃时，必须停止作业"，"新建、改扩建矿井设计时，必须进行矿井风温预测计算，超温地点必须有制冷降温设计，配齐降温设施"。

2.深井热害理论研究

据文献记载，国外矿井热害现象研究，最早开始于1740年的法国，人们已经开始对金属矿山的地温进行监测，得出一些有用资料。18世纪后期，英国开始系统地进行矿井巷道的气温观测，研究井下气候条件及其影响因素，得到风温随着深度的增加而升高。19世纪，巴西MorroVelno 金矿首次将空调搬至矿内。20 世纪 20 年代至 50 年代，由于世界各国煤矿的开采规模都比较小，矿山热害问题并不十分严重，矿井围岩的热平衡计算研究成果偶尔见于文献中，仅限于个别的研究成果。其中具有有代表性的是：1923 年西德 Heist Drekopt 在假定巷壁温度为稳定周期性变化的条件下，分析了围岩内部温度场的周期性变化，提出了围岩调热圈等基本概念。此后在 1939 年到 1941 年间，南非 Biccand Jappe 连续发表了四篇题为“深井风温预测”的论文，提出了风温计算的基本思路；1952 年西德 Koulg、日本田野等结合平巷与围岩的热交换，在理想条件下提出了围岩调热圈温度场的解析解，这个解析解与传热学领域中英国 Carlaw 等人在 1939 年用拉普拉斯变换得出的解析解是一致的；1953 年前苏联学者又提出了比较精确的不稳定换热系数和调热圈温度场的计算法；1955 年平松良雄又提出围岩与风流不稳定传热时的风温近似计算式，这些研究成果奠定了热害理论经典计算方法的研究基础。从 20 世纪 50 年代末至 70 年代初，由于电子计算机技术的发展，计算机理论逐步应用于风温预测计算，矿井风流热计算方法有了很大的发展。如 1966 年前西德 Nottort 等发表了用数值计算法分析围岩调热圈温度场的学术论文。同时，矿井围岩热物理参数的测试技术也得到了初步应用。如 1964 年西德 Mucke 用圆板状试块测定稳态导热的岩石导热系数等参数；1967 年，Shernat 在现场中对一段巷道强制加热，实测围岩中的温度分布，从实测值和理论计算值的对比中，得到了一些围岩热参数，同年南非 Starfieid 等对巷道在潮湿条件下的热交换规律进行了分析探讨，使得计算方法迈进实用性方向。

从 20 世纪 70 年代中后期开始，经典计算方法理论研究得到了快速的发展，一些系统专著相继问世，如舍尔巴尼等著的《矿井降温指南》、日本平松等著的《通风学》、联邦德国 Fusi 著的《矿井气候》等，而问题的研究也进一步深入到了采掘工作面。如 1971 年后，西德的 J. voss 等相继提出了一整套的采掘工作面风温预测方法；1975 年美国的 J. Mcguaid 系统地提出了矿井热害治理的各种对策；1977 年保加利亚的 shcherban 等对掘进工作面的风温预测作了很详细的论述。进入 80 年代以后，理论研究更提高到一个新的水平，发表论文数量进一步猛增，而且研究成果更加符合实际情况，如日本内野用差分法求得不同巷道形状、岩性条件下的调热圈温度场，并提出了考虑入风温度变化、有水影响条件下的风温计算公式；南非 Starfild 等也提出了更为精确的不稳定传热系数的计算公式。从各国发表的文献看，侧重于对关键系数，如风流与围岩间的不稳定热交换系数、热湿比、当量热导率以及湿度系数进行了观测统计并提出计算图表。

我国对矿井降温理论研究也可追溯到 20 世纪 50 年代。在 50、60 年代我国就有少数矿井进行了矿内风流热力状态参数观测分析，有些研究人员开展了一些矿井降温理论的研究，但进展较慢，有代表性的成果不多。我国矿井降温理论实质性的发展是在 20 世纪 80 年代以后，国内一些研究人员发表了较多的文章，其中较有代表性的主要有黄翰文的“矿井风温预测的探讨”、“矿井风温预测的统计研究”，杨德源的“矿井风流的热交换”等。进入 80 年代后期，我国也形成了比较完整的矿井降温的学科理论体系，相继出版了一些系统专著，如岑衍强等编著的《矿内热环境工程》、余恒昌主编的《矿山地热与热害治理》、严荣林等主编的《矿井空调技术》、王隆平编著的《矿井降温与制冷》等，这些研究成果都更加丰富和发展了我国矿井降温的理论体系，另外，许多国内学者通过数值模拟等手段研究矿内热湿交换规律。

3. 矿井降温技术研究现状

纵观国内外的矿井降温技术，总体上可以分为非人工降温和人工制冷降温技术两大类，其中非人工降温技术是指矿井还未进入深部开采之前所采用的传统降温方法，而人工制冷降温技术则是利用先进的科学技术来解决日趋严重的热害问题的技术方法。非人工降温技术有通风降温、热源隔离、填充采矿、个体防护等。

现代制冷技术是19世纪中后期发展起来的一门学科，将制冷技术应用于矿井降温工程始于20世纪20年代，但迅速发展并广泛应用是在70年代之后。从总体上看，人工制冷降温技术可以分为水冷却系统和冰冷却系统，其中水冷却系统就是矿井空调技术的应用，是利用以氟利昂为制冷剂的压缩制冷机进行矿内人工制冷的降温方法；而冰冷却系统则是将制冰机制出的冰块撒向工作面，通过冰水相变完成热量交换，或利用井下融冰后形成的冷冻水向工作面喷雾，达到降温目的。

(1)集中空调技术

前苏联 Morio Aelho 矿于1929年安装了第一个井下集中空调降温系统，但集中空调技术迅速发展并开始广泛应用，是从20世纪70年代开始的，以德国为首展开了矿井集中空调人工制冷技术的研究。主要技术原理如图2-2-2所示。

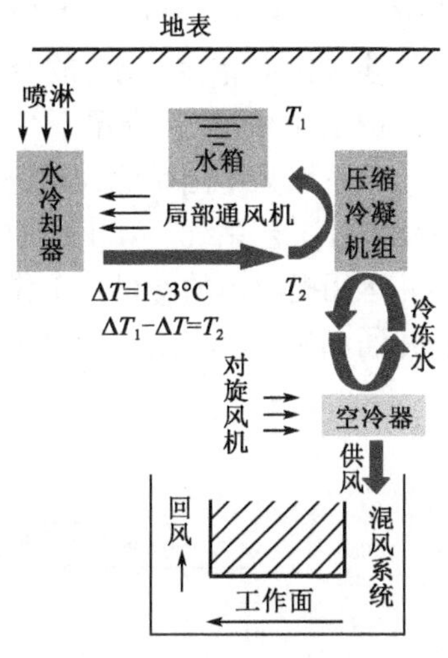

图2-2-2 德国集中空调降温原理

集中空调井下降温方式，主要是将地面空调集中制冷模式及工作原理引用到矿井降温领域，进行井下制冷降温。机组冷却水回水通过喷淋设施进行风冷却，有时在冷却水系统增设局部通风机，利用风流与水的换热作用加强冷却效果，机组冷冻水经过空冷器与巷道进风风流完成换热作用，冷却后的风流由风机鼓风并经风筒输送到工作面，进行工作面降温。集中空调降温系统根据布置形式逐渐发展为地面集中式、联合集中式及井下局部分散式，但地面集中式空调系统载冷剂循环管道承压大，易被腐蚀损坏，且冷量损较大，在用风地点上空调效果不好，经济性较差，安全性较低；此外，供冷距离短，要求水量大，冷冻水温差小，整个系统能耗比较大。井上、下联合的混合空调系统是在井上、井下同时设置制冷工作站，冷凝热在井上集中排放，但在深部矿井降温中制冷容量受制于空气和水流的回流排热能力，所以通常需要在井上安装附加的制冷机组，操作复杂，造价高、运行费用大。而局部分散式空调系统设备布置分散，冷媒循环管路复杂，操作管理不便。

(2)冰冷却技术

冰冷却系统的研究与应用主要以南非技术为主，1976年南非环境工程实验室提出了向井下输冰降温的方式，1986年南非 Harmony 金矿首次采用冰冷却系统进行井下降温，取得了一定的降温效果。所谓冰冷却降温系统，就是在井上利用制冰机制取的粒状冰或泥状冰（块状冰要经过片冰机加工），通过风力或水力输送至井下的融冰池，然后利用工作面回水进行喷淋融冰，融冰后形成的冷水送至工作面，采取喷雾降温，原理见图2-2-3。冰冷却降温系统由制冰、输冰和融冰三个环节组成。该技术在我国平顶山六矿、新汉孙村矿、沈阳三矿、新龙梁北矿进行了现场应用。

(3)压缩空气制冷技术

1989年南非某金矿建成一套压缩空气制冷空调系统，其原理是将空气在地面压缩为液态，输送到井下，膨胀成气态后进入空气制冷机，利用其排出的低温空气冷却工作面风流。近几年国内提出的一种新型的压缩空气降温模式，即直接采用压缩空气作为供冷媒质，向采掘工作面喷射降温。国外在孟加拉国孟巴矿有所利用，该降温方式需要矿井具有充足的压缩气源，且由于压缩空气的吸热量有限，降温能力受到限制，对于冷负荷较大的我国深部矿井降温不能适用，运行费用高。

压缩空气制冷系统用空气制冷机作为高温矿井空调终端，相当于集中空调系统中的空冷器，具有系统简单，输送冷量管道少，承压小，材质要求低，施工技术难度低等优点。但压气引射器和涡流管制冷装置，制冷量小、噪声大，都没有很好的应用；变容式空气制冷存在的主要问题是诸如变容式压缩机轴承和润滑等变容式压缩—膨胀器中的一些关键技术问题。

(4)热—电—乙二醇技术

2007年我国平顶山首先采用热—电—乙二醇技术进行深井热害治理，该技术首先把坑口瓦斯发电厂发电产生的余热输送到溴化锂制冷机里进行一级制冷，再进入乙二醇螺杆制冷机里进行二级制冷，制取－3.4℃至－5℃的乙二醇溶液。冷却的乙二醇溶液通过供冷管道送入井下换冷供应室冷却水，被冷却的水经空冷器产生凉风，送入高温工作面，进行工作面降温。

(5)HEMS深井降温系统

该系统为中国矿业大学满潮教授针对深井热害资源化利用所研发的井上供热与井下降温一体化设计工艺系统。其工作原理是利用矿井各水平现有涌水，通过能量提取系统从中提取冷量，然后运用提取出的冷量与工作面高温空气进行换热作用，降低工作面的环境温度及湿度，并且以矿井涌水为介质将工作面热害转为热能输送到井上代替燃煤锅炉进行供热，工作原理见2-2-4。

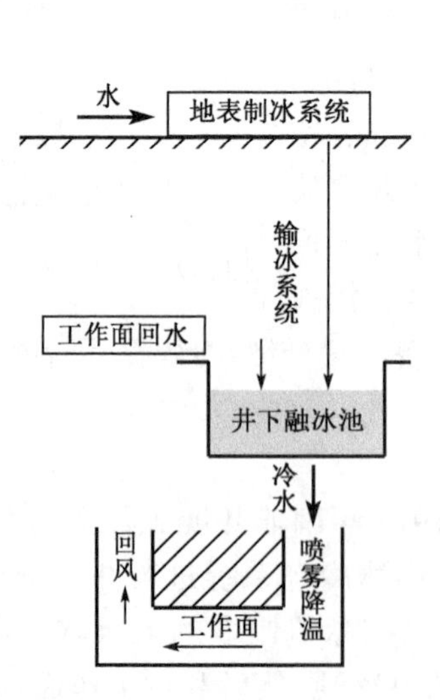

图2-2-3　南非冰冷却系统降温原理

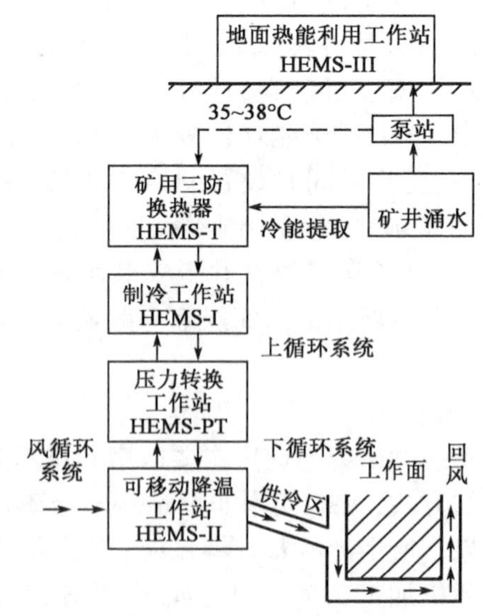

图2-2-4　HEMS深井降温系统原理图

第三节 高温热害施工技术措施

一、高地温地段隧道设计原则及施工技术措施

1. 环境热害处理设计原则

(1)隧道开挖面空气干球温度应不超过28℃。

(2)当隧道开挖面空气干球温度位于28～30℃之间时,需加强通风降温,对掌子面、二次衬砌等作业人员相对集中处,增设局扇加快空气流通,以改善作业人员的热感应舒适度。

(3)隧道开挖面空气干球温度大于30℃时,除加强通风外,尚应采取强制制冷降温措施,将掌子面附近空气温度控制为不大于28℃。

(4)对于导热水断层,为防止地下热水涌出恶化作业环境,需采取“以堵为主,限量排放”的地下水处理原则,采取超前帷幕注浆,帷幕注浆后出水量控制在5m^3/m·d,同时要求掌子面前方20m范围内隧道拱墙初期支护的表面淋水面积需控制在55%以内,漫流于仰拱表面的热水在20m后必须归槽处理。

2. 地温异常段衬砌结构处理措施

(1)岩温异常段(28～40℃)

对于岩温低于40℃的异常地温段,在施工期间洞内采取降温措施,并将作业面100m范围内气温控制在28℃的条件下,于衬砌混凝土中掺加矿粉、粉煤灰时,基本可使养护阶段混凝土芯部温度控制在60℃左右,衬砌结构内外侧温差控制在10℃左右,计算预测隧道建成后使用期间在正常运营通风条件下可将结构内外侧最大温差控制在10℃以内,可满足衬砌结构的相关设计要求。

因此,对于岩温低于40℃的异常地温段,采用一般复合式衬砌结构,并于衬砌混凝土内掺加矿粉、粉煤灰取代水泥用量,以控制水化热与热害叠加引起的混凝土芯部温度和结构内外温差。

(2)导热水断裂带(40～50℃)

为防止高温湿热环境下衬砌混凝土因温度应力产生结构开裂,以及确保使用期间隧道运营通风能将洞内环境温度控制在28℃以内,对地温高于40℃的地段,需采取隔热措施。

一般设计对隧道通过导热水断层(裂)地段,采用隔热衬砌,其结构形式为“初期支护+防水板+二次衬砌(外衬)+拱墙隔热层+防水板+模筑衬砌(内衬)”的结构体系。

3. 地热段建筑材料

(1)喷射混凝土

在高温环境下,其湿润程度越高,喷混凝土的黏结强度越大,特别是高温湿热试验工况,其喷混凝土的黏结强度比常温环境下的黏结强度高;而高温干燥环境下,其喷混凝土的黏结强度比常温环境下的黏结强度低,通过向干燥岩面喷水加湿或于喷射混凝土材料中掺加保湿剂。

地热异常段一般采用C25喷射混凝土,喷混凝土采用胶凝材料(水泥+矿粉)、砂、石、水、保湿剂组成的混合材料。由于室内试验背景条件与隧道湿热复杂环境具有差异性,施工期间应在隧道内地温异常段开展喷混凝土工程试验,对喷混凝土材料组成和配比进行现场验证,并

根据现场试验情况对喷混凝土材料组成与配比作优化调整，采取先工程试验、后推广应用的原则开展地热段施工。

(2)锚杆

异常地温对锚杆的影响主要在于浆液或砂浆，拱部宜采用 $\phi25$ 中空注浆锚杆，边墙宜采用 $\phi22$ 砂浆锚杆。施工期间应根据实际揭示地温条件，于浆液或砂浆中掺加矿粉，必要时可调整锚杆类型，采用水胀式锚杆。

(3)防水板

根据防水板的耐热性能、高温湿热环境下的透水试验及力学性能试验研究结果，EVA(乙烯—醋酸乙烯共聚物)等防水板，可以满足高温湿热环境下的防水要求；同时在90℃试验温度下，片材无异常现象，能满足耐热性能和其他相关性能的要求。

(4)隔热层

隔热层采用硬质聚氨酯泡沫保温板，厚度为5cm；主要技术参数为：拉伸强度：大于10MPa；伸长率：大于100%；撕裂强度：30kg/cm；吸水率：7d内小于1.5%；抗压强度：大于0.5MPa；水蒸气穿透率：0.3g/m^2·24h；对混凝土黏合强度：300～400Psi；导热系数：0.022W/(m·K)。

(5)衬砌混凝土

养护环境温度大于40℃时，高温会使混凝土的早期强度增加，而使其后期强度降低，影响结构的承载能力。若于混凝土材料中掺加矿粉和粉煤灰，其后期强度基本不会降低，能满足设计要求。

地温异常段二次衬砌一般采用C30混凝土或C35钢筋混凝土，并于衬砌混凝土掺入粉煤灰和矿粉，其材料组成为胶凝材料水泥+粉煤灰+矿粉、砂、石、水、减水剂。

4.施工工艺

(1)喷混凝土

地温异常段喷射混凝土施工工艺，除执行一般非地热隧道喷射混凝土的相关施工工艺外，尚应根据热害形式制订喷混凝土施工工艺。对于高温干燥围岩，喷射混凝土施作之前，应先向受喷岩面喷洒冷水，使围岩保持潮湿状态，并冷却岩面。对于高温潮湿围岩，若岩面有渗水情况时，则应先处理渗水后再喷射。

搅拌喷射混凝土时，对于高温干燥围岩段，应适当提高水灰比，防止水分蒸发过快；对于高温潮湿围岩段，根据湿润情况，可适当减小喷混凝土水灰比。此外，对于地温过高地段，必要时可于原材料中加入碎冰碴取代部分用水量，更好地降低原材料的温度，以利喷射混凝土正常凝结。

(2)隔热层施作工艺

隔热层采用工厂预制成型，洞内拼装粘贴工艺施工。铺设顺序：初期支护→铺设无纺布→铺设防水板→浇筑二次衬砌外衬→铺设隔热保温板→铺设防水板→浇筑内衬混凝土。

施作隔热层时，于保温板一面和外衬表面上均匀涂抹树脂胶，待胶风干至不粘手时(约3～4min)，将保温板平整地粘贴在模筑外衬表面上，保证拼装平顺，轻压保温板，使其粘贴牢固；涂抹下一块保温板和复合防水板的胶水，并在已粘贴好的保温板和待粘贴的保温板接触的侧面均匀涂抹TN-1型聚氨酯黏结剂1～2mm厚，3～4min后粘贴、轻压黏结基面，使保温板与复合防水板粘贴牢固，保温板之间接缝紧密。

施工期间可根据所采用的隔热层型号规格及厂家安装要求，合理调整施作工艺。

(3)衬砌混凝土施作工艺及温度控制

施工期间，应制订本隧地热段高温条件下保证混凝土工程质量的技术措施，除应满足一般非地热段的衬砌混凝土浇注工艺之外，还应针对热害环境的实际情况，采取以下工艺措施，并满足温度控制要求如下：

首先应使原材料保持在常温环境，并控制拌和温度，必要时可采用碎冰碴取代部水用水量，以降低混凝土出机温度；若混凝土运输距离过长，且受洞内高温环境影响时，应对运输混凝土设备进行隔热处理，并将混凝土入模温度控制在30℃以下；混凝土浇筑期间，应埋设测温元件，动态监测衬砌混凝土内部温度变化情况，具体布置要求详见1号斜井和1号竖井工区地热处理专项设计文件，并采用洞内通风或制冷降温措施，使混凝土与钢模、邻接的已硬化混凝土或围岩间的温度差不大于15℃；混凝土养护期间，其芯部温度与表面温度、表面温度与环境温度之差均不应大于20℃，并使混凝土芯部温度不宜超过60℃，最大不得超过65℃；混凝土芯部降温后方可拆模，拆模后应利用隧道内降温措施，将衬砌混凝土芯部与表面、表面与环境之间的温差控制在15℃以下。

5. 地热段结构防开裂预案

若隧道内导热水断裂带的水温高于50℃时，为防止高地温条件下衬砌混凝土在养护阶段出现内外温差过大，必要时可采用混凝土内循环冷却水降温的措施。即在绑扎衬砌钢筋时可在其纵向上设置DN25的普通碳素钢水管，通过设置弯管将衬砌环向的多根水管形成循环通路，并向水管内注入冷水，冷水在衬砌混凝土内循环流动，以降低衬砌内部温度，防止衬砌结构在养护阶段出现开裂。

为监控衬砌混凝土养护阶段的温度变化情况，可在衬砌混凝土内部和表面分别设置温度应变计，随时掌握养护阶段混凝土的内外温差。若混凝土内部温度过高或内外温差太大，可调整水管内冷水的流量，以降低衬砌混凝土的整体温度，并将内外温差控制在10℃以内。在养护结束后，可向冷却管内注浆，采用C30水泥浆将空管注满，注浆压力按0.3～0.5MPa控制，使其与衬砌结构形成结构体。

6. 地热段运营环境保障措施

隧道通过导热水断裂对隧道运营环境影响较大，需设置隔热措施，并需对未完全封堵的热水归槽处理，以免恶化运营环境。

隧道贯通后，需对洞内环境温度分布情况进行现场测试，验证本隧地热处理的效果，并进一步判释地热对隧道运营环境的影响，根据评判结果，制订合理的通风方案对洞内降温，以满足隧道运营环境要求。

二、劳动保护措施

(1)在掌子面附近设置低温工作室，施工人员轮换休息。

(2)在洞口设制冰室，在洞内放置冰块降温。

(3)施工人员穿冰服。

(4)增加局部通风措施。

(5)中暑症的防治措施。在高温条件下施工除采用降温措施外，还应注意中暑症的防治工作。中暑症可分为热痉挛症、热虚脱症和热射症三种类型，其症状及处置如下：

①热痉挛：由于出汗过多，体内的水分、盐类丧失而引起。其症状为在作业中和作业后，发作性肌肉痉挛和疼痛。对此症应采取充分地摄取水和盐类予以缓解症状。

②热虚脱：由于循环系统失调而引起。其主要症状为血压降低、速脉、水脉、头晕、头痛、呕吐、皮肤苍白、体温轻度上升。采取的措施是，循环器官有异常的人员严禁参加施工。对有症状者增加补水次数，并在阴凉处静卧休息。

③热射症：由于体温调节中枢失调，体温上升。症状为：体温高、兴奋、乏力和皮肤干燥等。采取的措施，对高温不适应者应避免在洞内作重体力劳动。在高温施工地段采用冷水喷雾等方法降温，必要时对患者可采取医疗急救处置。

(6)合理安排高温作业时间。根据隧道内的高温程度、劳动强度和劳动效率，确定劳动工时，以策施工人员的健康和安全。

(7)加强健康管理。有高血压、心脏病的患者，由于高温作业有引起症状恶化之虞；疲劳、空腹、睡眠不足、酒醉等容易诱发中暑症，对此类人员应禁止参加劳动。在高温作业时，易发生维生素、水分、盐类的不足，对此需进行充分的补充。为消除疲劳，在适温适湿的环境下休息，或充分地进行卧床休息。

第四节　蒙河铁路太阳寨等4座隧道高温热害施工技术

一、工程概况

蒙自至河口铁路位于云南省南部红河哈尼族彝族自治州，纵跨蒙自、屏边、河口三县，是规划建设的云南国际铁路通道(泛亚铁路)东线的重要组成部分。蒙河铁路正线长141.442km，桥隧比为76.5%。设计速度120km/h，为单线Ⅰ级电气化铁路。

毛坡良、旱塘坡、太阳寨、三家寨四座高地温隧道地处河口县，属云贵高原向河谷丘陵过渡的斜坡峡谷地带，全中国少有的典型热带季风气候地区，夏季时间长达8个月，施工作业环境温度高。据河口县气象资料显示，年平均温度22.6℃，最冷月平均温度15.6℃，最热月平均温度29.5℃，极端最高温度42.9℃，极端最低温度1.9℃，降雨长达163d，年平均相对湿度86%，夏季洞外温度为29～35℃。

1.毛坡良隧道

毛坡良隧道全长7089m，隧道最大埋深1020m，于出口端右侧设757m平导一座。辅助坑道布置情况如图2-4-1所示。

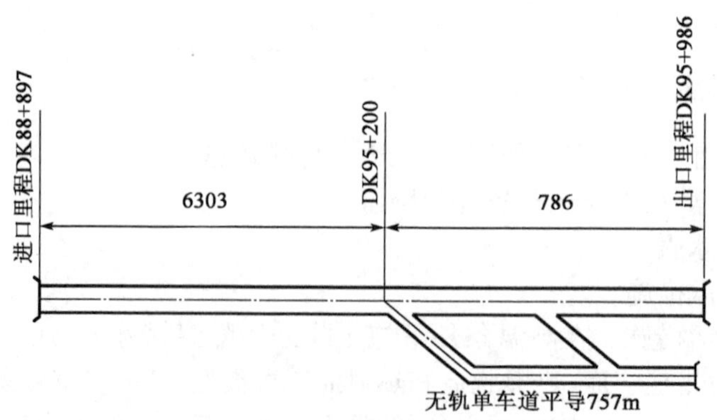

图2-4-1　毛坡良隧道平面示意图(尺寸单位：m)

隧道施工组织为进、出口相向掘进,其中隧道进口承担施工任务计划3178m,出口承担施工任务计划3911m。采用钻爆法开挖,无轨运输。

2. 旱塘坡隧道

旱塘坡隧道全长4380m,最大埋深近295m,其辅助坑道布置如2-4-2所示。

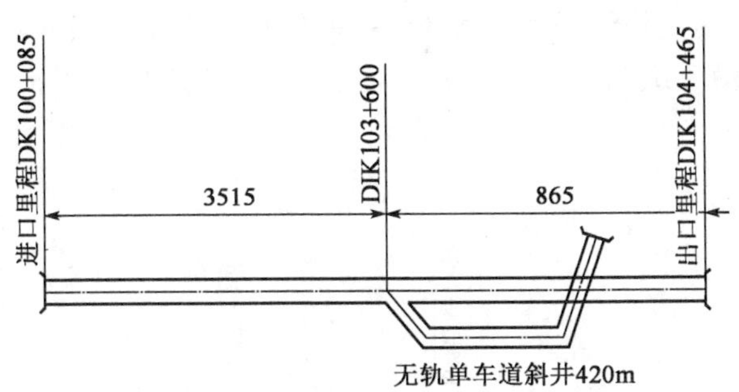

图2-4-2 旱塘坡隧道平面示意图(尺寸单位:m)

3. 太阳寨隧道

太阳寨隧道全长7354m,隧道最大埋深460m。于DK107+500线路右侧设横洞一座,横洞全长489m,于DK113+850线路右侧设斜井一座,斜井平长185m。辅助坑道布置如图2-4-3所示。

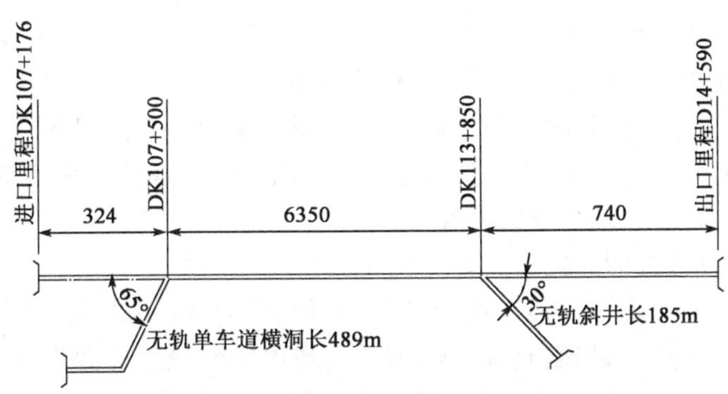

图2-4-3 太阳寨隧道平面示意图(尺寸单位:m)

4. 三家寨隧道

三家寨隧道位于马度白至河口北车站之间,全长6085m,最大埋深560m。于线路右侧设450m无轨单车道平导。由于进口工区开挖揭示围岩较差,其中DK128+716~DK128+816段100m开挖支护及变形处理约1年时间,导致工期严重滞后,后于DK132+500线路右侧增设一503m长无轨单车道斜井。辅助坑道布置如图2-4-4所示。

二、隧道高地热设计情况及实际温度、湿度情况

1. 地质概况

隧道穿行于崇山峻岭之中,属构造侵蚀、剥蚀中山地貌,地形起伏大、山高谷深、岸坡陡峻、植被发育,地壳抬升与河流下蚀作用强烈,地面高程550~2000m。下伏基岩以元古界瑶山群混合质夕线黑云片麻岩、混合岩化(夕线)黑云斜长片麻岩、黑云斜长变粒岩及少量斜长角闪

岩或大理岩为主，少部分为中生代第二期侵入花岗岩，其中瑶山群地层已遭受强烈区域变质和混合岩化。该区域为构造板块接触带附近，岩体受构造影响严重，变质作用强烈，节理裂隙发育，岩体较破碎，具混合岩化。据1/200000区域地质资料，区内构造简单，未见大的断裂发育，但在区域构造挤压作用下，次级褶曲及断裂较发育。地下水主要为基岩裂隙水，水量一般，施工开挖揭示高温隧道的高温段地下水不发育，基本无水。水质一般对混凝土无侵蚀性，局部对混凝土具酸性侵蚀，作用等级为H1。沟槽切割较深，滑坡、岩堆等不良地质发育。沿线地震动峰值加速度为0.10g。

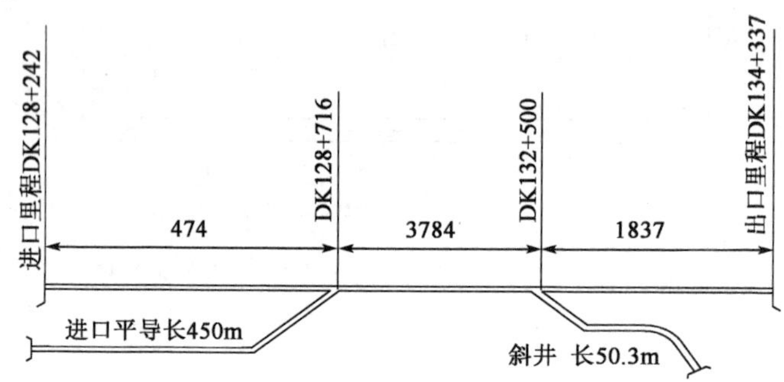

图2-4-4　三家寨隧道平面示意图(尺寸单位:m)

2. 高地温热害地段地质条件

上述4个隧道岩性为元古界瑶山群(Ptys)片麻岩夹混合岩、片岩、变粒岩、大理岩，均处于红河深大断裂以北区，为两条北西—南东向区域大断裂蒙自—屏边断裂及红河深大断裂所夹持的条带状混合岩化深变质岩区，该区块内地热无异常现象，地热异常点温、热泉均分布在红河深大断裂以南。各隧道勘测阶段的地温如下：

(1)毛坡良隧道勘测地温(表2-4-1)

此隧道洞身布置4个深孔，其中洞身中段深孔DZ-MPL-02孔底埋深786m处地温为27℃，且最后100m地温增加迅速，达3.6℃/100m，隧道中部最大埋深为1026m，推测最高地温为27+3.6×(1026−786)/100=35.6℃，按此推测隧道洞身DK91+500~DK94+100段洞身地温将超过28℃，为28~35.6℃。

深孔地温成果表　　　　表2-4-1

深孔编号	钻孔位置	最高地温(℃)	最高温埋深(m)	洞身地温(℃)	洞身埋深(m)
PDZ-MPL-01	DK89+300右8m	24.6	264	24.2	250
DZ-MPL-01	DK90+480右12m	24.3	700	23.4	680
DZ-MPL-02	DK94+160右12m	27.0	786	25.6	760
DZ-MPL-03	DK94+760左8m	25.1	724	23.6	700

(2)旱塘坡隧道勘测地温(表2-4-2)

此隧道洞身布置4个深孔，其中洞身中段深孔DZ-HTP-2孔底埋深272m处地温为30.2℃，且最后100m地温增加迅速，达4℃/100m，隧道中部最大埋深为292m，推测最高地温为30.2+4×(292−272)/100=31℃，按此推测隧道洞身DK101+650~DK102+900段洞身地温将超过28℃，为28~31℃。

深孔地温成果表 表2-4-2

深孔编号	钻孔位置	最高地温(℃)	最高温埋深(m)	洞身地温(℃)	洞身埋深(m)
DZ-HTP-1	DK100+840 左8m	23.1	153	22.4	120
PDZ-HTP-1	DK101+000 右8m	22.5	98.5	22.4	80
DZ-HTP-2	DK102+500 左8m	30.2	272	29.4	255
PDZ-HTP-2	DK103+160 右8m	26.3	165	26.1	160

(3)太阳寨隧道勘测地温(表2-4-3)

此隧道洞身布置3个深孔,孔中各深度进行地温实测。其中DZ-TYZ-02(DK109+890右8m)钻孔测井实测隧道洞身范围内地温为27.2~28.2℃,在28℃左右,本孔有28℃以上的热害存在。根据钻孔揭示及同等地质条件相比较分析:DK109+000~DK110+700段有28℃以上的热害存在。

深孔地温成果表 表2-4-3

深孔编号	钻孔位置	最高地温(℃)	最高温埋深(m)	洞身地温(℃)	洞身埋深(m)
DZ-TYZ-01	DK108+170 右16m	26.6	292.2	26.0	270
DZ-TYZ-02	DK109+890 右8m	28.8	390.5	28.2	365
DZ-TYZ-03	DK111+605 左8m	27.1	330.4	26.8	315

(4)三家寨隧道勘测地温(表2-4-4)

此隧道洞身布置4个深孔,各孔中各深度进行地温实测。从DZ-SJZ-1(DK128+950左8m)至PDZ-SJZ-1(DK133+540右8m)段内,测井实测隧道洞身范围内地温为23.3~27℃,低于28℃,无28℃以上的高温存在,但已接近28℃。

深孔地温成果表 表2-4-4

深孔编号	钻孔位置	最高地温(℃)	最高温埋深(m)	洞身地温(℃)	洞身埋深(m)
DZ-SJZ-1	DK128+950 左8m	24.9	118.9	24.5	105
DZ-SJZ-2	DK130+375 右8m	27.1	294.0	27.0	280
DZ-SJZ-3	DK132+200 左8m	25.2	279.0	25.0	255
PDZ-SJZ-1	DK133+540 右8m	25.7	126.8	25.6	110

3.实测地温及洞内作业环境温度

(1)毛坡良隧道实测温度

进口(DK88+897):2009年9月进入正洞施工。2010年11月毛坡良隧道进口进入高温施工(从DK89+660开始),比设计(DK91+500)提前了1840m进入高温里程段。最高温度发生在2011年8月19日,衬砌作业面当时衬砌温度为42.5℃。

出口(DK95+986):2009年7月25日进入正洞施工。2010年1月毛坡良隧道出口进入高温施工段(从DK95+180开始),比设计(DK94+100)提前了1090m进入高温里程段。最高温度发生在2010年12月30日,衬砌工作面当时作业温度为42.5℃。

毛坡良隧道进口开工以来,隧道洞外温度与掌子面温度整理统计如图2-4-5所示。

毛坡良隧道出口开工以来,隧道洞外温度与掌子面温度整理统计如图2-4-6所示。

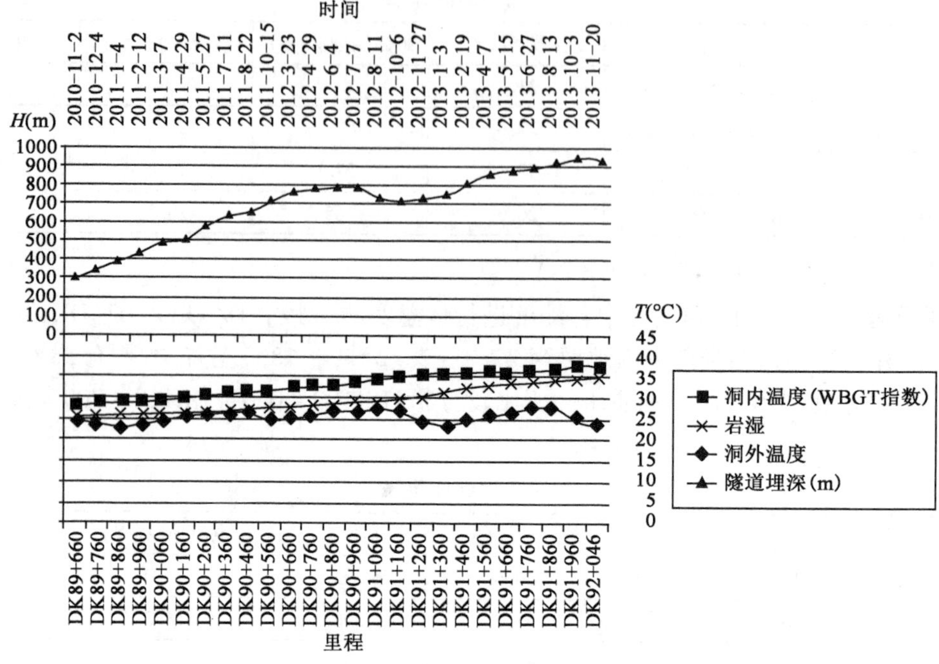

图2-4-5　毛坡良隧道进口实测地温

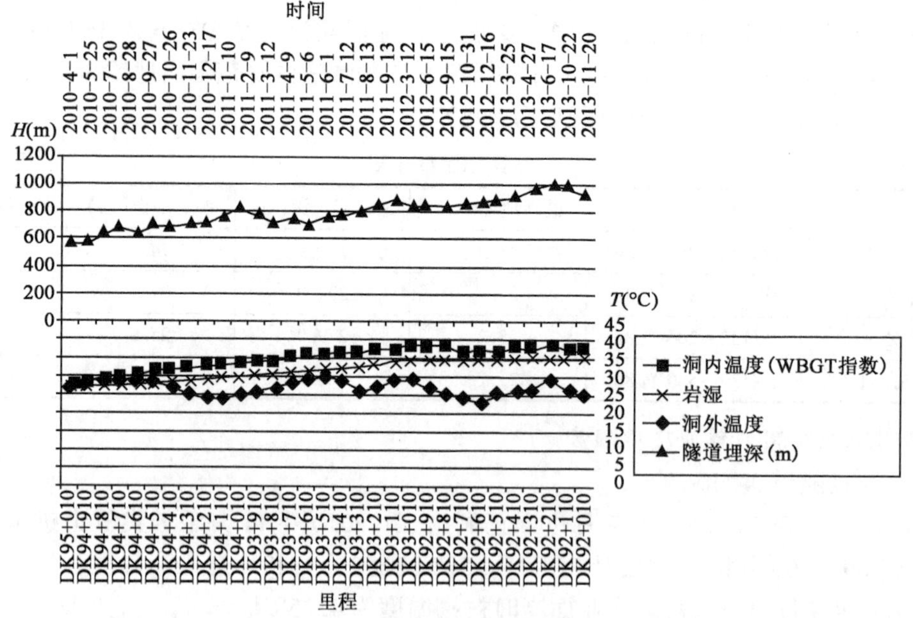

图2-4-6　毛坡良隧道出口实测地温

(2)旱塘坡隧道实测温度

进口(DK100 +085):2009 年 9 月 5 日进入正洞施工，2013 年 6 月进入高温施工段(DK101 +650 开始),与设计相同进入高温施工段。最高温度发生在 2013 年 10 月 6 日,衬砌工作面当时作业温度为 33.5℃。

出口(DK103 +600 斜井和正洞交点里程):2010 年 11 月 7 日,斜井转入正洞施工,期间停工一段时间,于 2012 年 5 月进入高温施工段(DK103 +245 开始),比设计提前 345m 进入高温施工段。

旱塘坡隧道斜井开工以来,隧道洞外温度与掌子面温度整理统计如图 2-4-7 所示。

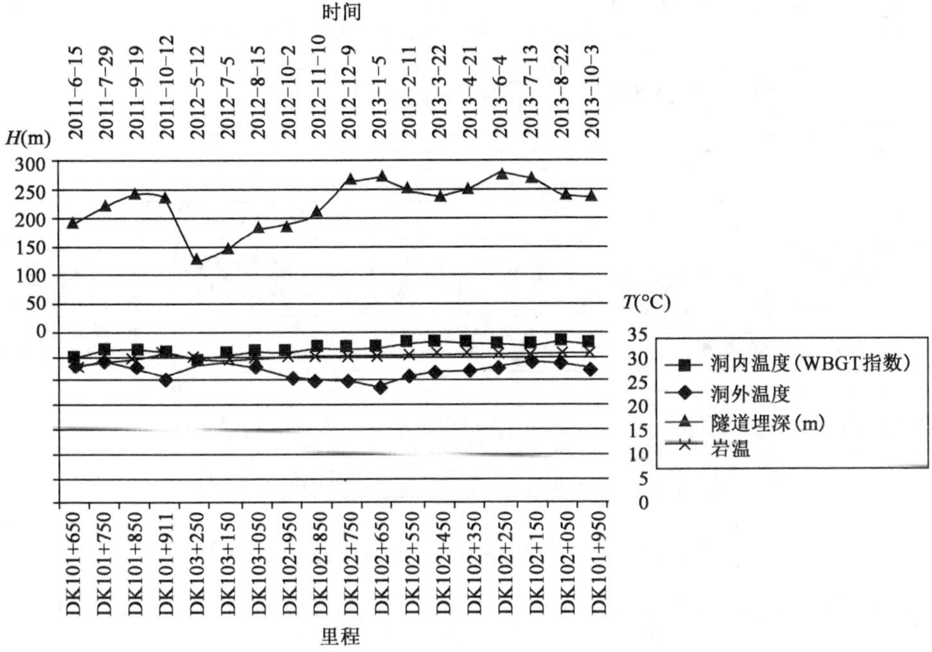

图 2-4-7 旱塘坡隧道时间里程及温度曲线图

(3)太阳寨隧道实测温度

2009 年 12 月 30 日隧道进口进入正洞施工,2010 年 4 月进入高温施工段(DK108 +000,环境温度 35℃),比设计提前 1000m 进入高温地段;2009 年 9 月出口进入正洞施工,2010 年 5 月份进入高温施工段(DK113 +600,环境温度 32℃),比设计提前 2900m 进入高温地段。截至目前,隧道内最高温度 43℃,相对湿度达到 97%。

2011 年 7 月 24 日,太阳寨隧道 DK109 +550 实际测量岩石温度为 34.6℃。采用仪器为智能数字显示报警仪 WP-C80(图 2-4-8,图 2-4-9),打孔深度 3m。

图 2-4-8 智能数字显示报警仪 WP-C80

图 2-4-9 智能数字显示报警仪测岩温

太阳寨隧道进口开工以来，隧道洞外温度与掌子面温度整理统计如图 2-4-10 所示。

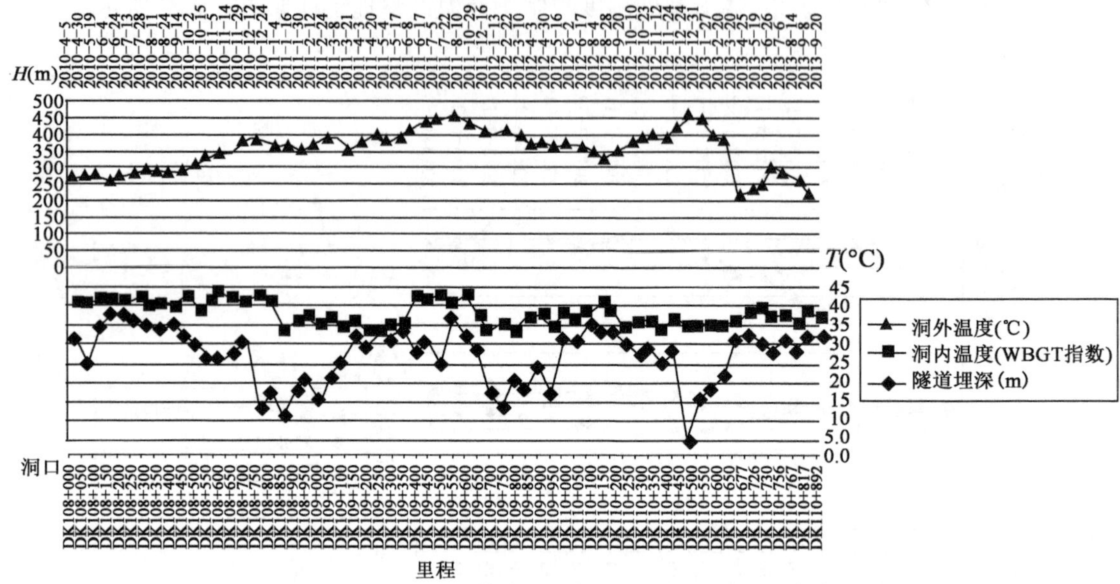

图 2-4-10 太阳寨隧道进口洞外温度与掌子面温度

太阳寨隧道出口开工以来，隧道洞外温度与掌子面温度整理统计如图 2-4-11 所示。

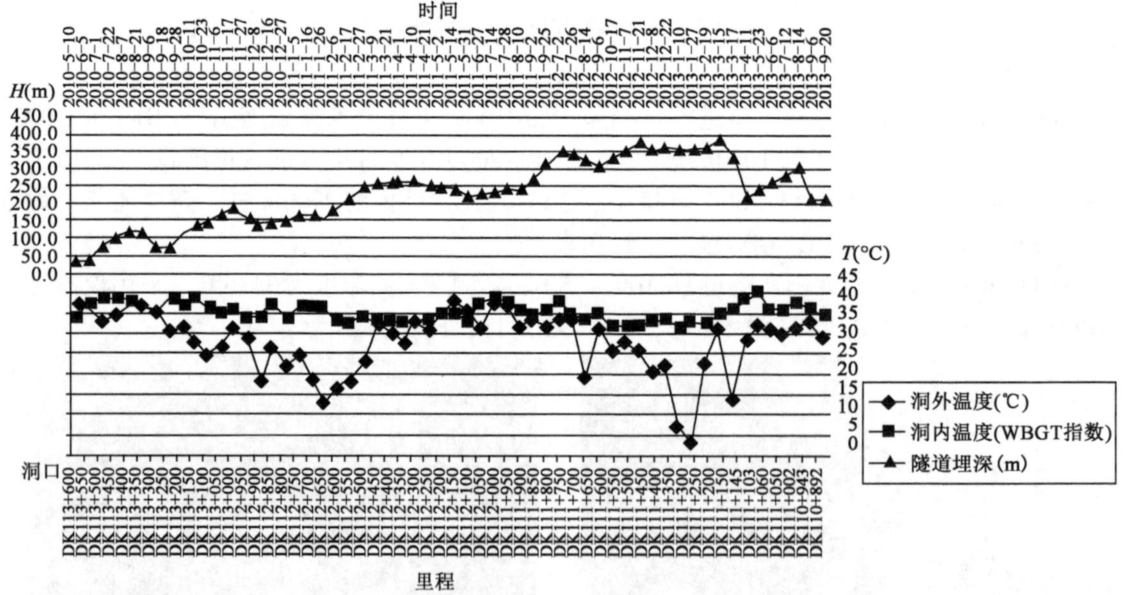

图 2-4-11 太阳寨隧道出口洞外温度与掌子面温度

（4）三家寨隧道实测温度

2009 年 12 月进口进入正洞施工，2010 年 4 月进入高温施工段（DK128 + 750，环境温度 31.7℃），比设计提前 2150m 进入高温地段。2010 年 7 月出口进入高温施工段（DK133 + 847，环境温度 32℃），比设计提前 2097m 进入高温地段。截至目前，隧道内最高温度 39.7℃，相对湿度达到96%,经放射性检测,未发现放射性异常。

三家寨隧道进口开工以来,隧道洞外温度与掌子面温度整理统计如图2-4-12所示。

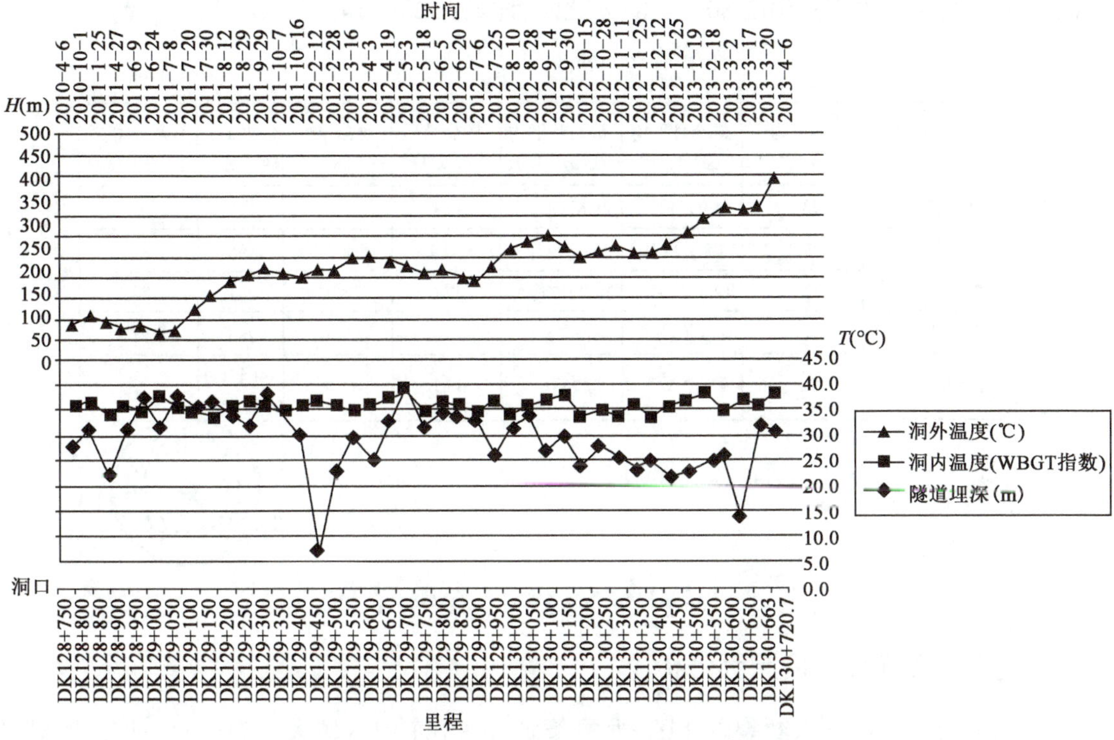

图2-4-12　三家寨隧道进口洞外温度与掌子面温度

三家寨隧道出口开工以来,隧道洞外温度与掌子面温度整理统计如图2-4-13所示。

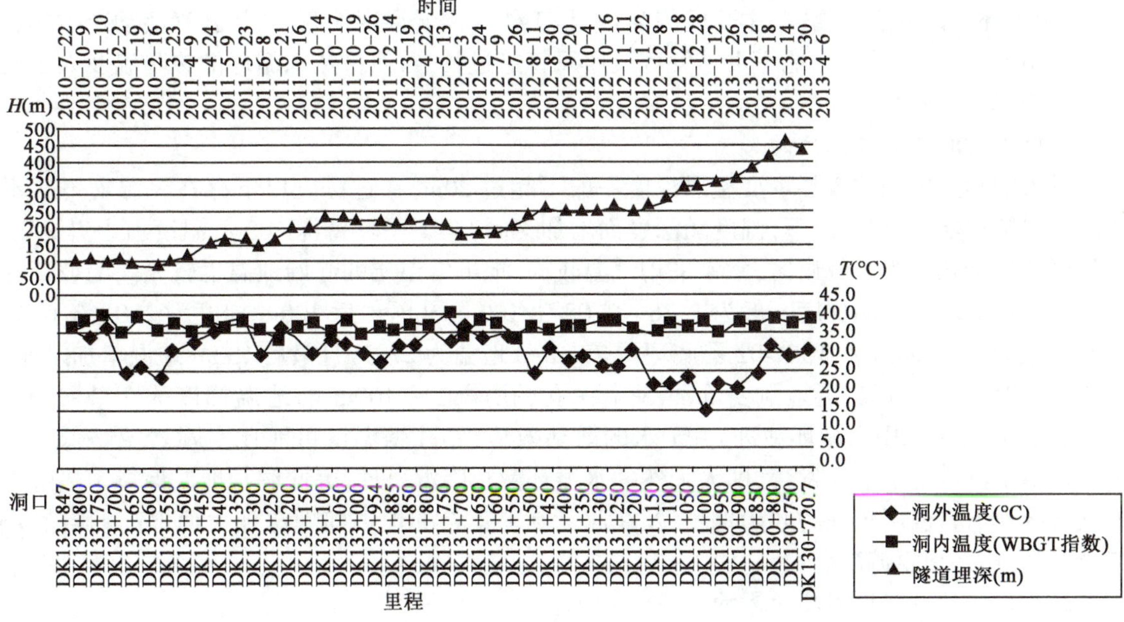

图2-4-13　三家寨隧道出口洞外温度与掌子面温度

4. 施工期当地气象资料

根据河口县气象服务中心数据，施工期间河口地区年平均气温为 22.5 ~ 23.9℃之间，最高气温 40.7℃，年平均相对湿度 80% ~84%之间，详见图 2-4-14。

河口县2009年至2013年相关气象要素统计表

要素 年份	年平均气温（℃）	最冷月平均气温（℃）	最热月平均气温（℃）	极端最高气温（℃）	极端最低气温（℃）	年降雨天数（天）	年平均相对湿度（%）
2009年	23.9	14.9（1月）	28.8（8月）	39.1	7.8	176	80
2010年	23.8	17.8（12月）	29.0（7月）	38.9	8.2	196	81
2011年	22.5	12.4（1月）	28.9（7月）	37.6	8.0	201	84
2012年	23.8	15.4（1月）	28.9（6月）	40.7	9.5	285	81
2013年		15.3	24.0	35.1	11.7	44(至4月23日)	

2013年4月24日

图 2-4-14　施工期当地气象资料

三、高温施工作业环境原因分析

该段线路处于红河深大断裂以北区，为两条北西—南东向区域大断裂蒙自—屏边断裂及红河深大断裂所夹持的条带状混合岩化深变质岩区，该区块内地热无异常现象，地热异常点温、热泉均分布在红河深大断裂以南。隧道施工掘进 1km 以后，随着埋深加大及掘进长度的增加，洞内环境温度逐步增高，主要原因为：一是工作区围岩温度偏高；二是施工活动产生热量使环境温度进步增高；三是地下水不发育及通风管道过长，致使自然水循环散热降温及人工通风散热降温效果差。

1. 地温对洞内环境温度的影响

受太阳辐射影响的表层可变温层深度一般不超过 20m，在这深度以下存在一温度终年不变的薄层常温层，常温层以下，温度随深度而增加，通常向下平均每深 100m，温度就上升 3℃。工作区域处于热带季风气候区，常年平均气温较高，地下常温层的起始地温也较高。毛坡良隧道 4 个深孔揭示的地温梯度一般为 1.76 ~ 2.08℃/100m，孔深最后 100m 梯度为 2.0 ~ 3.6℃/100m，洞身中段深孔 DZ-MPL-02 孔底埋深 786m 处地温为 27℃，且最后 100m 地温增加迅速，达 3.6℃/100m。太阳寨隧道洞身布置 3 个深孔，孔深最后 100m 的地温梯度为 2.2 ~ 3℃/100m。深孔施工采用水循环钻进，由于水的散热效应，钻孔壁温度可能比实际岩温略低。施工开挖揭示洞内地下水不发育，即无天然的水循环散热降温条件，因此洞身地温保持了热带季风气候区地下常温层较高的起始地温，及在此基础上正常的地温随埋深加大而增高的自然规律，致使工作区地温偏高。

2. 施工热源对环境温度的影响

二衬混凝土与喷混凝土施工产生的水化热、施工机械热及爆破等产生的热量，也起到对环境增温效果，经测量二衬施作区及喷浆区最热，比其他区域高2～5℃，另刚爆破后的掌子面及工程机械附近也比相邻区温度要高得多。这也是洞内环境温度比岩温高2～6℃的原因。隧道掘进过长，尤其是超过2km后，通风基本无效果，洞内风管尾端管口是扁平的，基本无风感，洞内机械尾气、爆破产生的废气及尘灰均得不到有效排除，通风散热降温效果差。以上隧道在全隧贯通形成自然通风后，环境温度、湿度得到迅速改善。

3. 热带季风气候对洞内环境温度的影响

上述4个隧道地处热带季风气候区，常年平均气温较高，湿度较大。上述气候特点导致地下常温层的起始地温也较高，这是地温偏高的重要原因，地温偏高又导致洞内环境温度偏高。同时由于洞外气温高、湿度大，洞内外温差、湿差小，通风降温效果较差。

4. 深孔测温与隧道开挖揭示地温的对比分析（表2-4-5，表2-4-6）

蒙河线高地温隧道设计与施工揭示对比表　　表2-4-5

隧道名称	设计情况			施工揭示情况			对比		
	高温段落	高温范围	对应隧道埋深（m）	高温段落	高温范围（℃）	对应隧道埋深（m）	高温段落（m）	高温范围	对应隧道埋深（m）
毛坡良隧道	DK91+500～DK94+100（2600m）	28～35.6℃	785～1026	DK89+660～DK95+175（5515m）	28.1～36.5	320～1026	长2915	高1℃	减小465
旱塘坡隧道	DK101+650～DK102+900（1250m）	28～31℃	195～300	出口自DK103+251起	30.0～30.4	135～300	—	相符	减小60
太阳寨隧道	DK109+000～DK110+700（1700m）	28℃以上	345～460	DK108+215～DK112+500（4285m）	28.4～34.3	250～460	长2535	—	减小95
三家寨隧道	DK130+500～DK132+050（1550m）	轻微热害	315～560	DK129+300～DK132+400（3100m）	28.2～29.6	230～560	长1550	—	减小85

隧道深孔测井温度与开挖揭示附近岩温对比表　　表2-4-6

隧道名称	深孔编号	钻孔位置	洞身地温（℃）	测井时气温（℃）	测井时间	实测位置	实测岩温	实测时间	对比
毛坡良隧道	DZ-MPL-01、02、03	—	23.4～25.6	2～8	2009年1～2月	—	30℃以上	2013年6月	高5℃以上
旱塘坡隧道	DZ-HTP-02	DK102+500左8m	29.4	25.6	2008年10月	DK102+411	30.4℃	2013年6月	高1.0℃
	PDZ-HTP-02	DK103+160右8m	26.1	23.6	2009年4月	DK103+251	30.2℃	2013年6月	高4.1℃
太阳寨隧道	DZ-TYZ-01	DK108+170右16m	26.0	21.0	2008年10月	DK108+215	28.4℃	2013年6月	高2.4℃
	DZ-TYZ-02	DK109+890右8m	28.2	23.0	2008年9月	DK110+200	34.3℃	2013年6月	高6.1℃
	DZ-TYZ-03	DK111+605左8m	26.8	12.8	2008年12月	DK111+610	29.8℃	2012年9月	高3.0℃
三家寨隧道	DZ-SJZ-03	DK132+200左8m	25.0	25.1	2008年11月	DK132+120	29.5℃	2013年7月	高4.5℃

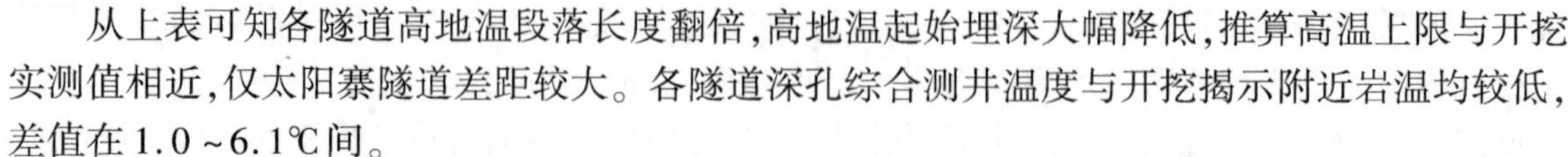

从上表可知各隧道高地温段落长度翻倍，高地温起始埋深大幅降低，推算高温上限与开挖实测值相近，仅太阳寨隧道差距较大。各隧道深孔综合测井温度与开挖揭示附近岩温均较低，差值在1.0~6.1℃间。

深孔综合测井温度与开挖实测岩温有较大差异的原因分析如下：

隧道洞身深孔采用水循环钻进，循环水水温与深部岩温的温差大，水循环散热作用明显，在深孔综合测井时所测地温是经钻孔循环水散热降温后的孔内温度，综合测井温度比真实地温较低。

四、施工存在的突出问题

高温隧道施工存在的突出问题为施工环境恶劣；多数施工人员不能适应高温环境作业，人员更换频繁，施工工效低；设备在高温条件下功效降低，易损坏等。

1. 施工环境恶劣

进入高温段施工后，虽然通过加强通风、优化通风方案及人工降温等措施，环境温度下降了1~5℃，但环境温度依然高达35℃以上，且湿度很大，在现场待10min就会大汗淋漓、满身湿透，作业人员难以适应在高温、高湿度环境下从事体力劳动，身体不良反应相当明显，大部分人员作业30min就发生胸闷、昏厥、昏倒现象，多次出现集体辞职现象，施工组织受到严重影响。

2. 人员更换频繁

因施工环境恶劣，一方面是部分施工人员不适应高温施工环境，另一方面是环境太差、体能消耗大，身体强健的也不能适应长时间在如此恶劣环境下施工。造成人员更换频繁。

自2010年4月进入高温施工段以来，太阳寨隧道进口、出口开挖班累计更换38次，二衬班组累计更换21次，支护班组累计更换14次，严重影响了施工进度。

自2010年7月进入高温施工段以来，三家寨隧道进口、三家寨斜井、三家寨隧道出口开挖班累计更换22次，二衬班组累计更换14次，支护班组累计更换7次，严重影响了施工进度。

3. 工效低

进入高温段施工后，先后采取了加强通风、优化通风方案、喷雾洒水、高压风辅助通风、建低温休息室、制冰块降温、在作业面安装大功率风扇等措施，起到了一定降温效果，但温度依然高达33~39℃。

因施工环境恶劣，人员更换频繁，我们为了稳定队伍，根据实际温度情况和国家高温作业分级标准（表2-4-7、表2-4-8），洞内作业高温分级为Ⅳ级，施工环境温度在30~42℃之间，连续工作时间不得超过10~60min。为了保证高温下各工序作业的连续性，实际施工按常温4~6倍配置人员，安排人员到低温休息室轮流休息，工效大大降低。

高温作业分级　　表2-4-7

接触高温作业时间(min)	WBGT指数(℃)									
	25-26	27-28	39-30	31-32	33-34	35-36	37-38	39-40	41-42	≥43
≤120	Ⅰ	Ⅰ	Ⅰ	Ⅰ	Ⅱ	Ⅱ	Ⅱ	Ⅲ	Ⅲ	Ⅲ
≥121	Ⅰ	Ⅰ	Ⅱ	Ⅱ	Ⅲ	Ⅲ	Ⅳ	Ⅳ	—	—
≥241	Ⅱ	Ⅱ	Ⅲ	Ⅲ	Ⅳ	Ⅳ	—	—	—	—
≥361	Ⅲ	Ⅲ	Ⅳ	Ⅳ	—	—	—	—	—	—

高温作业允许持续接触热时间限值(单位:min) 表 2-4-8

工作地点温度(℃)	轻劳动	中等劳动	重劳动
30~32	80	70	60
>32	70	60	50
>34	60	50	40
>36	50	40	30
>38	40	30	20
>40	30	20	15
>42~44	20	10	10

注:轻劳动为Ⅰ级,中等劳动为Ⅱ级,重劳动为Ⅲ级和Ⅳ级。

4. 设备降效

受高温影响,进入洞内施工的机械设备经常出现熄火现象,挖掘机、装载机、出渣车等机械进入洞内作业常发生开锅现象。设备损坏严重,维修率高。针对进洞施工的挖掘机、装载机在高温环境下经常出现的熄火、发动机开锅等设施运转不正常等问题,为保证正常施工,对机械设备作如下调整:挖掘机、装载机等大型机械各增加一套备用,两套设备轮流在洞内工作,加强维修和保养。

五、隧道高地温热害地段设计原则

据定测阶段地勘资料介绍及施作的深孔测井测试,按温度梯度计算本线四座隧道存在大于28℃岩温,且温度均略大于正常温度。各隧道高温影响范围及段落见表 2-4-9 所示。

设计高温段长度 表 2-4-9

隧道名称	施工图设计情况		
	高温段落及长度	温度范围	隧道埋深(m)
毛坡良隧道	DK91+500~DK94+100(2600m)	28~35.6℃	785~1026
旱塘坡隧道	DK101+650~DK102+900(1250m)	28~31℃	195~300
太阳寨隧道	DK109+000~DK110+700(1700m)	28℃以上	345~460
三家寨隧道	DK130+500~DK132+050(1550m)	轻微热害	315~560

鉴于高温段落,温度等不确定性,施工图设计阶段对可能存在高温热害的隧道进行了预设计,主要措施为通风降温。要求以上四座隧道施工至上表所述段落附近时加强洞内温度监测,加强通风降温,若高温段落、热害程度与设计不符时应及时上报相关单位,以便调整处理措施。隧道高温段主要设计原则为:

(1)隧道施工作业面空气温度不宜超过28℃。

(2)当空气温度为28~30℃时,应采取局部调节风速的措施,使风速度应结合洞内施工情况,温度监测情况确定。

(3)当空气温度超过30℃时,采取通风降温+局部制冷的降温措施,并缩短工作时间,设置临时休息室并加强个体防护等措施。

从以上四座隧道施工揭示情况来看,开挖后实测岩温与设计基本吻合,而洞内气温为

34.5～43℃，相对湿度90%～97%，作业环境极其恶劣，功效极低。施工实际揭示高温段落及温度见表2-4-10。

实际揭示高温长度　　表2-4-10

隧道名称	施工揭示温度情况		
	高温段落及长度	高温范围（℃）	对应隧道埋深（m）
毛坡良隧道	DK89+660～DK95+175（5515m）	28.1～36.5	320～1026
旱塘坡隧道	出口自DK103+251起	30.0～30.4	135～300
太阳寨隧道	DK108+215～DK112+500（4285m）	28.4～34.3	250～460
三家寨隧道	DK129+300～DK132+400（3100m）	28.2～29.6	230～560

施工过程中通过调整优化施工通风方案，采取加大通风功率，设置串联风机接力通风等措施，保证了风管风压及掌子面风量，适当降低了洞内作业温度，对改善作业环境起到了积极作用。太阳寨隧道洞内作业区段采用冰块局部制冷措施降低作业范围温度，改善了作业环境。

六、高地温施工作业环境现场采取的措施及效果

1. 优化通风方案加强通风的效果

原施组通风方案为在洞口安装2×110kW的轴流风机，采用1.5m直径风筒，从洞外鼓风送至掌子面附近，即压入式通风，但在进入高温段施工后，该通风方案已不能满足现场作业要求，温度高达40℃以上，超过了高温作业极限，为此，将通风方案优化为：

①将第一组风机改为2台132kW的轴流式鼓风机，风筒直径由1.5m改为1.8m。

②有辅助坑道的，加快辅助坑道较短一端施工，施工完后，将洞外鼓风机移至正洞较短一端，并将该端封闭（除通风筒），防止污浊空气进入。

③在距第一组鼓风机1200～1500m处，增设2台110kW轴流风机（第二组），进行第一次接力通风。

④在距第一组鼓风机2000～2500m处，增设2台110kW轴流风机，进行第二次接力通风。

⑤在辅助坑道与正洞交叉处，安装一台37kW的射流风机，加快将污浊空气排出洞外。

以太阳寨进口优化后的通风方案为例：

太阳寨隧道进口横洞与正洞进口贯通前，在横洞口采用独头压入式通风方式，风机采用山西省侯马市生产的鑫丰康风机，型号SDF（c）-NO.13的2×132kW，待隧道掘进至DK108+850处再安装第二台风机进行接力通风，如图2-4-15所示。

根据计算，现场通风设备配备如表2-4-11所示。

第一阶段通风方案设备表　　表2-4-11

设备名称	设备编号	型　号	技术参数			安放位置	风筒布规格
			功率（kW）	风压（Pa）	风量（m^3/min）		
轴流风机	Z1	SDF（c）-NO.13	2×132	930～5920	1695～3300	横洞进口左侧	ϕ1800
轴流风机	Z2	SDF（c）-NO.11	2×110	860～5355	1550～2912	DK108+850	ϕ1800

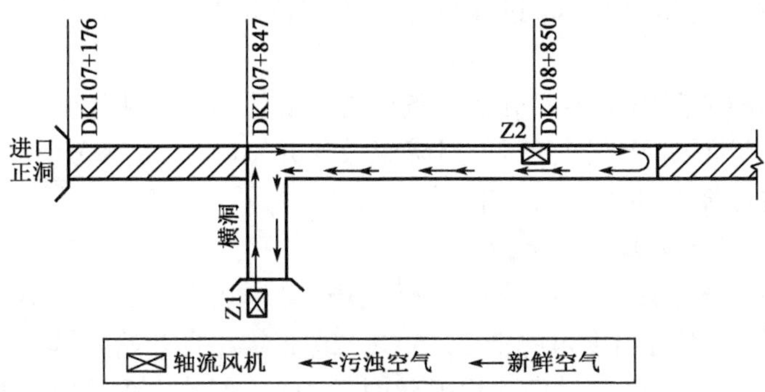

图 2-4-15 进口与横洞贯通前通风示意图

当进口掘进至 DK110 +050 时,再增加一台风机 Z3(功率为 2×110kW),与 Z2 风机串联起来,并在隧道的另一侧增加一台射流风机(里程介于 Z2 与 Z3 之间)形成通风系统,另将 Z1 风机移至横洞与进口正洞交叉口,如图 2-4-16 所示。第二阶段通风方案设备见表 2-4-12。

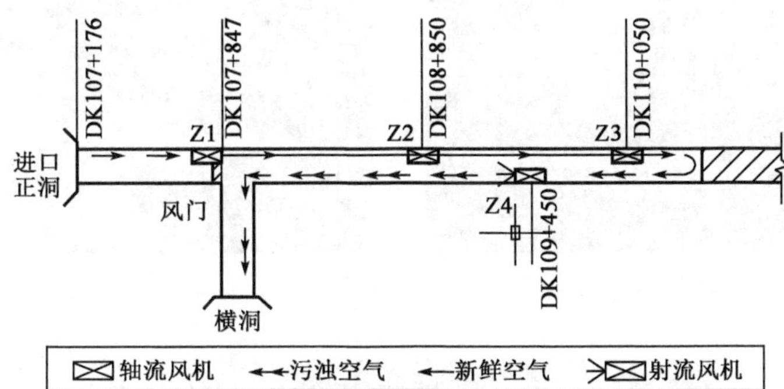

图 2-4-16 进口与横洞贯通后通风示意图

第二阶段通风方案设备表 表 2-4-12

设备名称	设备编号	型　号	技 术 参 数			安放位置	风筒布规格
			功率(kW)	风压(Pa)	风量(m^3/min)		
轴流风机	Z1	SDF(c)-NO13	2×132	930~5920	1695~3300	DK107+847	ϕ1800
轴流风机	Z2	SDF(c)-NO11	2×110	860~5355	1550~2912	DK108+850	ϕ1800
轴流风机	Z3	SDF(c)-NO11	2×110	860~5355	1550~2912	DK110+050	ϕ1500
射流风机	Z4	SSF-NO11.2/37	1×37		2220	DK109+450	

⑥为进一步加快通风排烟速度,增加掌子面空气流动性,在出渣完成后,将高压风开启,人员暂时撤离,采用高压风配合通风 30~60min,再关闭高压风。

通过对隧道通风前后洞内温度的检测,原通风方案在通风 60min 后,温度降低 0.5~1℃,降温不明显,且作业面温度经常高于 40℃,超出了高温作业规定;在优化通风方案后,午间洞外温度较高,降温效果在 1~2℃,晚间降温效果要好些,最高可降低 5℃,作业面温度能维持在 33～39℃之间，偶尔超过 40℃，可按照国家高温作业分级标准（GB/T 4200—2008）组织施工。

由此可见，高温隧道洞内施工人员及设备比常温隧道要多，洞内新鲜空气需求量大，通过加强通风，洞内供风量得到了保证；但是，对降温效果并不明显，大部分时间洞内温度仍为33～39℃，不得不长期按照高温环境组织施工。

2. 在作业点附近放置冰块降温的效果

前期，通过在建水县冷库采购冰块运输至现场，安放在高温隧道二衬地段及掌子面附近（图 2-4-17），放置冰块附近温度可降低 3～5℃。2012 年 8 月开始，采取了在洞口建制冰厂制冰的措施（图 2-4-18、图 2-4-19）。但冰块融化时间为 3h，制冰室需连续 24h 制冰，才能满足洞内需要。

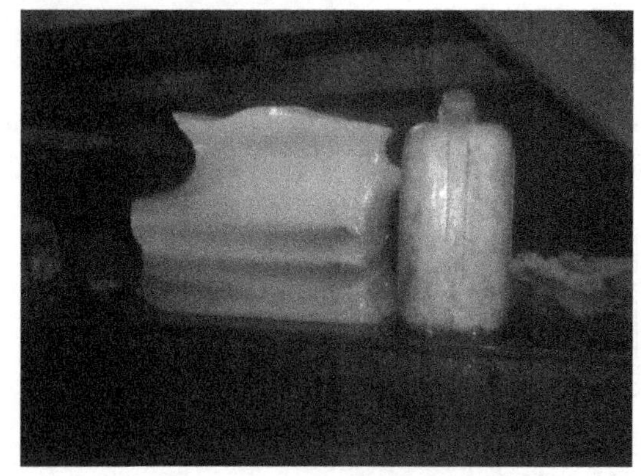

图 2-4-17　二衬台车上放置冰块

图 2-4-18　隧道洞口制冰房

图 2-4-19　HJ-300～HJ-200P 系列整体片冰机/块冰机

3. 作业面设置风扇的效果

在开挖（支护）台车、衬砌台车、防水板铺设台架处，在地面及每层平台各安装 2 台 5.6kW 的大功率风扇（图 2-4-20），每个台车（架）安装 6 台，每个工作面 18 台。增设风扇后，虽然温度没有降低，但大大增加了空气的流动性，通过加快吹散人体表面汗液或湿气，达到人体降温效果。

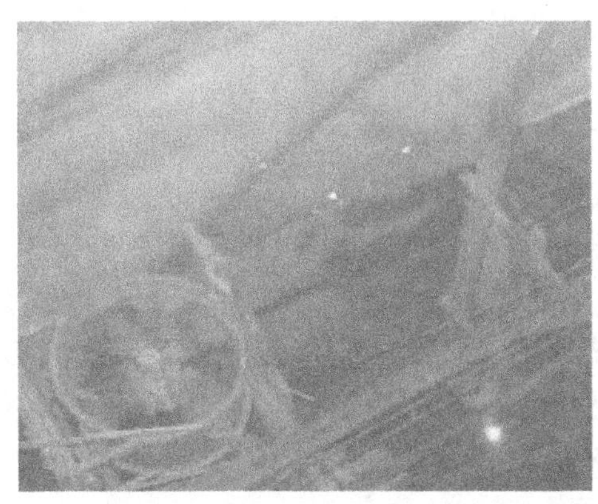

图2-4-20 洞内二衬、开挖及防水板台车(架)上增加通风机(局扇)

4. 喷水降温

为有效改善隧道高温施工环境,在隧道刚施作二衬地段,从高压水管开口引入150mm钢管,钢管两端密封,中部间隔20~30cm设置喷头及开关,当掌子面不用高压水打钻时,开启喷头闸阀,朝空中及二衬表面喷水,利用水降温(图2-4-21)。该方法前期有一定效果,喷水段降温达2~3℃,但随着掘进长度加深,因水管采用钢管,喷头处水温不断升高,效果逐步降低,掘进达到2km以后,基本没有降温效果。

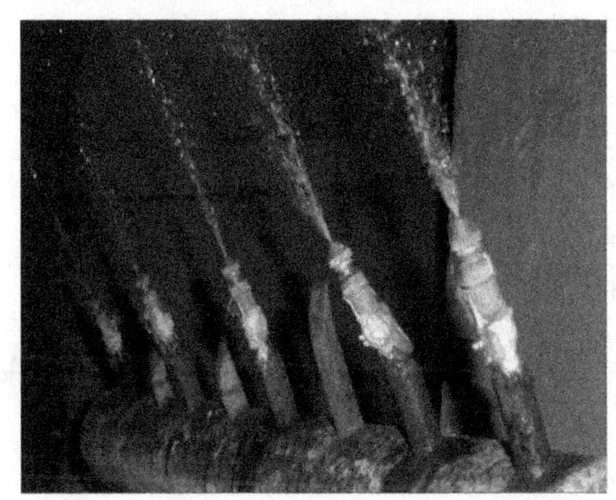

图2-4-21 喷水降温

5. 采用高压风临时性通风

随着掘进深入,温度逐步上升,加上湿度大,通风效果逐步降低,刚进入掌子面时感觉相当闷热,很难受,为改善环境,进入掌子面施工时开启高压风吹30~50min,受空气快速流动影响,在温度没有明显改变的情况下,增加了舒服感。施工期间,一般每隔2h开启高压风吹30min。

6. 建立低温休息室

由于洞内温度过高,施工人员无法长时间在洞内工作,为保障施工人员身心健康,自制移动式低温室,室内布置立体空调、风扇及防暑用品等,供班组人员轮流休息。低温休息室解决了施工人员在高温环境下施工的休息场所,起到恢复体力的作用,有身体不适者可就地服用防暑药品。

7. 建立工作值班制度

按照《国家高温作业分级标准》（GB/T 4200—2008）要求配置施工人员，即作业 1 ~ 2h 休息，4h 倒班，实行每 24h6 ~ 8 班倒作业制度，基本确保了正常施工。

进入高温段施工后，通过各种办法，作业环境温度仍然不能降到国家高温作业分级标准以下，班组更换频繁，经常是整个班组更换，最后在优化了通风方案，通过建立低温休息室，增加大功率风扇等一系列措施，在温度降至 40℃ 以下，严格按照《国家高温作业分级标准》（GB/T 4200—2008）要求，配置较常规作业增加 4 ~ 5 倍施工人员及现场管理人员，作业 1 ~ 2h 休息 15 ~ 30min，每 4h 轮班（原施组 8h 轮班），实行 6 ~ 8 班倒作业。即使这样，仍然有部分施工人员不能适应，通过多次更换部分施工人员才基本班组。

8. 增加设备配置，避免设备原因造成窝工

进入高温段施工后，施工机械设备（挖掘机、装载机、出渣车等）故障率明显增加，效率降低，且经常出现开锅现象。因高温段施工留住施工人员困难，为了不受机械故障影响而停工导致窝工，采取了增加机械设备配置及增加机械维修人员、增加机械易损件储备等措施。高温段机械设备均较常温段多配备一套设备作为备用（以太阳寨隧道进口为例，见表 2-4-13）

太阳寨隧道进口常温段与高温段机械对比表 表 2-4-13

常温施工段			高温施工段			备注
设备名称	型号规格	数量（台）	设备名称	型号规格	数量（台）	
挖掘机	PC130	1	挖掘机	PC130	2	
装载机	ZL40	1	装载机	ZL40	2	
轴流风机	2 × 110kW	1	轴流风机	2 × 132kW	1	
轴流风机	2 × 110kW	1	轴流风机	2 × 110kW	2	
射流风机	37kW	无	轴流风机	37kW	1	
风扇	5.5kW	无	射流风机	5.5kW	18	

9. 穿冰冻衣服降温

通过给施工人员穿戴内置冰块的冰冻衣服（蓝冰系列降温劳保用品，见图 2-4-22），以达到降温效果，试行一段时间后，作业人员反映，冰冻衣服降温部位仅体现在头部、背部和胸部，且衣服内放置冰块导致重量加重，穿上施工操作不灵便，都不愿意穿，在后续施工中就没有继续采取该措施。

10. 提高作业人员待遇，人性化管理队伍

进入高温段施工后，通过各种措施，温度降至国家高温作业分级标准以内，但温度仍然高，且湿度大，作业环境极差。虽然通过班组不断更换，余下的班组及施工人员身体素质较好，但要留住施工人员，除了洞内作业面采取的措施外，还采取了：改善条件生活条件（吃住及休息）；提高工资待遇；发放高温津贴；免费体检及医疗；发足劳保用品等措施。

（1）尽力改善员工生活条件，确保吃好、休息好。做好食堂卫生工作，不出售变质、腐烂食品。加强对宿舍、卫生间等场所的卫生管理，及时清运垃圾，防止因高温季节造成疫情传播。加强对食堂、宿舍等场所的防蚊、防蝇措施，降低立体或交叉相互传染事故。给高温作业架子

队工班配置空调,保证睡眠质量。

图 2-4-22 冰服

(2)提高工资待遇,发放高温作业津贴。由于洞内持续高温、高湿度,工班多次集体辞职。根据国家相关规定:用人单位不能采取有效措施将工作场所温度降低到33℃以下的,应当向劳动者支付高温补贴。为维持现场施工正常及施工人员稳定,每上班4h计1d,按照原来上班8h计发工资,且每月给高温作业人员发放500元高温津贴。

(3)免费体检及医疗,发足劳保用品。为确保施工人员身体健康,我们采取了定期对所有参建人员进行体检,并免费治疗,施工人员进出洞均采用运输车辆接送,从根本上解决人员稳定问题,保证施工正常有序进行。因高温作业环境恶劣,各种劳保用品、工作服损耗巨大,现场根据需要发放。

七、小结

高温热害隧道岩性均为元古界瑶山群(Ptys)片麻岩夹混合岩、片岩、变粒岩、大理岩,岩体受构造影响严重,变质作用强烈,节理裂隙发育,岩体较破碎,具混合岩化。施工开挖揭示高温隧道的高温段地下水不发育,基本无水。造成隧道作业环境温度高的主要原因一是工作区域处于热带季风气候区,常年平均气温较高,地下常温层的起始地温也较高,加之地温随埋深加大而增高的自然规律,致使工作区地温偏高;二是衬砌混凝土与喷混凝土施工产生的水化热、施工机械热及爆破等产生的热量,对环境有增温效果;三是隧道地处热带季风气候区,常年平均气温较高,湿度较大,通风降温效果较差。

勘察设计过程中各隧道深孔综合测井温度较开挖揭示附近岩温均低,差值在1.0~6.1℃间,而施工中由于施工热源及气候等因素的影响,施工环境温度较岩温更高。今后勘察设计中可作为深孔推算岩温及施工温度的参考。

高温隧道施工存在的突出问题为施工环境恶劣;多数施工人员不能适应高温环境作业,人员更换频繁,施工工效低;设备在高温条件下功效降低,易损坏等。参建各方经过实践,施工过程中通过采取一系列措施,取得了一定效果,也存在需改进的地方。

(1)调整优化施工通风方案,采取加大通风功率,设置串联风机接力通风等措施,保证了风管风压及掌子面风量,适当降低了洞内作业温度,对改善作业环境起到了积极作用。

(2)洞内作业区段采用冰块局部制冷措施降低作业范围温度,改善了作业环境。

(3)在工作台车(或台架)上安装大功率风扇,增加了空气的流动性,通过加快吹散人体表面汗液或湿气,达到人体降温效果。

(4)在二衬地段设置喷头,采用高压水喷水降温,在水管经过高温段较短时,因水温与环境温度温差大,降温效果较明显,但随着高温段逐渐增加,温差逐步变小,降温效果变差。

(5)采用高压风临时性通风,风速快、风压大,能加快蒸发人体身上的汗液及湿气,使人体皮肤温度降低,增加了舒适感。

(6)建立洞内低温休息室,室内温度保持在25℃左右,能及时为施工人员提供休息场所,起到恢复体力的作用,但因温差形成鲜明对比,人员进入休息室后不愿再进入高温环境干活,间接降低了工效。

(7)通过采取各种措施,作业环境温度仍然不能降到国家高温作业分级标准以下,我们按照《国家高温作业分级标准》(GB/T 4200—2008)要求,配置较常规作业增加4~5倍施工人员及现场管理人员,实行6~8班倒作业,基本保证了人员稳定,施工基本正常。

(8)通过给施工人员穿戴内置冰块的冰冻衣服(蓝冰系列降温劳保用品),可以降低人体表面温度,但增加了重量,且还得不断更换冰块,施工非常不便。

(9)为解决高温段施工机械设备故障率高、使用率降低,采取了增加机械设备配置及增加机械维修人员、增加机械易损件储备等措施,保证了施工连续性,减少了窝工。

(10)坚持“以人为本”,实行人性化管理,使作业人员从高温环境施工下班后,能够享受到较好的生活环境,保证生活和休息,同时提高作业人员待遇,确保了人员稳定。

第五节　玉蒙铁路旧寨隧道高温热害施工技术

一、工程概况

旧寨隧道位于云南省红河州个旧市和建水县境内,为单线电气化铁路隧道,起讫桩号DK118+465~DK122+925,全长4460m,是昆河线玉溪至蒙自段的控制性工程之一。隧道纵坡坡度为15.5‰的下坡。隧道最大埋深约150m。隧道洞口采用挡墙式洞门,边、仰坡采用人字形浆砌片石骨架护坡,隧道内均采用曲墙复合式衬砌。

出口工区2007年6月初施工至DK121+770,即自出口施工1155m时,发现洞内掌子面温度逐渐升高,掌子面在43℃左右。随着开挖的进行,洞内温度越来越高。经进一步调查,发现洞内拱顶、边墙、拱底多处出现泉眼,流出的泉水均为热水,致使隧道内温度升高。经实测洞内温度,发现掌子面环境温度达45℃,最高达52℃,二衬位置温度在40℃左右,泉眼流出的地下水温度达48℃,最高达55℃,水流量约1100m^3/d。取水质试验分析,该水对混凝土无侵蚀性。继续向前推进,在2007年12月底,隧道施工至DK121+337时,线路左边墙脚处出现一大股热水,水温41.6~43℃,水流量达9 000~10 000m^3/d。经过对现场周边进行调查,发现隧道地表温水塘村分布有多处温泉,当地村民利用温泉资源,开了很多温泉浴场。经现场勘探、分析和研究,判定该隧道为高地热隧道。

由于洞内温度较高,掌子面环境温度达到45℃,最高温度达到52℃,现场施工人员劳动强度大大提高,施工极度艰难。

二、施工综合降温技术

通过对隧址区地下热水、地下(泉)水、地表河(塘)水分别取样进行试验,采用水质、氢氧同位素、氚放射性同位素分析测试,得出:在较高热流背景的地质构造环境下,丰富的大气降水沿断裂渗透,进行深循环,随地温的增加而升温,并从围岩中吸取热量,形成热水,循环深度越大、温度越高,这就是本区地下热水的基本成因。其中地下水(热水)来源主要是南西侧高山区接受的大气降水补给。

基于施工揭示的地下热水是洞内高温的重要热源,因此在施工期间如何有效减少热源,控制地下热水涌出量,减少热水与空气之间的热交换是降低洞内高温的关键,并结合地热水可能对衬砌支护结构、隧道运营带来的影响,需对揭示的地下热水进行综合有效处理,具体措施如下。

1. 地热水处理

针对地下热水的性质、分布情况,制定了排水方案,具体如下:该隧道地下热水在隧道内涌出,主要以裂隙水为主,分散和集中出水情况明显,且对施工环境影响较大。基于此种情况按“以排为主,以堵为辅”的原则,对地下热水进行综合处理。已开挖段:对水量小的分散出水点采取局部径向注浆进行封堵,对出水量大的集中出水点采用设排水管统一引排至洞外;未开挖段:采取超前帷幕注浆以减少地下热水涌出,以减少地下热水与作业面环境的热交换,达到改善作业面环境的目的。

(1)洞内地热水引排。根据现场 DK121 +337 左边墙脚处的一大股热水,7500 ~ 10000m^3/d 流量的实际情况,采用仰拱加深开挖 1.0m,并浇筑早强 C30 混凝土,在出水口预埋 ϕ500 带法兰盘铸铁管,并浇筑早强 C30 混凝土对出水口封堵,然后用 2 根 ϕ150 保温管顺接至洞外,统一引出洞外排放。

(2)洞内地热水堵、截。已开挖地下热水揭示段的散流点采用局部径向注浆进行封堵;对未开挖富水段采用帷幕注浆进行封堵。

2. 通风降温

在现场洞口设置两台风机,均采用独头压入式通风,每台风机接一根风管送风至掌子面,为减少风筒的漏风量,增加供风效率,对风管进行定期检修和维护。通风机由原来 2 台轴流风机,增至 5 台,其中 3 台轴流风机(功率分别为 2 × 115kW、2 × 55kW、2 × 132kW)、2 台射流风机(功率为 45kW),并全部更换直径 1.5m、1.6m 新风管,原通风时间每天平均 10 h,现每天 24 h 不停。为保证通风机功率充分发挥,采取高压进洞,在洞内增加高压变压器洞室,配置 315 kVA 变压器一台,确保电力供应。经现场实测,温度降低 3 ~4℃。

3. 冰块冷却降温

为改善洞内施工环境,在掌子面附近放置冰块进行物理降温。每天定点由通海冰块供应商用大卡车运送冰块,直接卸到施工掌子面,以降低温度,调节施工环境。经现场实测,温度降低 2 ~3℃。

随着施工的继续推进,若要使隧道内地热水流量 8000m^3/d、影响约 900m 长的环境温度降至 32℃以下,长时间使用冰块进行降温,每天约需用冰块 1000 多吨,即每天费用需增加 28 万元,用量极大,并使洞内每天的水流量增加,综合分析、比较,长期利用冰块降温方案不可行;但在出水量大的局部地段使用冰块配合通风降温、改善施工环境还是十分有效的。

4.劳动保护措施

(1)施工组织调整。根据施工现场实际分析,对施工组织进行调整:维持原三班倒的作业形式,增加每个班组作业人员,将原班组每班12~16人,增加至每班27~36人,每班分为两组,缩短每班作业人员的作业时间,每组工作1~1.5 h,即进入低温室休息,下一小组进行作业,如此轮流循环作业。针对进洞施工的机械设备由于在高温环境下作业经常出现的熄火问题,增加一套机械设备,两套设备轮流在洞内工作,在洞外对机械设备及时维修和保养。

(2)增设低温室。在DK121+853新建,利用DK121+583、DK121+283、DK120+983大避车洞作为低温室,内布有立体空调、风扇及防暑用品等,供班组人员临时休息。

(3)局部加强空气对流。由于洞内尤其是掌子面温度太高,为此在开挖、二衬掌子面附近增加风扇和射流风机,加强空气对流,改善施工环境。

(4)个体防护。根据国家相关规定:用人单位不能采取有效措施将工作场所温度降低到33℃以下的,应当向劳动者支付高温补贴。因此为维持现场施工,将工人工资增加一倍以上,并购买防暑降温食品,加倍发放劳保用品,定期对所有参见人员进行体检。施工人员进出洞均采用运输车辆接送,保证工人的身体健康和物质收入,从根本上关心工人,以调动他们工作的积极性,保证施工正常进行。

第六节　禄劝铅厂水电站引水隧洞高温热害施工技术

一、工程概况

禄劝铅厂水电站工程位于云南省昆明市禄劝县境内的普渡河下游,电站装机容量2×57MW,工程规模为中型。施工的C2、C3标为发电厂引水隧洞SD0+100~SD5+690段,隧洞开挖为圆形断面,开挖直径为786~810cm,初期支护断面直径770cm。

发电从普渡河左岸引水,隧洞沿线地表坡度变化大,前后段山体宽厚,中部缓和,冲沟切割较深,岩体倾向右岸,形成有前后两级陡岩组成的向普渡河倾斜的大斜坡地貌,隧洞最大埋深380m,由三条支洞施工,洞身穿过围岩岩性为震旦系灯影组,含硅质条带白云岩,岩体性脆、质硬。受区域断裂影响,隧洞附近猫得村处河左岸出露一热泉,其矿化度较高;库外枢纽下游多处发育热泉,含硫量大,矿化度高,出露于普渡河背斜倾伏段。

普渡河流域地处低纬亚热带高原湿润季风气候区。本流域具有年降雨量集中程度高,光热资源条件好,降雨量丰富,干湿季分明的特点。根据气象站资料统计,多年平均气温在14.7~15.8℃之间,极端最高气温在31.4~33.4℃之间,极端最低气温在-7.8~6.5℃之间,最热月(7月)平均气温19.7℃,最冷月(1月)平均气温7.7℃,多年平均降雨量约986.0mm,多年平均降雨日数134.6d。

二、热源分析

该项目于2007年1月开工,采用无轨运输施工,2008年1月~12月为高地温围岩施工期。高地温地段以外,围岩一般温度为22~23℃,按30℃以上为高地温段,高地温地段里程为SD1+300~SD2+500;其中,70℃以上高温岩层地段为SDl+734~SDl +842,该段局部围岩极端温度达76℃,上报资料75℃为平均值;K1 +500~K2 +100段有少量裂隙水,水温最高达70℃;高地温岩层分别由1号、2号支洞施工,分界里程为SD2 +100,分界点围岩温度为40℃。2008年12月1号支洞与2号支洞贯通,2009年3月及5月两次实测原来温度最高地段暴露面岩温均为32~33℃,少量裂隙水温43℃,隧洞附近温泉水池水温仍为63℃。

禄劝铅厂水电站引水隧洞的埋深不大,施工中出现高地温属于不可预见的突发事件,形成原因非常复杂。地热不属于火山热的热源,热源来源范围局限为:放射性元素的裂变热的热源、浅层或地表水与深部热水循环交替、岩浆侵入体的余热、硫化矿床的氧化热等。因为隧洞穿越为陡岩地形,水平方向必然临近深埋地段,地温受深埋地段影响;隧道处于地下温泉多发地段,距隧洞约600m处有一处温泉,水温70~80℃;距隧道约300m处普渡河边有一处温泉,水池水温63℃,形成温泉的地质条件及温泉的影响,是隧洞形成高地温的主要原因。

三、主要施工技术措施

禄劝铅厂引水隧洞在施工穿越高地温岩层时,施工作业环境恶化,严重威胁到施工人员的健康和安全,大大降低了劳动生产率;隧道内的高温高湿还导致机械设备的工作条件恶化、效率降低、故障增多,装载机、汽车经常熄火。1号支洞掘进至SDl+300以后,围岩温度不断升高,当围岩温度达到50℃以上时,施工环境严重恶化,开始采用加大通风量、喷雾洒水措施降温,初始还能维持施工,但当岩温达到60℃时,由于施工人员的中暑反应及机械设备的故障,施工一度被迫中断。

由于在设计中未考虑到高地温问题,当时国内还没有60℃以上大断面或接近大断面的无轨运输高地温隧道施工经验,经有关专家论证,借鉴国内外矿井施工的有关降温措施,研究了适合高地温隧道施工的综合技术措施,强化措施后,改善了施工条件,使施工安全、顺利进行,保证了进度、质量。主要技术措施为:

(1)通过对隧道内的围岩导热、导温系数的测定或选取,进行对流换热过程的理论分析,借鉴矿井热环境调节理论,依据国内外学者对不稳定换热系数的定义,根据大断面或接近大断面无轨运输隧道施工的特点,研究60℃以上高地温的大断面或接近大断面的无轨运输施工隧道风流的热交换和风温计算公式,确定围岩散热所需的通风量。通过减少风阻、防止漏风、更换或增加风机,将通风软管出风口置于距掌子面10m之内的位置,加强通风管理等措施加大进风量。通风降温采用《公路隧道施工技术规范》(JTG F60—2009)有关规定,隧道内气温不宜高于30℃。在通风量计算时,应尽量加大洞内风速,最低应按1级软风标准(0.3~1.5m/s),确保洞内风速不小于0.3m/s,使人感觉相对舒适。

(2)采用喷射混凝土的喷头做喷雾器,将进水管路改为ϕ25,接高压风、水管路,进行喷雾洒水作业。在出渣前,对爆破作业后新暴露的岩面、岩块、碎渣喷水洒水降温,减少热源;施工时,采用2~4台喷雾器配合通风降温。

喷混凝土时,添加0.03%高效引气剂,使混凝土内部形成分布均匀的不连续的封闭球形气泡,气泡孔径范围为0.02~0.2mm,可起到一定的隔热作用。

热水对风流的加热作用相当显著。在裂隙水温较高的地段,挖积水坑,采用抽水机将热水排出，降低工作面的热源。

(3)根据插袋式冷却背心是在冷却背心中插入蒸发冷却袋或羽冰冷却袋或相变冷却袋的原理，决定利用普通冰柜制作冰块，用于施工人员个体防护。使用冰箱专用的制冰容器或矿泉水瓶、塑料袋灌水制作冰块。先期进洞拉风管至工作面及实施喷雾洒水的工作的人员采用矿泉水瓶、塑料袋灌水制作冰块，在高温环境下工作时将冰块放置在安全帽内，使用挎包携带10～20块(约5～10kg)冰块，置于胸前、背后灵活使用，冰块融化升温后随时更换，通过冰块降温完全消除工作时的闷热感，起到了很好的防护作用，施工中没有人出现中暑症状。

(4)为了施工人员的身体健康，同时也是为了提高劳动效率，改8h作业为3h作业，对施工人员全面体检，禁止有高血压、心脏病的患者及循环器官有异常的人员参加劳动，同时配备医务人员进行热痉挛症、热虚脱症和热射症等中暑症的防治工作。

(5)装载机、汽车作业时，随时注意水温表的指示读数，要求不能超过80℃。装载机出渣作业时，使用经改进的喷射混凝土喷头，不间断地对装载机喷雾洒水降温，每隔半小时在装载机水箱内加注冷水并投放适量冰块，防止装载机因为高温造成的发动机功率下降、制动性能减弱等故障，在驾驶室内搁置自制冰块，配合设备的空调系统为操作人员创造舒适的工作条件；增加自卸汽车的配置数量，减少汽车在洞内的作业时间，汽车进洞前在水箱内加注冷水，投放适量冰块，驾驶员携带冰块配合空调降温；加强行车路面的洒水降温工作，防止爆胎；利用钻孔时间，对装载机、自卸汽车进行保养，确保设备运转正常。

(6)对洞内外温度进行全天候检测，在夏季晴天时，因进风温度较高，白天宜停止洞内爆破作业，利用当地白天热晚间凉、利于通风降温的特点施工；雨天时全天作业，阴天时根据气温确定。夏季夜间施工，采用喷雾洒水配合通风降温仍然不能把工作面区域温度降到30℃以下时，应启动运输冰块降温预案；在预定通风时间内，风流温度达不到预期目的时，应延长时间。

施工时，必须按有关规定对洞内有害气体进行检测。采用GPR地质雷达法进行隧道地质超前预报，探测掌子面前方23m范围内的地质情况。

第七节　日本安房公路隧道高温热害施工技术

日本安房公路隧道日本158号普通国道上、岐阜、长野县境内的安房峰处(海拔1790m)的一座公路隧道，长4.35km，设计时速80km/h。隧道中部靠近旧火山口，并受其影响，如长野县侧(中之汤侧)的地热、温泉、火山性有毒气体；岐阜县侧(平汤侧)的高水压、大量涌水等。1995年2月11日因水蒸气爆发事故导致4人死亡(图2-7-1)。

一、地形

安房隧道位于火山连绵的北木曾山地南部乘鞍岳、烧岳、阿寒棚山地区。当前(1995年)仍在冒水蒸气的烧岳距中汤侧洞口(长野县侧)仅约3km。隧道上方的安房岭是由阿寒棚火山口喷出的熔岩、火山砂等火山喷出物和由中、古生层组成的安房山的边界形成的。在中、古生层和火山喷出物边界附近，是由旧山谷遗迹的凹部因火山喷出物堵塞而形成的安房、细池、小舟泽等湿的草原(图2-7-2)。

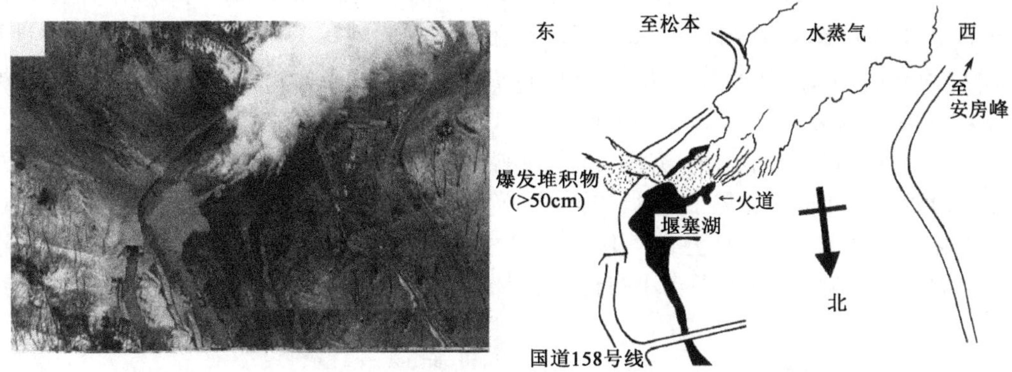

图 2-7-1 安房隧道水蒸气爆发事故现场图

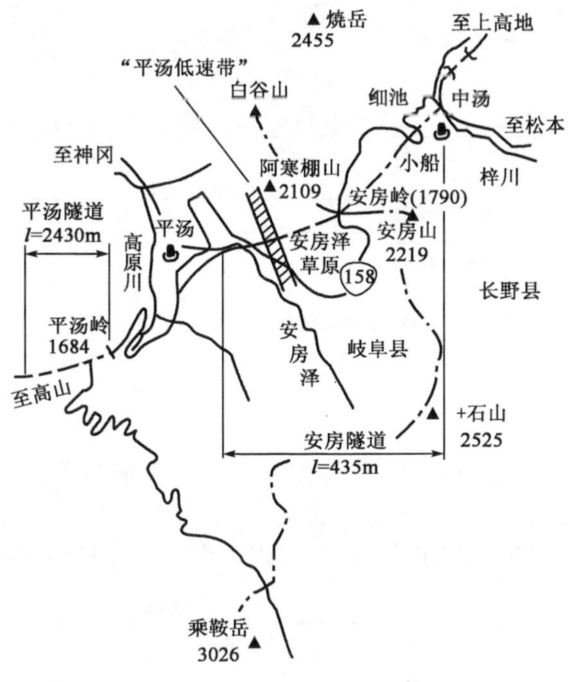

图 2-7-2 安房隧道周围的地形

二、地质情况

隧道周围的地质由古生代二叠纪～中生代侏罗纪的页岩、砂岩、燧石、石灰岩等沉积岩类，"中、古生层"和贯穿从中生代到新生代第三纪的侵入岩构成，并广泛覆盖着新生代第四纪的火山喷出物、冲积沉积物、岩堆等(图 2-7-3)。

根据隧道调查时及施工中实际的地质情况，从平汤侧洞口(岐阜县侧)到 120m 附近分布着岩堆、火山喷出物等。从 120～850m 附近的中、古生层由页岩和燧石组成，其中，450～580m 附近的 130m 区间的调查坑道内有最高温度为 73℃ 的热水涌出，为"热水带"，但正洞几乎没有热水涌出。850～1450m附近由阿塞棚火山喷出物的火山砂和火山砂砾构成,从工作面挖出的木片的年代测定来看,是约在11500年前的沉积物。此地层为中、古生层的旧山谷地形,深度达300～500m而沉积下来的。从地表进行的弹性波速度来看,前后的中、古生层的速度为4.2～5.5km/s,而该段则为2.5～2.9km/s,所以称为"平汤低速带"。地下水最初位于隧道上方220m,由于施工排水钻孔调查坑道、排水导洞,正洞开挖时地下水位已降低到了隧道底板标高附近。1450～4350m是由隧石、砂岩、页岩、石灰岩组成的中、古生层,其中,3100～4000m附近为岩体温度超过50℃的"高温带",侵入岩多,沿裂缝而发生变质。另外,侵入岩由花岗斑岩和粉岩组成,从中汤侧洞口附近到小舟译附近都分布着这种岩石。

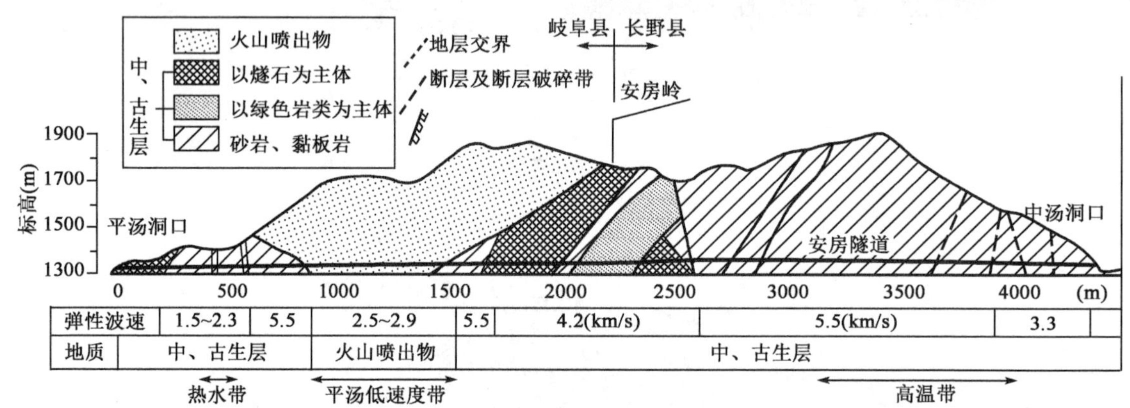

图2-7-3　隧道调查时及施工中实际的地质情况

三、地热段施工

在调查坑道(图2-7-4)的开挖中,岩体温度从中汤侧洞口附近的100m处急剧上升,在650m处达到75℃。因此,在洞口设置了通风量为2400m³/min的通风设备,用3道风管(ϕ1100的一道,ϕ800的2道)向工作面送风,可以把洞内作业环境温度保持在30℃以下。正

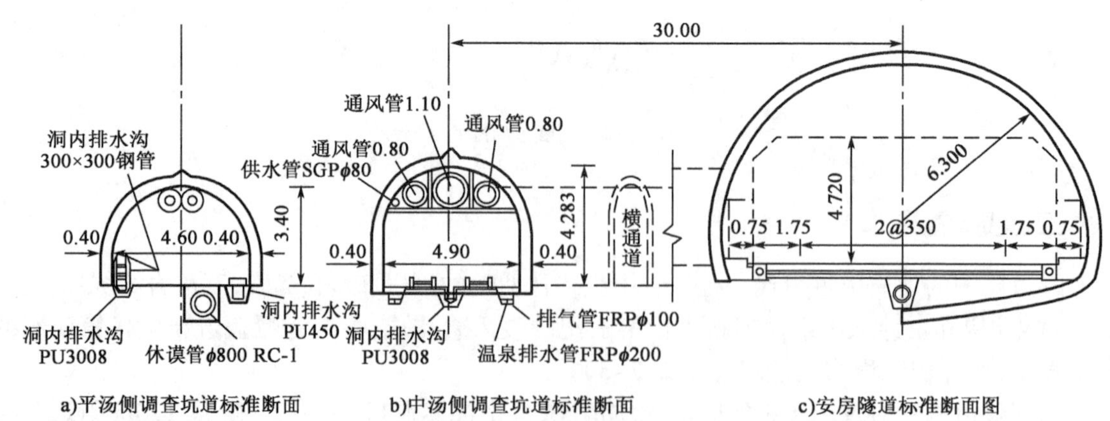

图2-7-4　安房隧道调查坑道与正洞断面图(尺寸单位:m)

洞的通风设备是根据对调查坑道中的情况研究后提出的，工作面最大的散热量是在爆破后出渣时，达到 571Mcal/h，要把洞内作业时的温度保持在 30℃以下，需要向工作面送入 20℃的冷风 3000m^3/min，向工作面后方排出风量为 4000m^3/min，并在工作面附近设备局部冷气设备（图 2-7-5）。

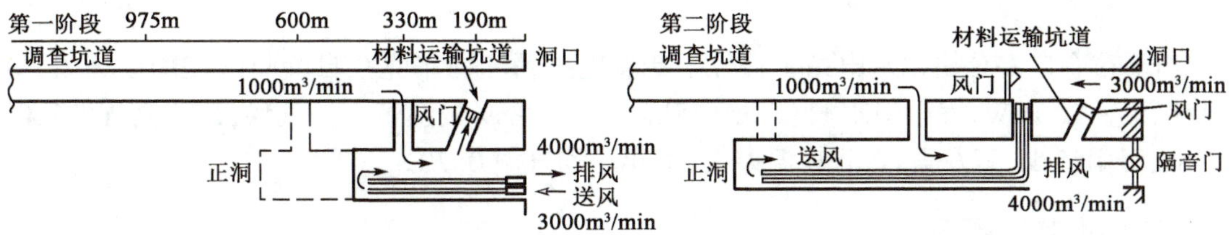

图 2-7-5 安房隧道正洞通风方式

然而，要确保这些冷气设备需要的冷却水，却是困难的，并且费用巨大，因此决定配合通风再采用以下措施。

(1)在散热量最多的地方，即在用的反铲、破碎机、装运卸联合出渣车的驾驶室内设置冷气设备；

(2)变更工作日程，冬季在高温区间开挖岩体温度最高的区段。

并且，为了确保工作面有 3000m^3/min 的通风量，采用了图 2-7-5 的通风方式：

(1)最接近正洞工作面的横通道要用来出渣因此在它前面的横通道处布置通风设备。横通道间距为 375m，所以根据工作面推进相应移置通风设备，这样工作面与通风设备的最大距离为 750m。

(2)从中汤侧调查坑道的洞口到横通道采用巷道式通风。

(3)在调查坑道设置风门，防止平汤侧的横通道在出渣作业时进入粉尘。

(4)在中汤侧正洞口设置风门和 4000m^3/min 的排风设备。

(5)在无风门的出渣横通道取与供风量 3000m^3/min 之差，以防止粉尘进入调查坑道。

在 650m 附近，岩体温度最高达到 72℃，由于采用了这种通风方式，风速可维持在 2m/s，洞内作业环境温度可确保在 28℃左右。这是因为开挖断面积大（约 100m^2），对送风到工作面很有利的缘故。

对火山性气体，在调查坑道中就探测出了微量的气体，因此采用了如下措施：

(1)在工作面和洞内其他位置安装固定式传感器，当气体浓度超限（硫化氢在十万分之一以上，甲烷在 1%以上，氧的浓度在 18%以下）时，气体自动检测报警器就会报警，以便洞内人员疏散和禁止人员进入。

(2)作业人员携带便携式报警器，每个爆破作业人员都可进行气体浓度测定。

(3)在发生紧急事故时，让洞内工作人员乘坐工作面停放的微型汽车出洞。

(4)定期实施疏散训练。

在正洞开挖过程中，一次也没有探测出火山性气体。

第八节　布仑口—公格尔水电站引水隧洞高温热害施工技术

一、工程概况

新疆布仑口—公格尔水电站工程位于新疆克孜勒苏柯尔克孜自治州阿克陶县境内，电站总装机容量200MW，发电引水洞总长约18km。工程区属暖温带干旱气候，海拔高程约2600～3300m，降雨稀少，蒸发强烈，昼夜温差大，多年平均气温0.7℃。

二、高温热害情况

2号、3号和4号施工支洞在2008年6月的掘进过程中，分别出现高地温的问题，掌子面处最高环境温度67℃，钻孔内最高温度82℃，2号施工支洞内的温度最高，3号施工支洞次之，3条施工支洞内干燥，未见地下水出露。水电站工程位于西昆仑褶皱系公格尔—桑株塔格隆起中部，区域内发育的康西瓦深大断裂、北昆仑断裂、F1断裂、F5断裂均为晚更新世以来的活动断裂。发电引水洞桩号K2+680～K6+779段为高地温洞段，围岩岩性为云母石英片岩夹有石墨片岩，最大埋深不超过300m，该段发育有一条基本平行于发电引水洞的F2断层，破碎带宽40～60m，并发现有石墨片岩沿F2断层走向呈窄条带状分布，条带宽5～10m。发电引水洞高地温洞段开挖断面为圆形，开挖直径为4.6～5.0m，洞底高程3258.6～3238.1m；施工支洞为6.3m×6.0m城门洞形断面。高地温洞段平面布置见图2-8-1。

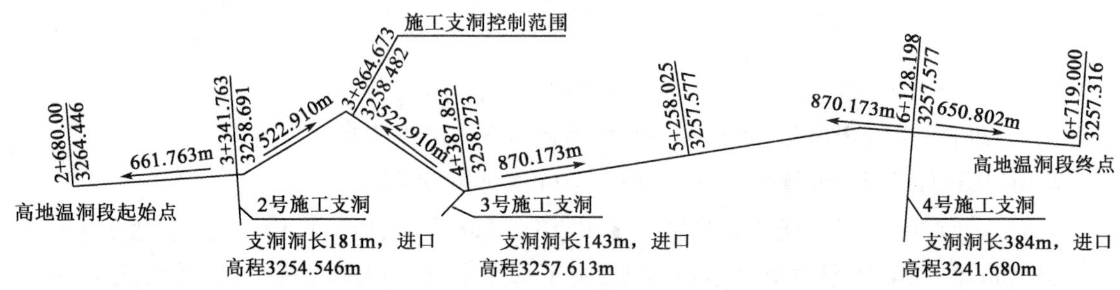

图2-8-1　高地温段发电引水隧洞平面布置示意图

三、原因分析

布仑口—公格尔水电站发电引水隧洞高地温洞段埋深很浅，属于浅部地壳地温场，产生高地温的原因主要为高区域热流值背景下地质结构的不均匀性导致热传导条件的空间变化和不均匀性引起的，受F2断层的影响热流密度向热阻小（热传导条件较好的石墨片岩）的局部区域相对集中引起。

四、工程措施

经计算仅靠加大通风不能解决隧洞内的高温问题，根据布仑口—公格尔水电站的临近河流水量充足，且河流夏季水温为 12℃，冬季为 2℃的有利条件，发电引水洞高地温洞段施工采用以通风为主，辅助低温冷水综合降温技术(采用直接用水泵将河水输送至设在掘进工作面的空气冷却器)，降低风流温度。系统布置示意图如图 2-8-2 所示。

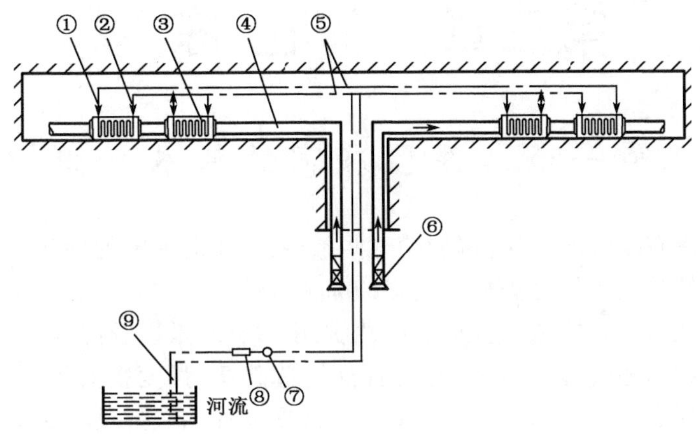

图 2-8-2　布仑口—公格尔水电站引水隧洞降温系统示意图

①-闸阀；②-逆止阀；③-空气冷却器；④-风筒；⑤-冷水管道；⑥-隧道专用风机；⑦-水泵；⑧-过滤器；⑨-底阀

第三章　寒区冻害

第一节　寒区冻害的基本知识

隧道发生冻害是有条件的,只有搞清楚这些条件,才能对冻害的预防和整治给出明确的答案。解决这个问题的前提条件是搞清楚围岩的冻融特性。

围岩的冻融特性与围岩构造、组成成分、性质、围岩含水量以及温度有关。主要表现在:冻结过程中的冻胀力和冻融过程中对围岩的损伤(构造破坏、强度丧失等)。因此,预防冻害就是要预防在冻融过程中对围岩的损伤。即要减少冻融循环的次数及其对围岩损伤的力度。防冻害要以"围岩为本",要在围岩上做文章。

一、围岩含水量与冻害的关系

围岩不含水,就不会发生冻结,也就不会发生冻害;即使围岩含水,视其含水量,会冻结,但不一定发生冻害;只有围岩含水,而且含水量大于某一限界值时,才会发生冻害,即围岩发生冻胀到一定程度后,才能造成冻害。解决这个问题的关键是围岩的冻胀性与围岩含水量的关系。

日本通过未固结围岩的试验,得到含水量与冻胀率的关系见图 3-1-1。含水量越大,冻胀率也越大。含水比在 20%以下时,冻胀率在 10%以下,基本不会产生冻害。这是一个判定是否发生冻害的一个准则。

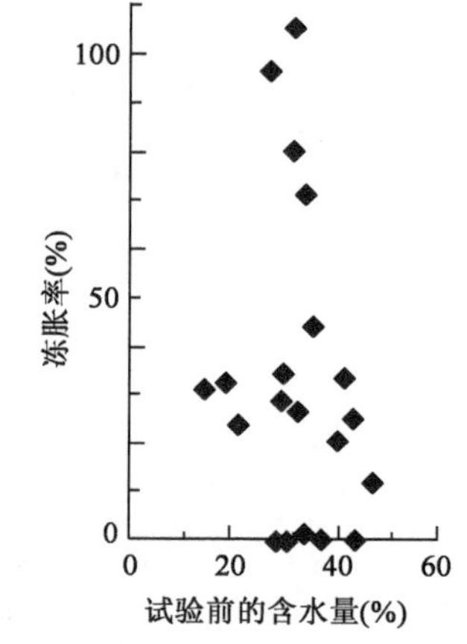

图 3-1-1　日本冻胀率与含水量关系

二、发生冻害的围岩(地质)条件

在调查既有隧道和室内试验的基础上,日本认为冻害主要发生在:新第三系的沉积岩及垆坶质的破碎物;新第三系中～上部的软质而且细粒的泥岩及凝灰岩;吸水量 20% 以上的软质的泥质岩及凝灰质岩;岩石因长年风化作用而破碎的场合。

而中硬岩～硬岩的地质中,变异一件都没有发生。这说明,冻害在大多数围岩中,特别是中硬岩～硬岩的围岩中,基本上不会发生冻害。也就是说,这些围岩即使含水量超过 20%,也不会发生冻害。工程实践,也证实了这一点。

日本通过室内试验,也说明以单轴抗压强度为界,冻胀率有很大差异。即:岩石强度在5.0 MPa 以下,冻胀率很大,但在 5MPa 以上几乎没有发生冻胀(图 3-1-2)。

从发生冻害的围岩条件看,大多数围岩,特别是硬岩、中硬岩,是不会发生冻害的。Ⅰ、Ⅱ级围岩不会发生冻害,Ⅲ级围岩也基本上不会发生冻害。发生冻害的围岩集中在含水量大于

20%的Ⅳ、Ⅴ级围岩。

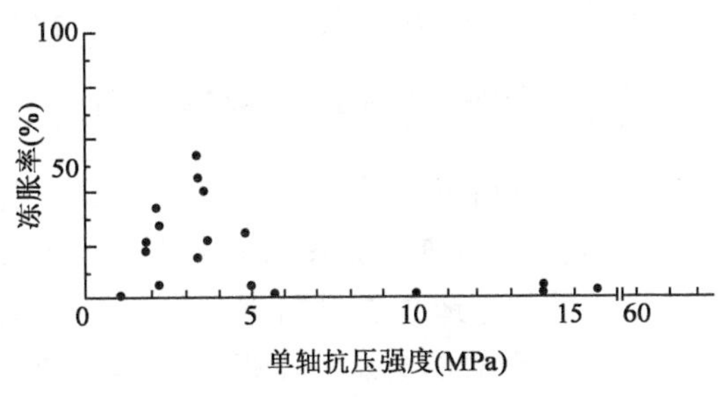

图 3-1-2 膨胀率与单轴抗压强度关系

三、发生冻害的温度条件

从发生冻害的隧道调查中可以看到,在同一座隧道中,发生冻害的部位是不同的。这除了与上述两个因素有关外,主要是由温度条件决定的。

一般说,当隧道超过一定长度后,冻害基本上发生在洞口附近;因此,洞口段是防冻害设计的重点。

是否发生冻害与累计寒度(冻结指数)有关。累计寒度定义:1 年中 0℃以下的日平均气温之和。根据调查与事例分析,冻害一般发生的累计寒度大于 400℃·d 以上的地域。

四、冻胀力与冻害的关系

通过调查和测定,确定衬砌受到的冻胀力。例如,东北林区的朝阳 2 号隧道,现场实测的冻胀力仅为 25～200kPa,数值不大,这与围岩冻胀机制有关。

冻胀力是因水冻结后的体积膨胀所引起的。冻胀力的特点之一是向约束小的方向膨胀;特点之二是冻胀力不是均匀分布的,而是局部集中分布的。

第一个特点决定了对衬砌的冻胀力,一般不太大。衬砌背后围岩的冻胀是受到约束的,但在冻胀过程中,由于围岩裂隙的存在,冻胀多数场合是向围岩深部挤压,因而,大大减小了向衬砌侧的挤压。这是对衬砌的冻胀力小的主要原因。第二个特点说明,在隧道周边围岩中形成冻结的状态。

综上所述,日本建议的围岩冻胀性,以不发生冻害为目的,一般可根据表 3-1-1 的基准判定。

易于冻胀条件　　表 3-1-1

判定指标	易于冻胀的条件	判定指标	易于冻胀的条件
单轴抗压强度	$50kgf/cm^2$以下	含水量	25%以上
干燥密度	$5g/cm^3$以下	细粉砂以下的细颗粒含有量	20%以上
饱和湿润密度	$2.0g/cm^3$以下		

上述的研究表明:只要把围岩的含水量控制在一定水平之内,围岩即使发生冻结,围岩发生的冻胀力也不会产生冻害。冻融循环对围岩的损伤也会控制在一定的范围之内。这个研究成果,我们需要进一步加以验证。

五、隧道初期缺陷是发生冻害的重要因素

多数冻害的发生与隧道初期缺陷的存在有关;如衬砌的初期开裂、衬砌背后存在空洞、施工质量欠佳等。

隧道初期缺陷的表现:衬砌混凝土初期开裂;防水板铺设不良、破损;衬砌背后回填不密实、存在空洞;衬砌厚度不足;排水系统不完善等。

在寒冷地区，具有上述初期缺陷的隧道，易于发生冻害。

六、隧道防冻害设计的基本原则

（1）防止衬砌背后地下水冻结。根据当地温度条件设置一定厚度的保温层，使衬砌背后的温度保持在不使排水系统发生冻结的温度之内。

（2）尽可能地减少衬砌背后一定范围围岩的含水量。根据地下水赋存状况，采取注浆方法将该部分围岩的含水量降低到围岩即使冻结也不会造成危害的程度。

（3）建立一个通畅的，不经由隧道内排出地下水的排水系统，并对排水系统采取保温对策。

（4）提高初期支护和二次衬砌施工技术水平，确保完成的隧道不存在初期缺陷。

根据上述原则，建议：

（1）加强对围岩冻融特性的基础研究；建立以“围岩为本”的设计理念。

（2）把预防冻害的发生，建立在尽可能地减少围岩含水量的基础之上。这是一劳永逸的对策。这里所谓的一劳永逸的对策，就是用“注浆”的方法减少围岩的含水量。

（3）在上述对策的基础上，在洞口段设置适当的保温措施（如隔热层等），把衬砌背后的温度控制在不使背后的排水系统发生冻结的温度之内，作为辅助对策。如果仅仅从控制冻胀力的观点出发，实际上把衬砌背后的温度控制在 -2 ℃以下也是容许的。

（4）不管是“全包”防水或“半包”防水，都应设置良好的、通畅的排水系统。

第二节　寒区隧道病害

国内外大量铁路隧道建设和运营的实践表明，在寒冷地区，尤其地下水比较发育时，隧道常常会发生冻害，直接威胁到隧道结构及运营行车的安全，造成严重的经济损失。在寒冷地区修建隧道工程，与一般地区相比，难点众多，最主要的问题是寒区隧道一般要受到季节性冻融、冻胀作用影响，这种周期性的加载卸载作用将隧道主体结构尤其洞口结构造成破坏，且极易造成隧道衬砌挂冰、道床积冰、底鼓等病害，严重危及行车安全。

根据哈尔滨铁路局工务段统计，全局范围内 90% 的隧道发生过冻害。其中大、小兴安岭中的林区铁路隧道大多处于多年冻土层中，建设时由于缺乏经验，导致一系列冻害发生，甚至在建时期发生冻害，造成边建边整治的局面。东北范围的翠岭 2 号隧道、西罗奇 1 号隧道和西罗奇 2 号隧道、西北地区的奎先隧道、七道梁隧道等也均发生过很典型的冻害。新疆的玉希莫勒盖隧道甚至没有运营几年就因为冻害在隧道内形成冰塞而报废。

一、衬砌开裂，结构破坏

由于围岩冻胀致使衬砌开裂，甚至破坏。

【案例 1】　两伊铁路

两伊铁路北起内蒙古呼伦贝尔市鄂温克旗伊敏镇，南到兴安盟伊尔施镇，南出口与白阿线相连。线路位于呼伦贝尔草原和大兴安岭山脉西缘上，属大陆性亚寒带型气候，冬季漫长酷寒,夏季短促炎热,昼夜温差较大。全年冰冻期和霜期长达7~8个月,一般每年9月下旬开始下雪,到翌年4月底才开始融化,最冷月平均气温-26℃,极端最低气温达-50℃以下,土壤最大冻结深度3.2m。林区多雨、多雪,雨量比较充沛,雨量多集中在6~8月,多为连阴天,气候特别潮湿。铁路全长185.4km,工程于2005年9月开工,2009年12月竣工。全线隧道共6座,总长10km。最长隧道为哈布特盖隧道,长度3564m。

设计措施:低洞口端500m采用中心深埋水管,轨面至管内底4.2m,其余段3.2m;每60m设一口检查井,井内设50cm厚聚苯乙烯保温层。富水段:初支外纵向每30m设边墙或者拱、墙盲沟;贫水段:初支外纵向每60m设边墙盲沟。盲沟深度从衬砌内缘算起不小于1.5m,为防止盲沟冻结,设聚氨酯材料保温。

两伊铁路通车以后,2009年11月至2012年4月的冬季检查中,发现大部分隧道出了衬砌开裂和中心水沟冻结堵死的情况(图3-2-1),病害范围较广,给行车安全造成了隐患。

图3-2-1 中心水沟结冰

根据现场调查,存在衬砌开裂现象的有4座隧道,分别是哈布特盖隧道、格吉格特隧道、呼吉日延1号、2号隧道。裂缝的总体表现较为一致,均发生在两侧水沟盖板面上方2~3m的边墙上,呈纵向对称状,裂缝宽度0.5~6mm,从洞口向里由宽渐窄,个别处伴有竖向开裂,裂缝宽度0.5~2mm(图3-2-2);洞口段局部有错台,错台宽度0.5~1.5mm(图3-2-3)。根据观察,裂缝宽度随冻融循环而有所变化,每年最冷月12月~翌年1月中裂缝宽度达到最大值,夏季裂缝宽度有明显减小,有些裂缝甚至很难被发现。

图3-2-2 衬砌裂缝

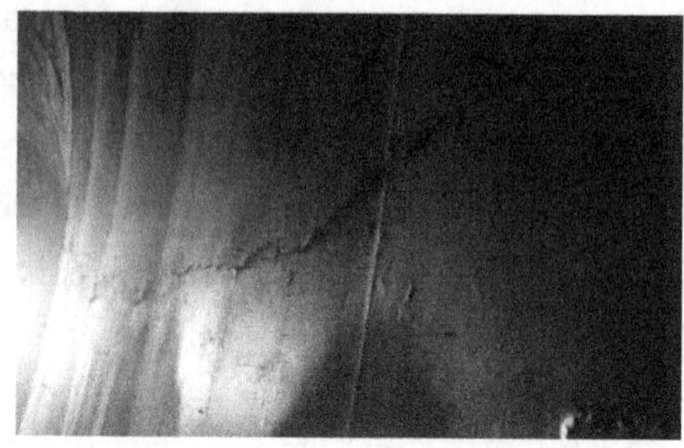

图 3-2-3　衬砌错台

二、衬砌漏水,结冰

隧道建成后衬砌渗漏水是最为常见的病害,在严寒地区就会转变为各种冻害。施工缝或者混凝土裂缝渗漏水并挂冰、渗漏水导致道床结冰冻害、反复冻融导致混凝土耐久性丧失、衬砌背后空洞集水冻胀导致混凝土脱落、衬砌背后初支和土质围岩冻胀导致二衬混凝土开裂等是隧道工程冻害最常见表现形式。客运专线的列车运行速度通常在 250km/h 以上,如果隧道衬砌渗水挂冰等冻害对高速运行的列车的安全危害极大,冻害发生后列车有可能被限速运行,会引起恶劣的社会效应。客运专线隧道在设计阶段针对性的采取技术措施,建设期间紧抓关键工序采取管理措施,最大限度地预防各种冻害产生尤为重要。

【案例 2】　吉林某铁路项目病害情况

1) 设计概况

吉林省某铁路线为 2006 年前后开工的项目,2008 年前后开通运营,该项目全线共有 7 座隧道,最长的隧道 6.6km 左右,该线隧道的防排水系统除进出口排水侧沟采用保温排水沟外,其余均按常规进行设计,隧道衬砌横断面图如图 3-2-4 所示。

设计参数:拱墙采用 C25 防水混凝土,防水等级 P8,厚度 40cm;防水层采用 1.5mm 厚的 GS-18 聚乙烯复合式防水板;环向排水采用直径 5cm 的透水盲管,纵向间距 4 ~ 10m;洞口段设置保温水沟(图 3-2-5):高洞端 400m,低洞端为 450m;衬砌混凝土环向施工缝采用背贴式止水带。

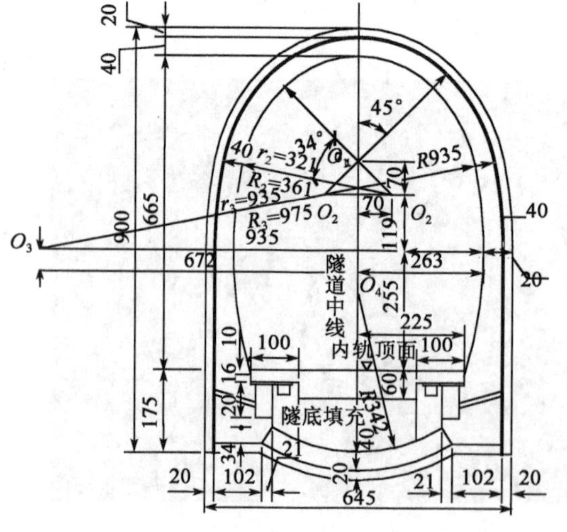

图 3-2-4　隧道衬砌横断面图(Ⅴ级围岩,尺寸单位:cm)

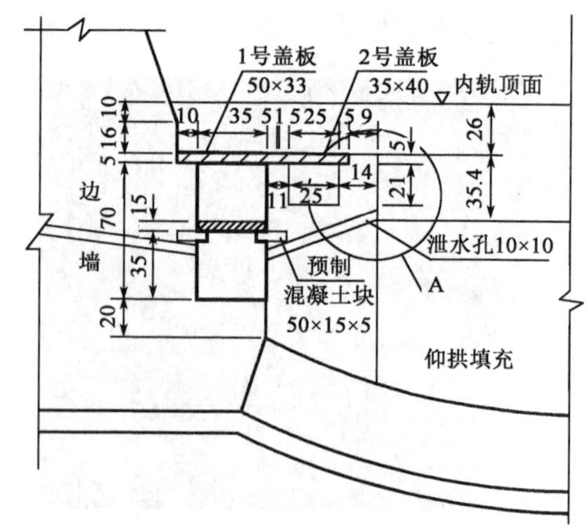

图 3-2-5　保温水沟大样图

2）冻害基本情况

该线隧道的冻害有以下两个特点：一是隧道的冻害不是个别现象，该线的7座隧道有6座不同程度地出现冻害现象，另外1座没有出现的原因是该隧道较短，基本没有地下水；二是冻害的出现基本上每年是从11月份开始，起拱线以上部位的施工缝开始漏水结冰，春融后至冬季来临之前施工缝没有渗漏水现象，病害现象呈现一定的季节性。

（1）施工缝渗水结冰（图3-2-6）

图3-2-6　施工缝漏水结冰

（2）漏水结冰导致轨道冰害（图3-2-7）

（3）建设中隧道冻害情况（图3-2-8）

图 3-2-7　轨道病害

图 3-2-8　建设中病害

3)冻害规律分析

(1)隧道冻害呈现季节性,春融后施工缝基本不漏水。

(2)隧道漏水结冰主要是由于严寒的冬季排水系统不畅造成的。

(3)个别防水板和止水带防水是失效的。

(4)冬季排水系统不畅主要有两方面:一是排水侧沟排水不畅,二是衬砌背后排水管道排水不畅。

【案例 3】　吉林某公路项目病害情况

1)设计概况

该项目全线有双连拱隧道 1 座(吉林地区境内),分离式隧道 8 座,其中吉林地区 2 座,延边地区 6 座,最长的隧道 2400m。该项目 2003 年开工建设,2008 年前后开通运营,全线隧道均采用中心深埋排水沟排水,隧道衬砌横断面如图 3-2-9 所示。

设计参数:拱墙采用 C30 防水混凝土,防水等级 P8,厚度 50cm;防水层采用 1.5mm 厚 PVC 复合式防水板;环向排水采用直径 5cm 的透水盲管,纵向间距 5 ~ 10m;全隧设置中心深埋排水沟(距路面深度 2.48m),洞口设保温出水口;衬砌混凝土环向施工缝采用可排式中埋止水带(图 3-2-10)。

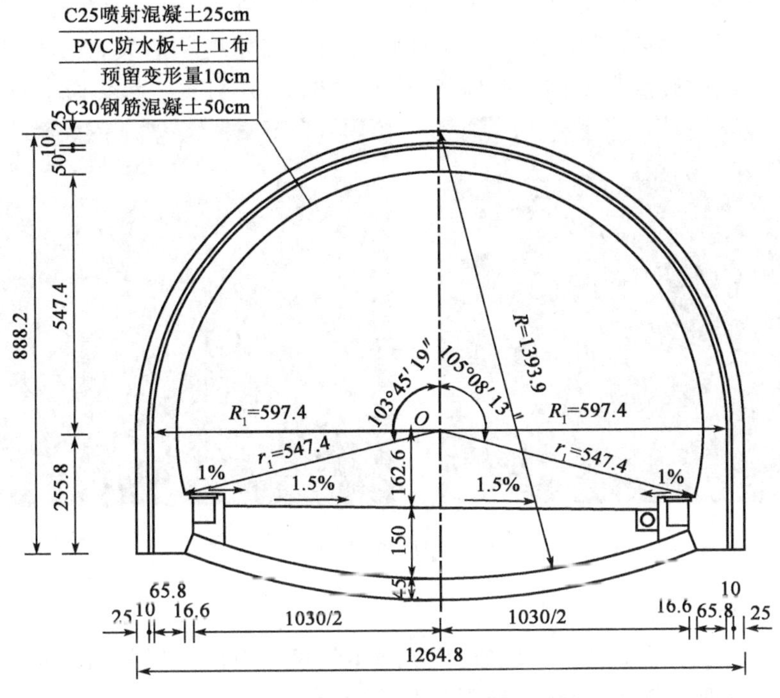

图 3-2-9　隧道衬砌横断面图（Ⅱ级围岩，尺寸单位：cm）

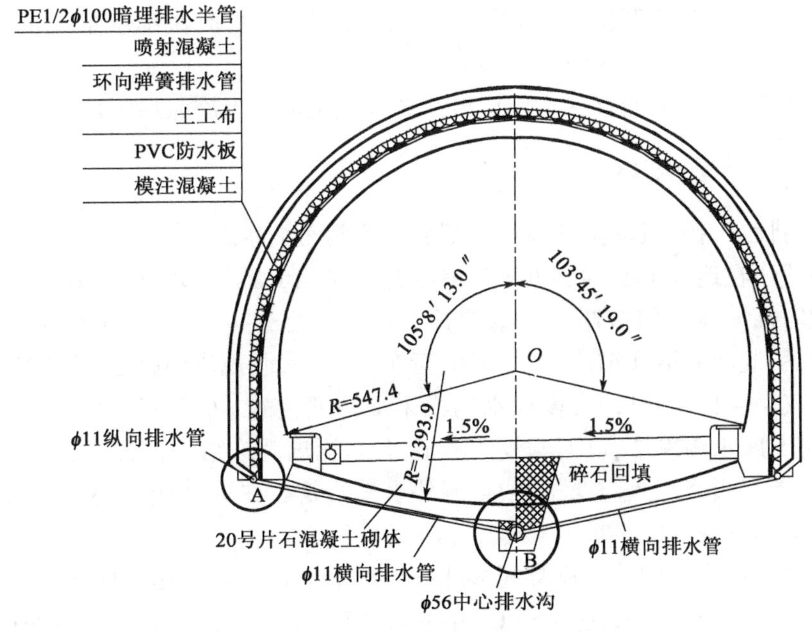

图 3-2-10　隧道防排水系统图

2）冻害基本情况

该项目的 9 隧道不同程度漏水结冰（图 3-2-11）。冻害的主要形式：一是严寒地冬季来临后施工缝或者衬砌混凝土裂缝开始漏水结冰，大部分位于起拱线以上部位，漏水滴到路面后结冰，严重威胁行车安全；二是隧道漏水结冰呈现很强的季节性，主要集中在每年12月中旬开始到次年的3月份，元旦和春节期间最严重，3月底后漏水结冰现象消失。2009年2月2日，该公路的某座隧道二次衬砌混凝土因冻胀脱落，面积约1m²，并引发一起交通事故。

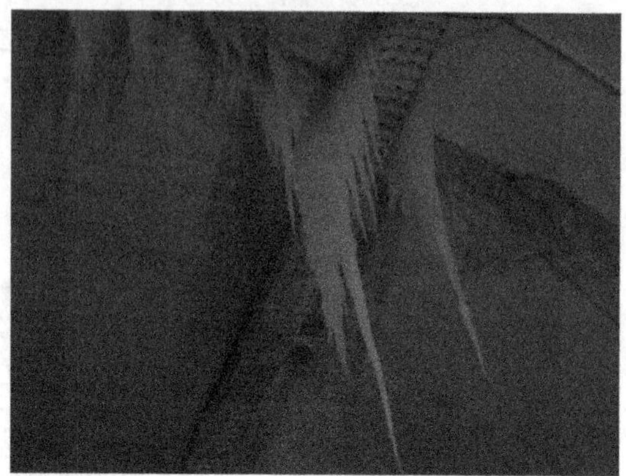

图3-2-11　挂冰情况

3）冻害规律分析

（1）隧道冻害的产生基本是普遍现象，但冻害的程度没有前面提及的铁路项目严重。

（2）隧道冻害呈现季节性，春融后施工缝和混凝土裂缝不漏水。

（3）隧道漏水结冰主要是由于严寒的冬季衬砌背后的排水系统不畅造成的。

（4）隧道的漏水现象说明防水板和止水带防水是失效的，但在排水系统正常工作时防水板和止水带防水可以认为是有效的。

（5）二次衬砌与初支之间存在空洞应该是诱发拱顶混凝土冻胀后脱落的重要因素。

三、水沟排水不畅，结冰

侧沟、中心排水不畅，或保温措施不当都会引起侧沟结冰。

华北太焦线所在地区1951～1976年，最冷月－10.4℃，隧道均在1970～1978年建成，设计水沟没采取防寒措施，而1977年，该线最冷月平均气温达－12.2℃，全线56座隧道有6座出现水沟冻结，引起隧底道床结冰严重，影响行车安全；东北魏塔线修建于1970～1973年，当地最冷月平均气温－10～－12℃，设计水沟没采取防寒措施，1973年建成通车，当年冬季，全线31座隧道有5座水沟冻结；以上两线的隧道，凡水沟出现冻结的，均在原高式侧沟上改双层盖板，有些在两层盖板间加入防寒材料，且洞外水沟修筑了在冻结线下的深埋暗沟，才消除了隧道内的水沟冻结现象。

牙林线岭顶隧道是中国第一座穿越多年冻土层的隧道。该隧道地处北纬51°大兴安岭地区，全长937m，该地区最低气温达－50℃，年平均气温为－6.7℃（1966年），1961年建成，当年就发现隧道严重冻害。其原因主要是隧道未设防寒排水系统。后采取在隧道下方修建泄水洞的整治方案（泄水洞断面2m×2m，全长720m，隧底至泄水洞底为5.5m），同时还采取了其他防冰冻措施，根治了该隧道冻害。

在最北的漠河地区修建的嫩林线罗奇2号隧道，全长1160m，1970年交付运营，在隧道底板下 5.85m 处设防寒纵向中心泄水洞，虽泄水洞常年不冻，但由于衬砌背后的竖向盲沟（不保温防冻）等与泄水洞的联系通道没做好，致使衬砌背后及隧道底板下的积水不能流入泄水洞，以致积水冬季结冰造成道床冻胀，衬砌开裂、错牙、掉块日趋严重，运营数年终因衬砌溃塌，造成大坍方中断行车 16d 的严重灾害。该隧道冻害的整治工作，历经 10 年艰辛，终获得成功。

【案例 4】 东北东部铁路通道白河至和龙段

（1）南山隧道冻害

2010 年 2 月 5 日发现距进洞口 100～230m 段侧沟开始冒水结冻，侧沟结冰逐渐向洞内延长，2010 年 3 月 19 日距洞口 370～430m 侧沟冒水结冰。

经凿开侧沟检查发现：距进洞口 100m、270m、400m、430m 处保温层下排水沟整个断面结冰堵塞；距洞口 490m、550m 处保温层下侧沟有少量结冰，未见水流；距洞口 620m 处侧沟未结冰，未见水流。

双侧保温水沟结冻长度约 620m，冻害见图 3-2-12。

图 3-2-12 侧沟结冰

（2）青山里隧道冻害

2010 年 1 月 6 日发现出口端侧沟开始结冻冒水，至 2 月 23 日结冻长度 140m，结冻长度未继续发展。

（3）松月一号隧道冻害

2010 年 1 月 25 日出口端侧沟结冻冒水，至 2 月 23 日结冻长度达到 80m，结冻长度未继续发展。

第三节 寒区隧道防冻害技术措施

水是产生隧道病害的根源，已建严寒地区和多年冻土地区隧道的病害，都是从防排水设计不当或防排水设施失效导致的。在有冻害地区，排水通道由于所处低温环境而难以顺畅，防水材料在负温及冻融条件下性能降低。因此，一个适合寒冷地区完整、有效的防排水系统是隧道避免产生病害的关键。

只要隧道周围及衬砌背后不积水，并在不结冰的情况下，顺利排至隧道外，即可有效解决寒区隧道的冻害问题。

一、防水系统

1. 围岩注浆堵水

在受冻害影响的洞口段(一般按500m考虑),对破碎、土质富水围岩进行径向注浆,降低围岩渗透系数,减少地下水的排放。

注浆完成后须进行渗漏水实验,以检验注浆效果,注浆参数及质量检验标准如下:

(1)注浆设计及注浆参数

①注浆孔按梅花形布置,孔口环向间距约180cm,孔底环向间距约250cm,纵向间距260cm。孔口管采用ϕ50mm,壁厚3.5mm的热轧无缝钢管,孔口管应埋设牢固,并有良好的止浆措施。

②注浆材料采用水灰比为1:1的水泥浆,施工时可根据地质条件需要适当调整。

③注浆压力:0.5~1.5MPa,注浆前应进行现场注浆试验,根据实际情况调整注浆参数。

(2)注浆质量要求及检验标准

①通过检查隐蔽工程验收记录,验证注浆孔的数量、布置的间距、钻孔深度必须符合设计要求。

②通过渗漏水量测,必要时采用钻孔取芯、压水(或空气)试验等方法检测注浆效果,具体如下:

a.对于岩石地层,通过注浆后,其防渗标准采用压水试验成果表示,即要求透水率:

$$q \leqslant 5Lu$$

式中:$q = Q/PL$;

P——注浆压力(MPa);

Q——每分钟注水量(L/min);

L——试验长度(m);

Lu——在1MPa压力下每分钟每米注水量。

压水流量稳定标准为:在稳定的压力下,每3~5min测读一次压入流量,连续四次读数中最大值与最小值之差小于最终值的10%,或最大值与最小值之差小于1L/min时,本阶段试验即可结束,取最终值作为计算值。

b.对于土质地层,防渗标准采用渗透系数K(单位为cm/s)表示,要求K降低到10^{-4}cm/s量级,$K = q \times 1.5 \times 10^{-5}$。

2. 结构自身防水

衬砌混凝土全部采用防水混凝土,一般地段抗渗等级不低于P10,地下水发育地段抗渗等级不低于P12。

3. 防水层防水

初期支护与二衬之间设置防水板。

4. 施工缝、变形缝防水

施工缝、变形缝防水均按一级防水标准设置防水措施。

5. 拱顶回填注浆

为保证初支与二衬密贴,不形成水囊,对隧道二次衬砌背后进行回填注浆。

二、排水系统

中国广大地区由于冬季气候寒冷，不少已建铁路隧道衬砌产生冻胀病害（开裂、酥碎、剥落），每逢冬季，就会出现洞顶、侧墙挂冰，路面溜冰等现象，不仅使隧道衬砌遭到破坏，而且会出现侵界，危及行车安全。如对隧道衬砌冻害表面进行清理养护，则费用高、难度大，解决不了根本问题。前苏联提出采用供热法防治冻害，日本提出采用隔热法和加热法的对策，欧洲一些国家则用夹层板构件做成的绝热层来防治冻害等。

中国对防治隧道冻害提出排水防冻技术思路是：将衬砌背后围岩中的地下水排除，则主要冻害将大大减轻或消除。为此采取的技术措施有双侧保温水沟、中心深埋水沟、防寒泄水洞等。所有这些和常规地区的防排水措施一起，构成了寒冷地区隧道完整的防排水系统，并在多座隧道的病害处理中取得了成功。

寒冷地区隧道的排水应满足冻害地段隧道排水的有关防冻要求，对排水沟应采取保温水沟、中心深埋水沟、防寒泄水洞、电加热等保温防寒措施，以保证水流畅通。

1. 排水形式

最冷月平均气温在 -10℃以下地区，排水沟形式参照表 3-3-1 选用。

不同温度的排水沟形式　　表 3-3-1

分　区	最冷月平均气温（℃）	黏性土最大冻结深度（m）	主排水沟形式
寒冷地区	-5 ~ -10	≤1.0	一般水沟
	-10 ~ -15	1.0 ~ 1.5	保温水沟
严寒地区	-15 ~ -25	1.5 ~ 2.5	中心深埋水沟
	< -25	>2.5	防寒泄水洞

2. 设防长度

冻害地段隧道洞口设防段的长度，可根据隧道长度、当地最冷月平均气温、地下水的水量、隧道内外气温、风速、行车密度等计算得出。一般情况下可参考当地最冷月平均气温和邻近隧道的设防条件类别确定。

根据调查，冻害通常在隧道洞口附近较为严重，影响设防段长度的因素有：

(1) 漏水流量、隧道内气温、隧道外气温、隧道长度、风速、时间、行车密度、速度、长度等。

(2) 隧道内不同位置与其温度的变化。

(3) 内燃机车通过比电力机车通过时温度高。行车速度、密度、长度对结冰的影响为正影响，即速度越高、密度越大、长度越长，带进隧道的冷量越多，结冰越厉害。冬季西北风大，对结冰也有影响。

3. 洞内水沟

(1) 保温防寒侧沟

保温防寒水沟一般采用双层盖板水沟，盖板之间设保温材料，在非多年冻土区已被广泛试验，并取得很好的效果，取得成功经验。防寒水沟造价较低，施工方便，是严寒及多年冻土地区隧道排水的一种好形式。

保温水沟采用浅埋方式（即小于隧道内最大冻结深度），在水沟内采取保温措施，以达到冬季水流不冻结的目的。

保温水沟一般适用于严寒地区，最冷月平均气温 -10～-15℃，黏性土最大冻结深度在1.0～1.5m，且冬季有水或可能有水的隧道。保温水沟的设置长度，一般根据隧道的长度、水量的大小、水温、隧道所在地区寒冷季节的主导风向、水沟坡度等因素综合考虑确定(表3-3-2)。当隧道较长时，可仅在两端洞口 150～400m 范围内设置，低洞口可适当加长。

保温水沟的设置长度 表 3-3-2

最冷月平均气温(℃)	隧道长度(m)	保温水沟的设置长度(m)	
		低洞口	高洞口
-10～-12	<600	全隧道设置	
	>600	200～350	150～250
-12～-15	<1000	全隧道设置	
	>1000	300～400	250～350

保温水沟的结构形式应配合隧道衬砌断面设计(图 3-3-1)。水沟上部设双层盖板，在两层盖板间充填保温材料，保温层厚度一般不应小于 30cm。

保温材料宜采用蛭石混凝土、矿渣、沥青玻璃棉、矿渣棉、泡沫聚氨酯、泡沫塑料等，保温材料应具有阻燃特性，并应有防潮措施。

保温水沟在适当距离(30～50m)应设检查井，检查井内设沉淀池，以利检查和清淤，当采用空气保温时，可不设检查井和沉淀池。

(2)中心深埋水沟 (图 3-3-2)

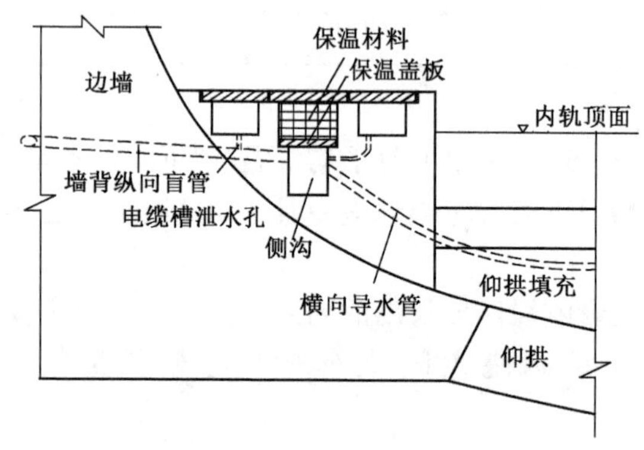

图 3-3-1 保温水沟(侧沟)示意图

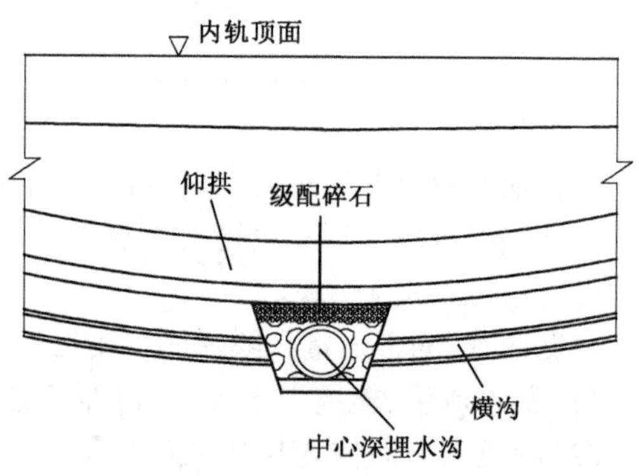

图 3-3-2 中心深埋水沟示意图

中心深埋水沟系将水沟埋置于洞内相应的冻结深度以下，利用地温达到水沟内水流不致冻结的排水措施。一般要求做到：

水沟断面形式应根据地质条件选用 U 形、圆形、箱形、拼装式或拱形，在Ⅲ～Ⅵ级围岩中拱形水沟应加作铺底。

水沟回填材料除应满足保温、渗水性好的要求外，还应防止石屑、泥砂渗入水沟引起水沟淤积。

中心深埋水沟的埋深应使其沟内的水流不冻结。影响埋深的因素除了受当地气温、冻结深度的影响外，还与水量、水温、水沟坡度、隧道长度及隧道所在地区寒冷季节的主导风向等因素有关。一般可按下式计算：

$$h_x = \frac{Kh_0 t_x}{t}$$

式中：h_x——中心深埋水沟的最小埋深(m)；

K——与岩性有关的冻结深度系数；

h_0——隧道所在地区的最大冻结深度(m)；

t_x——隧道内设置中心深埋水沟处最冷月平均气温(℃)；

t——隧道所在地区最冷月平均气温(℃)。

为防止淤积和堵塞，便于检查维修，中心深埋水沟应设置检查井。检查井间距宜为30~50m，断面形式可采用方形或圆形，检查井下应设沉淀池，以便清淤，检查井应设双层盖板，盖板间应填塞干草或其他保温材料。

(3)中心深埋渗水沟(图3-3-3)

把水沟埋设于隧道内相应的冻结深度之下，利用地下水的初温达到冻融平衡防冻的目的，嫩林线朝阳一号隧道是我国第一座在线路中心下深埋渗水沟的隧道，其埋深由路基面至渗沟流水面约3.5~4.5m，由于该种排水形式及排水效果较好，不会形成冻害；深埋渗水沟比泄水洞埋深浅，适合明挖施工。

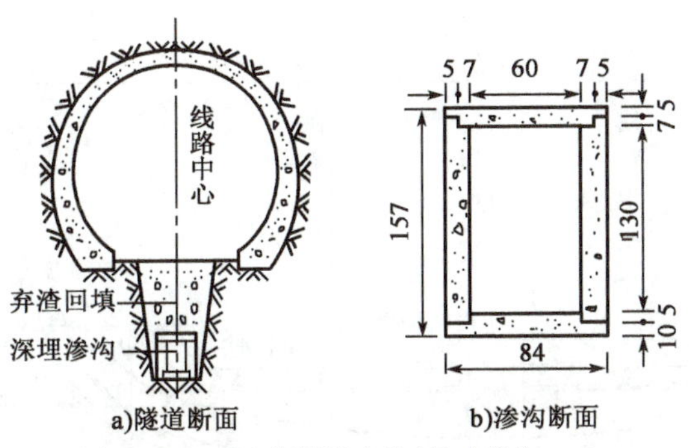

图3-3-3 中心深埋渗水沟(尺寸单位:cm)

中心深埋排水沟的排水措施达到了预想的效果，但在施工中存在一定的问题：其一，隧底拉槽使开挖面距衬砌边墙基底的距离较近，加之开挖放炮的震动对衬砌基础的稳定及衬砌结构的安全产生不利的影响；其二，由于岩层开挖爆破，衬砌表面受到破损，对工程质量也产生一定的影响。

根据隧道所处地区最冷月平均气温差异，对于不同地区的隧道设置不同长度的中心深埋沟，如吉图珲客专采用如下：最冷月平均气温大于-10℃，洞口500m；最冷月平均气温大于-15℃小于-10℃，洞口1500m；最冷月平均气温小于-15℃，洞口2000m。

4.衬砌背后排水盲沟

拱墙初期支护与二次衬砌之间设环向盲管，纵向在两侧边墙底部初期支护与二次衬砌之间设纵向盲管。

设置深埋中心水沟地段，仰拱下方设ϕ100横向导水管(PVC管)及底宽与高均为20cm的碎石盲沟，碎石顶部铺设5cm厚，40cm宽泡沫混凝土保温层。碎石盲沟纵向间距同环向盲管，碎石盲沟设置见图3-3-4。环向盲管、纵向盲管及横向导水管采用四通连接，环纵向盲管集水通过横向导水管直接汇入中心深埋水沟。

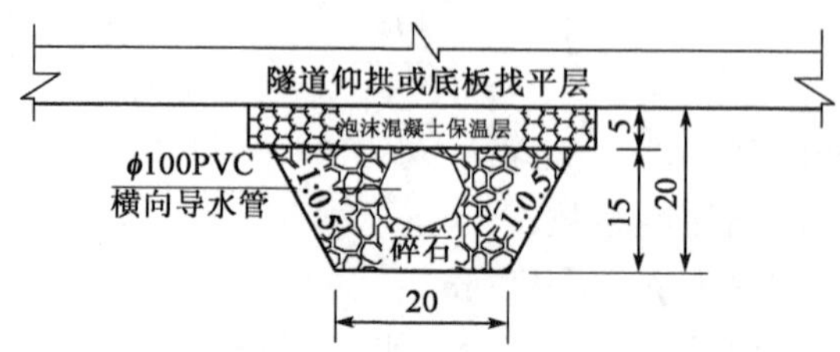

图3-3-4　隧底横向碎石盲沟设置示意图(尺寸单位:cm)

5. 防寒泄水洞(图3-3-5)

防寒泄水洞一般适用于严寒地区最冷月平均气温低于-25℃，黏性土冻结深度大于2.5m，采用深埋水沟埋置较深，且冬季有水的隧道。它是隧道排除地下水的主要措施之一，形似小隧道，位于隧道下方，需要修筑配套的排水系统，包括泄水孔、支导洞、检查井、保温出水口等。利用钻孔或岩石裂隙将隧道周围的地下水排入泄水洞，而不通过衬砌盲沟、泄水孔、水沟等易发生冻害的部位。从而能防止泄水孔、水沟水冻结以及衬砌周围介质冻结时对衬砌产生的冻胀影响。

防寒泄水洞的支护参数、衬砌结构尺寸应根据地质条件和埋置深度，由计算或工程类比确定。

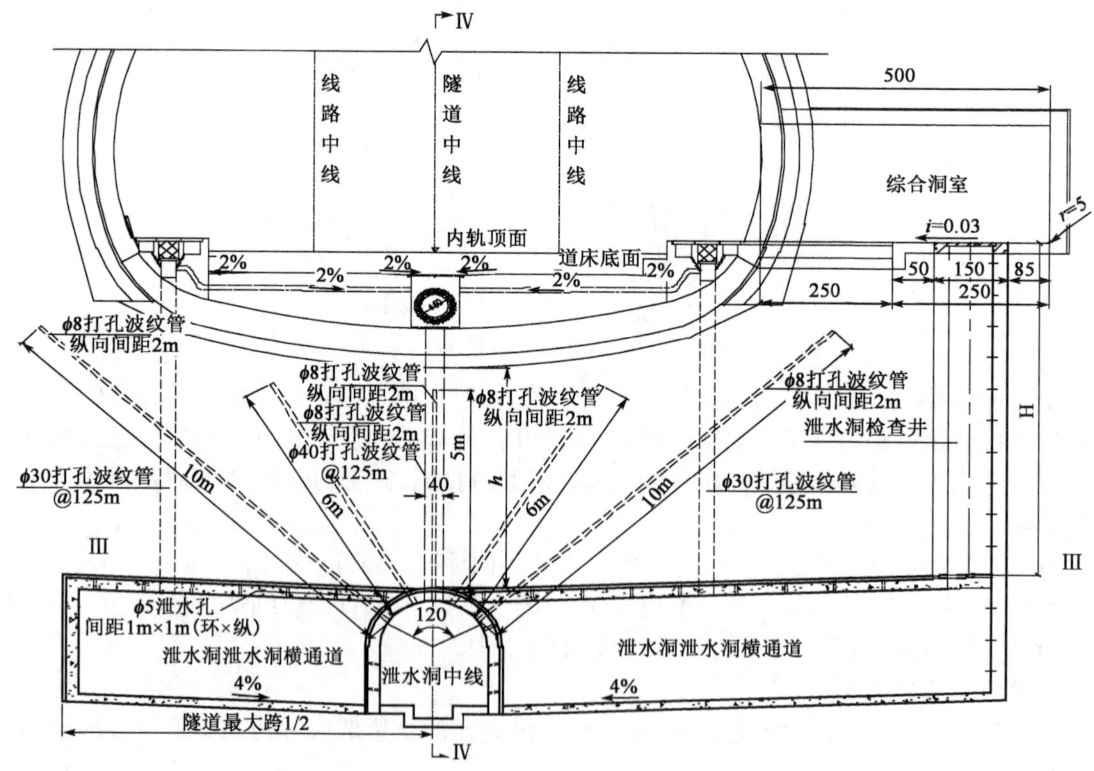

图3-3-5　防寒泄水洞(尺寸单位:cm)

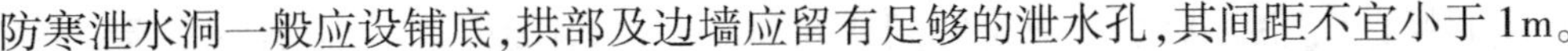

防寒泄水洞一般应设铺底，拱部及边墙应留有足够的泄水孔，其间距不宜小于1m。

防寒泄水洞的埋置深度主要根据当地围岩的最大冻结深度决定，此外还应注意不要埋置过深，以免不必要地延长泄水洞的长度，增加投资。

为方便对泄水洞的检查及夏季通风，每隔一定距离应设检查井，距离宜隔150~200m。中心检查井设于线路中线上，侧检查井设于大避车洞内；检查井应设双层盖板，盖板间应填塞保温材料。

6. 洞外排水

隧道低洞口端洞外设置深埋排水暗沟，在洞口横向一侧地势低洼处或顺线路一侧前方较近距离地势较低处顺延，埋设于冻结深度以下不小于25cm，坡度大于5‰，排水沟每50m设置一处保温检查井。排水沟末端设置保温出水口。保温出水口样式有圆包式保温出水口、端墙式保温出水口和多排孔式保温出水口。高洞口端于洞外2m处设置横向截水盲沟一道，并设置向外不小于3‰的排水坡，防止洞外水流入洞内。

设置保温水沟、中心深埋水沟或防寒泄水洞的隧道，应修筑盲管(沟)、泄水孔、横沟、横导洞、洞外暗沟、保温出水口等设施。

盲管(沟)的设置深度从衬砌内缘算起不宜小于1m(衬砌厚度在内)，亦可在盲管(沟)处增设保温墙。

汇集于竖向或环形盲管(沟)的地下水，通过泄水孔流入保温水沟中，泄水孔的断面宜为10cm×10cm。

深埋水沟通过隧底横沟与盲管(沟)连接，横沟的坡度不宜小于5%。

设防寒泄水洞的隧道，横沟应以暗挖的横导洞代替，衬砌背后盲管(沟)与横导洞以钻孔沟通，钻孔直径不宜小于10cm。当钻孔处于Ⅳ~Ⅵ级围岩时，宜下“花管”，防止钻孔堵塞。

保温水沟和防寒泄水洞中的水流出隧道后，应采用暗沟通过路堑地段流入地形低洼处。暗沟应埋置于冻结深度以下，其坡度不宜小于5%，可用明挖法施工，并宜每隔50m设一检查井和沉淀坑。

最冷月平均气温在-15℃以下地区，中心深埋水沟、防寒泄水洞、洞外暗沟，均应设防寒出水口。当出水口地形较陡时，其结构宜用端墙式；地形平坦时，宜用掩埋保温圆包头式。

三、保温材料

(1)隧道洞口土质、极破碎地段及膨胀岩地段于初期支护与二次衬砌之间设置保温层，保温层设置于初期支护与二次衬砌之间，由一层5cm厚硬质聚氨酯保温板加内外两层防水板构成，拱墙设置。

(2)水沟保温材料：

①蛭石混凝土。

层状保温材料结构硅酸盐矿物。成分为$Mg_{0.5}(H_2O)_4Mg_3[AlSi_3O_{10}](OH)_2$因加热时能迅速膨胀，弯曲呈水蛭(蚂蟥)状而得名。蛭石可由多种矿物转变而成，化学组成变化很大。晶体属单斜晶系。粗的片状蛭石多由黑云母转变而成；细的呈土状、粉末状。蛭石一般呈褐色、褐黄色或暗绿色，带油脂的玻璃光泽。保温材料底面解理完全，解理薄片具挠性，有时微具弹性。莫氏硬度1.5~2.8，比重2.1~2.7。用加热或化学方法使其膨胀，体积可膨胀20倍左右。加热后的蛭石变成银灰色，比重下降到0.6～0.9。约有80%的膨胀蛭石用于建筑工业，是良好的隔热、隔音材料。还可作为橡胶、油漆等填充料和涂料，机械润滑剂等。保温材料蛭石通常由云母经低温热液蚀变或风化而成。世界上一些重要的蛭石产地，多数与超基性岩、基性岩有关。

蛭石是一种铁镁质铝硅酸盐矿物。外貌形状很像黑云母，但颜色却是褐色、黄褐色或古铜色。当把它加热到150～950℃时，会失去水分而迅速膨胀，体积能比原来最增大18～25倍，其受热变化时的形态恰似蚂蟥扭动，所以取名“蛭石”。

蛭石经焙烤后体积急剧增大而质量减轻，保温材料形成极细的空间层，导热系数减少，因而具有隔音、隔热、防火、防震、耐潮的功能。它又是良好的耐火建筑材料。用蛭石配制消声灰浆，抹在大会堂、剧院、录音室、公共电话室的墙壁上，能降低声音的回音。掺和有蛭石的轻骨料混凝土，容重减少20%～45%，导热率可降低50%～60%。

蛭石是当今世界首屈一指的超级保温材料。将蛭石经过一系列复杂的化学处理，提取出来的蛭石薄膜呈半透明。这种薄膜表层的保温性能极好，用来制作防火覆盖层、房顶防热、高温衬垫、保温材料熔炉或锅炉用的膨胀连接件，冰箱等家用电器、孵化器的防热层和电缆外包层等都很适宜。

②矿渣棉。

以岩石、工业废渣和石灰石等为主要原料，经高温熔融，用离心力、高压载能气体喷吹而成的棉及其制品。

③珍珠膨胀岩。

一种由酸性火山玻璃质熔岩（珍珠岩矿石等），经过破碎、预热、焙烧而制成的具有多孔结构的颗粒、松散材料。

④泡沫聚氨酯。

聚氨酯是由多异氰酸酯和聚醚多元醇或聚酯多元醇或/及小分子多元醇、多元胺或水等扩链剂或交联剂等原料制成的聚合物。通过改变原料种类及组成，可以大幅度地改变产品形态及其性能，得到从柔软到坚硬的最终产品。聚氨酯制品形态有软质、半硬质及硬质泡沫塑料、弹性体、油漆涂料、胶粘剂、密封胶、合成革涂层树脂、弹性纤维等。

⑤泡沫塑料。

泡沫塑料也叫多孔塑料，是以聚乙烯、聚苯乙烯、聚氯乙烯、聚丙烯、聚氨酯等树脂为主要原料，加入发泡剂及其他添加剂，经发泡作用形成的一种内部具有无数微孔的塑料。质轻、绝热、吸音、防震、耐腐蚀。有软质和硬质之分，广泛用做绝热、隔音、包装材料及制车船壳体等。

四、结构抗冻措施

在洞口范围（一般500m）二衬结构设为钢筋混凝土，并在浅埋、土质、富水地段进行结构加强。

五、温度伸缩缝

为避免由于温度变化引起材料的热胀冷缩导致衬砌开裂，隧道内结合施工缝设置温度伸缩缝，洞口500m范围内，30m设置一道，其余地段50m设置一道。温度伸缩缝防水处理同变形缝,全环设置中埋式橡胶止水带加背贴式橡胶止水带。

六、保温检查井

保温检查井采用双层盖板,上层盖板采用钢筋混凝土盖板,下层盖板采用浸油木板盖板,两层盖板间填充保温层。

七、保温防冻解冻

如在衬砌与围岩间加设保温层(加气混凝土等),洞口设防寒帘幕(可用厚帆布缝成帘幕,与信号机联锁,自动开闭,为安全计备有手动开闭,以保持长隧道中部气温有效果),排水沟采暖防冻(在洞口段上下层水沟间铺设暖气管道冬季供热),泄水洞夏季通热风解冻(机械送热风融化泄水洞内结冰);

其他临时紧急处理防冰措施:采用电热防冻(图3-3-6),红外线融冰,向侧沟注投氯化钠、氯化钙等降低水的冰点防冻。

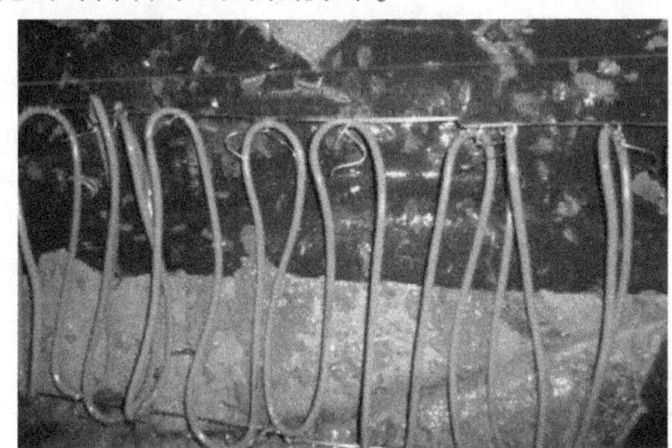

图3-3-6　电加热防冻措施

第四节　吉图珲客专隧道防寒技术

隧道衬砌结构防水等级为一级,隧道防排水遵循"防、堵、截、排,因地制宜,综合治理"的原则,充分利用结构自身防水能力,并构筑隧道结构内外完善的防排水系统。本线地处严寒地区,所经地区最冷月平均气温均在-10℃以下,针对本线各地区的气候特征,对本线隧道进行了防冻害设计,具体措施如下:

一、防水

1. 围岩注浆堵水

由于本线隧道洞口均较平缓,覆盖层较薄,围岩较破碎,裂隙较多,地下水丰富,同时洞口段又是洞内气温较低的段落,因此,对洞口段500m范围围岩根据不同地层和地下水发育情况进行径向注浆减小围岩空隙率,注浆深度按2m设计。

2. 结构自身防水

首先衬砌混凝土全部采用防水混凝土,暗洞衬砌混凝土一般地段抗渗等级不低于P10,地下水发育地段抗渗等级不低于 P12。明洞衬砌均采用防水钢筋混凝土，抗渗等级不低于 P12。

3. 防水层防水

明洞结构外设防水层，回填土表面均铺设黏土隔水层。顶部设不小于 3% 的排水坡度。处于沟谷中冲刷严重的明洞顶，采用浆砌片石铺砌。暗洞拱墙初期支护与二次衬砌间铺设 EVA 防水板加土工布的分离式防水层，EVA 防水板的厚度 1.5mm，土工布质量≥$400g/m^2$。防水板采用无钉铺设工艺，土工布采用射钉固定在初支表面，防水板通过热熔焊接与射钉表面的橡胶焊接，无纺布铺设基层平整度不应大于 1/10（凹槽深度与宽度之比）。

4. 施工缝、变形缝防水

施工缝：环向施工缝拱墙设置中埋式橡胶止水带加背贴式橡胶止水带，仰拱设置中埋式橡胶止水带；纵向施工缝采用钢边橡胶止水带。

变形缝：拱墙设置中埋式橡胶止水带加背贴式橡胶止水带，仰拱设置中埋式橡胶止水带。衬砌外缘与防水板结合部位以聚硫密封胶封堵，衬砌内缘 3cm 范围内以聚硫密封胶封堵，其余空隙采用填缝料填塞密实。

5. 拱顶回填注浆

为保证初支与二衬密贴，不形成水囊，对隧道二次衬砌背后进行回填注浆。预埋注浆花管采用 $\phi20$ 的 PVC 管，并应在管身布设梅花形溢浆孔，排气管不布孔。回填注浆采用微膨胀性水泥砂浆。

二、洞内排水

1. 洞内水沟

根据隧道所处地区最冷月平均气温差异，对于不同地区的隧道设置不同长度的中心深埋水沟及保温侧沟。各区段中心深埋水沟及保温侧沟设置长度见表 3-4-1。

中心深埋水管和保温侧沟设置段落长度划分表 表 3-4-1

项目＼地区	蛟河	吉林、敦化、安图、延吉	图们、珲春
最冷月平均气温	-23.4℃	-15.2 ~ -16.5℃	-10.3 ~ -12.2℃
中心深埋水沟(m)	洞口 2000	洞口 1500	洞口 1000
双侧保温水沟(m)	洞口 2000	洞口 1500	洞口 1000
备　注	其余地段设置普通中心水沟及双侧普通水沟		

普通水沟采用 $\phi600$ 钢筋混凝土预制管，壁厚 6cm。中心深埋水沟采用 $\phi600$ 钢筋混凝土预制管，壁厚 12cm。中心深埋水沟及普通中心水沟均于中心管上方设 2m 宽的保温层，保温层采用 15cm 厚容重为 $300kg/m^3$ 的泡沫混凝土［导热系数不大于 0.08W/(m·k)，抗压强度不小于 600kPa，耐火等级为 A 级（不燃）］。

2. 衬砌背后排水盲沟

设置深埋中心水沟地段，拱墙初期支护与二次衬砌之间设环向盲管，由单根 $\phi80$ 单壁打孔波纹管外包无纺布组成，纵向间距：洞口 500m 范围内为 5m，其他设置中心深埋水沟地段为 8m，地下水发育时，可适当加密；纵向在两侧边墙底部初期支护与二次衬砌之间设纵向盲管，由1根$\phi100$纵向双壁打孔波纹管和外包无纺布组成。仰拱下方设$\phi100$横向导水管(PVC管)及底宽与高均为20cm的碎石盲沟,碎石顶部铺设5cm厚、40cm宽泡沫混凝土保温层。碎石盲沟纵向间距同环向盲管(图3-3-4)。环向盲管、纵向盲管及横向导水管采用四通连接,环纵向盲管集水通过横向导水管直接汇入中心深埋水沟。深埋中心水沟及保温侧沟地段盲管设置见图3-4-1。

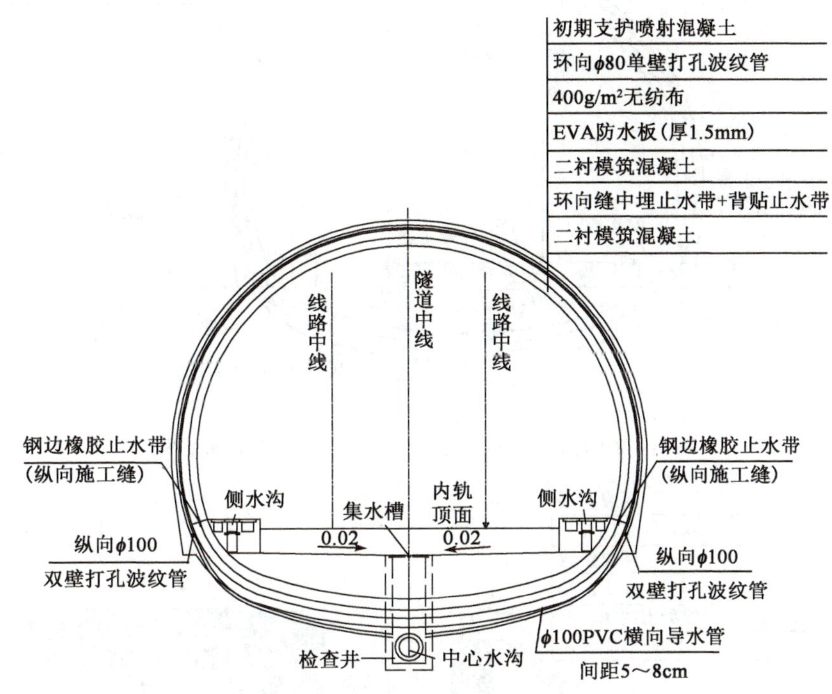

图3-4-1 深埋中心水沟及保温侧沟地段盲管设置示意图

设置普通侧沟和普通中心水沟地段,拱墙初期支护与二次衬砌之间设环向盲管,由单根$\phi80$单壁打孔波纹管外包无纺布组成,纵向间距一般10m/环,地下水较大时,间距缩小,可根据地下水发育情况调整;纵向在两侧边墙底部初期支护与二次衬砌之间设纵向盲管,纵向盲管通过仰拱填充层内横向导水管($\phi100$PVC管,不接入侧沟,穿过二次衬砌)与检查井连通,纵向每30m设1处。环向盲管、纵向盲管及横向导水管采用四通连接,环纵向盲管水通过横向导水管进入检查井,最后通过中心水沟排出。普通中心沟和普通侧沟地段盲管设置见图3-4-2。

三、洞外排水

隧道低洞口端洞外设置深埋排水暗沟,在洞口横向一侧地势低洼处或顺线路一侧前方较近距离地势较低处顺延,埋设于冻结深度(根据回填料导热系数进行热工计算后的换算冻结深度)以下不小于25cm,坡度大于5‰,排水沟每50m设置一处保温检查井。暗沟采用$\phi600$钢筋混凝土预制管,壁厚6cm,排水沟末端设置保温出水口(图3-4-3)。保温出水口样式有圆包式保温出水口、端墙式保温出水口和多排孔式保温出水口。高洞口端于洞外2m处设置横向截水盲沟一道,并设置向外不小于3‰的排水坡,防止洞外水流入洞内。

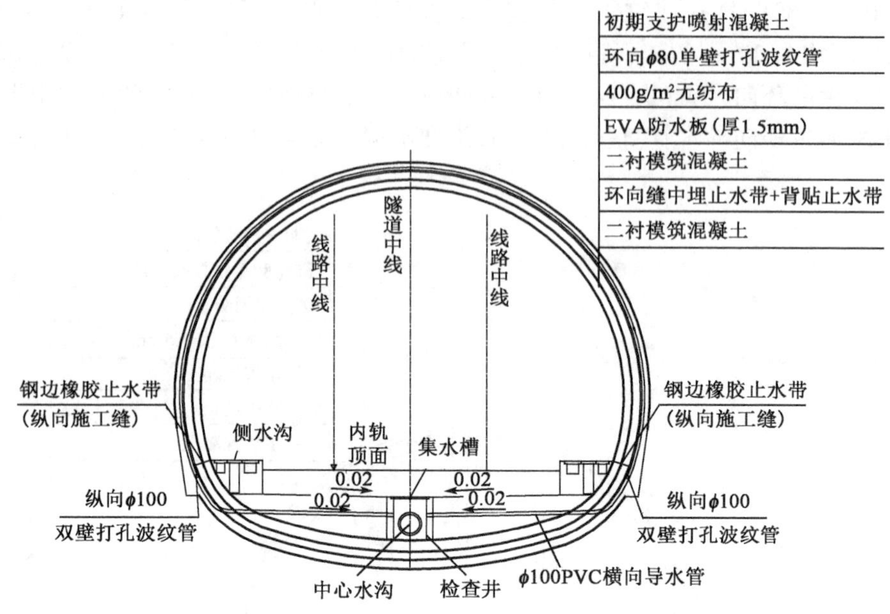

图 3-4-2　普通中心水沟及普通侧沟地段盲管设置示意图

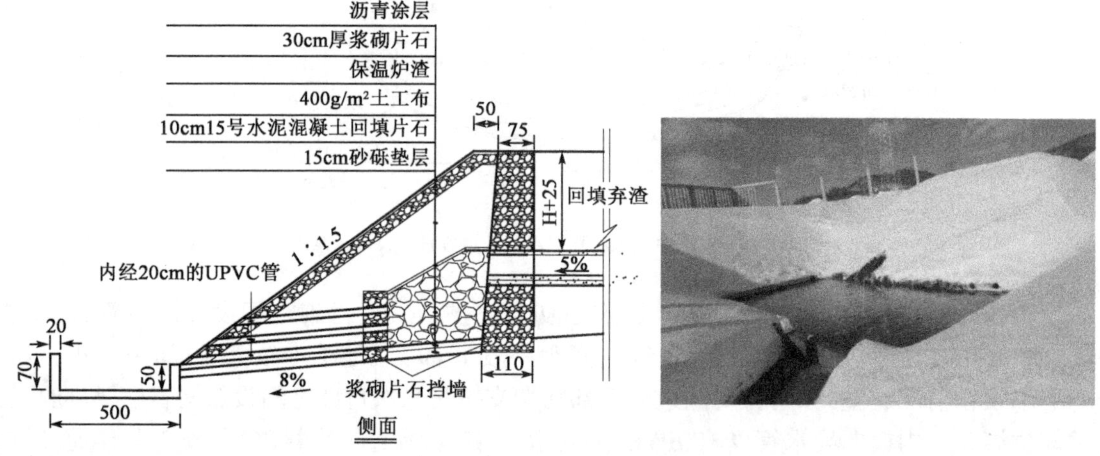

图 3-4-3　洞外保温出水口(尺寸单位：cm)

四、保温层

1. 保温层设置

(1)拉法山隧道、香水隧道于洞口 500m 范围内设置保温层，保温层设置于初期支护与二次衬砌之间，由一层 5cm 厚硬质聚氨酯保温板加内外两层防水板构成，拱墙设置(图 3-4-4)。

(2)石门隧道于洞口 500m 范围内设置保温层，保温层设置于初期支护与二次衬砌之间，采用 10cm 厚玻化微珠保温砂浆，拱墙设置。

(3)其余隧道洞口土质、极破碎地段及膨胀岩地段于初期支护与二次衬砌之间设置保温层，保温层设置于初期支护与二次衬砌之间，由一层 5cm 厚硬质聚氨酯保温板加内外两层防水板构成,拱墙设置。

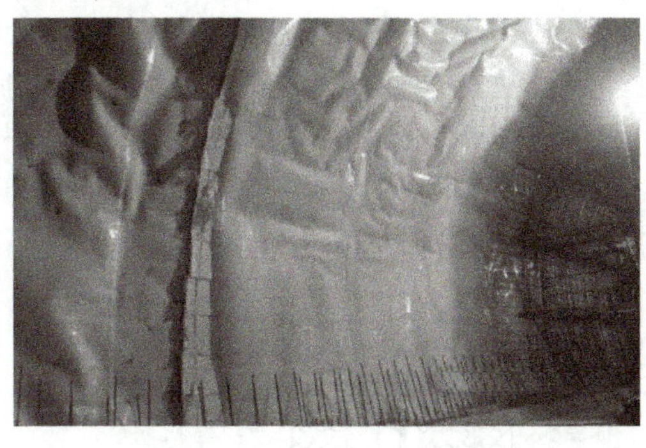
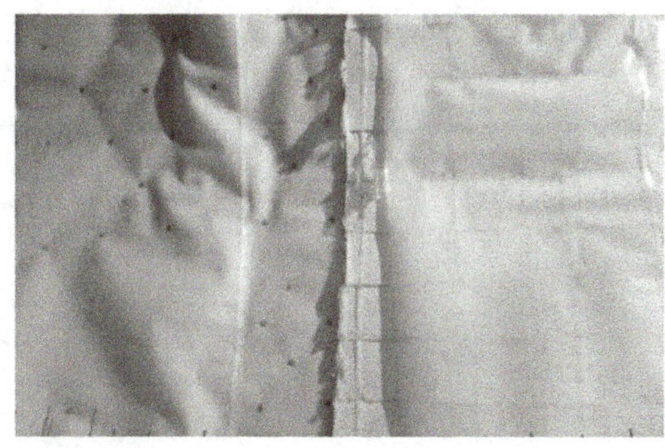

图 3-4-4 拉法山隧道保温层施工

2. 后安山隧道保温层施工技术

后安山隧道位于吉林省图们市东嘎呀河东岸,为双线隧道,起讫里程 GDK306 + 029 ~ GDK312 + 580,全长 6551m。隧址区年平均气温为 4℃,极端最高气温为 34.9℃,极端最低气温为 -41.8℃,最冷月平均气温为 -28.5℃,年平均最大积雪深度为 37cm,最大冻结深度为 167cm。按铁路气候区划分为寒冷区与严寒区。

(1)保温层设计

全隧暗挖段初期支护和二次衬砌间拱墙背后设 EVA 防水板加土工布,防水板厚 1.5mm,土工布 400 g/m^2,其中隧道距洞口 922m 范围内铺设双层防水板。

(2)第 1 层防水板铺设方法

第 1 层防水板铺设施工工序简单,施工工艺已经非常成熟。主要施工工序为:初期支护基面处理→铺设土工布→铺设防水板。第 1 层防水板采用无钉铺设方法,即先采用专用射钉及热熔垫圈将土工布固定在喷射混凝土上,专用热熔垫圈按梅花形布设;然后利用手动电热熔接器加热,使防水板焊接在固定土工布专用的热熔垫圈上。土工布、防水板按照从下向上的顺序铺设,环向铺设时,下部防水板应压住上部防水板,松紧应适度并留有余量,保证土工布、防水板全部面积均能贴到围岩。

(3)保温板和第 2 层防水板铺设方法

双层防水板中间加保温板的施工技术难点是如何在已经铺设好第 1 层防水板的基础上,再采用无钉铺设法且不能穿透第 1 层防水板的前提下安装保温板,继而铺设第 2 层防水板。以下介绍 4 种安装保温板和铺设第 2 层防水板方法,各方法均建立在第 1 层防水板已经铺设好的基础上。

①胶结法。理想的胶结法是在采用无钉法铺设固定好第 1 层防水板后,把 TN-1 型聚氨酯黏结剂均匀地涂抹在第 1 层防水板和保温板表面,晾置片刻,至黏结剂开始凝胶后将保温板贴在第 1 层防水板表面并人工用力加压密贴,直至达到足够的胶结强度;然后把 TN-1 型聚氨酯黏结剂均匀地涂抹在保温板的另一面和第 2 层防水板表面。利用同样的方法将第 2 层防水板和保温板粘接牢固。然而,现场施工实践证明隧道拱顶部位的保温板与第 1 层防水板之间达不到理想的胶结效果,最终导致在未铺设第 2 层防水板之前保温板就已经脱落。原因是:隧道拱部为弧形且初期支护表面不平整,第 1 层防水板随拱部弧形铺设后亦不平整,保温板为硬质长方体,表面

平整，小范围内不会随拱部弧形发生弯曲。因此，保温板与第1层防水板之间局部不能吻合，不能实现全部密贴，胶结面积不足导致达不到足够的胶结强度，最终使得保温板脱落。

②吊绳吊挂法。双层防水板中间加保温板吊绳吊挂法工艺复杂。在采用无钉法铺设固定好第1层防水板后，在第1层防水板内表面、第2层防水板外表面均预先焊接连接带。连接带利用防水板边角料加工而成，宽约5cm，长约20cm，连接带两端与防水板表面焊接，中间预留供吊绳穿过的空隙，形成吊环状。吊绳材料为普通塑料带。吊绳吊挂法见图3-4-5。

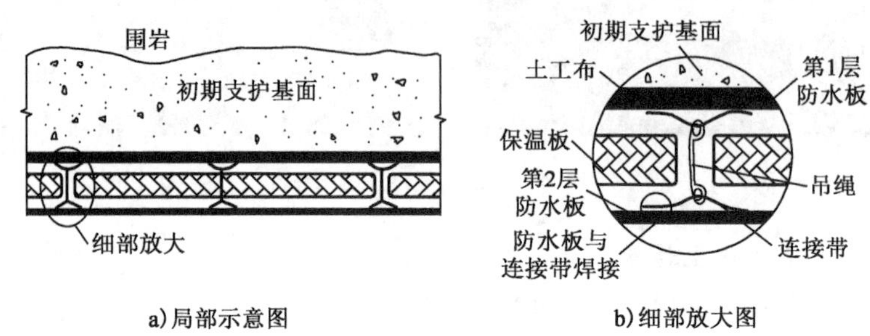

图3-4-5　吊绳吊挂法图

③环向钢筋固定法。首先在靠近隧道两侧边墙处混凝土底板打设20mm短钢筋，每根短钢筋长约35cm。短钢筋伸出混凝土面20cm左右，隧道纵向间距为1m；然后安装拱墙环向固定钢筋，该部要充分考虑二次衬砌断面尺寸，保证环向固定钢筋安装在保温板与第2层防水板之间设计位置。环向固定钢筋就位后将其与短钢筋焊接牢固。如果二次衬砌为钢筋混凝土结构，直接利用伸出仰拱面的环向预留主筋作为短钢筋与环向固定钢筋焊接牢固即可。准备工作完成后，在侧面将保温板塞进第1层防水板与环向钢筋中间的夹层内。拱墙保温板安装完成后开始铺设第2层防水板。第2层防水板外表面同样焊接连接带，形成吊环状，利用吊绳通过吊环与20mm环向固定钢筋系牢即可。环向钢筋固定法见图3-4-6。

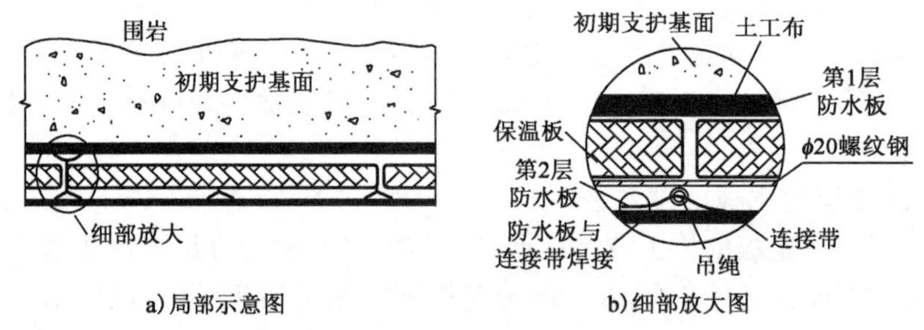

图3-4-6　环向钢筋固定法

④防水板连接带环向张拉连接法。

防水板连接带利用防水板剩余边角料加工而成，宽约5cm，长度根据保温板具体尺寸确定。连接带与防水板属于同一种性质材料，两者可以利用手动电热熔接器加热焊接牢固。连接带不仅可以通过其两端与第1层防水板表面焊接将保温板固定牢固，还可以作为焊接第2层防水板的固定媒介，这是利用防水板连接带的一个显著优点。

铺设保温板时，由隧道两侧边墙开始向拱顶逐块进行。首先，将2条连接带的一端焊接在防水板上表面，保温板就位后，拉紧2条连接带，将连接带的另一端同样分别焊接在防水板表面，这样第1块保温板固定完毕，接着，将固定第2块保温板的连接带焊接在固定第1块保温板的连接带表面。铺设第2层防水板时，直接将防水板与连接带通过热熔焊枪焊接牢固即可。防水板连接带环向张拉法见图3-4-7。

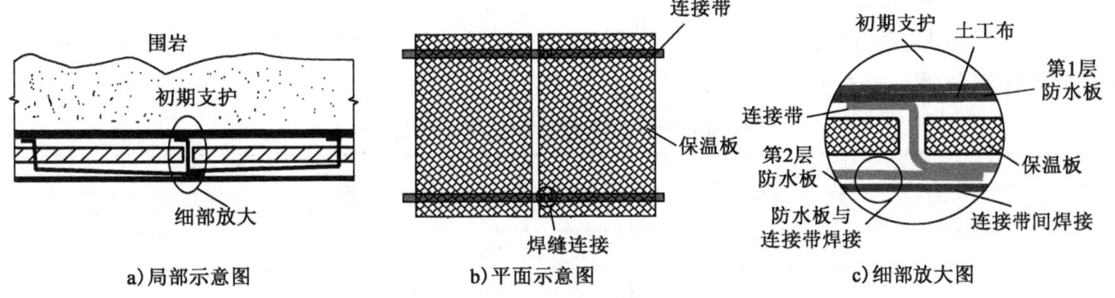

图3-4-7 防水板连接带环向张拉法图

(4)施工方法综合对比

①方法可行性和施工进度对比。通过施工现场相继使用不同的方法证明胶结法不可行，吊绳吊挂法虽然可行但是施工时难以控制保温板和第2层防水板的下沉量，而且施工进度缓慢，环向钢筋固定法和防水板连接带环向张拉法可行，能够保证施工进度、有效控制下沉量。

②经济性对比。环向钢筋固定法和防水板连接带环向张拉法均能够满足方法可行性和施工进度的要求，但是使用环向钢筋固定法时需要额外增加环向固定钢筋的费用(表3-4-2)，而使用防水板连接带环向张拉连接法时，仅需要充分利用防水板剩余边角料即可，没有产生额外材料费用。

环向钢筋法钢筋用量　　表3-4-2

保温板规格(m×m)	每环钢筋长度(m)	每环钢筋用量(kg)	每延米钢筋用量(kg)	产生费用(元)
2.0 ×1.0(环×纵)	28.5	70.28	70.28	33.32
1.0 ×0.6(环×纵)	28.5	70.28	117.13	550.51

注：钢筋单价按4.7元/kg计算。

(5)结论

防水板连接带连接法优点：

①防水板连接带环向张拉连接法完全实现了防水层和保温层的无钉铺设。

②该方法保证了初期支护2层防水板、保温板和二次衬砌之间的有效连接，提高了隧道防水保温隔热质量。

③连接带利用防水板边角料加工而成，充分体现了环保节约的原则。

④施工时可以自两侧边墙同时向拱部进行，大大加快了施工进度。

施工经验：

①防水板连接带连接属于柔性连接，保温板和第2层防水板在安装铺设完成后仍然会发生小幅度的下沉，在施工时必须注意将第1层防水板、保温板和第2层防水板之间贴紧，以减小下沉量。

②硬质聚氨酯保温板具有弹性，在拆除拱墙钢筋临时支撑后，拱部钢筋下沉，两侧钢筋向边墙挤压，将导致拱部二次衬砌钢筋侵入净空，在拱墙设置钢筋地段安装钢筋时必须将拱墙钢筋垫块与第二次防水板之间贴紧。

五、结构抗冻

1. 洞口 500m 设置保温层地段

设置保温层的隧道洞口 500m 防寒段按 D2 环境设计，二次衬砌混凝土采用 C40 钢筋混凝土，设置保温层洞口防寒段二次衬砌混凝土等级及配筋如表 3-4-3 所示。

吉珲线设保温层地段洞口钢筋设置表　　表 3-4-3

项目 围岩级别	混凝土等级	变更设计配筋		
		环向主筋	纵向分布筋	箍筋
Ⅱa	Ⅱa	16@250	12@200	8
Ⅲa	Ⅲa	18@250	12@200	8
Ⅳa	Ⅳa	18@200	12@200	8
Ⅳb	Ⅳb	20@200	12@200	8
Ⅳc	Ⅳc	20@200	12@200	8
Ⅴa	Ⅴa	20@200	12@200	8
Ⅴb	Ⅴb	22@200	12@200	8
Ⅴc	Ⅴc	22@200	12@200	8

2. 洞口 500m 未设置保温层地段

对于洞口 500m 未设置保温层地段，除按 D2 环境设计，二次衬砌混凝土采用 C40 钢筋混凝土外，还考虑了一定的冻胀力作用进行结构加强设计。

根据以往研究成果，寒区硬岩隧道结构所受的冻胀力量值主要随围岩级别不同有所差别。通过对本线气象、地下水及围岩条件进行分析，同时考虑本线隧道已采取了设置中心深埋水沟、洞外保温暗沟、洞口 500m 防寒径向注浆等一系列保温排水及堵水措施。在考虑结构安全的同时兼顾经济性，各级围岩衬砌设计时冻胀力取值如下：Ⅱ级围岩 0.2MPa，Ⅲ级围岩 0.3MPa，Ⅳ级围岩 0.4MPa，Ⅴ级围岩 0.4MPa。冻胀力按均布荷载考虑，垂直和水平之比为 1∶1。据此进行检算后对环向受力主筋进行了加强。

另外考虑东北地区冬夏季温差较大，会对衬砌产生较大的拉应力，为防止衬砌受拉开裂而产生病害，对隧道洞口 500m 范围内衬砌纵向分布钢筋进行了优化调整，未设置保温层洞口防寒段二次衬砌混凝土等级及配筋见表 3-4-4。

洞口防寒段衬砌混凝土等级及配筋　　表 3-4-4

项目 围岩级别	混凝土等级	变更设计配筋		
		环向主筋	纵向分布筋	箍筋
Ⅱa	C40	18@200	12@200	8
Ⅲa	C40	18@200	12@200	8
Ⅳa	C40	18@200	12@200	8
Ⅳb	C40	20@200	12@200	8
Ⅳc	C40	20@200	12@200	8
Ⅴa	C40	20@200	12@200	8
Ⅴb	C40	22@200	12@200	8
Ⅴc	C40	22@200	12@200	8

六、温度伸缩缝

为避免由于温度变化引起材料的热胀冷缩导致衬砌开裂，隧道内结合施工缝设置温度伸缩缝，洞口500m范围内，30m设置一道，其余地段50m设置一道。温度伸缩缝防水处理同变形缝，全环设置中埋式橡胶止水带加背贴式橡胶止水带。衬砌外缘与防水板结合部位以聚硫密封胶封堵，衬砌内缘3cm范围内以聚硫密封胶封堵，其余空隙采用填缝料填塞密实。

七、保温检查井

保温检查井采用双层盖板，上层盖板采用钢筋混凝土盖板，下层盖板采用浸油木板盖板，两层盖板间填充保温层。经比选，填充保温材料采用容重（35kg/m³）和导热系数［0.022 W/（m·k）］均较小的硬质聚氨酯保温材料（必要时可现场发泡填充），可选用酚醛树脂泡沫材料［容重30kg/m³，导热系数0.022～0.04W/（m·k）］进行实验研究。为防止冷空气进入保温检查井，引起检查井内水发生冻结，保温检查井上、下层两层盖板均进行密封设计，分别于上层盖板与井壁结合处、下层盖板与角钢结合处设置2cm厚橡胶垫圈，橡胶垫圈采用螺栓固定在井壁和角钢上，以增加检查井密封性（图3-4-8）。

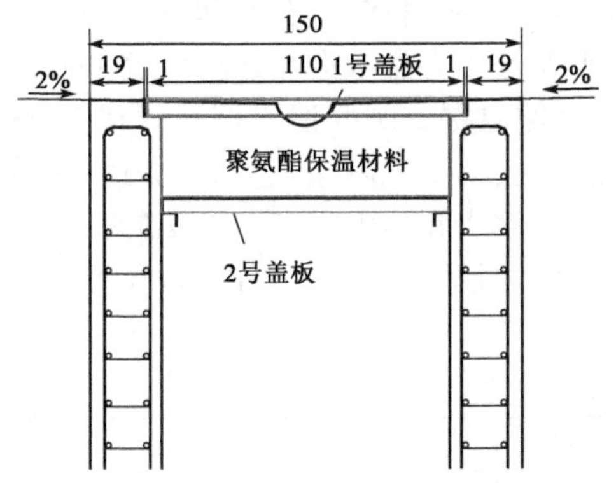

图3-4-8　中心检查井密封结构（尺寸单位：cm）

第五节　兰新第二双线甘青段隧道防寒技术

一、设计情况简介

1. 兰新第二双线甘青段沿线气候特征

兰新第二双线甘青段途经甘肃、青海两省，自兰州引出后，途经青海民和、乐都、平安到达西宁，而后折向西北，经大通越大坂、祁连二岭后，进入军马场，直至甘肃省张掖市，此后则与既有兰新铁路沿河西走廊一路西行。

因线路绵长，跨越不同的地理区域，沿线气候差异较大，兰州—民和属中温带半干旱大陆性气候区，民和—民乐属高原温带半干旱大陆性气候区，民乐—红柳河属中温带干旱大陆性气候区。其中大坂山、祁连山冷龙岭一带海拔高，气候垂直分带性明显，气温寒冷，日温差大，天气多变，常有突发阴雨、风雪、冰雹，冰冻时间长。

2. 施工图设计防寒措施

根据沿线气候特征，隧道工程按照一般地区和高寒地区分别采取相应的工程措施。其中兰州至大通段最冷月平均气温均在 -10 ~ -6℃左右，属一般寒冷地区；大通至军马场段（即大坂山、祁连山两越岭段）最冷月平均气温均在 -13 ~ -10℃左右，且线路途经位置海拔多在3000m以上，属高原严寒地区。

另外，兰州至大通段沿途城镇气象站距本线线位较近，气象资料可直接使用。而大通至军马场段沿途气象站分别在大通、门源和民乐，距本线线位远，海拔高度也较线路位置低，应该说线路所处位置的气象条件更为恶劣。防寒设计措施具体如下：

（1）全线隧道均设置双侧水沟排水及中心水沟排水，其中高寒区隧道洞内水沟保温段设置长度为两端各1000m，两端设置保温段落长度总和超过隧道总长度或接近隧道总长度时，应全隧道设置保温水沟。

（2）所有寒区隧道洞口1km范围内初支背后均采用压浆措施，防止初支背后空洞积水，产生冻害。

（3）泄水洞及保温衬砌设置情况。

设计原则：隧道防排水遵循“防、排、截、堵结合，因地制宜，综合治理”的原则。对严寒地区可能发生严重冻害的隧道，应采用防寒泄水洞、深埋中心排水沟、洞内双层盖板保温水沟、洞外保温出水口等排水措施，必要时设置衬砌隔热保温层。防寒泄水洞尺寸按 2.2m × 2.5m（宽 × 高）设置。大坂山隧道、大梁隧道、小平羌隧道、大平羌隧道、金瑶岭隧道、双墩子隧道、元山隧道顺坡排水的隧道洞口设置防寒泄水洞。为解决祁连山隧道进口段冻胀及正洞碎屑流地层段施工困难，在进口段设置泄水洞，出口正洞下方设置长约1200m的防寒泄水洞。

两越岭段泄水洞设置情况见表3-5-1。

大阪山越岭段隧道泄水洞设置表 表3-5-1

序号	隧道名称	长度（m）	最大涌水量（m^3/d）	洞口高程（m）	纵 坡 形 式	进口泄水洞	出口泄水洞
1	上旧庄隧道	4040	2268.78	2572.47	单面坡（20‰）		
2	陈家山隧道	8661	13095.18	2656.57	单面坡（20‰）		
3	照壁山隧道	5324	8111.52	2839.81	单面坡（20‰）		
4	大坂山隧道	15897	53229	2949.07	人字坡（20‰，-20‰）	1000	1000
5	俄博山隧道	2280		2886.41	单面坡（20‰）		

考虑到本越岭段除大坂山隧道以外其他隧道海拔相对较低（最高为大坂山隧道，2949.07m），且位于大坂山南侧阳坡，低洞口端（排水洞口）位于阳坡，因此，其余隧道未设置防寒泄水洞（表3-5-2）。

祁连山越岭段隧道泄水洞设置表 表3-5-2

序号	隧道名称	长度	最大涌水量（m^3/d）	洞口高程（m）	纵 坡 形 式	进口泄水洞	出口泄水洞
1	大梁隧道	6550	45860	3586.68	人字坡（6‰，-9‰）	1230	770
2	祁连山隧道	9490	105000	3572.3	单面坡（20‰）	1045	970
3	小平羌隧道	3983	32875	3300.96	单面坡（20‰）		1150

续上表

序号	隧道名称	长度	最大涌水量(m^3/d)	洞口高程(m)	纵坡形式	进口泄水洞	出口泄水洞
4	大平羌隧道	5110	30804	3191.31	单面坡(20‰)		1360
5	金瑶玲隧道	7521	32590	3192.69	人字坡(5.5‰,-6‰)	896	979
6	双墩子隧道	1110		3187.49	单面坡(12‰)		1110
7	元山隧道	916		3185.33	单面坡(20‰)		916

考虑到本越岭段隧道均海拔相对较高(最低为元山隧道,3185.33m),所有隧道均位于祁连山北侧阴坡,线路纵坡以20‰的单面下坡为主,低洞口端(排水洞口)位于阴坡,因此,本段隧道均设置防寒泄水洞。

大梁隧道进出口、祁连山隧道进口段均处于坡积碎石土、块石土地层,当软弱地层含水时易在高寒条件下形成冻胀,故设计时采用了双层保温衬砌结构。

二、施工过程中冻害情况及现场实测气象资料

1. 主体工程施工情况

截至2013年5月,两个越岭段隧道正洞贯通2座,分别为双墩子和元山隧道,斜井与平导贯通工区2个,分别为大坂山出口平导与3号斜井、祁连山出口平导与2号斜井,斜井与正洞贯通工区一处,为金瑶岭隧道斜井与进口贯通。

2. 泄水洞施工情况

元山、双墩子、大坂山泄水洞已经施工完成,剩余正在施工中,其中祁连山(图3-5-1)、大梁隧道的泄水洞进展缓慢。目前已经施工的泄水洞,除大坂山之外均未施作泄水孔。

元山隧道泄水洞出口有大量地下水流出,洞内二衬施工缝及排水盲管均未见渗水、流水;双墩子泄水洞及正洞内均未见渗水、流水,但随着气候、降水入渗条件的变化,泄水洞将发挥其应有的作用(图3-5-2);大坂山泄水洞施工完成后,有地下水进入,对隧道正洞及相应段落内的平导泄水有一定的作用,但未能完全实现地下水进入泄水洞的目的,可能与地下水在不同地层条件下的径流方式有关。

图3-5-1 祁连山出口正在施工的泄水洞

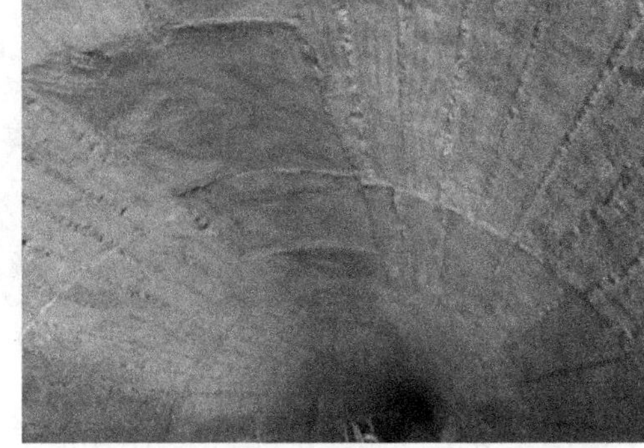

图3-5-2 双墩子已经施工完成的泄水洞

3. 施工过程中洞内结冰情况

(1)二衬施工缝冻结挂冰情况

所有隧道正洞在施工过程中均未发现二衬挂冰现象，主要原因为施工缝防水施作质量较好，加之洞内采用锅炉取暖、洞口设置防寒门帘等措施，施工期间洞内始终处于正温状态。贯通后的元山、双墩子、俄博山隧道尽管洞内为负温，仅俄博山隧道（DK275 + 586 ~ DK277 + 870）存在二衬施工缝存在冻害现象，病害主要集中在距隧道出口 400m 左右的浅埋段，挂冰、冻结段长约 85m。其中，DK277 + 565 综合洞室处冻结、DK277 + 538 处环向冻胀挂冰 3 处、DK277 + 541 处环向 4 处挂冰、DK277 + 500 处冻胀挂冰严重、DK277 + 462 处左右拱腰处挂冰严重。俄博山隧道出口 DK277 + 455 处环向漏水如图 3-5-3 所示。

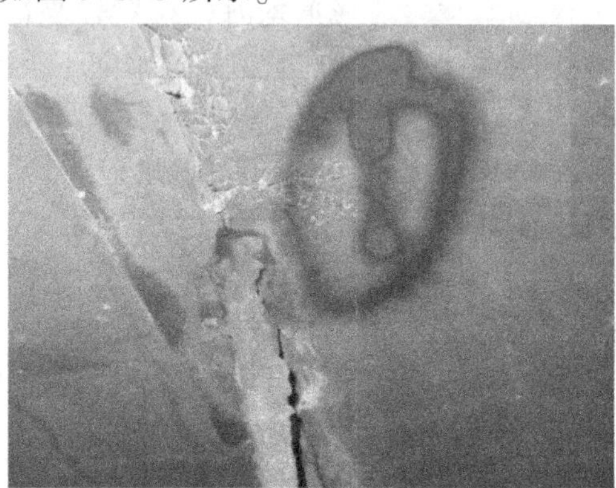

图 3-5-3　俄博山隧道出口 DK277 + 455 处环向漏水

（2）环向盲管冻结情况

大坂山隧道出口、祁连山隧道出口在平导与斜井工区贯通后，由于存在"烟囱"效应，冷空气通过施工横通道进入隧道正洞，导致在距隧道洞口 1.5 ~ 1.7km 范围内衬砌背后盲管冻结（图 3-5-4）。已经贯通的元山、双墩子隧道未见盲管冻结（无水），俄博山隧道凡出水的环向盲管均已冻结。

3-5-4　祁连山隧道洞内排水盲管冻结

（3）平导内挂冰情况

大坂山隧道出口平导在 2011 年 9 月与 3 号斜井贯通，两口高差 150m 左右，进入冬季后，冷空气自平导出口被吸入后从 3 号斜井排出，造成平导渗漏水段冻结挂冰，底板流水面冻结至平导内 1.5km 范围。2013 年大坂山出口泄水洞（长度 1km，位于正洞下方）施工完毕，平导内底板结冰现象基本消失，但仍存在拱墙渗水挂冰问题，仅程度较 2011 年有所减轻。

祁连山出口平导与2号斜井于2012年12月5日贯通,贯通后平导到斜井口段出现明显的"烟囱"效应,时值严冬,洞外冷空气迅速涌入,导致出口段平导对应的正洞内1520m范围温度骤降,施工单位分别于今年1月8日和22日对出口端隧道正洞内温度进行测试,结果见表3-5-3。

出口端实测温度表 表3-5-3

日 期	里程(部位)	温度(℃)	室外温度(℃)	说明
2013年1月8日	DK345+070	-12	-14	上午9点
2013年1月8日	DK344+770	-11		
2013年1月8日	DK344+660	-9		
2013年1月8日	DK344+410	-7		
2013年1月8日	DK344+160	-6		
2013年1月8日	DK343+910	-4		
2013年1月8日	DK343+660	-2		
2013年1月8日	DK343+410	1		
2013年1月8日	DK345+070	-12	-12	上午11点
2013年1月22日	DK344+770	-10		
2013年1月22日	DK344+660	-8		
2013年1月22日	DK344+410	-7		
2013年1月22日	DK344+160	-6		
2013年1月22日	DK343+910	-5		
2013年1月22日	DK343+660	-1		
2013年1月22日	DK343+410	0		

由于洞内低温,隧道洞口段通过填充层排向洞外的水必然会产生冻结现象,另外,负温段衬砌背后有水的盲管也会冻结。但由于隧道防排水施工质量较好,加之平导泄水,隧道正洞洞口至洞内1.5km范围内尚未发现挂冰现象,仅填充层上有洞内向外排水时产生的结冰现象和部分排水盲管内结冰问题。而平导内凡存在渗漏水段均出现挂冰现象,冰柱直径最大可达2m以上,渗水及滴水在平导内形成蔚为壮观的"冰钟乳"和"冰笋"(图3-5-5)。根据现场调查,平导内挂冰范围主要位于平导施工过程中地下水发育段,具体里程为PDK344+100~PDK 344+470左右。

图3-5-5 祁连山出口平导内挂冰

祁连山出口泄水洞仅施工至与平导在正洞内的开口里程，剩余近1km尚未施工完成。

(4)中心水沟及填充顶结冰冻胀情况

发现中心水沟冻胀的隧道仅有俄博山隧道一座，主要发生在靠近出口至洞内1.5km段，洞内中心水沟、检查井结冰，仰拱充填冻胀开裂。

(5)洞口积雪情况

兰新第二双线施工已历时三年有余，仅在2010年祁连山北坡冬季降雪量极大，当时所有隧道才刚刚进洞一段距离，洞口挖方段存在少量积雪。2012年元山、双墩子、俄博山隧道贯通后，由于降雪量不大，经现场调查和施工反映，所有隧道洞口尚未发现有长时间积雪现象。

(6)洞口及洞身浅埋情况

祁连山隧道出口、双墩子隧道出口以及元山隧道进出口、浅埋沟段均位土质漫坡处(图3-5-6)，地表水易形成潜流，冬季可能冻结危及二衬安全。

图3-5-6　元山洞身通过浅埋沟段

4. 现场气候条件

因沿线气象站点均位于线路周边的县城，两个越岭段设计采用的气象资料分别参考门源(海拔2850m)、民乐(海拔2280m)气象站收集的数据。考虑距工点位置较远，且海拔高程相差较大，为能更为准确的说明工程所处位置的气象条件，为防寒措施的确定提供更加真实有效的依据，结合科研项目，中铁二十局与中铁二局分别在祁连山进口、2号斜井口、大小平羌隧道口以及元山隧道出口设置了气象观测站，自项目开工建设以来，已连续三年进行了观测和数据收集。

(1)祁连山现场实测气象资料

祁连山自动气象观测站位于海拔3600m左右，主要用于其管段内的祁连山和大梁隧道，观测站建于2010年3月，主要技术指标：可检测气压、温度、湿度、降雨率、风速、风向、露点、热指数、气温最低和最高值、提供当地预报。根据目前收集的资料统计，2010年至目前，3年来青海省境内硫磺沟最冷月的月平均气温-23.9℃，极端最低温度-37.6℃；甘肃省境内三叉东沟最冷月平均气温-26.8℃，极端最低温度-39.3℃。其中0℃以下的时间统计见表3-5-4、表3-5-5。

青海省硫磺沟自动站观测0℃以下时间统计表　　表3-5-4

月份	2010年(d)	2011年(d)	2012年(d)
1		31	31
2		28	29

续上表

月份	2010 年(d)	2011 年(d)	2012 年(d)
3	31	31	31
4	30	23	27
5	4	18	0
6	0	0	0
7	0	0	0
8	0	0	0
9	7	7	1
10	31	31	31
11	30	30	30
12	31	31	31
合计	164 =5.5 个月	230 =7.6 个月	211 =7 个月

甘肃省三叉东沟自动站观测0℃以下时间统计表　　表 3-5-5

月份	2010 年(d)	2011 年(d)	2012 年(d)
1		31	31
2		28	29
3	31	31	31
4	30	30	30
5	20	31	15
6	0	0	0
7	0	3	0
8	2	0	1
9	6	25	23
10	31	31	31
11	30	30	30
12	31	31	31
合计	181 =6 个月	271 =9 个月	252 =8.4 个月

统计数据显示,0℃以下的气温占全年总天数 57.8% ~74.2%。同时根据自动站观测的数据,全年降雪期为 8 个月。

(2)北坡现场实测气象资料

北坡自动气象观测站位于海拔 3500 ~3300m 左右,主要用于其管段内小平羌—元山共计 5 座隧道的气象观测,观测站建于 2010 年 3 月,三年以来收集的气象资料数据见表 3-5-6、表 3-5-7。

大平羌沟气象站（小平羌隧道出口、大平羌隧道进口） 表3-5-6

年	2010					2011					2012				
月	月平均气温（℃）	极端最高气温（℃）	极端最低气温（℃）	月降雨量（mm）	月降雪量（mm）	月平均气温（℃）	极端最高气温（℃）	极端最低气温（℃）	月降雨量（mm）	月降雪量（mm）	月平均气温（℃）	极端最高气温（℃）	极端最低气温（℃）	月降雨量（mm）	月降雪量（mm）
1						-17	-3	-30.9		6.6	-16.3	-1.3	-31		3.9
2						-8.2	8	-20.3		12.8	-11.6	7.8	-27.2		
3	-8.1	0.9	-29.3		14.3	-9.5	8.9	-24.1		13.5	-7	8.6	-24.5		0.4
4	-2.4	7.6	-16.4		28.4	1.3	20.7	-15.2		9.1	6.5	15.5	-12		15
5	4.4	18.7	-10.4	30.9	3.7	4.1	19.3	-5.4	71.4		5.1	18.1	-8	39.3	
6	14.7	28.7	4.4	19.7		9.8	22.6	0.6	84.3		9.3	21.4	0.6	53.1	
7	13.8	28.8	5.9	76.8		11.1	24.9	0.3	75.2		12.5	20.7	2.4	72.3	
8	11	22.3	-0.8	37.5		10.3	24.6	1	88.9		11.2	23.6	-0.6	62.3	
9	4.9	18.2	-1	61.3		4.8	16.6	-2.8	74.4		5.2	19.6	-11	19.2	
10	0.24	13.9	-12.6		34.7	1.2	14.6	-10.8		28.1	-0.4	13.6	-17.4		
11	-6.1	7.3	-16		6.2	-3.4	11.2	-16.1		16.1	-8.3	8	-25.9		15.8
12	-16.1	-2.8	-30.7		7.3	-13.5	2.8	-26.8		9.8	-12.6	6.9	-33.3		
年均		28.8		226.2		-0.8	24.9	-30.9	394.2	96	-0.53	23.6	-33.3	246.2	35.1

元山隧道出口气象站 表3-5-7

年	2010					2011					2012				
月	月平均气温（℃）	极端最高气温（℃）	极端最低气温（℃）	月降雨量（mm）	月降雪量（mm）	月平均气温（℃）	极端最高气温（℃）	极端最低气温（℃）	月降雨量（mm）	月降雪量（mm）	月平均气温（℃）	极端最高气温（℃）	极端最低气温（℃）	月降雨量（mm）	月降雪量（mm）
1						-17.1	-3.1	-30.3		7.8	-15.5	-1.2	-30.5		5
2						-8.4	6.6	-21.2		12.8	-12.9	6.3	-26.6		
3	-7.8	8.9	-27.9		26.4	-8.9	10	-24.1		16.9	-6.2	12.6	-23.8		
4	-1.5	7.9	-17.8		34.7	2.2	22.6	-12.4		27.6	0.3	14.2	-12.3		6.6
5	5.8	20.7	-8.4	37.3	2.8	4.3	18.9	-7	66.1		5.2	17.8	-6.1	27.9	
6	14.5	28.8	4	24.7		10.4	21.2	0.7	65.6		8.7	20.3	0.4	58.3	
7	14.7	28.7	4.4	71		11.7	22	0.7	87.9		12	19.9	4.7	69	
8	11	22.3	-0.8	37.5		10.6	25.1	-0.1	137.4		11.1	23.2	1	55.5	
9	6.8	20.2	1	61.3		4.4	22.6	-3.6	84.2		5.6	17.8	-5.2	23.9	
10	0.5	14.3	-12.6		20.6	1.2	12.7	-8.3			-0.2	12.3	-16.6		
11	-5	5.2	-15.4		10	-3.1	9.2	-13.1		12.9	-7.7	7.1	-24.3		18.2
12	-14.5	-3	-30.2		5.8	-9.6	1	-24		4.6	-11.9	3.4	-31.8		
年均		28.8		231.8		-0.2	25.1	-30.3	441.2	82.6	-0.95	23.2	31.8	234.6	29.8

统计数据显示,2010 年至目前,3 年来观测站收集到的最冷月的月平均气温 -17.1℃,极端最低温度 -33.3℃;全年降雪期也在 8 个月左右。

三、两越岭段高寒区隧道防寒措施的调整

从以往寒区隧道修建以及运营病害的经验上,长度小于 2km 的隧道往往会出现全洞冻害的问题,而长度大于 2km 的隧道,一般情况下负温段长度不超过 2km。

另外,通过对既有寒区隧道的病害及整治情况的调查,在建设初期设置了泄水洞的隧道,运营期间基本未发生冻害;如嫩林铁路翠岭二号隧道、富克山隧道及永安隧道、柴木线大通山隧道等,对于已出现冻害的隧道,增设了泄水洞进行整治的隧道,冻害基本消除,如牙林线岭顶隧道、兰武二线黑松驿隧道。

如负温段地下水发育,防水措施施作不到位,则很可能在运营期间发生冻害,为避免此种现象的发生,对各工点防寒工程措施进行调整如下:

1. 大坂山隧道群

(1)上旧庄、照壁山、陈家山三座隧道位于大坂山南坡,气候条件与大通气象站资料接近,最冷月平均气温均在 -10℃左右。根据勘察资料,三座隧道最大涌水量分别为 2200m³/d、13000m³/d、8000m³/d。另外这三座隧道纵坡均为 20‰的单面上坡,低洞口端(排水口)均位于向阳的南坡,经分析认为,如按施工图设计施工到位,隧道贯通后不会出现冻害问题,但考虑到环境温度以及运营后列车活塞风的作用,洞口一定范围内中心水沟及保温侧沟仍有可能出现结冰问题,为确保排水系统安全,建议每座隧道各增加 200m 左右泄水洞,尽量使洞内排水在洞口段通过泄水洞排泄,防止冻害发生。待隧道贯通后,需在冬季对洞内进行测温工作,对二衬、仰拱施工缝等薄弱环节进行检查,如发现问题,必须采取措施进行处理。

(2)大坂山隧道

大坂山隧道施工图设计进出口各 1km 的保温水沟和泄水洞,另有贯通平导,平导位于正洞右侧(靠山)低于正洞 1.8m 左右,可在施工及运营期间起到一定的泄水作用。大坂山隧道为人字坡隧道,进出口高差约 5m,隧道贯通后无明显的烟囱效应,隧道内的负温段落不应很长,也暂不考虑增加其他措施。但出口平导曾在与 3 号斜井贯通后出现过挂冰现象,主要为喷锚衬砌渗漏水段,拟将平导进出口 1.5km 范围内喷锚支护存在渗漏水的无二衬的段落增设二次衬砌,并施作相应的防排水措施,以保温排(泄)水管为主,兼顾排泄正洞洞身范围内的基岩裂隙水,接入泄水洞。另外,平导进出口需增设保温门,所有与正洞连接的横通道也均需设置保温防爆门。

(3)俄博山隧道

该隧道已贯通,且在 2012—2013 年度的冬季发现洞内二衬挂冰、中心水沟及检查井冻结,仰拱填充胀裂等问题。拟于出口向进口方向增设泄水洞,泄水洞设置在隧道正洞左下方(靠山侧),与正洞净距为 5m(横向)和 3m(竖向),泄水洞设置长度暂按 1550m 考虑,即出口至进口方向直至通过洞身浅埋段。泄水洞右侧设置通往正洞下方的泄水支洞,暂按 100m 左右一处考虑,也可根据现场实际地下水发育情况做适当调整。根据现场情况,洞身浅埋段约有 85m 范围二衬尚未施工,可先于洞内进行径向注浆止水,再按实际要求完成二衬施工,有利于防止渗漏水引发施工缝挂冰问题。

2. 祁连山隧道群

（1）大梁隧道

施工图设计时，隧道进出口各 1km 范围内设置了保温水沟和双层保温衬砌，进口 1.23km 和出口 770m 范围设置了泄水洞，加之大梁隧道为人字坡隧道，进出口高差不大，不易形成明显的烟囱效应，冷空气进入隧道的段落不会很长。施工期间揭示出口至斜井段主要为灰岩，地下水发育，施工过程中曾发生 3 次涌水，剩余未施工段仍存在地下水发育段，为确保排水安全可靠，建议出口端泄水洞暂延长至 1.1km 左右，结合平导方案，系统考虑正洞—平导—泄水洞—保温出水口的排水方案。目前大梁隧道平导为在正洞内增加的迂回平导，平导内的水也将通过正洞水沟排出洞外，如施工中正洞 + 平导的稳定的水量总和超过正洞水沟的排水能力，则应考虑出口泄水洞继续向前延伸，起到提前帮助正洞排水的作用。

（2）祁连山隧道

从 2 号斜井与出口平导贯通后祁连山出口正洞测温情况可知，目前洞内 1.5km 左右为 0℃左右，但二衬未出现挂冰现象，平导在无渗漏水段也没有出现挂冰现象。但在负温范围内的出水盲管以及正洞、平导铺底面有水流的段落均出现结冰现象。未来洞内负温段长度和可能有地下水渗出的段落将成为预防挂冰、冻结的两个要素。拟定处理措施如下：

①延长泄水洞设置至正洞范围内 2km，加密泄水洞横向支洞设置，原设计 125m/处，可在地下水发育段任意两支洞间增加一处支洞，共需增加泄水洞长度 1110m。

②泄水洞内的泄水孔必须按设计要求施工。

③平导加设保温门。

④在地下水发育段的平导内向正洞方向设置超长泄水孔，然后通过保温管集中引排至平导水沟，通过泄水洞支洞进入泄水洞排出洞外。

⑤平导涌水段除设置泄水孔和保温管外，还应设置衬砌，保证结构安全。

⑥所有横通道均设置保温门。

⑦正洞出口仰坡上方设置深埋防寒渗沟 2 道约 300m。

3. 大、小平羌隧道

大、小平羌隧道为单面下坡，低洞口端位于山阴面，隧道建成后冷空气容易进入，泄水洞延长至 2km，做好泄水孔等措施，洞口段加密横向支洞，需增加泄水洞及支洞总长度 1730m。

4. 金瑶岭隧道

金瑶岭隧道为人字坡隧道，进出口高差 5m，烟囱效应不明显，但考虑北坡的特殊气候环境，出口泄水洞延长至 2km，进口泄水洞可维持原设计泄水洞长度，仅在洞口段范围内加设泄水洞横支洞即可。

5. 双墩子、元山隧道

双墩子、元山原设计即为贯通泄水洞，需做好泄水孔和保温出口等细节措施。考虑到隧道洞口的地形、地质条件，在双墩子出口、元山隧道进出口及浅埋段设置深埋防寒渗沟，总长度约 1800m。

因目前现场泄水洞施工均滞后于正洞，所有尚未施工完成的以及将要延长的泄水洞均放置在隧道侧向，以防止泄水洞施工影响正洞基底变形。

第六节 新建东北东部铁路白河至和龙段隧道防排水设施冻害整治

一、工程及隧道概况

1. 工程概况

新建东北东部铁路通道白河至和龙段铁路位于吉林省延边朝鲜族自治州境内，全长103.269km。其中路基77.18km，路基土石方1538.61万立方米；新建特大桥8座，大桥16座，中桥1座，小桥11座，桥梁长度12.04km；隧道7座，隧道长度18.42km，桥梁隧道占线路长度的28.3%；涵洞182座；公路桥13座；铺轨129.376km；新建房屋18518m^2；工程总工期为36个月。

2. 隧道设计概况

(1)沿线隧道分布情况(表3-6-1)

隧 道 表　　表3-6-1

编号	隧道名称	起讫里程		长度(m)	线路情况	
		起点	终点		坡度(‰)	曲线
1	荒沟隧道	K57+229	K63+849	6620	3.5	直线
2	南山隧道	K68+928	K76+494	7566	-9.5	直线
3	青山里隧道	K80+718	K81+980	1262	-10.5	R=600m
4	松月一号隧道	K90+835	K91+659	824	-12.0	R=1200m
5	松月二号隧道	K91+788	K92+799	1011	-11.5	R=800m
6	松下坪隧道	K93+949	K94+102	153	-13.7	R=1000m
7	富兴隧道	K96+134	K97+154	1020	-11.5	直线

(2)设计调查区域气象特征

沿线属于中温带湿润大陆性季风气候区、冬季漫长而严寒多雪，夏季凉爽并低温多雨，雨季在6~7月份。沿线最冷月平均气温-12.1~-12.69℃，按对铁路工程影响的气候区间属寒冷地区，沿线松江镇、和龙市主要气象要素(1995~2004年)见表3-6-2。

松江镇、和龙市主要气象要素　　表3-6-2

项　目	松江镇	和龙市
历年各月极端最高气温(℃)	34.9	36.2
历年各月极端最低气温(℃)	-41.4	-33.2
历年各月平均气温(℃)	2.8	5.96
历年最冷月平均气温(℃)	-12.1	-12.69
历年最热月平均气温(℃)	20.9	21.21

续上表

项　　目	松江镇	和龙市
历年平均相对湿度(%)	71.25	60.5
历年平均降水量(mm)	701.2	593.9
历年平均蒸发量(mm)	1237.0	1307.92
历年最大积雪深度(cm)	41	23
累年平均风速(m/s)	2.1	2.2
累年最大风速(m/s)及风向	28,SW	16.3,WSW
累年最多风向	W、WSW	N、S

根据历年气象和调查资料,沿线土壤最大冻结深度:

①浑白线 K216 +700 ~ DK60 +000 为 1.86m。

②DK60 +000 ~ 和龙线 K47 +900 为 1.5m。

(3)衬砌支护类型

本线隧道衬砌均采用复合式衬砌,Ⅱ、Ⅲ级围岩采用带底板的曲墙复合式衬砌,Ⅳ、Ⅴ级采用仰拱曲墙复合式衬砌。

(4)防水及排水

①隧道二次衬砌采用防水混凝土,抗渗等级不低于 P8。复合防水板厚度不小于 1.2mm。

②隧道内设双侧保温排水沟。采用双层盖板新型聚胺酯泡沫保温;保温水沟位置及长度:高洞口端 400m,低洞口端 450m 设置。洞外用暗管(内径不小于 50cm 混凝土圆管)排水,出水口保温。

③隧道二次衬砌背后设置纵、环向排水盲管,盲管采用透水式软管盲管。拱墙施工缝处采用外贴止水带和遇水膨胀止水条复合防水措施。拱墙变形缝采用中埋式止水带与遇水膨胀橡胶条、嵌缝材料复合防水构造。

新建东北东部铁路通道白河至和龙段铁路是沈阳铁路局建局以来,在东北东部严寒山区组织建设的第一条集长隧道、高桥、高路堤、深路堑为一体的山区铁路。工程作业条件艰苦,技术复杂,点多、线长,有效施工期短,建设管理跨度大、难度大。南山隧道全长 7566m ,是东北地区当时最长的铁路单线隧道。

工程于 2006 年 4 月 28 日开工建设,2008 年 12 月 20 日通过初步验收,并开通运营。

二、冻害问题发现及整治

1. 2008 年至 2009 年冬季冻害情况

隧道在施工完成至初验及全线 2008 年 12 月 20 日开通运营时均未发现防排水设施冻害及渗漏水问题。

2009 年 1 月 9 日,例行检查中,发现南山隧道、青山里隧道、松月一号隧道少量施工缝位置均出现不同程度的渗漏水现象,现场进行了清理,主要是清除积水结冰,确保行车安全。

2009 年 2 月 20 日,南山隧道入口端至洞内 1.9km 双侧排水沟结冰冻死,冒水严重,失去了排水作用。现场组织清除积水水结冰,确保行车安全。

冻害见图3-6-1。

图3-6-1 洞内冻害

2.2009年至2010年整治

针对南山隧道冻害,对渗漏水和隧道排水沟冻害进行了治理,并对南山隧道洞口及洞外温度进行了人工观测。

(1)南山隧道排水沟冻害整治

①南山隧道进口双侧保温水沟长度由原设计的400m增加至1400m。

②隧道纵向距进口800m范围内,双侧保温水沟和电缆槽顶部增设保温板,保温板单侧横向长80cm,厚度8cm,长度800m,其上铺设7cm厚的钢筋混凝土盖板。

③进口5m范围的电缆槽用保温材料填塞密实。

④整体道床沿隧道纵向距隧道进口(高洞口端)800m范围内,横向电缆槽外侧0.5m范围内增设保温层,支撑块位置不铺设保温层,厚度5cm,下设液体胶黏结于道床,上设3cm厚砂浆抹面保护层,保护层中间设热镀锌钢丝网,钢丝网采用$\phi 3$钢丝,间距10mm×10mm,钢丝网搭接长度光边不应少于50mm,毛边应不少于80mm,钢丝的抗拉强度不得低于450MPa。

(2)施工缝位置渗漏水治理

南山隧道、青山里隧道、松月一号隧道衬砌施工缝渗漏水处理,沿施工缝钻孔,孔深约10cm,间距20~30cm,向孔内压注堵漏剂浆液,堵漏剂浆液必须连续充满施工缝,起到封堵作用,压浆完成后对施工缝表面进行修补,确保表面平整光滑。

(3)整治效果及冻害情况

①排水沟整治后,在2009—2010年冬季气温异常偏低情况下(根据和龙气象局提供的气温资料,比去年低3℃),进口端冻结长度由2009年的1900m减少至600m。

②施工缝堵漏后,进口端500m范围内个别施工缝须重新处理。

③南山隧道冻害。2010年2月5日发现距进洞口100~230m段侧沟开始冒水结冻,侧沟结冰逐渐向洞内延长,2010年3月19日距洞口370~430m侧沟冒水结冰。

经凿开侧沟检查发现:距进洞口100m、270m、400m、430m处保温层下排水沟整个断面结冰堵塞;距洞口490m、550m处保温层下侧沟有少量结冰,未见水流;距洞口620m处侧沟未结冰,未见水流。

双侧保温水沟结冻长度约620m，冻害见图3-6-2、图3-6-3。

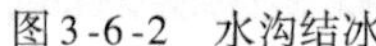

图3-6-2 水沟结冰

图3-6-3 施工缝渗水结冰

④青山里隧道冻害。2010年1月6日发现出口端侧沟开始结冻冒水，至2月23日结冻长度140m，结冻长度未继续发展，部分衬砌施工缝位置渗水。

⑤松月一号隧道冻害。2010年1月25日出口端侧沟结冻冒水，至2月23日结冻长度达到80m。结冻长度未继续发展，部分衬砌施工缝位置渗水，冻害见图3-6-4。

图3-6-4 侧沟结冻冒水

⑥南山隧道进口端温度人工观测。2009年12月19日开始对南山隧道进口端进行人工温度观测，至2010年2月23日结束。洞外最低温度－31℃，具体见表3-6-3。

南山隧道进口端温度记录表

表3-6-3

日期	时间	洞外	洞内		
		温度℃	距洞口距离(m)	时间	温度℃
2009.12.19	4:25	－18	1400	4:55	－3
12.20	5:10	－19	1400	5:45	－3
12.21	6:05	－19	1400	6:55	－8
12.22	6:15	－18	1400	6:45	－6
12.23	6:05	－17	1400	6:35	－2
12.24	6:05	－22	1400	6:40	－9

续上表

日期	时间	洞外	洞内		
		温度℃	距洞口距离(m)	时间	温度℃
12.25	6:10	-19	1400	6:50	-6
12.26	6:05	-22	1400	6:45	-4
12.27	6:05	-23	1400	6:40	-5
12.28	6:05	-27	1400	6:45	-4
12.29	6:05	-22	1400	6:35	-5
12.30	6:08	-26	1400	6:40	-6
12.31	6:05	-24	1400	6:30	-8
2010.1.1	6:05	-26	1400	6:35	-8
1.2	6:02	-31	1400	6:30	-9
1.3	6:05	-29	1400	6:40	-9
1.4	6:05	-27	400	6:20	-20
1.5	6:05	26	400	6:20	-22
1.6	6:05	-20	400	6:20	-16
1.7	6:00	-18	400	6:15	-10
1.8	6:05	-19	400	6:20	-14
1.9	6:05	-18	400	6:25	-13
1.10	6:05	-17	400	6:20	-12
1.11	6:05	-16	550	6:23	-12
1.12	6:03	-26	550	6:20	-22
1.13	6:05	-29	550	6:20	-6
1.14	6:05	-26	550	6:20	-18
1.15	6:05	-24	550	6:20	-10
1.16	6:08	-28	550	6:25	-20
1.17	6:03	-28	550	6:20	-20
1.18	6:05	-18	550	6:25	-10
1.19	6:05	-21	650	6:30	-13
1.20	6:03	-13	650	6:30	-8
1.21	6:05	-24	650	6:30	-12
1.22	6:03	-24	650	6:30	-12
1.23	6:05	-21	650	6:30	-11
1.24	6:05	-19	650	6:30	-6
1.25	6:05	-20	650	6:30	-7
1.26	6:05	-26	750	6:35	-15
1.27	6:08	-22	750	6:35	-13

续上表

日期	时间	洞外	洞内		
		温度℃	距洞口距离(m)	时间	温度℃
1.28	6:05	-19	750	6:35	-9
1.29	6:05	-18	750	6:35	-8
1.30	6:03	-20	750	6:30	-11
1.31	6:05	-18	750	6:35	-9
2.1	6:08	-20	750	6:40	-11
2.2	6:05	-21	750	6:35	-12
2.3	6:03	-22	750	6:30	-12
2.4	6:05	-19	850	6:40	-6
2.5	6:03	-19	850	6:40	-6
2.6	6:02	-16	100	6:35	-10
2.7	6:05	-20	100	6:35	-12
2.8	6:05	-14	100	6:35	-6
2.9	6:08	-12	100	6:40	-8
2.10			100	6:35	-6
2.11			950	6:36	-5
2.12	6:05	-20	950	6:35	-11
2.13	6:03	-24	950	6:35	-11
2.14	6:08	-23	950	6:38	-13
2.15	6:05	-24	950	6:35	-12
2.16	6:05	-24	950	6:35	-12
2.17	6:05	-22	950	6:35	-10
2.18	6:05	-21	950	6:35	-10
2.19	6:05	-18	950	6:35	-7
2.20	6:05	-17	950	6:35	-6
2.21	6:05	-17	950	6:35	-9
2.22	6:03	-19	950	6:35	-11
2.23	6:05	-16	950	6:35	-10

3.2010年至2011年整治

(1)隧道防排水冻害整治研究关键技术

①由双层保温水沟和在保温水沟及电缆槽顶部增设保温板组成的基础保温设施实现排水沟内温度变化幅度衰减,相位延迟,距洞口700m以外排水沟不冻结的基础保温功能。

②研制用电加热装置辅助防治隧道冻害,形成包括温度自动采集模块、视频录像模块、智能仪表温控模块以及排水加温电缆等部分组成的辅助保温系统,实现南山隧道洞口至700m范围内排水沟自动加温功能;实现南山隧道洞口至720m范围内排水沟和隧道空间温度自动

采集功能;实现300m处左右排水沟内视频监视功能。

③根据东北东部铁路通道白河至和龙段工程南山等隧道发生冻害的调查分析,通过对隧道内外、排水沟内外等局部气候条件监测数据的积累,找出温度变化关系,并对保温措施、冻害防治实际效果进行跟踪,分析冻害产生过程和发生机理,进而为隧道防排水设施防冻设计、施工提供技术依据和注意事项。

(2)电加热辅助保温设施简介

整个系统分为排水加温装置、温度自动采集装置、视频管理装置及管理软件系统等四大部分。各个装置的功能相对独立,都可以单独使用,见图3-6-5~图3-6-8。

图3-6-5 电加热设施

图3-6-6 使用的控制和监视设备

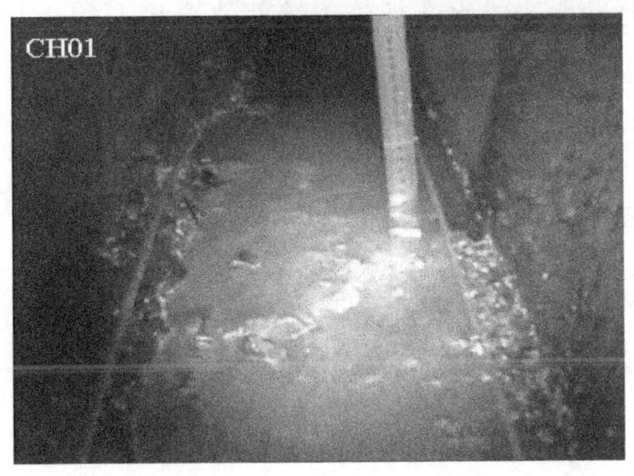

图3-6-7 实时监控排水沟冻害

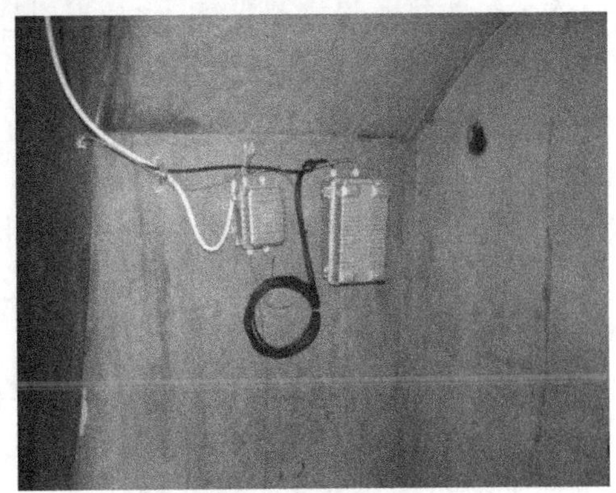

图3-6-8 自动温度监控设备

（3）整治效果

2010 年至 2011 年冬季，南山隧道高洞口端保温水沟没有冻结现象，排水沟安装有加温电缆的 700m 范围内施工缝没有渗漏水现象，无冻害发生（图 3-6-9）。

图 3-6-9　治理后效果

（4）辅助保温设施维护及相关问题、建议

①电加热辅助保温设施开通使用以来，已经过 2010—2011 年、2011—2012 年两个冬季的使用，隧道无冻害发生，平均每个冬季电费在 5 万元左右，能够做到高效、节能。

②2012 年 9 月进行设备巡检，发现电加热辅助保温设施存在部分加热电缆、控制仪表失效。分析原因主要是隧道内环境恶劣造成，电加热辅助保温设施需要每年定期维护和检修。

三、冻害过程及机理分析

1. 初期认识分析

（1）隧道施工缝渗漏水

2009、2010 年隧道施工缝渗漏水均发生在冬季 1 ~ 4 月，其他时间无渗漏现象。初步分析原因是：

①隧道二侧排水沟冻死后，使得原排水方式为无压排水变成有压排水，有序排水变成无序排水，而施工缝防排水设施最薄弱，水位上升压力过大造成水流从施工缝部位渗漏。

②起拱线至拱顶未实施二衬回填注浆。

（2）隧道二侧排水沟冻结

2008—2009 年冬季，南山隧道（K68 + 928 ~ K76 + 494）进口端（高洞口端）出现二侧排水沟结冻，距洞口 1.9km 范围内双侧排水沟结冰冻死。青山里隧道（K80 + 718 ~ K81 + 980）出口端（低洞口端）右侧排水沟冻结 30m，未形成冻害。其他隧道排水沟未出现结冻和冻害。分析原因是：

①保温水沟设置长度不足，排水沟二侧存在冷桥。

②低温持续时间长。

2. 改进基础保温措施后，认识分析

2009—2010 年冬季，南山隧道（K68 + 928 ~ K76 + 494）进口端（高洞口端）出现二侧排水沟结冻，距洞口600m范围内双侧排水沟结冰冻死。分析原因是：

①改进后的保温措施存在细节不足。

②南山隧道进口端气候条件异常。

③进口端190～250m范围地下水丰富。

3. 采用电加热辅助保温措施后，认识分析

2010—2011年、2011—2012年两个冬季，南山隧道进口端保温水沟没有冻结现象，排水沟安装有加温电缆的700m范围内施工缝没有渗漏水现象，无冻害发生。

防止排水沟冻结是不发生冻害的关键。冻害形成过程，见图3-6-10。

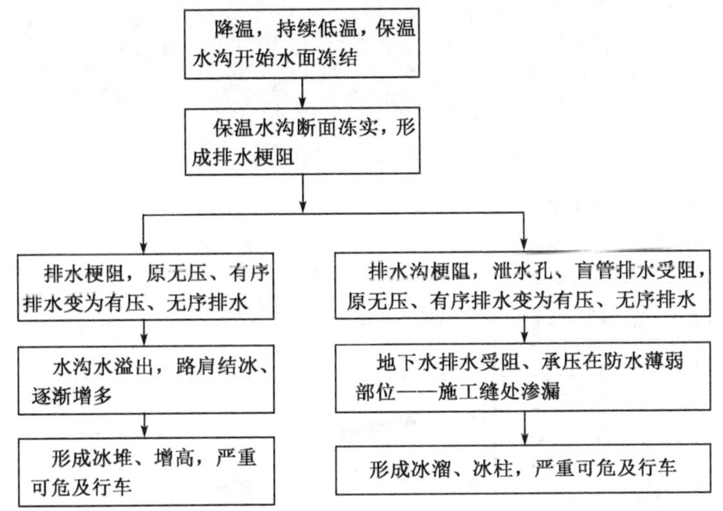

图3-6-10　冻害发生过程

4. 温度梯度分析

(1)2010—2011年冬季温度梯度分析

①温度数据如图3-6-11所示。

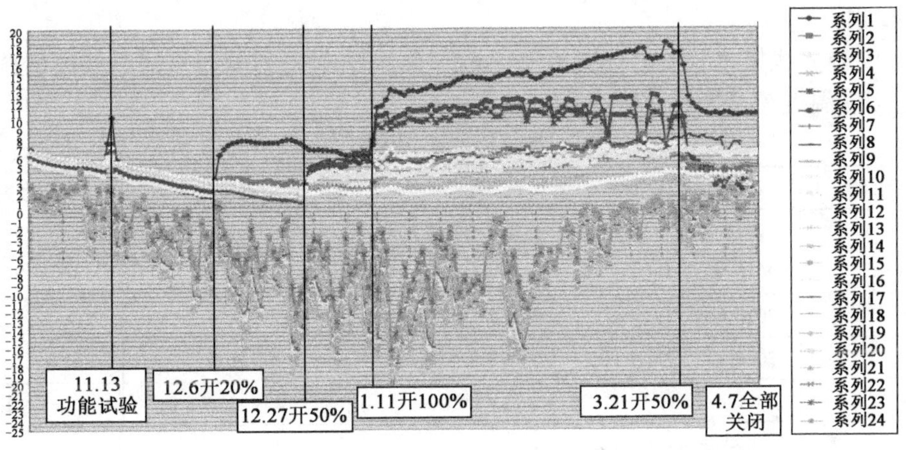

图3-6-11　2010—2011年温度数据

②数据拟合如图 3-6-12 所示。

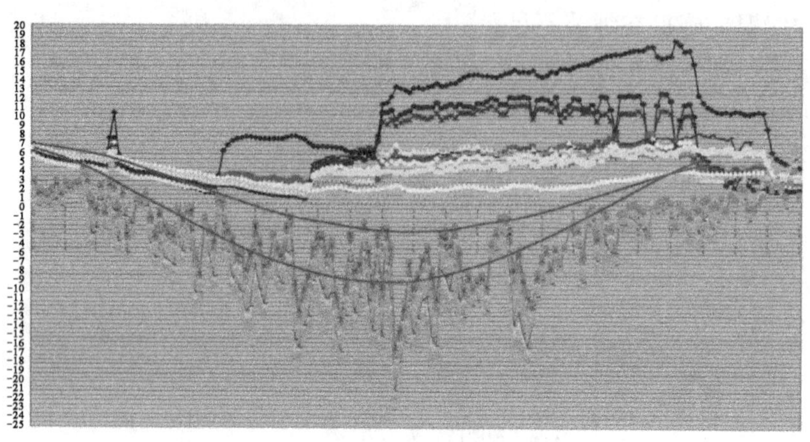

图 3-6-12　数据拟合

③最低温度梯度变化如图 3-6-13 所示。

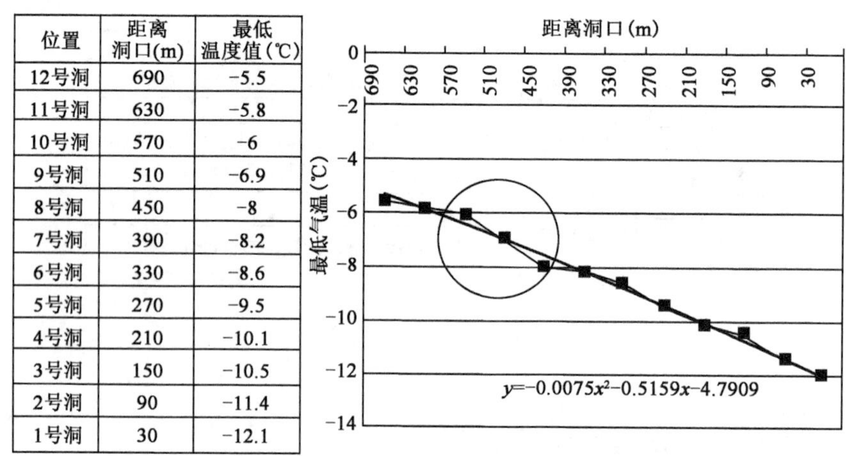

位置	距离洞口(m)	最低温度值(℃)
12号洞	690	-5.5
11号洞	630	-5.8
10号洞	570	-6
9号洞	510	-6.9
8号洞	450	-8
7号洞	390	-8.2
6号洞	330	-8.6
5号洞	270	-9.5
4号洞	210	-10.1
3号洞	150	-10.5
2号洞	90	-11.4
1号洞	30	-12.1

图 3-6-13　最低温度梯度变化

④结冰期推算。

根据温度趋势线推算，南山隧道 2010—2011 年冬季不采用电加热辅助保温措施，保温水沟 700m 范围内温度梯度变化见表 3-6-4。

温度梯度变化表　　表 3-6-4

位置(距洞口距离,m)	低于零度日期	最低温度日期	最低温度(℃)	结冰期(d)
690	2011 年 1 月 2 日	2 月 8 日至 20 日	-5.5	90
510	2010 年 12 月 27 日	2 月 8 日至 20 日	-6.7	95
390	2010 年 12 月 17 日	2 月 8 日至 20 日	-7.9	105
210	2010 年 12 月 14 日	2 月 8 日至 20 日	-10.1	108
30	2011 年 12 月 10 日	2 月 8 日至 20 日	-12.5	112

(2)2011—2012 年冬季温度梯度分析

①温度数据如图 3-6-14 所示。

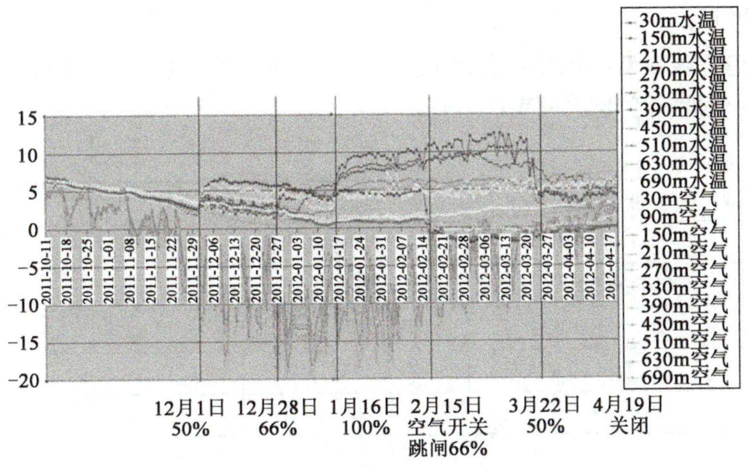

图 3-6-14　2011—2012 年温度数据

②数据拟合如图 3-6-15 所示。

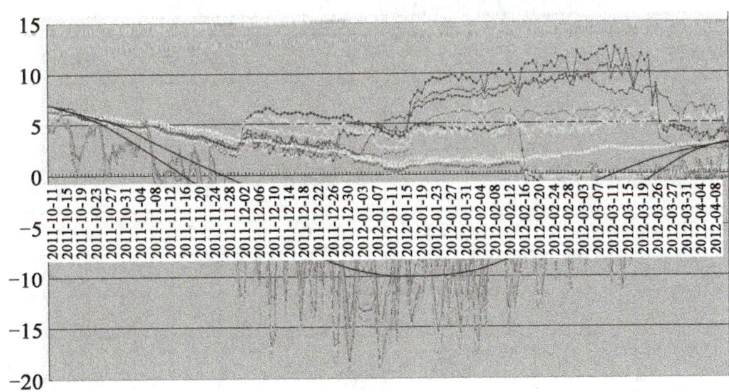

图 3-6-15　数据拟合

③最低温度梯度变化图 3-6-16。

位置	距离洞口(m)	最低温度值(℃)
12号洞	690	-7.65
11号洞	630	-8.4
10号洞	570	-8.8
9号洞	510	-9.2
8号洞	450	-10
7号洞	390	-10.04
6号洞	330	-10.8
5号洞	270	-11.6
4号洞	210	-12.4
3号洞	150	-12.9
2号洞	90	-14
1号洞	30	-14.4

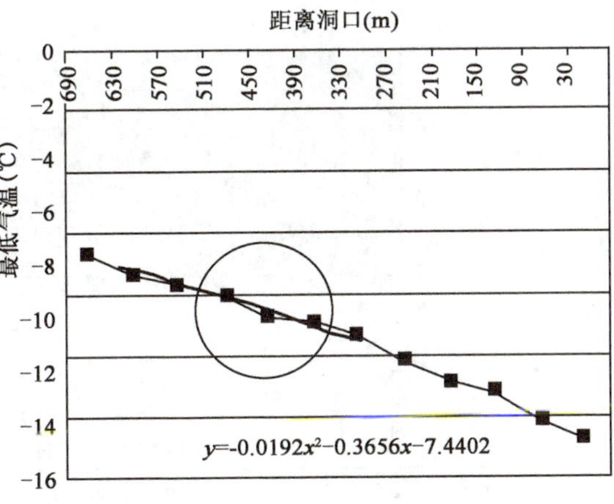

图 3-6-16　最低温度梯度变化

④结冰期推算。

根据温度趋势线推算，南山隧道2011—2012年冬季不采用电加热辅助保温措施，保温水沟700m范围内温度梯度变化见表3-6-5。

表3-6-5

位置(距洞口距离,m)	低于零度日期	最低温度日期	最低温度(℃)	结冰期(d)
690	2011年12月15日	2月8日至13日	-6.77	100
510	2011年12月10日	2月8日至13日	-7.7	105
390	2011年12月7日	2月8日至13日	-8.9	109
210	2011年12月4日	2月8日至13日	-10	112
30	2011年12月1日	2月8日至13日	-12.3	118

5. 机理分析

(1)保温水沟冻害机理

和龙市气象局提供的部分2008—2010年冬季气温及风向资料见表3-6-6。

和龙市2008—2010年冬季气温及风向 表3-6-6

时间	2008年	2009年	2009年	2009年	2009年	2010年	2010年	2010年
	12月	1月	2月	3月	12月	1月	2月	3月
月均气温(℃)	-8.3	-12.1	-8.7	-1.9	-11.7	-12.4	-10.2	-1.2
月最高温(℃)	11.4	5.5	10.1	22	4.5	4.9	7	10.7
月最低温(℃)	-20	-23	-20	-16	-25.7	-25.7	-22.5	-18.5
月均风速(m/s)	2.7	2.3	2.5	2.9	1.5	2.2	2	2.6
月最多风向	S	S	W	WNW	WNW	S	SSW	SSW
月最多风向频(%)	16	20	14	13	10	14	13	17
月极大风速(m/s)	14.9	16.4	14.3	17.1	15.1	15.8	15	14.3
月极大风向	W	S	WNW	WSW	WSW	SW	WSW	WNW

2009年12月19日至2010年2月23日，和龙市与南山隧道进口端、隧道内温度对比图如图3-6-17。

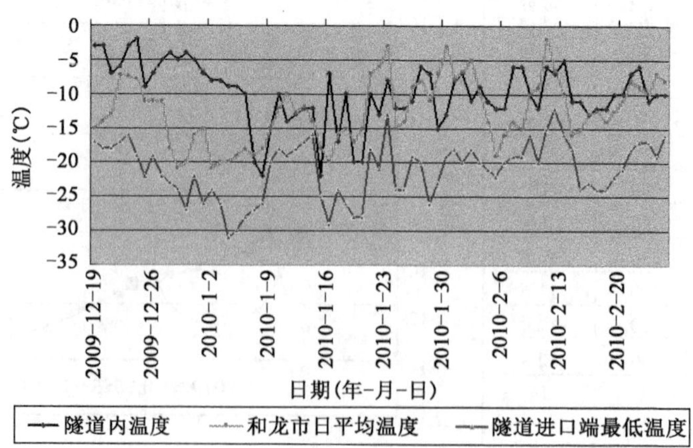

图3-6-17 温度对比图

①局部气温条件影响。

经实测、分析后得出南山隧道进口端洞内最低温度分布为：距洞口 500m 范围，温度低于 －15℃；500～900m，温度低于 －10℃；900m 以远，温度低于 －5℃。南山隧道进口端 500m 范围内，寒冷月平均气温低于 －15℃，宜归属于 < －15℃区，应采用中心深埋排水沟形式，而实际采用保温水沟的形式，可能发生冻害。

②主导风向与隧道走向关系影响。

如图 3-6-18 所示为南山隧道走向与冬季寒冷月主导风向关系示意图，从图上分析可知：南山隧道 2009 年冬，寒冷月 12 月主导风向与隧道走向垂直，不易形成持续低温，2010 年冬寒冷月 1～3 月连续三个月主导风向与隧道几乎平行，持续时间长，且线路坡度为 9.5‰下坡，进口端对流频繁，降温快、易形成持续低温，虽当年加强了保温措施，但仍形成冻害。

如图 3-6-19 所示为荒沟隧道走向与冬季寒冷月主导风向关系示意图，从图上分析可知：荒沟隧道 2009 年冬，寒冷月 12 月主导风向与隧道走向平行，但持续时间短，且线路坡度为 3.5‰上坡，不易形成持续低温，2010 年冬，寒冷月 1～3 月连续三个月主导风向与隧道走向垂直，持续时间长，不易形成持续低温，不易形成冻害。

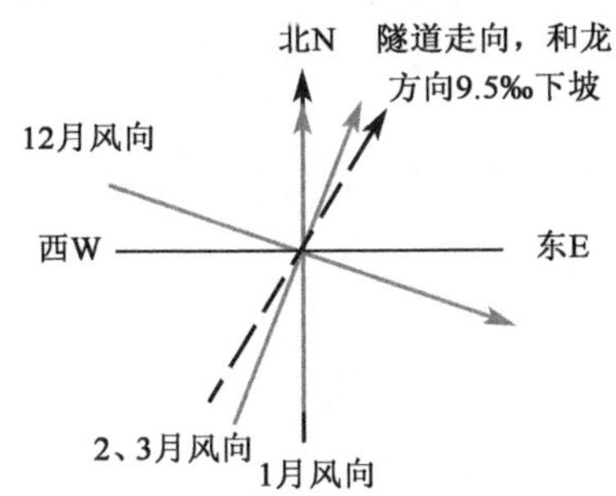

图 3-6-18 南山隧道走向与 2009 年 12 月至 2010 年 3 月主导风向关系

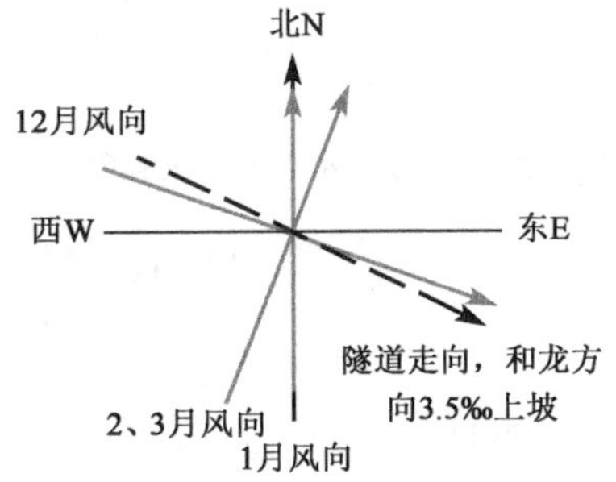

图 3-6-19 荒沟隧道走向与 2009 年 12 月至 2010 年 3 月主导风向关系

③高、低洞口端与地下水影响。

经过两年观测、分析，隧道有地下水是判断冻害隐患的必要条件，高洞端冬季寒冷月迎风，持续时间长，对流频繁，易形成持续低温，有地下水，无论大小，均易发生冻害。

④局部防寒措施不足影响。

青山里、松月 1 号隧道 2010 年 1～3 月在低洞口端发生冻害，两座隧道海拔 500～600m，气温条件与和龙市内基本相同，经观测、分析是洞外保温水沟及保温出水口保温措施不足，排水沟冻结后，致使洞内排水梗阻，水溢出排水沟发生冻害。

(2)施工缝冬季渗漏水结冰机理

2009、2010 年隧道施工缝渗漏水均发生在冬季 1～3 月，其他时间无渗漏现象，机理是：

隧道二侧排水沟冻死后，排水沟梗阻，泄水孔、盲管排水受阻，原无压、有序排水变为有压、无序排水。地下水排水受阻，承压后在防水薄弱部位——施工缝处渗漏，持续低温而结冰。

拱顶未实施二衬回填注浆。

起拱线至拱顶二衬顶面是水平面(坍落度大),上拱是曲面，纵向是坡面,且山岭隧道纵坡都较大,因此存在施工空洞是必然的,富水洞必存有水囊,是形成渗漏的多发部位,故必须回填注浆堵死,才能消除隐患。

四、几点思考与建议

(1)冻害地区隧道防排水设计施工,不能笼统以区域气象资料为依据,应搜集隧道所在位置的气象资料,明确局部气候条件后,确定防排水设施防冻害标准。

(2)充分考虑隧道海拔高度、隧道走向与寒冷季节主导风向的关系、线路坡度等因素,条件不利时,经充分论证后,部分防排水设施宜采用较高一级的构造措施。

(3)施工过程中做好气温、风向、地下水观测,设置洞口冻结深度观测点,取得第一手资料,特别注意防冻措施细节处理,尽量减少冷桥,为优化防排水防冻措施及冻害整治提供基础数据与资料。

(4)工程实践和温度变化梯度分析表明,冻害发生严重部位在距洞口 350 ~ 500m 范围内。

(5)洞外保温出水口尽量设置在阳面、避风处。

(6)通过病害整治工程实践,证明保温水沟冻结是隧道产生冻害的主要原因,确保无压有序排水是关键。寒区隧道防排水设计尽量设置中心排水沟,埋置深度在冻结线以下。

第七节　两伊铁路哈布特盖隧道出口端、呼吉日延2号隧道出口端隧道冻害整治

一、工程概况

哈布特盖隧道:进出口里程为 DK129 +796 ~ DK133 +360,全长 3564。隧道围岩地质状况为:粉质黏土,稍湿,硬塑。地下水不发育,Ⅴ级(现Ⅱ级)围岩。衬砌结构为复合式支护衬砌,隧道采用台阶法施工,格栅拱架喷混凝土支护厚 22cm,C30 模筑混凝土厚度 40cm。

呼吉日延 2 号隧道:进出口里程 DK156 +625 ~ DK158 +470,全长 1845m,隧道围岩地质状况,地层由上至下由粉细沙、粉质黏土和全风化变质凝灰质砂岩构成,Ⅴ级(现Ⅱ级)围岩。衬砌结构为复合式支护衬砌,采用台阶法施工,C20 型钢拱架喷混凝土支护厚 22cm,C30 模筑钢筋混凝土(洞口段 100m)、混凝土(向里接续 110m)厚度 40cm。

二、冻害概况

哈布特盖隧道现出口端施工里程 DK133 +330 ~ DK133 +240(延长 90m),两侧边墙电缆槽上方 2 ~3m 范围内纵向贯通开裂,呈对称状,裂宽 0.5 ~6mm,且从洞口向里由宽渐窄,个别处伴有竖向开裂,裂宽 0.5 ~2mm,靠近洞口段有错牙 0.5 ~1.5mm,见图 3-7-1。

呼吉日延 2 号隧道现出口端施工里程 DK158 +470 ~ DK158 +260(延长 210m),两侧边墙电缆槽上方 2 ~3m 范围内纵向贯通开裂,呈对称状(右侧短于左侧 20m),裂宽 0.5 ~1.5mm,且从洞口向里由宽渐窄,无错牙现象,见图 3-7-2。

图 3-7-1 哈布特盖隧道现裂缝

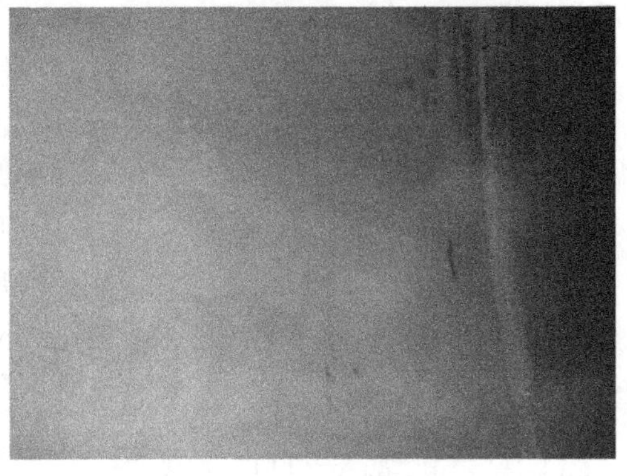

图 3-7-2 呼吉日延隧道裂缝

三、病害机理

由于隧道所属位置为高寒地区,冬季最低气温达 -40℃以上,且隧道地质状况均为粉质黏土层,受裂隙水及补给水的影响,在严寒气温下,冻胀力和较大侧压力导致隧道边墙衬砌混凝土开裂。同时由于设计时,出口端设计为素混凝土根据设计资料显示隧道最大冻结深度为 3.2m,而设计的排水盲沟深度仅在二衬背后,因此既有排水盲沟已无法起到排水作用。

四、隧道整治设计方案

(1)采取衬砌背后注浆。在衬砌背后通过深层渗透注浆方式,使用化学浆液形成浆脉稳固土体结构,吸收孔隙水,从而降低土体的含水率,改良土壤的密实度。

(2)隧道防水施工仍以排为主、堵排相结合的原则。加深原有排水盲沟,盲沟内增设多排积水孔,并对盲沟加强保温措施。

(3)隧道衬砌裂缝修补采用注浆处理,新旧衬砌的结合面应采取有效措施以保证其强度和整体性。

(4)隧道边墙错牙处理采用粘贴碳纤维布来增强边墙结构的整体的抗拉、抗剪力,并对两隧道出口端 100m 范围内进行保温处理。

五、隧道病害整治施工方案

1. 衬砌背后注浆

衬砌背后注浆主要为改良土壤的密实度,降低土体的含水率,采用渗透注浆的方式。以此来消除冰冻对衬砌结构的威胁和破坏。

哈布特盖隧道出口端 DK133 +330 ~ DK133 +240 段、呼吉日延 2 号隧道出口端 DK158 +470 ~ DK158 +260 范围内采用衬砌背后注浆。注浆材料采用 Fix106 化学灌浆料。注浆压力控制在 0.5MPa 以内,以免对既有衬砌造成破坏。

注浆施工流程见图 3-7-3。

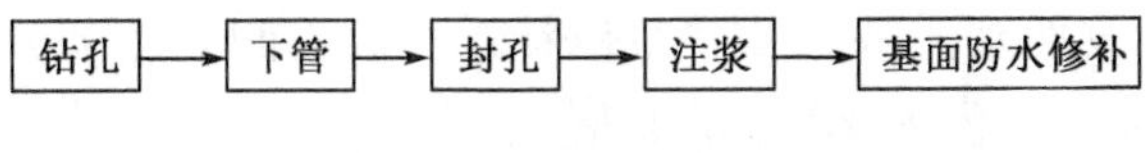

图 3-7-3 注浆施工流程

(1)钻孔

按设计图纸布孔,用冲击钻或专用打孔设备向混凝土内打 $\phi30$ 的孔,深度为 1.5m,且深入围岩 10cm。回填注浆孔布设环向间距 2m,纵向间距为 3m(图 3-7-4)。

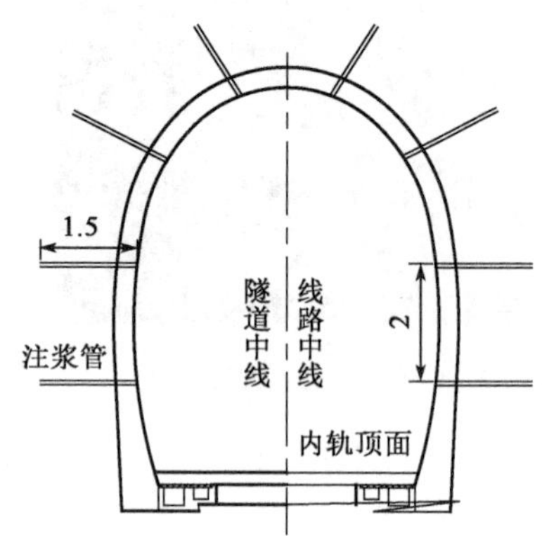

图 3-7-4　注浆孔布置图(尺寸单位:m)

(2)埋设注浆管

采用 $\phi25$ 注浆管(带丝扣连接阀门)埋设,管口中心对正钻眼位置。然后用速凝水泥 W-21 封孔,封管时将表面凿除部分全部封堵,表面采用 P-31 聚合物改性水泥基修补砂浆修补。

(3)注浆

注浆材料采用 Fix106 化学灌浆材料。该浆液无毒,无污染,对人体无害,具有优良的亲水性,与水产生化学反应后,借其缓慢膨胀及持续压力,可将聚氨酯渗透至微细缝隙。该浆液与混凝土等材料黏结力强,混合后可制得高强度固结体。

(4)封堵

注浆完成后,将注浆管沿孔根部用手砂轮割除,然后将孔口清刷干净,表面用 P-31 聚合物改性水泥基修补砂浆修补抹平,并对表面涂刷 W-22 防水涂料进行防水保护。

2. 隧道防水保温措施

(1)对原盲沟进行加深,加深至 1.5m,使用聚氨酯保温材料对盲沟内排水管进行全断面包裹处理。

(2)在隧道边墙盲沟中增设三排 3m 的集水管,用以弥补和增强集水功能。

(3)盲沟排水管在下端 50cm 处(不包括伸入横沟 20cm 部分)以下不做全包裹保温处理,只做朝向隧道一侧的保温,背侧在 50cm 间距内开两排透水孔。

3. 边墙衬砌裂缝修补

由于两隧道裂缝均小于 10mm,边墙裂缝处理采取化学注浆,主要工艺为骑缝埋嘴注浆:

(1)沿缝凿毛衬砌表面,清洗干净。

(2)隔 30 ~ 40cm,用电钻沿缝钻眼,用封缝胶固定注浆管,向钻孔注水清洗裂缝。

(3)用手压注浆泵灌注 AB 型环氧树脂,注浆压力≤1MPa ,1d 后割除注浆管外露部分。

(4)边墙裂缝表面用 P-31 聚合物改性水泥基修补砂浆修补抹平。

哈布特盖隧道裂缝存在 0.5 ~ 1.5mm 错牙,对于错牙裂缝在灌注化学浆后增加整个边墙粘贴碳纤维布施工(图 3-7-5),以增加新旧衬砌结合面的强度和整体性。

碳纤维布粘贴具体施工工序为:混凝土基底处理→涂底胶→用找平胶进行找平→粘贴碳纤维布→外层涂装。

(1)混凝土基底处理

①混凝土表面如出现剥落、蜂窝、腐蚀等劣化现象的部位应予剔除,对于较大面积的劣质层,在剔除后应用 P-31 改性水泥基修补砂浆修补进行表面凹陷底部分。

②对大于 0.3mm 的裂缝灌注 AB 型灌浆树脂。

③用混凝土角磨机、钢丝刷、砂轮(砂纸)等工具,彻底清理混凝土表面,去除混凝土表面

的浮浆、油污等杂质,构件基面的混凝土要打磨平整,尤其是表面的凸出部位要磨平,转角粘贴处要进行倒角处理并打磨成圆弧状。

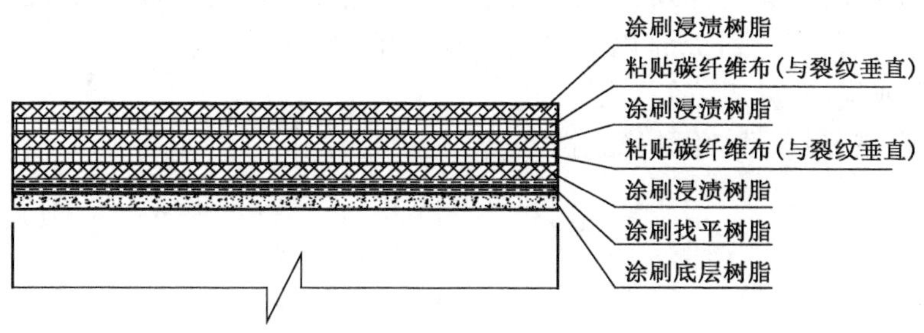

图 3-7-5 碳纤维布黏着方法

(2)涂底胶

①按一定比例将主剂与固化剂先后置于容器中,用搅拌器搅拌均匀,根据现场实际气温决定用量,并严格控制使用时间。

②用滚桶刷或毛刷将胶均匀涂抹于混凝土构件表面,厚度不超过 0.4mm,并不得漏刷或有流淌、气泡,等胶固化后(固化时间视现场气温而定,以手指触感干燥为宜,一般不小于 2h),再进行下一道工序。

(3)用找平胶料找平

①混凝土表面凹陷部位应用刮刀嵌刮整平胶料修补填平,模板接头等出现高度差的部位应用整平胶料填补,尽量减少高差。

②转角的处理,应用整平胶料将其修补为光滑的圆弧,半径不小于 10mm。

③整平胶料须固化后(固化时间视现场气温而定,以手指触感干燥为宜,一般不小于 2h),方可再进行下一道工序。

(4)粘贴碳纤维布

①配置、搅拌粘贴胶料,然后用滚筒刷均匀涂抹于所粘贴部位,在搭接、拐角部位适当多涂抹一些。

②用特制光滑滚子在碳纤维布表面沿同一方向反复滚压至胶料渗出碳纤维布外表面,以去除气泡,使碳纤维布充分浸润胶料。

③在最外一层碳纤维布的外表面均匀涂抹一层粘贴胶料。

4. 隧道边墙保温处理

(1)保温处理

隧道出口端全端面进行喷涂硬质聚氨酯保温材料,对隧道出口端混凝土进行保温处理。

施工采用高压喷枪将混合料喷涂在墙体表面,发泡后形成保温层,喷涂后使用聚合物水泥砂浆将喷涂表面抹平再披玻纤网或铁丝网。主要优点是:整体性好;施工简便,施工效率高。

(2)硬质聚氨酯材料性能

①导热系数低,保温隔热性能好。聚氨酯具有高孔隙率,其导热系数仅为 0.023 W/(m·K),相同条件下保温层厚度相当于聚苯板的一半,是目前建筑用保温材料中导热系数最

低、保温性能最好的材料。

②与砖石等结构具有良好的黏结性能。聚氨酯混合物喷涂或浇注后与墙体基层发泡结合，充分渗透到基层的空隙中，形成牢固的结合不易脱落，具有较高的抗拉、抗撕裂性能。

③整体性好，闭孔率达到95%以上，具有一定的防潮、防水性能。

④现场喷涂或浇注，施工方便、效率高。

⑤耐老化、阻燃、耐久性、化学稳定性好。

第四章 化学侵蚀

第一节 化学侵蚀结构耐久性设计

隧道处于化学侵蚀性环境时,化学侵蚀作用会引起材料性能劣化,对结构耐久性带来影响。混凝土结构耐久性不足,不仅会增加使用过程中的维修费用,影响工程的正常使用,而且会过早结束结构的使用年限,造成严重的资源浪费。因此,要按照有关规范规定进行耐久性设计。

耐久性设计的内容包括7个方面:混凝土结构及构件的设计使用年限;混凝土结构的环境类别及环境作用等级;混凝土结构用材料的性能及耐久性指标要求;混凝土结构裂缝控制措施;混凝土结构构造措施;防腐蚀强化措施;跟踪检查与维修要求。

一、混凝土结构及构件的设计使用年限

隧道主体结构、无砟轨道道床板、底座板等设计使用年限为100年。

二、环境类别及环境作用等级

1.环境类别

化学侵蚀环境一般指氯盐环境、化学侵蚀环境、盐类结晶破坏环境,氯盐环境的腐蚀机理是氯盐渗入混凝土内部导致钢筋锈蚀;化学侵蚀环境的腐蚀机理是硫酸盐等化学物质与水泥水化产物发生化学反应导致混凝土损伤;盐类结晶破坏环境的腐蚀机理是硫酸盐等化学物质在混凝土孔中结晶膨胀导致混凝土损伤。

2.环境作用等级

环境作用等级见表4-1-1~表4-1-3。

环境作用等级 表4-1-1

环境作用等级	环 境 条 件
L1	长期在海水、盐湖水的水下或土中
	高于平均水位15m的海上大气层
	离涨潮岸线100~300m的陆上近海区
	水中氯离子浓度≥100mg/L且≤500mg/L,并有干湿交替
	土中氯离子浓度≥150mg/kg且≤750mg/kg,并有干湿交替
L2	平均水位15m以内(含15m)的海上大气区
	离涨潮岸线100m以内(含100m)的陆上近海区
	海水潮汐区和浪溅区
	水中氯离子浓度>500mg/L且≤5000mg/L,并有干湿交替
	土中氯离子浓度>750mg/kg且≤7500mg/kg,并有干湿交替

续上表

环境作用等级	环 境 条 件
L3	海水潮汐区和浪溅区(炎热地区)
	盐渍土地区露出地表的毛细吸附区
	水中氯离子浓度 >5000mg/L,并有干湿交替
	土中氯离子浓度 >7500mg/kg,并有干湿交替

化学腐蚀环境的作用等级 表 4-1-2

环境作用等级	环 境 条 件					
	水中 SO_4^{2-} (mg/L)	强透水性土中 SO_4^{2-} (水溶值,mg/kg)	弱透水性土中 SO_4^{2-} (水溶值,mg/L)	酸性水(pH 值)	水中侵蚀性 CO_2 (mg/L)	水中侵蚀性 Mg^{2+} (mg/L)
H1	≥200 ≤1000	≥300 ≤1500	>1500 ≤6000	≤6.5 ≥5.5	≥15 ≤40	≥300 ≤1000
H2	>1000 ≤4000	>1500 ≤6000	>6000 ≤15000	<5.5 ≥4.5	>40 ≤100	>1000 ≤3000
H3	>4000 ≤10000	>6000 ≤15000	>15000	<4.5 ≥4	>100	>3000
H4	>10000 ≤20000	>15000 ≤30000				

盐类结晶破坏环境的作用等级 表 4-1-3

环境作用等级	环 境 条 件	
	水中 SO_4^{2-} (mg/L)	土中 SO_4^{2-} (水溶值,mg/kg)
Y1	≥200 ≤500	≥300 ≤750
Y2	>500 ≤2000	>750 ≤3000
Y3	>2000 ≤5000	>3000 ≤7500
Y4	>5000 ≤10000	>7500 ≤15000

3. 混凝土结构用材料的性能及耐久性指标要求

混凝土结构的原材料、配合比、抗压强度、耐久性指标等按《铁路混凝土结构耐久性设计规范》(TB 10005—2010)执行。

4. 混凝土结构裂缝控制措施

(1)裂缝计算宽度限值

氯盐环境 L1、L2,化学侵蚀环境 H1、H2,盐类结晶破坏环境 Y1、Y2,裂缝计算宽度最大限值为 0.2mm;氯盐环境 L3,化学侵蚀环境 H3、H4,盐类结晶破坏环境 Y3、Y4,裂缝计算宽度最

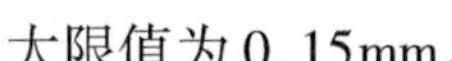

大限值为0.15mm。

(2)施工措施

①混凝土浇筑期间,混凝土的入模温度不宜高于30℃。冬季施工时混凝土的入模温度不宜低于5℃,且应对混凝土采取适当的保温养护措施。

②混凝土浇筑期间,混凝土与钢模、邻接的已硬化混凝土或岩土介质间的温度差不得大于15℃。

5. 混凝土结构构造措施

(1)隧道衬砌钢筋混凝土钢筋保护层厚度按表4-1-4采用。

钢筋保护层厚度 表4-1-4

环境类别	作用等级	保护层最小厚度(mm)
氯盐环境	L1	40
	L2	45
	L3	55
化学侵蚀环境	H1	35
	H2	40
	H3	45
	H4	55
盐类结晶破坏环境	Y1	35
	Y2	40
	Y3	45
	Y4	55

(2)隧道防水混凝土结构的厚度不小于300mm。

(3)当隧道水沟内排水含腐蚀性介质时,应对水沟采取可靠地防腐蚀措施。

(4)隧道衬砌结构的施工缝、变形缝按一级防水要求采取可靠的防水措施。

6. 防腐蚀强化措施

当混凝土结构处于严重腐蚀环境(L3、H4、Y4)条件时,应根据工程的具体情况,对混凝土结构采取一种或多种防腐蚀强化措施。防腐蚀强化措施可按表4-1-5采用。

防腐蚀强化措施 表4-1-5

强化措施 环境作用等级	外包钢板	表面涂层	表面浸渍	防水卷材	涂层钢筋	钢筋阴极保护	降低地下水位	换填土
L3	√	√	√	√	√	√		
H4	√	√	√	√			√	√
Y4	√	√	√				√	√

当采用防腐蚀强化措施时,应明确防腐蚀强化措施所用主要材料的有效保护年限、性能指标及其检验方法。

7. 跟踪检查与维修要求

(1)铁路混凝土结构耐久性设计应充分考虑运营检查、维修的需要,并预设检查与维修的构造和设施。

(2)铁路混凝土结构耐久性设计应对结构使用年限内的跟踪检查与维修作出规划,明确跟踪检查的内容。

(3)对混凝土结构进行长期监测。

(4)对于严重腐蚀环境下的重要铁路混凝土结构,应根据实测材料劣化数据和保护层厚度变化,对结构的剩余寿命做出评估。

第二节　硫酸盐侵蚀环境下隧道结构病害等级研究

一、概述

随着我国西部大开发的不断推进,铁路、公路、水电等交通、能源基础设施建设处于高速发展时期。我国幅员辽阔,地理条件相当复杂,山地、丘陵较多;尤其是西部地区,山脉绵延,崇山峻岭,不可避免地要修建许多公路、铁路隧道。我国西南地区分布着大量的含硫酸盐等侵蚀性物质的岩层,这种侵蚀环境对隧道混凝土(或钢筋混凝土)衬砌结构会产生很大的破坏作用,隧道衬砌结构会变得酥松,成层剥落,强度下降,降低隧道衬砌的整体承载能力,对运营安全造成重大隐患。修建于上世纪六七十年代的成昆铁路,沿线大部分的隧道都出现了这种硫酸盐等侵蚀性病害,部分隧道病害已经非常严重(如碧鸡关隧道等),需要每年进行维修加固才能保证正常运营,这不仅耗费了大量的人力、物力,对线路的正常运营也造成了一定的干扰。因此,如何客观准确评价隧道的病害状态,提出科学合理经济的加固维修方案是科技工作者亟须解决的问题。

昆明铁路局李小坤、中南大学施成华等结合铁道部科研课题对硫酸盐侵蚀环境下隧道结构病害等级进行了研究,以下为主要研究成果,供参考。

二、病害等级的设计

隧道病害状态是十分抽象的概念,难以具体操作,因此,为了能对隧道病害状态进行定量评价,需要将隧道病害状态划分为若干可度量的等级,并对各等级加以说明。以反映隧道结构在服役周期内所处的各个阶段的服役状态,并为隧道结构所需的相关养护对策信息提供科学的依据。

而隧道病害等级划分的多少,亦是一个实践性很强的问题,它涉及相应规范、已有方法、实践经验等多方面因素。若划分的病害等级数目过少将失于简略,则很可能在评价结果中“淹没”某些重要信息。如果病害等级数目划分过多,过细,则又会使相邻等级间的指标相似太近,各等级区间界限不易确定,给操作者带来难度。因此,目前对于隧道病害等级如何合理划分问题的研究较少,各国提出的方法亦存在很大的区别,如德国、日本、美国分别提出了三级、四级、五级、十级划分法,而我国《公路隧道养护技术规范》(JTG H12—2015)中,将土建结构专项检查的结果分为四类判定;在1997年颁布的我国铁路行业标准《铁路桥隧建筑物劣化评定标准—隧道》(TB/T 2820.2—1997)中,规定采用劣化度的方法判定铁路隧道结构物的功能状态,并将铁路隧道劣化等级分为五级。

从众多的隧道病害等级的划分方法中比较分析可知，三级划分法比较简单，但主要用于日常、定期和特别检查结果的判定。在五级划分法中，我国铁路隧道劣化度等级划分方法实际上是在日本铁路隧道四级划分法的基础上，将A级细分为两级，实际上也是一种四级划分法；日本建设省的隧道劣化度判定标准实际上是一个基于衬砌混凝土剥落、剥离的判定标准，如果用于对隧道病害状态的评价会有很大的局限性，不能判定其他缺陷检测结果。十级划分法则划分过细，确定各等级区间界限的难度较大，而且在公路隧道病害状态诊断时，有些状态是不需要的。同时，在日本铁路隧道总体检查阶段、日本公路隧道检查阶段和我国公路隧道的专项检查阶段中，结果的判定均分为四级，说明四级划分法已有了一定的使用基础。

综合以上分析，针对硫酸盐侵蚀环境下隧道结构病害的具体特征，亦将病害等级的划分采用四级划分法，建立的硫酸盐侵蚀环境下隧道病害等级划分原则如表4-2-1所示，其劣化特征描述如表4-2-2所示。

硫酸盐侵蚀环境下隧道病害等级划分原则 表4-2-1

病害等级	对结构和行车、行人的影响	措 施
A	结构存在严重破坏，已危及行人、行车安全	必须立即采取紧急对策措施
B	结构存在较严重破坏，将会危及行人、行车安全	尽早采取对策措施
C	结构存在破坏，可能会危及行人、行车安全	准备采取对策措施
D	结构无破损或存在轻微破损，现阶段对行人、行车无影响	进行监视或观测

硫酸盐侵蚀环境下隧道结构病害等级及其劣化特征描述 表4-2-2

病害等级分类	劣化特征描述
D-Ⅳ(轻度)	未见明显渗漏，盐类介质对衬砌混凝土的侵蚀作用较弱，主要以局部表面风化、碳化作用等为主导致的损伤； 衬砌结构表面存在较为明显的风蚀、边墙、拱顶附近存在较为明显的表层粉化、碳化现象等
C-Ⅱ/Ⅲ(中等)	拱顶、边墙存在局部渗漏，排水沟及上部边墙部位，衬砌混凝土表层发生明显化学侵蚀以及轻度的盐结晶侵蚀等劣化，可见表层局部存在微细裂缝、剥落现象，衬砌结构混凝土腐蚀劣化深度小于20mm，局部腐蚀面积不大于$0.5m^2$，渗漏部位数不多于50m/个
B-Ⅱ/Ⅲ(严重)	拱顶、边墙存在局部渗漏、排水设施出现明显破损，混凝土表层严重的化学侵蚀、盐结晶等劣化，局部存在开裂、剥落、掉块，衬砌结构混凝土腐蚀劣化深度在20～50mm之间，局部腐蚀面积达$0.5\sim2.0m^2$，渗漏部位数多于50m/个
A-Ⅰ(非常严重，已影响结构承载力安全)	拱顶、边墙等存在较大面积渗漏，防排水设施基本毁坏等，混凝土发生严重劣化(如出现滤析作用导致蜂窝多孔、盐结晶以及化学侵蚀作用)，衬砌结构混凝土劣化深度大于50mm，局部腐蚀面积达$2.0m^2$以上

三、硫酸盐侵蚀环境下隧道衬砌结构病害等级划分

表4-2-1给出了等级划分的基本原则和大致判据，实际应用过程中难以具体判定。因此，需对不同等级隧道衬砌病害的表观特征、力学机理进行详细描述，见表4-2-2。

从表4-2-2中可知，把隧道结构混凝土盐侵蚀病害分为轻微、中等、严重以及非常严重(影响结构安全性)等4类病害等级，该病害等级的分类主要是基于侵蚀作用类型、病害的发展速度以及对隧道结构安全性的危害等几方面的因素综合考虑，并结合实践经验和计算分析基础而进行划分的。在病害等级的划分时，为了便于理解，考虑了病害程度的分级表示以及引起该

类病害的主要原因,因而实际表示时采用两个符号,第一个符号表示病害程度等级,第二个符号表示引起病害的主要原因;同时,还采用中文对其病害程度进行了归类说明。

D-Ⅳ型病害等级,属轻度病害,主要是由于长时间的风化、碳化作用导致的,无明显渗漏作用;由于实际大气当中 SO_3、CO_2 等侵蚀性气体浓度较低,风蚀、碳化作用对隧道衬砌混凝土侵蚀作用的速率较为缓慢,且产生的作用主要是在混凝土表层,与其他盐侵蚀作用相比,该类作用明显较弱且侵蚀速率缓慢,因而将此类病害划分为轻度病害。

C-Ⅱ/Ⅲ型病害等级,该类病害主要是由于隧道经过局部含硫酸盐地下(表)水丰富地段,由于隧道衬砌混凝土本身的渗透性以及排水设施中的水流经隧道内的排水沟槽,硫酸盐进入混凝土中后发生物理、化学作用产生的化学腐蚀以及较轻程度的物理结晶腐蚀,该类病害常见于排水沟槽部位及上部边墙、避人/车洞内,由于是隧道局部病害,且病害面积也不大,渗漏点数量也较少,当前状态下混凝土腐蚀深度较小(小于 20mm),病害程度较小。因此,将其归类为中等轻度腐蚀。

B-Ⅱ/Ⅲ型病害等级,属严重病害,该类病害主要是由于隧道经过含盐地(表)下水丰富地段,由于隧道防排水设施质量问题以及混凝土本身的渗透性,导致了出现局部衬砌混凝土出现较为明显渗漏,道拱顶、边墙存在较大面积的渗漏、涌水点较多,排水设施出现较为明显的破损,此时硫酸盐对混凝土产生的化学腐蚀和物理结晶腐蚀较为严重,也存在明显盐溶液滤析作用,局部混凝土已发生剥落、破坏,混凝土严重变质,胶结能力弱,当前状态下混凝土腐蚀剥落与劣化严重,腐蚀深度达 20～50mm;由于该类隧道衬砌混凝土或排水沟槽部位混凝土腐蚀深度较大,衬砌内部加强筋材发生锈蚀,腐蚀速率显著加快,进一步腐蚀将影响结构的安全性,因此将此类病害程度归纳为严重腐蚀。

A-Ⅰ类病害,是硫酸盐侵蚀环境下隧道衬砌结构最为严重的一类病害,该类病害包含有硫酸盐对混凝土的化学侵蚀、物理结晶侵蚀以及严重的水滤析溶蚀作用,导致了大面积混凝土腐蚀变质、疏松多孔、黏结力下降、盐结晶破坏,表层混凝土剥落严重,局部腐蚀面积在 $2m^2$ 以上,且相应腐蚀部位的最大腐蚀深度在 50mm 以上,排水设施基本损毁。该类腐蚀已影响到隧道混凝土结构的承载力和运营安全性,因此将该类腐蚀归类为影响结构安全性的病害,隧道结构必须进行加固或大修处理。

四、硫酸盐侵蚀环境下隧道结构病害等级评定

通过前述的综合分析并参考相关文献,可得到腐蚀隧道衬砌等级评定表,如表 4-2-3 所示。值得说明的是,该评定表包含了理论计算和现场调查两部分内容,实际评定过程中,力学计算模型应根据实际检测结果进行建模计算。表中部分符号意义如下:

(1)裂缝深度比 ξ:

$$\xi = \frac{\text{实测裂缝深度}}{\text{衬砌厚度}}$$

(2)材料劣化截面损失率 λ:

$$\lambda = \frac{1 - \text{截面有效厚度}}{\text{设计厚度}} \times 100\%$$

(3)材料劣化强度损失率 μ:

$$\mu = \frac{1 - \text{实测强度}}{\text{设计强度}}$$

(4)变形量比 ε：

$$\varepsilon = \frac{\text{实测变形量}}{\text{内限距}}$$

硫酸盐侵蚀环境下隧道结构病害等级评定 表 4-2-3

评定等级			A-Ⅰ	B-Ⅱ/Ⅲ	C-Ⅱ/Ⅲ	D-Ⅳ
力学计算		承载能力 $Z = R/\gamma_0 S$	$Z < 0.9$	$0.9 \leqslant Z < 0.95$	$0.95 \leqslant Z < 1$	$Z \geqslant 1$
现场检测	裂缝	状态	$b \geqslant 0.5$mm 的剪切，水平裂缝密度 $\geqslant 200$cm/m^2	$b \geqslant 0.3$mm 的剪切，水平裂缝密度 $\geqslant 200$cm/m^2	$b \geqslant 0.3$mm 的剪切，水平裂缝密度 < 200cm/m^2	无剪切、水平裂缝
		宽度 b(mm)	$b \geqslant 10$	$2 \leqslant b < 10$	$0.3 \leqslant b < 2$	$b \leqslant 0.3$
		深度比 ξ	$\xi \geqslant 2/3$	$1/2 \leqslant \xi < 2/3$	$1/3 \leqslant \xi < 1/2$	$\xi \leqslant 1/3$
	渗水	状态	喷射	涌水	漏水	渗水
		腐蚀性	pH < 4.0	4.1 ≤ pH < 5.0	5.1 ≤ pH < 6.0	6.1 ≤ pH < 7.9
	材料劣化	截面损失率 λ(%)	$\lambda \geqslant 25$	$10 \leqslant \lambda < 25$	$3 \leqslant \lambda < 10$	$\lambda < 3$
		强度损失率 μ(%)	$\mu \geqslant 2/3$	$1/2 \leqslant \mu < 2/3$	$1/3 \leqslant \mu < 1/2$	$\mu \leqslant 1/3$
	变形	速率 v(mm/年)	$v \geqslant 10$	$3 \leqslant v < 10$	$v < 3$	无发展
		变形量比 ε	$\varepsilon \geqslant 3/4$	$3/4 \leqslant \varepsilon < 1/2$	$1/2 \leqslant \varepsilon < 1/4$	$\varepsilon < 1/4$
	起层剥落	深度 d(mm)	$d \geqslant 50$	$50 \leqslant d < 25$	$25 \leqslant d < 10$	$d < 10$
		直径 D(mm)	$D \geqslant 150$	$150 \leqslant D < 75$	$75 \leqslant D < 50$	$D < 50$
处理措施			立即采取结构加固措施	应采取结构加固修补措施	宜采取结构修复措施	可不做处理

第三节 新建成昆铁路永仁至广通段含盐地层隧道技术措施

一、含盐地层工程概况

成都至昆明铁路永仁至广通段线路总长 120.44km，其中穿越白垩系上统江底河组 3 段(K_2j^3)地层段全长 35.155km，占线路总长的 29%，其中隧道工程穿越段长 28.379km(无砟轨道段 19.465km、有砟轨道段 8.914km)。该地层含石膏、芒硝、氯盐等，一般含量 10% ~35%，局部达 50%，岩盐多呈条带状、斑点状、团块状和脉状，偶含少量夹层状。该套地层地下水中含有大量的 SO_4^{2-}、Cl^-，对混凝土具有强烈的硫酸盐侵蚀和氯盐侵蚀；地层中石膏、岩盐等具有蠕变等特点，局部可能具备膨胀性。该地层环境侵蚀等级为 H3、Y3 段落长 7203m，环境侵蚀等级为 H3、Y3、L3 段落长 21176m。

二、含盐地层地质条件

白垩系上统江底河组第 3 段(K_2j^3)含盐岩泥岩段地层岩性以薄层状砂质泥岩、灰质泥岩为主，含氯盐、石膏及钙芒硝等多种盐类，为测区内主要的含盐地层。该套地层盐岩含量10% ~35%，局部达50%以上，盐岩多呈条带状、斑点状、团块状和脉状，少量夹层状。当地黑井一带数百年来的采盐、硝井近百年采硝都在该地层内进行。该地层主要特点为侵蚀性、膨胀性、溶解性、抗风化能力弱及局部层间小褶曲发育，其中侵蚀性、膨胀性对本工程的影响较大，部分段落溶解性亦对工程有一定影响。受沉积环境、所含盐岩类型、含盐量不同影响，该地层侵蚀性、膨胀性状分布不均匀且规律性差。白垩系上统江底河组第3段（K_2j_3）含盐地层对混凝土多具硫酸根侵蚀性（侵蚀等级H1 ~ H2），氯盐侵蚀（侵蚀等级L1 ~ L3）及盐类结晶破坏侵蚀（作用等级Y1 ~ Y2），结合既有成昆线隧道调查结果，该地层地下水对混凝土结构的环境作用等级按H3、L3（存在氯盐段落考虑）、Y3考虑。

三、初步设计阶段工程措施

1. 支护参数

初步设计阶段根据《铁路混凝土结构耐久性设计规范》（TB 10005—2010）及地勘成果资料，按H3、Y3、L3侵蚀性环境采用了相应强度等级的普通混凝土。含盐段的膨胀性初判为中膨胀性（膨胀力按300kPa考虑），根据结构计算结合工程类比，含盐地层双线隧道衬砌支护参数如表4-3-1所示。

初设阶段含盐地层双线隧道衬砌支护参数表　　表4-3-1

衬砌类型	预留变形量（cm）	喷射混凝土		钢筋网			锚杆			钢架			二次衬砌	
		施作部位	厚度（cm）	钢筋规格	设置部位	网格间距（cm）	设置部位	锚杆长度（m）	间距（环×纵）（m）	设置部位	钢架类型	纵向间距（m）	拱墙厚度（cm）	仰拱（或底板）厚度（cm）
Ⅳ膨胀岩	10 ~ 12	拱、墙	23	$\phi 6$	拱、墙	20×20	拱、墙	3.0	1.2×1.2	全环	格栅	1.0	45	50
		仰拱	23											
Ⅴ膨胀岩	12 ~ 18	拱、墙	27	$\phi 8$	拱、墙	20×20	拱、墙	3.5	1.2×1.0	全环	型钢	0.8	55	55
		仰拱	25											
Ⅴ膨胀岩加强	12 ~ 18	拱、墙	27	$\phi 8$	拱、墙	20×20	拱、墙	3.5	1.2×1.0	全环	型钢	0.5 ~ 0.6	60	65
		仰拱	25											

注：盐岩地层未提膨胀性段Ⅳ级仰拱厚度采用55cm（为素混凝土结构，仅仰拱较一般段厚5cm）。

2. 建筑材料

根据《铁路混凝土结构耐久性设计规范》（TB 10005—2010）规定，设计中位于H3、Y3和H3、Y3、L3环境条件下隧道建筑材料分别见表4-3-2、表4-3-3。

H3、Y3环境条件下隧道建筑材料表　　表4-3-2

衬砌类型	拱部	边墙	仰拱（底板）	仰拱填充	喷混凝土	沟槽身	环境作用等级
Ⅳ级含盐岩地层复合	C45混凝土	C45混凝土	C45混凝土	C20混凝土	C25耐腐蚀混凝土	C40混凝土	H3、Y3
Ⅳ、Ⅴ级膨胀岩（加强）复合	C45钢筋混凝土	C45钢筋混凝土	C45钢筋混凝土	C20混凝土	C25耐腐蚀混凝土	C40混凝土	H3、Y3

H3、Y3、L3 环境条件下隧道建筑材料表 表 4-3-3

衬砌类型	拱部	边墙	仰拱(底板)	仰拱填充	喷混凝土	沟槽身	环境作用等级
Ⅳ级含盐岩地层复合	C45 混凝土	C45 混凝土	C45 混凝土	C20 混凝土	C25 耐腐蚀混凝土	C40 混凝土	H3、Y3、L3
Ⅳ、Ⅴ级膨胀岩(加强)复合	C50 钢筋混凝土	C50 钢筋混凝土	C50 钢筋混凝土	C20 混凝土	C25 耐腐蚀混凝土	C40 混凝土	H3、Y3、L3

3. 相关要求

弃渣为含石膏、芒硝等盐岩地层时,渣场采用 C35 混凝土挡墙。隧道施工过程中应尽量隔绝水的作用,要特别注意排水工作,避免水漫流;施工中要逐段核实地下水的侵蚀类型及等级,以便调整材料参数;开挖后立即喷混凝土进行封闭,及时支护成环。加强施工工艺确保支护效果,加强监控量测及数据分析,适时调整预留变形量及支护结构参数,确保施工及结构安全。加强施工通风,以降低洞内湿度和温度。根据量测资料及时施作二次衬砌。

4. 结构计算分析

结构计算模型采用荷载—结构模型,采用有限元软件 ANSYS 进行计算,按破损阶段法进行结构检算。

(1)物理力学指标

按《铁路隧道设计规范》(TB 10003—2005)表 3.2.8、表 5.1.9、表 5.2.3、表 5.3.1,《铁路工程隧道设计手册》表 25-3-1 办理;围岩参数根据土工试验报告取值,其具体数值如表 4-3-4、表 4-3-5 所示。

衬砌材料参数表 表 4-3-4

参数材料	衬砌、钢筋力学指标					
	γ(kN/m^3)	E_c(GPa)	R_a(MPa)	R_w(MPa)	R_l(MPa)	μ
C40 钢筋混凝土	25	33.5	29.5	36.9	2.7	0.2
C45 钢筋混凝土	25	34.5	33.0	41.25	2.9	0.2
HRB335 钢筋	78.5	—	—	—	—	—

围岩特征参数表 表 4-3-5

围岩	围岩特征				
	重度(kN/m^3)	水平弹性抗力系数 $K_{侧}$(MPa/m)	竖向弹性抗力系数 $K_{底}$(MPa/m)	计算摩擦角 φ_c(°)	摩擦角 θ(°)
Ⅴ级膨胀岩	23	190	240	40	20(25)
Ⅳ级膨胀岩	25	400	500	50	27

(2)衬砌计算模型

衬砌采用二维弹性梁单元(beam3)模拟,并考虑结构自重;衬砌与围岩间的相互作用采用仅受压杆单元(link10)模拟;选用二维平面荷载效应单元(surf153)附着于梁单元上,用于施加荷载。拱墙及仰拱按弹性地基梁计算,约束均采用仅受压链杆模拟。模型纵向长度取 1m。计算单元及模型如图 4-3-1 所示。

各种工况下荷载计算模式如图 4-3-2 ~ 图 4-3-4 所示。

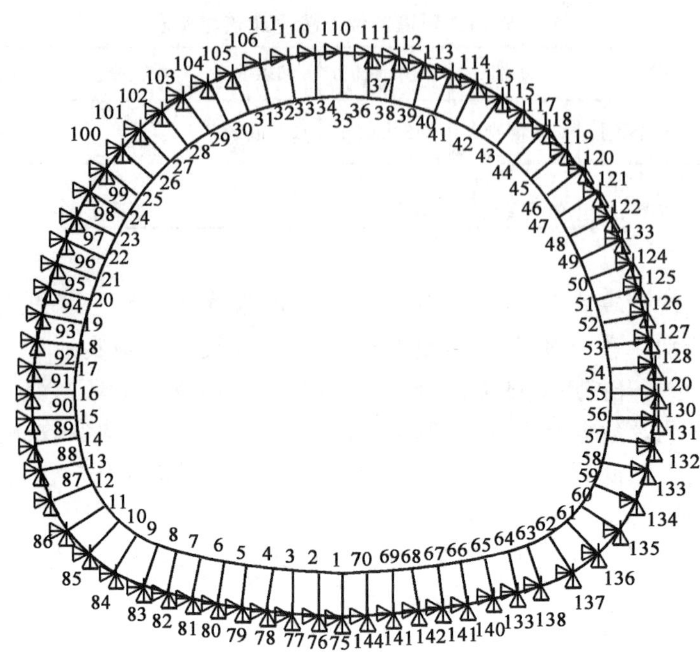

图 4-3-1　计算模型结构图

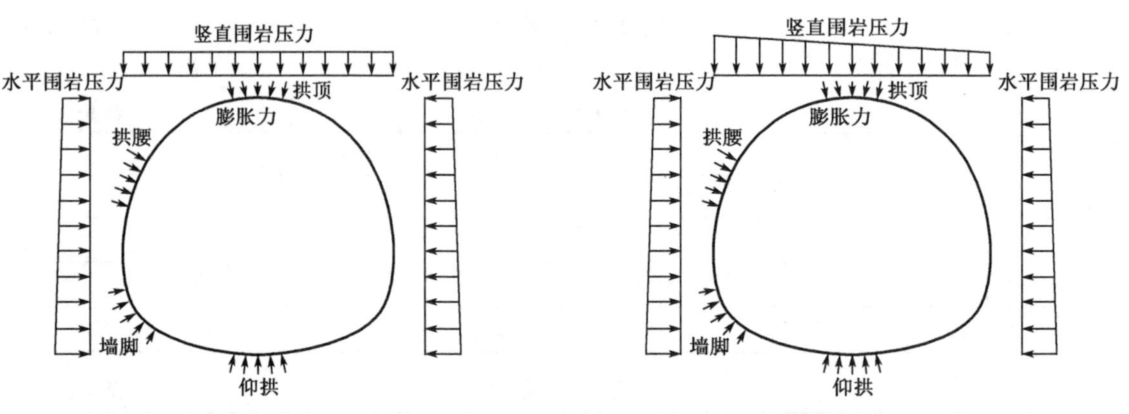

图 4-3-2　浅埋荷载结构示意图

图 4-3-3　偏压荷载结构示意图

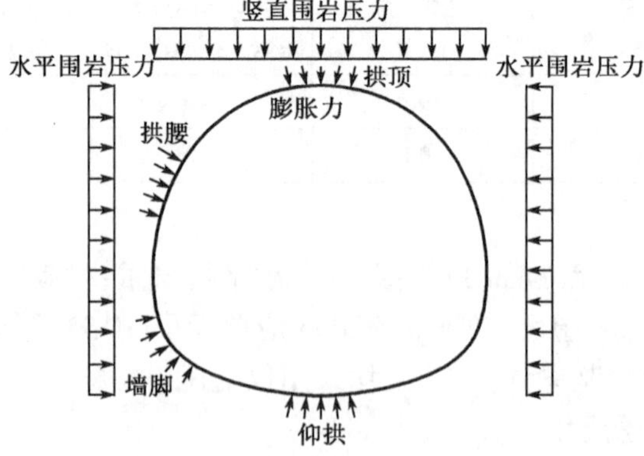

图 4-3-4　深埋荷载结构示意图

(3)荷载计算

考虑永久荷载及围岩约束衬砌的弹性抗力,其中永久荷载包括结构自重及围岩膨胀力。膨胀力按地质提供资料 300kPa 考虑。深埋、偏压计算分别详见《铁路隧道设计规范》(TB 10003—2005)式(4.3.3)、附录 B。浅埋计算高度取 $h=2.5h_a$,计算详见《铁路隧道设计规范》(TB 10003—2005)附录 E。

(4)计算工况

计算工况分以下几种,见表 4-3-6。

工　况　　表 4-3-6

序号	工况名称	施加膨胀力部位	衬砌(拱墙+仰拱)厚度(cm)	荷载承担系数
1	V级浅埋	拱部	60+60	围岩压力、膨胀力按70%考虑
2		拱腰	60+60	
3		墙脚	60+60	
4		仰拱	60+60	
5	V级偏压	拱部	60+65	
6		拱腰	60+65	
7		墙脚	60+65	
8		仰拱	60+65	
9	V级深埋	拱部	55+55	
10		拱腰	55+55	
11		墙脚	55+55	
12		仰拱	55+55	
13	Ⅳ级深埋	拱部	45+50	围岩压力、膨胀力按50%考虑
14		拱腰	45+50	
15		墙脚	45+50	
16		仰拱	45+50	

(5)计算结果

计算结果见表 4-3-7。

计算结果　　表 4-3-7

工况		膨胀力施加部位	衬砌厚度(cm)	配筋情况	控制单元及内力值			
					单元号	弯矩(Pa)	轴力(N)	剪力(N)
1	V级浅埋	拱顶	60+60	4φ25(8φ25)	36	6.88E+05	-1.86E+06	67651
2		拱腰	60+60	4φ22	12	-3.52E+05	-2.74E+06	-22072
3		墙脚	60+60	4φ22	36	4.07E+05	-1.64E+06	22214
4		仰拱	60+60	4φ22	36	4.11E+05	-1.64E+06	22927
5	V级偏压	拱顶	60+65	4φ25	59	-8.51E+05	-3.29E+06	-56096
6		拱腰	60+65	4φ25(8φ25)	59	-1.04E+06	-3.45E+06	-66267
7		墙脚	60+65	4φ25	60	-9.36E+05	-3.35E+06	-2.07E+5
8		仰拱	60+65	4φ25(6φ25)	59	-9.48E+05	-3.17E+06	-14286

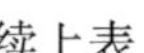

续上表

工况		膨胀力施加部位	衬砌厚度(cm)	配筋情况	控制单元及内力值			
					单元号	弯矩(Pa)	轴力(N)	剪力(N)
9	V级深埋	拱顶	55+55	5ϕ20(8ϕ20)	36	4.71E+05	-1.25E+06	54497
10		拱腰	55+55	4ϕ20	23	1.92E+05	-1.44E+06	14272
11		墙脚	55+55	4ϕ20	36	2.05E+05	-1.02E+06	9757.6
12		仰拱	55+55	4ϕ20	36	2.08E+05	-1.02E+06	10299
13	Ⅳ级深埋	拱顶	45+50	5ϕ20	36	2.20E+05	-6.18E+05	32890
14		拱腰	45+50	4ϕ20	24	1.19E+05	-6.11E+05	72290
15		墙脚	45+50	4ϕ20	36	74263	-3.96E+05	3425.8
16		仰拱	45+50	4ϕ20	1	90502	-7.42E+05	25232

(6)采用结果情况

根据上表比较，所采用的衬砌及配筋情况见表4-3-8。

配筋结果 表4-3-8

序号	工况名称	衬砌(拱墙+仰拱)厚度(cm)	配筋情况	混凝土
1	V级浅埋、偏压	60+65	4ϕ25(8ϕ25)	C45
2	V级深埋	55+55	5ϕ20(8ϕ20)	C45
3	Ⅳ级深埋	45+50	5ϕ20	C40

四、施工图设计阶段措施调整

随着地质勘探工作的不断深入，盐岩段的膨胀性判定为弱膨胀性（膨胀力按100kPa考虑），根据结构计算结合工程类比，含盐地层双线隧道衬砌支护参数见表4-3-9。

施工图阶段含盐地层双线隧道衬砌支护参数表 表4-3-9

衬砌类型	预留变形量(cm)	喷射混凝土		钢筋网			锚杆			钢架			二次衬砌	
		施作部位	厚度(cm)	钢筋规格	设置部位	网格间距(cm)	设置部位	锚杆长度(m)	间距(环×纵)(m)	设置部位	钢架类型	纵向间距(m)	拱墙厚度(cm)	仰拱(或底板)厚度(cm)
Ⅳ膨胀岩	10~12	拱、墙	23	ϕ6	拱、墙	20×20	拱、墙	3.0	1.2×1.2	拱墙	格栅	1.0	45	50
		仰拱	15											
V膨胀岩	12~18	拱、墙	27	ϕ8	拱、墙	20×20	拱、墙	3.5	1.2×1.0	全环	型钢	0.8	50	50
		仰拱	25											
V膨胀岩加强	12~18	拱、墙	27	ϕ8	拱、墙	20×20	拱、墙	3.5	1.2×1.0	全环	型钢	0.5~0.6	50	50
		仰拱	25											

隧道设计中除采用抗侵蚀、抗膨胀的相关支护结构措施，亦强调：K_2j^3砂质泥岩夹泥灰岩砂岩地层中含石膏、芒硝，易于溶蚀形成蜂窝状孔洞，该地层上部50m深度范围石膏大部分被

溶化淋滤掉。为避免隧道基底露空,该地层轨面埋深50m范围内隧道基底开挖后,对基底5m范围内进行物探,以查明是否存在空腔,必要时辅以钻探验证,发现空腔后,根据空腔形态分别采用灌注水泥砂浆,回填片石混凝土等措施满填空腔,确保基础稳定。

第四节 既有成昆铁路含盐地层隧道化学侵蚀性病害调查

一、工程概况

既有成昆铁路由成都起经川西平原,逆大渡河、牛日河而上,穿过大凉山,沿安宁河,跨金沙江,翻越滇中高原到达昆明,全长1083.320km(运营里程长1100km)。全线共有隧道427座,总长336.8km,占线路总长的31.1%。该线于1970年7月建成通车。

成昆铁路沿线山高谷深、坡陡流急、地质构造运动强烈、岩层破碎、雨量充沛、不良地质现象广泛分布。隧道工程遇到的不良地质现象主要有:泥石流、滑坡、崩塌、岩堆、流沙、数量较多的断层破碎带、丰富的地下水、有害气体、"岩爆"、含盐地层(含硫酸根离子浓度高达60000~80000mg/L)、高温和地震区等。

成昆铁路小月旧至甸心区间,石膏箐一号隧道至岳家村二号隧道段长约45km的线路,共计有隧道26座,总长约22km,该段通过白垩系上统江底河组第3段(K_2j^3)含盐岩砂质泥岩、灰质泥岩地层。

该段隧道一般采用全断面法或上下导坑先拱后墙法施工;衬砌类型:一般地段采用直墙衬砌,加强段采用曲墙衬砌,拱部衬砌厚度40~45cm,边墙厚40~45cm(曲墙段为变截面),铺底厚10~20cm(或无铺底及仰拱);建筑材料:拱部为140级~200级混凝土,边墙为140级混凝土,仰拱或铺底为140级混凝土或110级混凝土或浆砌片石;具有侵蚀性地段拱部采用抗硫酸盐水泥,边墙采用普通水泥(因材料供应不足);隧道内设单侧水沟或因少水而取消水沟,部分隧道在线路下方设置有中心水沟。

二、病害概述

既有成昆线通车两年后,对通过含盐地层的26座隧道进行了现场调查,发现有14座隧道的拱部衬砌发生了病害,占该段总座数的53.7%,有9座隧道的边墙衬砌发生了病害,占该段总座数的34.1%。在全线各段隧道衬砌病害中,通过含盐地层的比重最大。

根据既有成昆线竣工资料及历年来隧道病害整治资料,含盐地层隧道出现的病害现象主要有:混凝土腐蚀、道床病害(铺底隆起、翻浆冒泥、洞内水沟变形等)及衬砌开裂(衬砌开裂原因有多样性,不能简单定义为含盐地层引起,因此本次不详细交代)等。此外,既有成昆线百家岭隧道虽然不在调查范围段,但同为含石膏的膨胀岩地层,衬砌腐蚀现象较为突出,因此,将百家岭隧道出现的病害情况列出作为参考。

现将各类病害分述如下:

1.混凝土腐蚀

成昆线通车以后,曾多次组织力量对黑井一带"含盐地层"地段的病害和混凝土腐蚀情况做实地调查,共调查了中坝、小村1号、小村2号、羊臼河1号、羊臼河2号、六渡河1号、六渡河2号、赖猫山、依壁河1号、巴格勒、湖路塘、同模甸2号、法拉、伏井、黑井及红石岩等16座隧道，情况见表4-4-1。

隧道衬砌腐蚀情况调查表

表4-4-1

序号	隧道名称	调查时间	腐蚀部位	腐蚀调查情况
1	中坝	1971.3，1973.7	拱脚、边墙施工接缝处及边墙脚侧沟一带，以及混凝土蜂窝麻面处	混凝土腐蚀发生在地下水出露的地方，其SO_4^{2-}含量为1800mg/L的地段，用抗硫酸盐水泥衬砌者，腐蚀深度1971年初调查时8～10cm，1973年7月复查时腐蚀深度发展到20cm。从调查中发现腐蚀程度与出水流量成反比，水量越大，腐蚀较轻，在潮湿带尤其干湿交替处腐蚀最严重
2	小村1号	1973.4	边墙与水沟交接处	距进口不远，在左边墙与水沟交接处，有潮湿现象，有芒硝析出，轻微腐蚀
3	小村2号	1973.4，1975.7	道床底部及道床两侧	1973年4月现场调查K889+690前后道床底部冒黄泥，干后呈白色，含盐。1975年7月现场调查时，发现该处进一步恶化，道床两侧翻浆冒泥严重，边墙上有芒硝结晶
4	羊臼河1号	1973.4	边墙与水沟交接处	距进口5～20m处，两侧边墙潮湿，冒出芒硝很多，腐蚀较严重
5	羊臼河2号	1973.4	拱顶	K877+097.87处，拱顶潮湿有少许滴水，有芒硝析出，左边墙有小部分向外突出约2cm
6	六渡河1号	1973.4	左边墙	中段(有仰拱地段)左边墙有几处芒硝析出，轻微腐蚀
7	六渡河2号	1973.4，1975.8	边墙及避车洞	1973年4月现场调查出口约100m前后一段，右边墙有大量芒硝析出结晶，腐蚀十分严重。K880+061.45避车洞内有一处，有大量芒硝析出结晶，腐蚀十分严重，且开裂，向外突起约5cm，鼓肚变形，其尺寸约50cm×50cm(高×宽)，腐蚀部分呈豆腐渣状。两次调查情况无显著变化
8	赖猫山	1973.4	洞身衬砌	一般轻微腐蚀
9	依壁河1号	1973.4	洞身衬砌	一般轻微腐蚀
10	巴格勒	1973.4	边墙	距进口约120m线右边墙前后15m处，冒白霜，有大量芒硝析出，有的呈结晶状态，白色透明，在坑道中曾取样化验SO_4^{2-}的含量高达80084mg/L。在环境水相同情况下，用抗硫酸盐水泥衬砌者，腐蚀轻微，用普通水泥衬砌者腐蚀严重
11	湖路塘	1973.4	洞身衬砌	普遍冒白霜，腐蚀轻微
12	同模甸2号	1973.4	洞身衬砌	较干燥，少见腐蚀现象
13	法拉	1973.4，1975.8	道床、水沟沟身、洞身衬砌	1973年4月现场调查，洞内有六处潮湿面，芒硝析出，混凝土有剥落和腐蚀现象，腐蚀深度一般3～4cm，最深为10cm；有两段长约20多米，线路下沉，水沟沟身有隆起，下沉、挤孔现象。1975年8月回访调查，轨面标高变化大，7～8d道床要上涨7～8mm，因此七、八天要压道一次；K911+090～K911+210段左侧边墙开裂；K910+940～K910+950段水沟下沉，道床右边上升，左边下沉；K910+950～K910+965段左侧水沟及道床上升，沟水随着水量的大小，有时通，有时不通

续上表

序号	隧道名称	调查时间	腐蚀部位	腐蚀调查情况
14	伏井	1973.4,1975.8	拱顶及拱脚处、边墙处	1973年4月现场调查,距出口约80m前后一段,拱顶滴水,拱圈与右边墙交接处漏水,(K915+705洞顶有一泥石流沟)边墙上有许多白色和蜡黄色的碳酸盐质的硬壳,混凝土衬砌有腐蚀剥落现象,深度3~4cm。1975年8月回访调查,K915+620~K915+700段与1973年4月调查情况比较,病害进一步的恶化,漏水较为严重;K915+705洞顶泥石流沟床浆砌片石铺砌部分断裂,拱腰及拱脚部分地段纵向开裂,当时正用钢拱架支撑加固
15	黑井	1973.4,1975.8	铺底、水沟,洞身衬砌	1973年4月现场调查,进口段约长300m为混凝土衬砌,混凝土有腐蚀现象,发生在有水渗出的拱脚处,边墙施工接缝处,混凝土蜂窝麻面处;腐蚀宽几厘米到10cm,深约1cm,并有芒硝析出。另在距进口约200m前后段,原为1966~1967年铺底膨胀隆起开裂地段,经两次换底,清除虚渣后又重新铺底并用水泥砂浆填补腐蚀破坏处,混凝土重新翻修后,1975年8月回访调查时,局部铺底尚仍然隆起,水沟断裂,尤以K917+380~K917+400段水沟挤孔变形严重(原沟宽为0.25m,现仅0.18m),同时病害又有不同程度的恶化;K917+440~K917+560段拱部产生纵向裂纹
16	红石岩	1973.4	边墙	该隧道有几处漏水,边墙上有白色和蜡黄色的碳酸盐质硬壳,不易溶于水

从上述调查的病害情况看,有混凝土衬砌剥落,混凝土衬砌腐蚀并有芒硝析出者,这些病害显然是SO_4^{2-}侵蚀所产生;另外,如隧道铺底隆起,道床翻浆冒泥,洞内水沟变形挤压、断裂,拱顶、拱腰、拱脚产生纵向开裂,边墙鼓肚变形,以及混凝土蜂窝麻面处渗水,工作缝或其他部位漏水等病害。这些病害有的由于通过含盐地层,受SO_4^{2-}侵蚀,石膏、岩盐的膨胀、崩解增加山体压力所引起,但这些病害部分也不是,或不完全是由于含盐地层所引起,亦或两者皆有影响。

从2012年秋检资料看,石膏箐一号至岳家村二号隧道段,隧道出现不同程度的腐蚀病害情况,具体见表4-4-2。

隧道腐蚀病害资料表(2012年秋检资料)　　表4-4-2

序号	隧道名称	中心里程	病害名称	病害等级	病害情况
1	石膏箐一号	K876+821	衬砌腐蚀	B	衬砌多处芒硝腐蚀,分布较广,整体面积较大
			衬砌腐蚀	B	K877+045~K877+081左边墙至起拱线上2.5m范围内渗水20处,且流泥浆;K877+060~K877+081右侧边墙、起拱线至拱顶渗水13处,且流泥浆

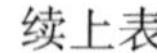

续上表

序号	隧道名称	中心里程	病害名称	病害等级	病害情况
2	石膏箐二号	K878 +098	衬砌腐蚀	B	衬砌芒硝腐蚀
3	弯子村	K879 +148	衬砌腐蚀	B	衬砌多处芒硝腐蚀，K879 + 290 拱顶腐蚀 $5m^2$，K879 +260 左侧边墙腐蚀 $6m^2$
4	中坝	K882 +288	衬砌腐蚀	B	K881 + 320 ~ K881 + 336 左侧边墙、拱顶腐蚀，K881 +509 左侧边墙腐蚀，K881 + 560 拱圈腐蚀，K881 +571 边墙腐蚀，K881 + 585 右侧边墙腐蚀，K881 +597 ~ K881 +610 边墙至拱圈腐蚀，K881 +627 右侧边墙腐蚀，K881 +688 边墙至拱圈腐蚀，K881 +701 左侧边墙腐蚀，K881 +706 右侧边墙腐蚀，K881 +742 左侧边墙腐蚀
			衬砌腐蚀	B	K881 +550 ~ K883 +165 边墙裂纹 11 条
5	小村一号	K884 +205	衬砌腐蚀	B	K884 +153 ~ K884 +160 拱顶芒硝腐蚀
6	羊臼河一号	K884 +831	衬砌腐蚀	B	拱顶衬砌腐蚀：K884 +343 ~ K884 +381；边墙、拱顶腐蚀，K885 + 298 ~ K885 + 300：1200mm × 5000mm × 8mm；K885 + 055 ~ K885 + 065、K885 + 205 ~ K885 + 210、K885 +328 ~ K885 +332：450mm ×3000mm ×10mm
			圬工腐蚀、掉块	B	K884 + 443 左侧起拱线上 1m 掉块 3 处，最大 200mm ×200mm；K884 +820 右侧起拱线处掉块 1 处，30cm ×20cm；K884 +980 右侧起拱线上 1.5m 处剥落掉块 1 处 20cm ×15cm；K885 +100 起拱线至拱腰处，掉块 1 处，40cm ×20cm；K885 +230 右侧 27 号避车洞顶部掉块 1 处，50cm ×50cm；K885 +245 右边墙距轨面 3m 处剥落掉块 1 处 60cm ×30cm ×2cm
7	羊臼河二号	K885 +882	衬砌腐蚀	B	拱顶衬砌腐蚀：K886 +300 ~ K886 +306：6000mm × 4500mm ×10mm；K886 + 131 ~ K886 + 137：6000mm × 1500mm ×10mm。左侧边墙衬砌腐蚀：K885 + 567 ~ K885 +590：23000mm ×1000mm ×25mm；K885 +570 ~ K885 +602：32000mm ×1000mm ×25mm
8	六渡河一号	K886 +645	衬砌腐蚀	B	边墙衬砌腐蚀：K886 +612 左侧边墙腐蚀，K886 +681 左侧 15000mm ×2500mm ×10mm，K886 +637 右侧 10000mm ×1500mm ×12mm，K866 +650 左侧2000mm × 5000mm ×13mm，K866 +685 右侧 5000mm ×1000mm × 20mm，K866 + 690 右侧 5000mm × 5000mm × 15mm；K886 +669 ~ K886 +711 拱顶腐蚀；K886 +760 左右侧 5000mm ×3000mm ×10mm

续上表

序号	隧道名称	中心里程	病害名称	病害等级	病害情况
9	六渡河二号	K888 +239	衬砌腐蚀	B	衬砌腐蚀:K888 +415 ~ K888 +450 左侧拱顶腐蚀掉块(已列入重点病害);K888 +473 ~ K888 +520 右边墙脚:47000mm × 1000mm × 10mm;K889 + 277 ~ K889 + 290 右侧边墙脚腐蚀掉块长 6m;K889 + 300 ~ K889 + 302 起拱线处:2000mm × 5000mm × 50mm;K889 + 308 ~ K889 + 310 右侧边墙:2000mm × 3000mm × 100mm;K889 + 378 ~ K889 + 383 左侧边墙:5000mm × 4000mm ×25mm;K889 +377 右侧起拱线至拱顶腐蚀掉块长 6m;K889 +390 ~ K889 +393 右侧边墙:3000mm × 4000mm ×20mm
			衬砌腐蚀	B	K887 +071 隧道进口起拱线至拱顶裂纹 4 条最大 1.5m ×5mm。K888 +025(31 号)避车洞内边墙水平裂纹 1 条 3m ×3mm。K889 +053 左侧起拱线上方芒硝腐蚀掉块 1 处 40cm ×30cm;K889 +260 拱腰处芒硝腐蚀掉块 1 处
			衬砌腐蚀	B	隧道进口左侧拱圈斜状裂 3.5m × 2mm。K887 + 551 ~ K887 + 552 左边墙距轨面 1m 水平裂纹 1 条 1000mm ×2mm。K887 +555 左边墙至避车洞竖向裂纹 1 条1.8m ×2mm。K888 +108 左右起拱线上环状裂纹 1 条 6000mm ×2mm。K888 + 128 右起拱线至拱顶开裂 3000mm × 1mm。K888 + 162 右起拱线至拱顶开裂 3000mm ×1mm
			圬工腐蚀、掉块	B	K888 + 053 右侧起拱线上 20cm 处腐蚀 5 处约 1.5m^2;K888 + 326 左侧 40 号避车洞腐蚀掉块 1 处 0.5m^2;K888 +480 右侧 45 号避车洞边墙破损、腐蚀掉块 1 处 1m^2;K888 +488 左侧 44 号避车洞腐蚀掉块 2 处 1m^2;K888 + 505 左侧拱腰腐蚀掉块 7cm × 7cm;K888 +510 左侧拱腰腐蚀掉块 5cm × 10cm;K888 + 555 ~ K888 + 560 左侧边墙起拱线腐蚀掉块 3 处;K888 +620 左侧边墙起拱线腐蚀掉块;K888 +884 右边墙脚破损、掉块腐蚀 1 处 1m ×15cm;K889 +053 左侧起拱线上方芒硝腐蚀掉块 1 处 40cm ×30cm; K889 + 171 左侧 68 号避车洞腐蚀掉块 1 处 1m^2。K889 +260 拱腰处芒硝腐蚀掉块 1 处;K889 +290 左侧 72 号避车洞腐蚀掉块 2 处 1m^2;K889 +339 左边墙距轨面 2m 处芒硝腐蚀掉块 60m 最大 0.9m ×0.6m;K889 + 349 右边墙起拱线腐蚀 1 处约 1m^3;K888 + 265 ~ K888 +310 左边墙脚腐蚀;K888 +420 ~ K888 +466 拱顶芒硝腐蚀严重,长 40m;K888 +460 ~ K888 +560 右侧墙脚腐蚀严重,最深 150mm;K888 +490 ~ K888 +510 左侧起拱线芒硝腐蚀严重 20m;K889 +300 ~ K889 + 310 右边墙起拱线腐蚀掉块 10m ×1m;K889 +348 右边墙起拱线上掉块 1 处,2.5m ×0.5m,边墙脚有堆积物 0.1m^3

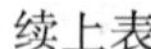

续上表

序号	隧道名称	中心里程	病害名称	病害等级	病害情况
10	小村二号	K889 +693	衬砌腐蚀	B	衬砌腐蚀:K889 +663 ~ K889 +704 拱顶:41000mm × 3000mm × 10mm;K889 + 720 ~ K889 + 735 右边墙脚:12000mm × 1500mm × 25mm;K889 + 740 ~ K889 + 745 右边墙脚:5000mm × 1500mm × 30mm
11	赖猫山	K891 +733	衬砌腐蚀	B	衬砌多处硝腐蚀:K892 + 120 ~ K892 + 128 处左侧边墙:8500mm × 2000mm × 10mm
12	羊街河	K892 +867	衬砌腐蚀	B	K893 +470 ~ K893 +510 右侧边墙腐蚀 40m
13	巴格勒	K898 +899	衬砌腐蚀	B	衬砌腐蚀:K897 + 040 ~ K897 + 044 右边墙:4000mm × 1500mm × 13mm。K897 + 057 ~ K897 + 060 右边墙:3000mm × 1000mm × 10mm。K897 + 930 ~ K897 + 940 右边墙:10000mm × 5000mm × 10mm;K897 +993 ~ K897 +998 右边墙:5000mm × 1500mm × 10mm;K897 +940 ~ K897 +945 左边墙腐蚀 5m;K903 + 904 ~ K903 +950 左右侧边墙腐蚀 45m
			衬砌腐蚀掉块、边墙渗水	B	喷锚衬砌裂纹掉块,隧道边墙渗水,边墙腐蚀,排水设施淤积
14	湖路糖	K904 +195	衬砌腐蚀	B	衬砌边墙脚受腐蚀最为严重,侧沟帮腐蚀掉块、裂损,K903 +901 ~ K903 +910 右侧边墙上部芒硝腐蚀 3 处导致边墙空洞破损 0.1m(长) ×0.2m(宽) ×0.2m(深)
			衬砌腐蚀	B	1. K903 +843 ~ K903 +990 芒硝腐蚀严重 47m; 2. K904 +090 右侧边墙芒硝腐蚀严重 5m; 3. K904 +145 ~ K904 +160 芒硝腐蚀严重 15m; 4. K904 +250 ~ K904 +310 芒硝腐蚀严重 60m; 5. K904 +370 ~ K904 +420 芒硝腐蚀 50m
15	桐模甸 1 号	K905 +599	衬砌腐蚀	B	K905 +290 ~ K905 +310、K905 +905 ~ K905 +917 边墙至拱顶部位芒硝腐蚀严重,混凝土强度降低 2 处 32m,K905 +285 棚洞接长部分结合部芒硝腐蚀 $3m^2$;K905 + 290 ~ K905 + 360 右侧拱顶及边墙芒硝腐蚀 $13m^2$;K905 +400 ~ K905 +480 拱顶及边墙芒硝局部腐蚀约 $18m^2$;K905 + 710 ~ K905 + 730 拱顶芒硝腐蚀 $20m^2$

续上表

序号	隧道名称	中心里程	病害名称	病害等级	病害情况
16	桐模甸2号	K908+516	衬砌腐蚀	B	全隧芒硝腐蚀严重,起拱线部位衬砌厚度减小,混凝土强度降低,K908+289拱顶掉块:400mm×300mm×100mm,1处1m
			衬砌腐蚀	B	K907+908拱顶及左右侧拱腰芒硝腐蚀计3m^2;K908+859右侧拱顶芒硝腐蚀严重,形成蜂窝状掉块约0.5m^2;K908+150~K908+165左右侧拱腰芒硝腐蚀严重导致混凝土溃碎形成蜂窝状8处;K908+760~K908+780左右侧拱腰芒硝腐蚀严重导致混凝土溃碎形成蜂窝状6处;K908+942~K908+999拱顶及拱腰芒硝腐蚀15处,最大约2m^2
			衬砌腐蚀	B	K907+902~K907+904拱顶芒硝腐蚀2m、K907+934~K907+939拱顶芒硝腐蚀5m、K908+190~K908+360拱顶及左右侧边墙芒硝局部腐蚀、K908+940~K908+990拱顶及左右侧边墙芒硝腐蚀、K907+990~K908+180拱顶及左右侧边墙芒硝腐蚀、K904+360~K904+840拱顶及左右侧边墙芒硝腐蚀
17	法拉	K910+746	衬砌腐蚀	B	K910+200~K910+340、K910+190~K910+330、K910+560~K910+620边墙至拱顶部位芒硝腐蚀严重,混凝土强度降低3处320m
			衬砌腐蚀	B	K911+105右侧拱腰芒硝腐蚀凝固堆积,已有堆积物坠落,造成拱腰破损1处0.1m×0.2m×0.1m
18	大田箐	K913+076	衬砌腐蚀	B	K913+040拱顶芒硝腐蚀严重导致拱顶混凝土碎石外露,形成蜂窝状2处
19	伏井	K915+671	衬砌腐蚀	B	K915+570拱顶掉块露筋长0.3m、宽0.4m、深0.1m,K915+770左侧边墙中部芒硝腐蚀造成蜂窝状空洞0.1m^2,深150mm,K915+630~K915+645左右侧拱腰芒硝腐蚀各4m^2
20	红石岩	K919+722	衬砌腐蚀	B	K919+688~K919+758拱顶腐蚀掉块,形成直径10cm的空洞6个

2.道床病害

整体道床线路建成后,先后在5座隧道的整体道床局部地段发生了隆起病害。如六渡河二号隧道三个地段的整体道床隆起值达3~12cm;法拉隧道有20m长的铺底隆起破裂。整体道床发生隆起后,经探坑查明,隆起地段道床的地基是含盐地层,具有膨胀特性。由于现场实施的整体道床结构缺乏抵抗这种岩层膨胀所产生力量的能力,以致隆起断裂。现列举几处病害如下:

(1)黑井隧道通过地层主要为泥质粉砂岩、砂质泥岩及石膏岩等,岩层中含有较多的芒硝。该隧道于1966年6月完成铺底,同年10月,成都端有104m一段,发现铺底隆起、开裂,侧沟壁断裂；其中17m一段，1973—1977年道床上涨累计0.4～0.6m。白石岩3号隧道部分碎石道床出现的隆起，先是侧沟开裂，然后沟墙隆起歪斜，取样试验，发现基底为炭质页岩，层中夹有蒙脱石。

（2）2000年11月，昆明铁路局组织对石膏箐一号隧道病害进行了现场调查，调查发现：近年来，隧道翻浆冒泥严重，线路局部水平变化大，病害情况主要表现为：K876＋330～K876＋350、K876＋870～K876＋950、K877＋270～K877＋275段道床翻浆冒泥，局部侧沟及泄水孔堵塞、进口曲墙段暗管堵塞，排水不畅；K876＋540处、K876＋790～K876＋820、K876＋980～K877＋000段线路水平变化大。

造成病害的主要原因：该隧道通过地层为白垩系砂页岩（K_1），岩层破碎，节理发育，地下水富含硫酸根离子（SO_4^{2-}含量根据竣工图资料为460mg/L），现有排水设施不足，排水不畅，造成道床及底部积水，腐蚀铺底，同时，硫酸盐沉积，堵塞侧沟及泄水孔。在列车活载的反复作用下，病害段铺底下岩层泥化，铺底破损，道床翻浆冒泥，线路局部沉降。采取的整治措施：对既有侧沟进行加深处理（改成密井暗管）及更换铺底。

（3）2007年1月，昆明铁路局组织对法拉隧道病害进行了现场调查，调查发现：隧道内出现水沟堵塞、道床积水、填充层损坏，洞内多处出现纵向水平裂缝以及拱顶侵限。

造成病害的主要原因：该隧道通过地层为白垩系落直美组泥岩、泥质粉砂岩、含盐含砾粉砂岩、石膏互层（K_1D），泥岩为片状，薄层状，泥质粉砂岩为中厚层状，含盐含砾粉砂岩为厚层状，石膏为薄层状。含盐分较多（图4-4-1、图4-4-2），易风化，风化淋滤后力学强度显著降低，岩体破碎，局部存在较软弱的微结构面，同时在基岩裂隙发育地段地下水的长期活动下，使衬砌与围岩之间、衬砌之间的混凝土被腐蚀，衬砌出现开裂、错台、掉块。采取的整治措施：对既有侧沟进行加深处理（改成密井暗管）及更换铺底。

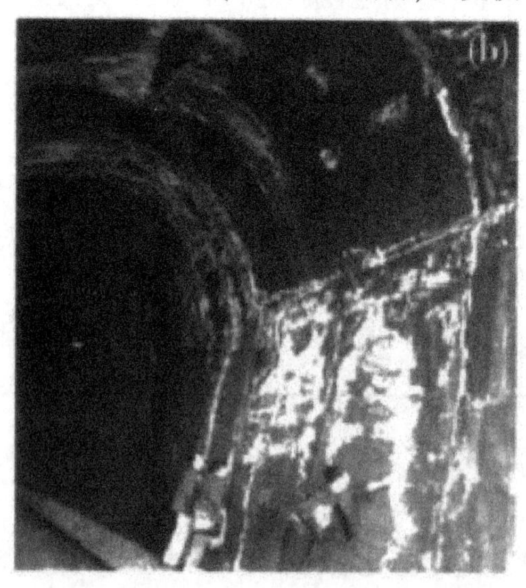

图4-4-1　法拉隧道衬砌表面盐结晶现象图

图4-4-2　法拉隧道洞口附近水沟盐结晶析出图

从2012年秋检资料看，石膏箐一号至岳家村二号隧道段，部分隧道内出现道床病害情况，具体见表4-4-3。

隧道道床病害资料表(2012 年秋检资料)　　表 4-4-3

序号	隧道名称	中心里程	病害名称	病害等级	病害情况
1	六渡河二号	K888 +239	隧道整体道床变形损坏	B	K888 +156 ~ K888 +166 整体道床左侧基础破损长 10m(开裂空响),K888 +642 整体道床右侧基础破损 1450mm × 450mm,K888 + 725 整体道床右侧基础破损 2000mm × 350mm,K888 + 730 整体道床右侧基础破损 3000mm × 400mm,K888 + 754 整体道床右侧基础破损 3500mm × 400mm,K888 + 760 整体道床右侧基础破损 2000mm × 300m,K888 +775 整体道床右侧基础破损 9500mm ×400mm
			整体道床损坏	B	K888 + 216 整体道床槽向裂纹 1 条 2.2m × 2mm;K887 +850 左侧整体道床边缘掉块多处 60cm × 20cm;K888 + 161 左侧整体道床走行道开裂空响,1000mm × 1000mm;K888 +258 ~ K888 +363 左侧整体道床走行道破损 15m × 0.2m;K888 + 460 右侧内股挡肩破损 1 处。K888 +555 右股外侧挡肩破损 1 处。K888 +693 整体道床横向开裂空响 1 处 2.5m × 3mm;K889 + 237 右侧整体道床开破损 1 处 30cm × 10cm;K888 +149 ~ K888 +174 左侧整体倒床走行道开裂上翘 25m × 0.4m;K888 +330 ~ K888 +335 左侧整体道床走行道破损 1m × 1m;K889 +280 ~ K889 +283 右侧整体道床开裂、破损 3m;K889 +340 右股外侧挡肩失效 1 处,右侧支承块处抹面开裂破损
			隧道铺底损坏	B	K888 +354 距线路左股钢轨外侧 60cm 处,隧道整体道床铺底损坏。在列车荷载作用下,有泥浆冒出
			洞内外排水设施损坏	B	K888 +361 沉淀井内侧泄水孔冒泥浆、积水严重深0.4m。K887 +250 ~ K887 +850 左侧密井暗管内淤积沉井内淤积 200mm。K888 + 191 密井淤积 150mm、暗管淤积 50mm。K888 +239 密井淤积 150mm、暗管淤积 50mm。K888 +461 密井淤积 100mm、暗管淤积 80mm。K888 +551 密井淤积 150mm、暗管淤积 60mm。K888 + 677 密井淤积 300mm。K888 + 772 暗管淤积 150mm。K888 + 802 密井淤积 200mm。K888 +973 密井淤积 100mm。K889 +040 密井淤积
2	小村二号	K889 +693	排水沟破损	B	隧道内右侧排水沟沟底破损,在荷载作用下泥浆从底部挤出,堆积于侧沟内约 1.2m^3,造成侧沟积水,水深 0.4m,右侧沟内外沟帮挤压变形,其中 K889 +680 处外沟帮严重内挤变形
			洞内外排水设施损坏	B	K889 +662 线路下沉,右侧沟帮外挤,影响正常运行
3	赖猫山	K891 +733	隧道铺底损坏	B	K891 +380 ~ K891 +400 段铺底损坏造成翻浆冒泥、线路下沉,K891 +395 处右侧冒泥浆,影响正常运行
4	法拉	K910 +746	仰拱及铺底损坏	B	K911 +420 ~ K911 +430 法拉隧道内右侧沟内沟帮与沟底分离,缝宽 30mm,深 50mm,原侧沟内因翻浆冒泥淤积最深处达 0.45m,维修工区对淤积已进行清除,现淤积厚约 0.2m;K911 +420 ~ K911 +450 段隧道基床铺底破损,导致该段线路翻浆冒泥,几何尺寸超限
			洞内外排水设施损坏	B	K911 +420 ~ K911 +430 右侧排水沟内沟邦与沟底分离,缝宽 30mm,深 50mm;K911 +420 ~ K911 +450 铺底破损,线路翻浆冒泥

3. 百家岭隧道病害情况

百家岭隧道位于刘沟车站与轸溪车站之间，其进口里程为 DK195 + 171.93，出口里程为 DK197 + 218.45，全长 2046.52m。竣工日期为 1966 年 8 月 1 日。原衬砌除 DK195 + 665 ~ DK196 + 740 段 1075m 为素混凝土衬砌外（图 4-4-3），其余地段均为拱脚处 600mm 高度范围为素混凝土，余拱部和边墙部位为条石浆砌衬砌（图 4-4-4）。全隧均采用直墙衬砌。

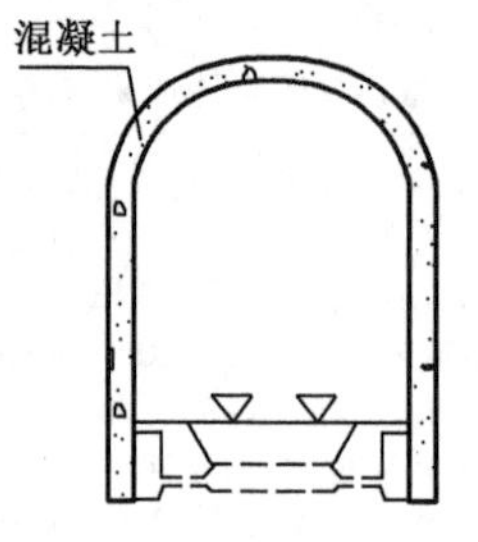

图 4-4-3　素混凝土衬砌

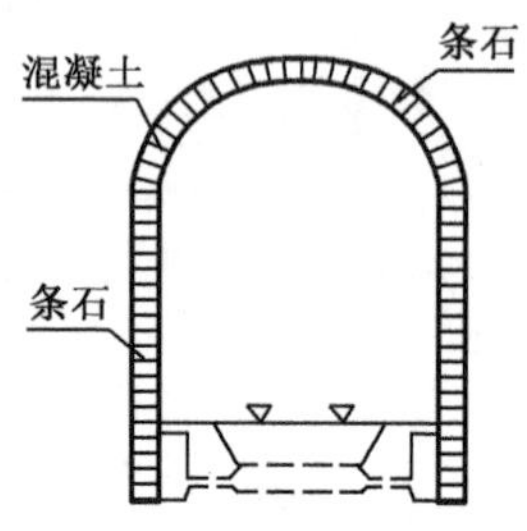

图 4-4-4　条石浆砌衬砌

隧道通过地层为灰白灰岩、灰色灰岩、泥灰岩、白云质灰岩夹页岩及透镜状硬石膏层。其中硬石膏层易溶于水，在地下水流经该层时，硬石膏层在水中离解成 Ca^{2+}、SO_4^{2-} 离子，而 SO_4^{2-} 离子对混凝土具侵蚀性。

既有成昆铁路通车后，发现隧道整体道床不均匀下沉，出现四个鼓包，高于设计轨面 4 ~ 10cm；中心水沟纵横断裂，底部与轨下部分道床脱离；人行道与道床、侧沟脱离；道床横向开裂；火车通过时翻浆冒泥，侧沟壁个别外挤，拱圈和边墙几段表面膨胀龟裂、腐蚀等。

产生膨胀性地压的原因：含石膏地层，硬石膏 $CaSO_4$ 矿物，在常压条件下极易与水结合，经水化作用伴随体积增大，该隧道硬石膏膨胀试验，对含白云石硬石膏经 1536h 试验，体积增加值为 3.3%，膨胀力为 2.25kg/cm^2，试验标本已逐步石膏化。

百家岭隧道建成通车三十多年，隧道衬砌病害时有发生，以往逐年已进行多次病害整治，均未彻底根除。1999 年 10 月对隧道衬砌病害进行了调查：K196 + 566.6 ~ K196 + 736.6 段主要为膨胀性地层，致使拱部开裂掉块，起拱线处开裂外挤错台达 60mm；边墙中部发育张性裂缝掉块外挤，因地下水侵蚀致使混凝土表面剥落掉块强度下降，掉块达 8000mm × 700mm × 100mm，边墙中部外挤最大达 150mm。K196 + 796 ~ K196 + 983 段拱部、两侧边墙均为条石浆砌衬砌，浆砌灰缝严重失效，拱顶和两侧拱腰均有开裂通缝，最长达 4000mm，最短 2000 ~ 3000mm，裂缝宽度 10 ~ 20mm。两侧边墙均有内鼓侵限现象，集中在水沟盖板以上 2000 ~ 4000mm 之间，内鼓程度不同，在 50 ~ 100mm 之间。病害产生部位及分布情况见图 4-4-5 ~ 图4-5-7。

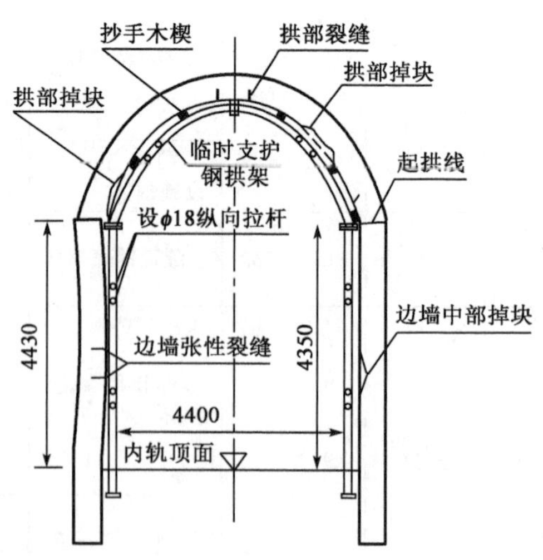

图 4-4-5　既有隧道病害分布示意（尺寸单位：cm）

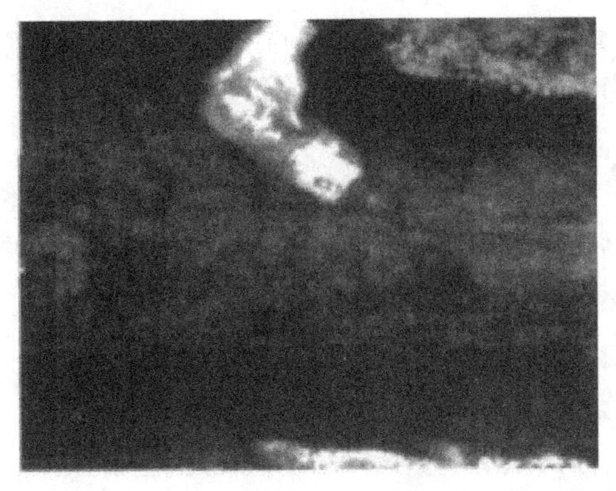
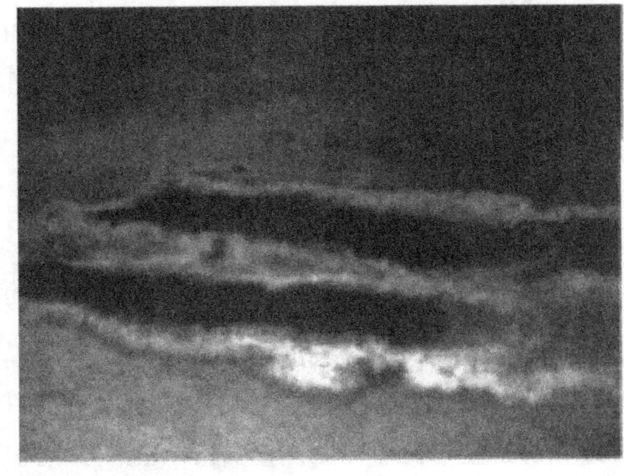

图 4-4-6　衬砌混凝土表层腐蚀现象(1)

图 4-4-7　衬砌混凝土表层腐蚀现象(2)

病害产生的原因大部分是围岩膨胀与地下水侵蚀共同作用的结果,导致拱部、边墙局部严重开裂、掉块,条石衬砌灰缝失效,整体道床开裂、翻浆。

三、病害成因分析

根据既有成昆铁路1978年调查资料,全线隧道发生混凝土破坏的共30座,其中严重的有10座,轻微的有20座,这与隧道通过地层的岩性、地下水活动、设计和施工等因素有关。绝大多数破坏地段通过含盐地层或局部含硬石膏、石膏岩层。石膏箐到岳家村含盐地层的26座隧道中,就有22座的混凝土发生程度不同的腐蚀,有14座隧道的拱部衬砌发生了开裂、变形,9座隧道的边墙衬砌发生了开裂、变形。

破坏部位一般多集中在拱脚、边墙脚、水沟沟壁、渗水的工作缝和滴水的压浆孔附近。破坏的严重程度,主要与地下水中所含侵蚀性离子有关外,另与渗水量的大小,地下水位的高低,通风条件以及混凝土质量等有关。调查证明:滴水和渗水的部位比股水和漏水处的破坏严重;地下水位高的部位比低的破坏严重;通风不良或混凝土不密实的部位比通风良好或混凝土质量良好的破坏严重。轻微破坏的混凝土,表面析出白色盐硝,表层龟裂、剥落未露出粗骨料。严重破坏的混凝土,表面已剥落露出石子,大片掉渣,溃散成豆腐渣状。

通过多次调查分析,其破坏类型基本上可分为地下水对混凝土的化学物理作用和可溶盐矿

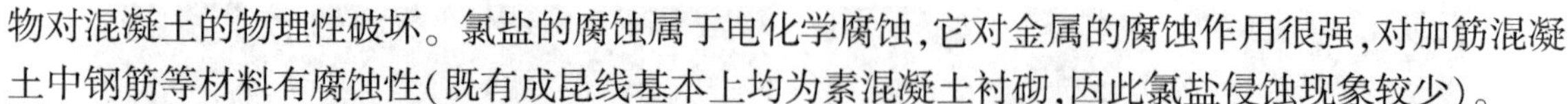

物对混凝土的物理性破坏。氯盐的腐蚀属于电化学腐蚀，它对金属的腐蚀作用很强，对加筋混凝土中钢筋等材料有腐蚀性（既有成昆线基本上均为素混凝土衬砌，因此氯盐侵蚀现象较少）。

1. 地下水对混凝土的化学腐蚀

地下水对隧道衬砌及整体道床混凝土所形成的腐蚀，主要有硫酸盐型腐蚀、一般酸性腐蚀与溶出型腐蚀三种，其中硫酸盐型腐蚀占绝大多数（石膏箐至岳家村段基本上属此类腐蚀）。

（1）硫酸盐型腐蚀：属于这类型腐蚀严重的隧道见表4-4-4，腐蚀部位水样中的SO_4^{2-}离子含量均在2000mg/L以上。地下水中SO_4^{2-}离子的来源有如下三方面：

①地下水经过硬石膏岩（$CaSO_4$）或石膏岩（$CaSO_4 \cdot 2H_2O$）溶滤而来。

②地下水经过含有大量芒硝（$NaSO_4 \cdot 10H_2O$）、无水芒硝（$NaSO_4$）或钙芒硝（$NaSO_4 \cdot CaSO_4$）等可溶矿物的含盐地层，这些可溶盐矿物经过水化和溶解，产生大量的SO_4^{2-}离子。

③地下水经过含大量黄铁矿（FeS_2）的地层，由于黄铁矿在空气和水的作用下，易变为硫酸和硫酸亚铁（$FeSO_4$），产生大量SO_4^{2-}离子，其反应式为：

$$2FeS_2 + 7O_2 + 2H_2O \xlongequal{} 2FeSO_4 + 2H_2SO_4$$

腐蚀严重的隧道统计表 表4-4-4

顺序	隧道名称	里　程	取样部位	SO_4^{2-}(mg/L)	Cl^-(mg/L)	水质类型	pH
1	百家岭	K196+400～K196+700	边墙	700～2000	12.45～34.23	低矿化度 SO_4^{2-}-Ca-Na型	6.0～7.6
2	白石岩3号	K360+807	边墙	7600～8800	626.35		2.0～2.5
3	沙木拉打	K434+747～K435+705	边墙、拱顶	290～4000	3.55～62.04	低矿化度 SO_4^{2-}-Ca-Na型	7.2～9.3
4	中坝	K881+566	拱顶	1450	32.68	中矿化度 SO_4^{2-}-Ca-Na型	7
		K881+848	边墙脚钻孔渗水	100000	36336.25		9.5
5	羊臼河1号	K884+370	拱顶滴水	8000	97.49	高矿化度 SO_4^{2-}-Na型	7
6	六渡河2号	K889+365	右拱顶滴水	3625	94.6	中矿化度 SO_4^{2-}-Ca-Mg-Na型	7.5
7	巴格勒	K897+943	左边墙滴水	2650	24.82	中矿化度 SO_4^{2-}-Ca-Na型	7.2
8	法拉	K911+277	左拱顶漏水	4750	150.66	中矿化度 SO_4^{2-}-Na型	7.2
9	黑井	K917+602	右侧水沟	2260	17.73	中矿化度 SO_4^{2-}-Ca-Na型	8.5
10	湖路塘	K903+900～K903+960	拱顶滴水	4450	223.35	SO_4^{2-}-Ca-Na型	7.2

注：表中中坝—湖路塘隧道属于本次调查范围段。

根据 SO_4^{2-} 离子含量的高低，硫酸盐型腐蚀可分为两种类型：

①硫铝酸钙型：当 SO_4^{2-} 含量较低时，SO_4^{2-} 离子与混凝土中固态的水化铝酸四钙化合，生成难溶的水化硫铝酸钙，其反应式为：

$$4CaO \cdot Al_2O_3 \cdot 12H_2O + 20H_2O + 3CaSO_4 = Ca(OH)_2 + 3CaO \cdot Al_2O_3 \cdot 3CaSO_4 \cdot 31H_2O$$

$$4CaO \cdot Al_2O_3 \cdot 12H_2O + 20H_2O + 3Na_2SO_4 + 2Ca(OH)_2 = 6NaOH + 3CaO \cdot Al_2O_3 \cdot 3CaSO_4 \cdot 31H_2O$$

上述反应是在固相中直接转化，结晶时体积膨胀约 2.2 倍，由此产生的应力所破坏的衬砌，表现为粗大的裂纹。

②石膏型：当 SO_4^{2-} 含量较高时，SO_4^{2-} 离子与混凝土中的氢氧化钙化合，生成石膏，其反应式为：

$$Ca(OH)_2 + NaSO_4 = CaSO_4 + 2NaOH$$

生成的石膏结晶时，体积膨胀约 1.2 倍而破坏混凝土，其外表特征为细小的龟裂以致溃散。

在实地调查中，往往在一个部位有上述两种腐蚀同时并存复合型腐蚀，其特点是使混凝土开裂，表面隆起，由外及里逐层剥落、骨料分离，混凝土酥松、破碎以致溃散成豆腐渣状。

(2)一般酸性腐蚀：黄铁矿在氧和水的共同作用下生成硫酸亚铁和硫酸，使水具有酸性。对水样分析后，其 pH 值 =2.0 ~ 2.5，属强酸性，由于含硫酸的水遇到混凝土时，能与混凝土中氢氧化钙化合，生成石膏，其反应式为：

$$Ca(OH)_2 + H_2SO_4 = CaSO_4 + 2H_2O$$

因此，大大降低了混凝土中氢氧化钙的浓度，促使混凝土中高碱度的硅酸钙与铝酸钙逐渐分解为低碱度的硅酸钙和铝酸钙，导致混凝土结构的破坏。

(3)溶出型腐蚀：由于隧道衬砌裂缝渗漏水，混凝土中的 Ca 不断溶解，被渗流水带走，混凝土界面附近碱性因此而降低，混凝土中的胶结材料则发生水解，平衡碱降低，其最终结果使混凝土变疏松，失去强度。

2. 可溶盐矿物对混凝土的物理性破坏

石膏箐至岳家村段长约 45km 含盐地层的几座隧道中，均存在此类破坏。在这一地段是处于白垩系含盐地层，岩层中含有大量石膏、硬石膏、芒硝、无水芒硝和钙芒硝等硫酸盐、岩盐等矿物，他们在水中能离解成 Ca^{2+}、Mg^{2+}、Na^{+}、SO_4^{2-}、Cl^{-} 等各种离子。混凝土是多孔材料，含有各种离子的地下水向混凝土孔隙渗透，在缓慢的渗滤过程中，离子浓度逐渐增高，而且在一定温度条件下，芒硝的溶解度还随着溶液中的 NaCl 浓度的增高而急剧降低，有利于芒硝的结晶。另一方面，石膏和芒硝都是针状晶形，在晶体生长过程中，长轴大都垂直于空间自由面，产生很大的晶体定向生长力。在这两种力的共同作用下，使混凝土逐渐裂开、松散和溃散。其特征是在混凝土破碎部位聚集有大量针状、毛发状的石膏、芒硝晶体或岩盐晶体。如黑井隧道成都端，有 90m 一段右侧水沟严重腐蚀，沟壁挂满盐硝，曾清除过盐硝沉积物达 30 ~ 40cm 厚；六渡河 2 号隧道 K889 +262 右侧避人洞的拱圈已腐蚀为豆腐渣状，周围挂满了盐硝结晶。

混凝土完全处于环境水中，属于纯化学反应，侵蚀速度较慢。但若处于干湿交替的环境下，则存在了物理和化学的双重腐蚀，而且物理腐蚀比化学腐蚀更快，出现结晶破坏也更为严重。实地调查也发现，物理性的破坏比化学性腐蚀严重。

1966年在石膏箐至岳家村间含盐地层取样试验结果，最大膨胀量为135.8%，膨胀力为13.54kg/cm²。具体见表4-4-5。

含盐地层取样试样结果 表4-4-5

顺序	试体岩性描述	易溶岩(%)	膨胀量(%)	膨胀力(kg/cm²)
1	灰绿色粉砂质泥岩	10.05	30.52	9.5
2	灰绿色棕褐色泥质粉砂岩	0.78~3.85	0.11~1.82	0.00~0.40
3	棕褐色泥质粉砂岩	0.80~3.48	0.00~1.16	0.02~0.27
4	灰绿色泥岩含芒硝多	8.94	71.72	9.9
5	灰绿色泥岩粉砂岩	1.35~2.68	0.06~2.50	0.05~0.20
6	灰绿色泥岩粉砂岩	1.30~1.44	0.50~8.34	0.10~0.25
7	灰绿色泥岩粉砂岩表面，有纤维状芒硝结晶	14.27	114.3	7.5
8	灰绿色泥岩粉砂岩表面，有纤维状芒硝结晶	5.75	135.8	13.54
9	灰绿色泥岩粉砂岩表面，有纤维状芒硝结晶	9.88	81.5	11.5

四、调查结论

（1）混凝土腐蚀程度与地下水SO_4^{2-}离子含量大小有密切关系。从含盐地层的16座隧道施工通车后的情况看，以中坝、六渡河二号、法拉、黑井等四座隧道混凝土腐蚀最为严重，这几座隧道都是SO_4^{2-}离子含量较大的，水中SO_4^{2-}离子含量均在2000mg/L以上。

（2）地层是否具膨胀性与地层中石膏、芒硝等盐岩的含量有很大关系，根据调查，地层中只要含盐岩，就会具一定膨胀性，当地层中盐岩含量大于5%时，膨胀量、膨胀力较大，最大可能超过1MPa，但其大小与盐岩含量无线性关系。

（3）混凝土腐蚀现象多发生于地下水出露部位，一般发生在起拱线、混凝土施工缝、边墙脚或混凝土有蜂窝麻面处，衬砌被腐蚀的形状多呈带状、鸡窝状。

（4）在调查中发现，同一出水地段混凝土衬砌，成股水流出的地下水处腐蚀较轻；裂隙滴水处腐蚀较重；表面潮湿，尤其是干湿交替处腐蚀最为严重；说明干湿交替环境有促使混凝土加速腐蚀的作用。

（5）隧道底部往往是地下水汇集、存储的部位，因而促使底部含盐地层受较长时间的浸泡，最易导致并加剧底部含盐地层的化学和物理作用。

（6）对含盐地层隧道的设计、施工或整治，首先要解决地表水和地下水不进入或少进入隧道的问题，应尽可能地采取对地表沟谷改移或采取原沟铺砌，将地表水引走，以及降低地下水位等措施；其次是不让地下水进入衬砌，以避免衬砌腐蚀。

（7）在硫酸盐作用环境下，既有铁路隧道衬砌混凝土结构的破坏模式主要包括衬砌混凝土表层产生严重的盐结晶、表层混凝土剥落以及表层混凝土腐蚀变质等。硫酸盐的物理结晶膨胀作用、硫酸盐和碳酸盐共同作用下形成碳硫硅钙石化学腐蚀、高浓度硫酸盐作用下的石膏型化学腐蚀以及盐溶液的滤析作用是服役于硫酸盐环境下铁路隧道衬砌混凝土腐蚀破坏的主要原因,其腐蚀作用的本质是:环境中的硫酸盐侵蚀介质迁移至多孔的混凝土内,并在一定温度和湿度条件下发生物理、化学作用过程,引起衬砌混凝土结构出现酥松、软化、剥落等劣化现象,从而影响隧道衬砌结构的整体承载力。

(8)对硫酸盐的抗腐蚀性来说,减少混凝土内部缺陷、改善其内部结构、增加密实度、提高骨料与凝胶之间的黏结力、提高混凝土的抗渗能力,进而提高混凝土的抗腐蚀能力。水泥品种对混凝土的抗腐蚀性能有重要影响,矿渣硅酸盐水泥、火山灰硅酸盐水泥对抗硫酸盐侵蚀的性能优于硅酸盐和普通硅酸盐水泥,而抗硫酸水泥的抗腐蚀性能更优于以上几种水泥。

五、盐岩地层处理措施建议

根据以上分析,含盐地层具有腐蚀及膨胀破坏等特点,结合全国各地针对含盐地层处理经验,对此地层可采取以下措施降低病害的发生,确保施工及结构安全。

(1)采用合适的施工方法,尽量减小围岩暴露时间,开挖后尽快封闭围岩,减少围岩吸水膨胀,防止崩塌。

(2)施工中应加强初期支护,使初期支护有一定强度,尽早使初期支护封闭成环,并设置长锚杆,使初期支护能对围岩施加径向约束。

(3)必要时采取超前及径向注浆,提高围岩岩层的 c、φ 值,增强围岩强度,减小有害位移,降低围岩压力。

(4)采用合理的隧道断面形式,使衬砌断面更圆顺,受力特征更好,使其具有较大承载能力,又能减少围岩的应力集中,有利于围岩稳定。

(5)在不使围岩丧失极限平衡而失稳的条件下,允许围岩有足够的变形,可采取加大预留变形量。

(6)在仰拱底部可采取加厚碎石粉煤灰吸水变形垫层等措施,以缓解部分围岩水或施工用水汇到仰拱下造成仰拱下围岩膨胀使仰拱开裂、底鼓。

(7)由硫酸钙变化为二水硫酸钙、硫酸钠变化为十水硫酸钠时体积发生膨胀,体积膨胀对衬砌施加较大压力,压力过大会导致衬砌开裂、脱落,缩短隧道的使用寿命。为了减少或避免膨胀对二次衬砌的危害,在二次衬砌与初期支护之间可考虑设置一层泡沫混凝土,泡沫混凝土的空隙率68%,堆密度800kg/m^3,泡沫混凝土厚为20cm,围岩膨胀时泡沫混凝土能吸收一定程度的变形;同时泡沫混凝土有一定的强度,能适当地约束围岩的变形,使得围岩不至于过于松弛,从而使衬砌减少所承受的围岩膨胀压力。

(8)含盐地层具有腐蚀性,对二次衬砌危害大,因此二次衬砌应采用必要的防腐混凝土,抵制地下水对混凝土的腐蚀,保证隧道的运营安全及使用寿命。

(9)加强防排水措施。加强施工用水及洞内排水管理,及时抽排隧道内的渗水及施工废水。完善隧道排水设施,严格控制施工用水量。锚杆钻孔考虑采用无水钻孔,完毕后用高压气清孔,严禁使用高压水冲孔,禁止对隧道内,尤其是没有施作初支地段实施喷水除尘清扫等措施。对Ⅳ、Ⅴ级围岩浅埋地段,应对隧道洞顶地表进行踏勘,对地表沟堑、地裂、洞穴等处应采用三七灰土回填以防止地表水下渗,必要地点设置排水沟,将地表水排放至隧道影响区域之外。隧道内设置满铺防水板，防水板内水管接头应紧密，避免水没有流入侧水沟而渗入隧道结构内；适当加密环向排水管，横向排水盲沟，纵向中心排水沟（管）移至仰拱以下，使得地下水位下降，尽量防止石膏等吸水膨胀。

（10）隧道施工中，必须加强监控量测，随时掌握围岩动态，并通过监测信息对围岩变形进行分析，确定最终变形量和衬砌施作最佳时间，同时能对初期支护参数进行复核修正，必要时予以补强，以取得更好的支护效果。

第五章 浅层岩溶

第一节 浅层岩溶隧道特点及工程问题

一、浅层岩溶工程特性

浅层岩溶一般是指埋深较浅(几十米,一般不超过100m)的岩溶隧道,经过大量工程实践验证,具有如下工程特点:

(1)隧道位于岩溶垂直循环带。

(2)岩溶一般较发育,并与地面存在直接水力联系。

(3)隧道内溶洞发育规模一般不大,但填充泥、砂、水。但也有个别隧道发育大型、特大型干溶腔,如沪昆客专朱砂堡2号隧道发育深达百米、宽约几十米的溶腔。

(4)溶洞形状往往呈串珠状。

(5)隧道内涌水与地表水相关性大,受地表水塘、水库等影响大,受降雨影响大。

(6)隧道内溶管、溶隙发育,其内充填泥砂,大部分延伸至地表。

二、隧道建设中出现的工程问题

近年来在隧道建设中浅埋岩溶隧道出现了一些工程问题,给施工增加了难度,给运营带来了安全隐患,主要问题如下:

(1)由于溶洞发育不规律,其内充填泥、砂、水,施工处理难度大,工期长。

(2)隧道施工对地表环境影响大,地表失水对当地群众生产、生活用水造成影响,有的水田变旱田,有的水塘、井泉干枯;地面产生大量陷坑,造成安全隐患。

(3)施工处理岩溶时易坍方至地表。

(4)隧道施工完成后,在雨季隧道底板出现冒水、涌砂、施工缝漏水、二次衬砌开裂等病害。

第二节 浅层岩溶设计、施工技术

一、浅层岩溶隧道设计原则

(1)对地面出露的岩溶管道、陷坑、陷穴等进行地面封堵处理。

(2)富水岩溶地区尽量设置泄水洞、平导。

(3)施工中揭示较大的股水时,应查明来源,以疏排为主,对于含泥砂较大的水采用“排清留固”的原则，即只排清水不能排固体物质。

（4）当溶洞内以固体物质为主，水量小时，采用预注浆加固和中、长管棚通过；当含水量大时，先泄水降压，再采用预注浆加固和中、长管棚通过。

（5）加强初期支护和二次衬砌，排水不畅时，二次衬砌应能承受一定水压力。

（6）加强地表勘察和洞内超前地质预报，地表钻孔间距采用50m，超前地质预报以水平钻孔和超长炮孔为主。

（7）加强底部隐伏岩溶调查和工程处理。

（8）加强地表环境调查与协调，确定洞内施工防排水原则。地面环境要求高时洞内采用以堵为主、限量排放的原则；地面环境要求一般时洞内采用先带水作业、排水通过，再进行初期支护背后注浆堵水的原则；地面环境无要求时洞内采用以排为主的原则。

二、隧道浅层岩溶处治技术

（1）对于岩溶发育情况、岩溶水文情况，勘察设计中往往很难查清，对于长度较短的隧道，设计中一般未设计平导或泄水洞，要根据实际开挖揭示情况，水量较大时适时增设泄水洞。

（2）施工中要加强对地表岩溶、陷坑、陷穴的调查，分析与隧道的关联性，必要时进行补勘，及时采取封堵措施，保证地表水不直接下渗至隧道内。

（3）岩溶管道往往呈隐伏状，施工时不易被发现，施工完成后雨季暴雨会洗通管道，在隧道内出现涌泥涌砂，因此，要加强施工地质调查和素描，准确判释岩溶管道，施工时不破坏管道原状，不激活岩溶管道。如施工中岩溶管道出现大量涌泥、涌水、涌砂，说明岩溶管道已被激活，应采取疏排地下水，稳定固体物质的原则处理。

（4）根据岩溶形态的不同，采用相适应的灵活的施工方法。

（5）做好初支背后岩溶的回填处理，空洞较大时回填混凝土，较小时注浆回填。

（6）做好初支背后和隧道内的防排水系统，保证雨季时排水通畅。

（7）由于岩溶发育的不规律性，二次衬砌往往产生不均匀受力现象，致使二次衬砌后期开裂，因此，应根据揭示岩溶的具体情况，对二次衬砌进行加强。

第三节　娄邵铁路扩能张家湾隧道浅层岩溶处治

一、工程概况

娄邵铁路张家湾隧道位于娄底市双峰县境内，为新建时速200km双线隧道，全长3064m。进口里程DK16+525、出口里程DK19+589。进口75m（DK16+525~DK16+600）为3.0‰的上坡，其余2989m（DK16+600~DK19+589）为-5.8‰的下坡。隧道最大埋深135m。进口段位于灰岩地层中，岩溶较发育。DK17+250~DK17+375（涌水涌泥段）地表存在较多房屋、水塘、农田，埋深约70m。

二、施工情况

截至2013年12月底，进口工区掌子面里程DK18+153，出口工区掌子面里程DK18+

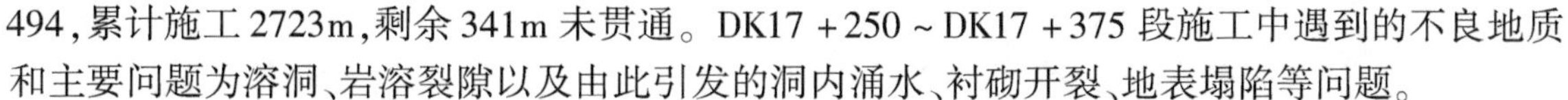

494，累计施工2723m，剩余341m未贯通。DK17+250~DK17+375段施工中遇到的不良地质和主要问题为溶洞、岩溶裂隙以及由此引发的洞内涌水、衬砌开裂、地表塌陷等问题。

1. 溶洞及岩溶裂隙

DK17+250~DK17+375段施工中共揭示2处规模较大的溶洞、3处涌水量较大的岩溶裂隙。分别为DK17+258~DK17+273、DK17+351~DK17+365溶洞以及DK17+285、DK17+333、DK17+367岩溶裂隙。

(1)DK17+258~DK17+273溶洞

①溶洞发育情况。

2012年12月4日9时，隧道上台阶DK17+258掌子面施作加深炮孔时，左侧拱脚以上2m附近3个孔位出水，最大喷射距离约3.0m，水质浑浊，含泥量大，涌水量约90m³/h，7h后涌水量减小至65m³/h，15h后水量减小至30m³/h，24h后无明显涌水现象，岩溶水沿掌子面自流(图5-3-1)。爆破揭示DK17+260处拱顶为一条环向6m、纵向0.5m、高0.5m的溶槽，充填黏土，裂隙水发育，左侧拱脚附近有2处岩溶裂隙流出黄色泥浆水，水量约30m³/h(图5-3-2)。该段围岩为厚层状灰岩，弱风化，整体性较好。

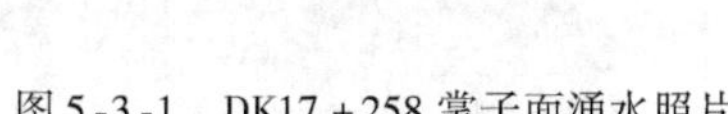

图5-3-1　DK17+258掌子面涌水照片

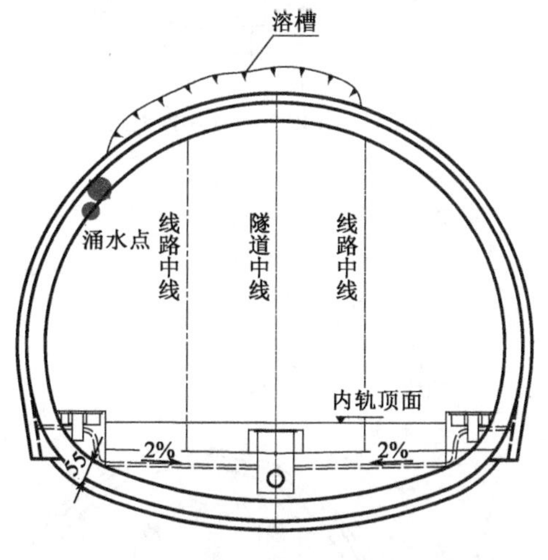

图5-3-2　DK17+260横断面图(尺寸单位:cm)

2012年12月8日隧道上台阶施工至DK17+266.7，拱顶右侧揭示一充填溶洞，溶洞坍塌后形成环向4.5m、纵向3.0m、高18m的空洞，洞内有水涌出，水质浑浊，含泥量大，涌水量约25m³/h；拱顶上方发育环向1m、纵向0.5m、高2.0m的溶腔；左侧发育环向4.5m、纵向2.0m、高1m的溶槽(图5-3-3、图5-3-4)。

2012年12月18日隧道上台阶施工至DK17+271，左侧揭示一环向7.5m、纵向4m、高11m的空溶洞，拱脚外2m处有水涌出，水质浑浊，含泥量大，涌水量约7m³/h(图5-3-5、图5-3-6)。

②现场处理措施。

DK17+258~DK17+277段采用加强型复合式衬砌，初期支护为25cm厚喷射混凝土，内置全环I20a钢架，间距0.6m；二次衬砌拱墙为50cm厚C35钢筋混凝土，仰拱为55cm厚C35钢筋混凝土。C25混凝土回填至拱顶以上3m，预留排水管，将岩溶水引排至隧道中心沟。

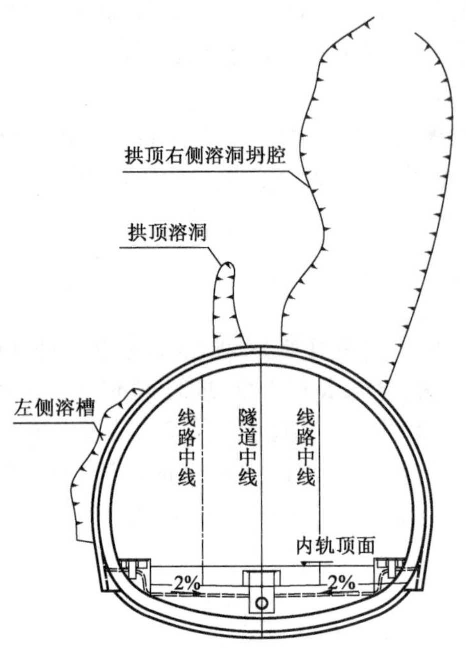

图 5-3-3　DK17 + 267 横断面图

图 5-3-4　DK17 + 267 掌子面拱顶溶洞照片

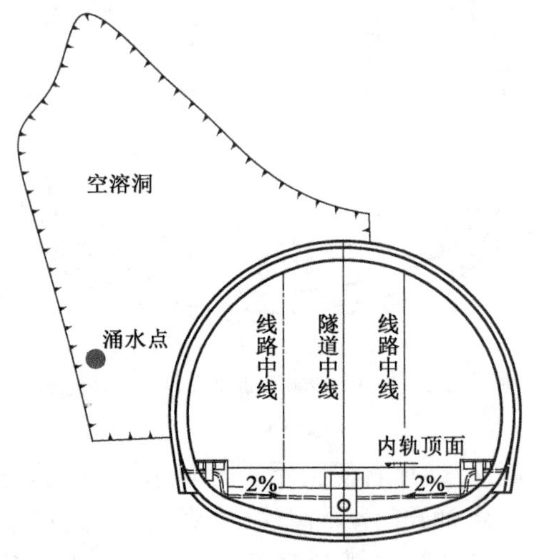

图 5-3-5　DK17 + 271 横断面图

图 5-3-6　DK17 + 269 掌子面拱顶左侧溶洞照片

(2) DK17 + 351 ~ DK17 + 365 溶洞

①溶洞发育情况。

2013 年 1 月 9 日，隧道施工至 DK17 + 352，拱顶右侧发育充填溶洞，溶洞充填物坍塌形成环向 4.0m、纵向 2.5m、高 2.5m 的空洞。充填物为黄褐色黏土夹少量碎石，溶洞内有少量渗水（图 5-3-7、图 5-3-8）。

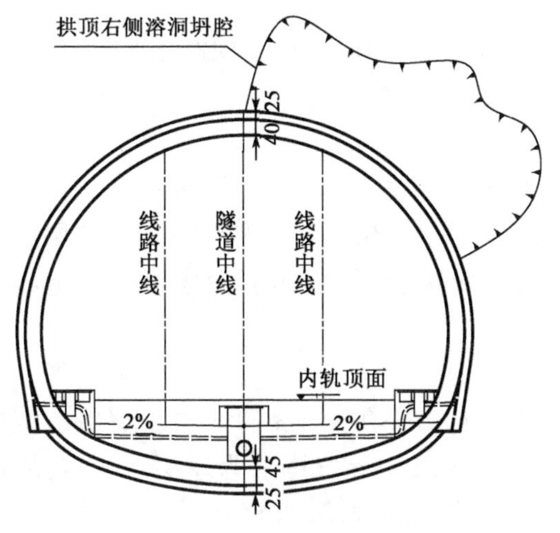

图 5-3-7 DK17 +352 横断面图

图 5-3-8 DK17 +352 掌子面溶洞照片

2013 年 1 月 12 日隧道施工至 DK17 +356,上台阶发育充填溶洞,溶洞充填物坍塌形成横向 16.5m、纵向 4.0m、高 8.5m 的空洞,充填物为黄褐色溶蚀性黏土,溶洞内有少量渗水(图 5-3-9、图 5-3-10)。

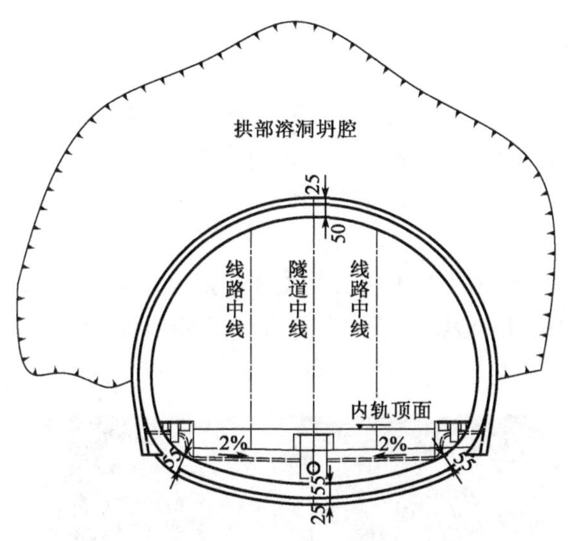

图 5-3-9 DK17 +360 横断面图

图 5-3-10 DK17 +356 掌子面溶洞照片

②现场处理措施。

DK17 +356 ~ DK17 +360 段采用加强型复合式衬砌结构,初期支护为 25cm 厚喷射混凝土,内置全环 I20a 型钢钢架,间距 0.6m;二次衬砌拱墙为 50cm 厚 C35 钢筋混凝土,仰拱为 55cm 厚 C35 钢筋混凝土。

DK17 +351 ~ DK17 +356、DK17 +360 ~ DK17 +365 段初期支护采用 23cm 厚喷射混凝土,拱墙内置 I18 钢架,间距 0.8m;二次衬砌拱墙采用 40cm 厚 C35 钢筋混凝土,仰拱采用 45cm 厚

钢筋混凝土。

DK17+352、DK17+360处溶洞采用C25混凝土回填至拱顶以上3m，预留排水管，将岩溶水引排至隧道中心沟。

(3)DK17+285岩溶裂隙

DK17+285~DK17+289右侧从拱顶至右侧边墙发育一宽8cm的岩溶裂隙，在轨面标高处发育成0.6m×0.6m的小溶洞，该岩溶裂隙最大涌水量约30m³/h。该段围岩为厚层状灰岩，弱风化，整体性较好。现场已采取混凝土回填岩溶裂隙、埋管引排岩溶水至隧道中心排水沟。

(4)DK17+333岩溶裂隙

DK17+333左侧拱脚至边墙发育环向2.0m、纵向1.0m、高0.5m的溶槽以及8cm宽的岩溶裂隙，在轨面标高处有一出水点，最大涌水量约30m³/h。该段围岩为厚层状灰岩，弱风化，整体性较好。现场已采取混凝土回填溶槽(隙)、埋管引排岩溶水至隧道中心排水沟等措施。

(5)DK17+367岩溶裂隙

DK17+367左侧拱脚至边墙发育宽8cm的岩溶裂隙，在轨面标高处发育成0.8m×1.0m的小溶洞，该岩溶裂隙最大涌水量约30m³/h。该段围岩裂隙较发育，岩石较破碎。现场已采取混凝土回填岩溶裂隙、埋管引排岩溶水至隧道中心排水沟。

2.存在问题

(1)洞内涌水

自2013年3月以来，娄底地区连降暴雨，洞内发生了三次较大规模涌水(图5-3-11~图5-3-14)，其中2013年3月降雨后隧道内最大涌水量约285m³/h，2013年5月降雨后隧道内最大涌水量约219m³/h，2013年6月降雨后隧道内最大涌水量约710m³/h。近两月，洞内水量较小，洞内出水量小于90m³/h。

洞内涌水主要集中在DK16+710溶洞(空溶洞，长8m、宽1.5m、高1.3m，最大流量35m³/h，清水，暂未处理)、DK17+230~DK17+579(二衬端头)段泄水孔(带有大量的粉质泥沙)以及未施工二次衬砌段初期支护表面。

图5-3-11　2013年3月24日洞内积水

图5-3-12　2013年5月9日洞内抽水照片

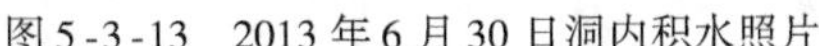

图 5-3-13　2013 年 6 月 30 日洞内积水照片

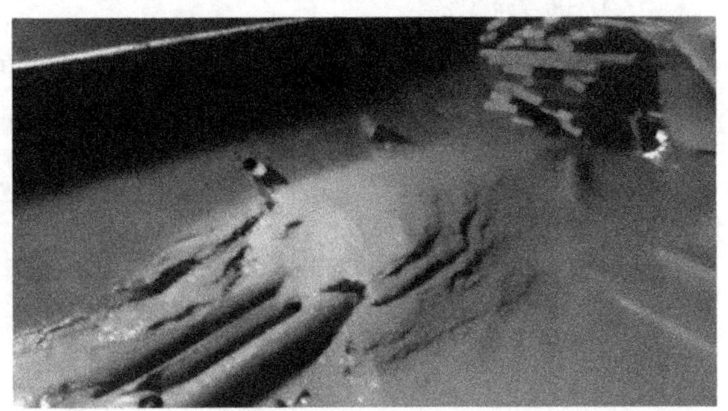

图 5-3-14　2013 年 7 月 6 日洞内涌水淤泥照片

(2)衬砌开裂

DK17 +273 ~ DK17 +300 二衬裂缝展布图见图 5-3-15。DK17 +273 ~ DK17 +277 一条纵向裂缝(图 5-3-16),最宽约 0.5mm,局部很细小;DK17 +277 ~ DK17 +289 一条纵向裂缝,宽约 1.0mm;DK17 +285 ~ DK17 +289 两条斜向相交裂缝(图 5-3-17),宽约 0.5mm;DK17 +294 ~ DK17 +300 一条纵向裂缝,宽 0.5mm;各裂缝边缘均有白色浆液。DK17 +289 环向施工缝渗漏水严重,拱顶为黄色泥浆水痕。

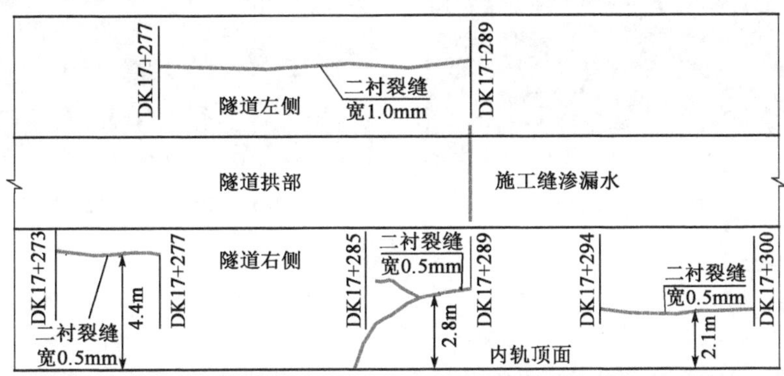

图 5-3-15　DK17 +273 ~ DK17 +300 二衬裂缝展布图

图 5-3-16　DK17 +273 ~ DK17 +277 二衬裂缝

图 5-3-17　DK17 +285 ~ DK17 +289 二衬裂缝

(3)地表塌陷

2013年4月6日,DK17+260~DK17+265右侧,距左线中线13.2m处地面发生塌陷,陷坑为圆形,直径约4.5m、深约5m。塌陷处隧道埋深68~70m(图5-3-18~图5-3-20)。

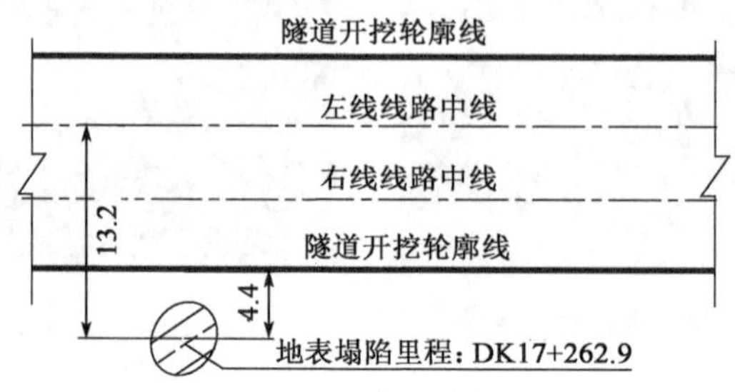

图5-3-18　地表陷坑平面图(尺寸单位:m)

图5-3-19　地表陷坑照片(1)

图5-3-20　地表陷坑照片(2)

三、地质条件

1. 地层岩性

DK17+100~DK17+700段隧道洞身穿过地层主要为石炭系碳酸盐岩地层。其中,DK16+930~DK17+430段为大塘阶(C_1d)灰岩,灰白色,弱风化,中间细晶结构,厚层状构造、节理裂隙发育;DK17+430~DK18+700段为石炭系中上统(C_{2-3})灰岩,灰白色,弱风化,局部含较多方解石脉,岩芯坚硬,大部分较完整,裂隙较发育。

2. 地质构造

测区整体为向斜构造,向斜长轴呈北东东向。线路走向与向斜长轴方向呈大角度相交。张家湾隧道位于向斜西翼,岩层呈单斜构造。

3. 涌水量预测(表5-3-1)

施工期间隧道涌水量预测表　　表5-3-1

分段里程	汇水面积(km^2)	月最大日降雨量(mm)	2013.5.14降雨量(mm)	降雨入渗系数	岩溶水滞后系数	正常涌水量(万立方米)	最大涌水量(万立方米)	备注
DK16+845~DK17+950	0.55	20	200.9	0.59	0.3	0.1947	1.9558	

4. 地表物探成果

地表 EH4 探测结果显示 DK17 + 226 ~ DK17 + 272、DK17 + 316 ~ DK17 + 430 段岩溶异常带与地表低阻带连通，推测洞身附近岩溶异常与地表水有连通的可能。

5. 结论

综合地表物探、洞内物探、超前地质预报及施工情况，DK17 + 250 ~ DK17 + 375 段隧道埋深 60 ~ 70m，属于浅埋低洼地段，围岩节理裂隙发育，施工过程中在 DK17 + 264 ~ DK17 + 267、DK17 + 269 ~ DK17 + 273、DK17 + 352 ~ DK17 + 355、DK17 + 356 ~ DK17 + 360 遇到较大的溶洞。本段隧道岩溶发育，与地表连通性较好，容易引起地面坍陷及地表开裂。

预计雨季期间洞内正常涌水量为 1947m^3/d，最大涌水量 19558m^3/d。

四、处治方案

1. 增设泄水洞(图 5-3-21)

(1)综合考虑洞内涌水情况、出水点位置、隧道纵坡以及洞外排水条件等因素，在隧道进口段右侧设置泄水洞排放岩溶水。排水洞长 958m，与正洞左线线间距 35m，纵坡 3‰，内净空 4.6m × 4.4m。

(2)通过泄水洞向正洞 DK17 + 250 ~ DK17 + 400 段钻孔排放岩溶水，ϕ150 钻孔设置 2 ~ 3 排，纵向间距 3 ~ 5m，钻孔长度贯穿拱顶以上隧道范围，孔内插入钢花管，外包土工布。

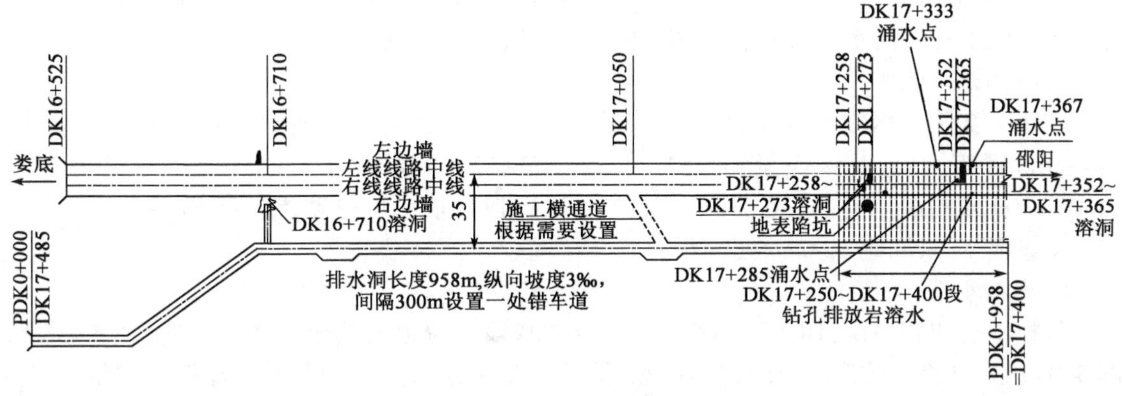

图 5-3-21 泄水洞平面示意图

2. DK17 + 258 ~ DK17 + 273 溶洞处理

(1)周边注浆加固 DK17 + 258 ~ DK17 + 277 段溶洞及围岩裂隙，注浆范围为拱墙以外 5m。注浆前先对 DK17 + 253 ~ DK17 + 258、DK17 + 277 ~ DK17 + 282 拱墙 5m 径向注浆，然后拆除该段作为注浆作业空间，注浆结束后施作阻水榫，防止岩溶水纵向窜流。

施工中揭示的 DK17 + 260 溶槽、DK17 + 267 左侧溶槽及拱顶溶腔已采取混凝土回填。DK17 + 267 拱顶右侧溶洞、DK17 + 271 左侧溶洞已回填混凝土至拱顶以上 3m。根据 DK17 + 260 ~ DK17 + 265 右侧地表塌陷情况，推测 DK17 + 267 拱顶右侧溶洞回填层以上空洞已被坍塌物部分充填。周边注浆时通过注浆钻孔灌注水泥砂浆充填 DK17 + 271 左侧溶洞、DK17 + 267 拱顶右侧溶洞内剩余的空洞，回填密实后再进行注浆加固。

（2）DK17+258～DK17+277段采用加强型复合式衬砌（已施工），初期支护厚25cm，内置全环I20a工字钢架，钢架间距0.6m，二次衬砌采用C35钢筋混凝土，拱墙厚50cm，仰拱厚55cm。

（3）通过排水洞向正洞钻孔排放岩溶水。

3. DK17+351～DK17+365溶洞处理

（1）施工中揭示的DK17+352右侧溶洞已采取混凝土回填处理；DK17+360处溶洞已回填混凝土至拱顶以上3m。对DK17+360处剩余空洞采用M10水泥砂浆回填。该段隧道衬砌结构已施工，地下水仅为少量渗水，采取在拱顶及两侧拱腰向空洞钻孔回填水泥砂浆，并注浆加固，确保回填密实。

（2）DK17+351～DK17+365段隧道结构采用加强型复合式衬砌（已施工），DK17+351～DK17+356、DK17+360～DK17+365段初期支护采用23cm厚喷射混凝土，内置全环I18钢架，间距0.8m，二次衬砌拱墙采用40cm厚C35钢筋混凝土，仰拱采用45cm厚C35钢筋混凝土。DK17+356～DK17+360段初期支护采用25cm厚喷射混凝土，内置全环I20a型钢钢架，间距0.6m，二次衬砌拱墙采用50cm厚C35钢筋混凝土，仰拱采用55cm厚C35钢筋混凝土。

（3）通过排水洞向正洞钻孔排放岩溶水。

4. 岩溶裂隙涌水点处理

DK17+285、DK17+333、DK17+367涌水点注浆封堵处理，涌水段及其附近段增设泄水孔。鉴于以上三处涌水点均位于轨面附近，采取洞内钻孔局部注浆。

5. 衬砌开裂处理

DK17+277～DK17+300段衬砌开裂较为严重，存在衬砌背后脱空、局部衬砌厚度不足、岩溶异常区等问题，且该段紧邻DK17+258～DK17+277溶洞。注浆加固DK17+277～DK17+300段拱墙以外5m范围内的围岩，拆除该段拱墙二次衬砌，重新施作钢筋混凝土衬砌。增设泄水孔，间距1～2m/处。

6. 地表处理

根据地表调查情况，DK17+100～DK17+700段对应地表共分布9处池塘（图5-3-22、图5-3-23），均进行防渗漏处理，消除地表池塘蓄水下渗对隧道的影响。池塘底部铺设防水板，防水板以上设置20cm厚砂浆层及30cm厚黏土层。

图5-3-22 DK17+385洞顶水塘照片

图5-3-23 DK17+610洞顶水塘照片

第四节 贵广客专东科岭隧道浅层岩溶处治

一、东科岭隧道工程概况

东科岭隧道位于广西壮族自治区贺州市钟山县红花乡境内，起止里程 D3K553 + 823 ~ D3K558 + 770，全长 4947m，隧道最小埋深 20m 左右，最大埋深 550m，设计速度为 250km/h，单洞双线隧道。隧道围岩级别：Ⅲ级围岩共计 1930m，占隧道总长的 39%；Ⅳ级围岩共计 840m，占隧道总长的 17%；Ⅴ级围岩共计 2177m，占隧道总长的 44%；Ⅳ级、Ⅴ级围岩共占隧道全长的 61%，隧道围岩整体较差。特别是进口段，有 1410m 连续 Ⅴ 级围岩，且 DK554 + 200 ~ DK554 + 600(400m)段有一浅埋、富水全 ~ 强风化的花岗岩，最小埋深为 20m，洞身围岩为风化花岗岩及变质大理岩，且地下水发育，埋深浅，花岗岩全风化层遇水呈松散状，极易被水流带走，开挖后易出现垮塌，围岩易坍塌，变质大理岩岩体中发育有空洞，围岩较破碎，自稳性极差，遇水易崩解，隧道开挖极易发生坍塌冒顶。目前隧道衬砌已全部施工完成。

二、D3K554 + 700 ~ D3K555 + 240 段施工设计情况

1. 主要水文地质情况

DK554 + 550 ~ DK554 + 800 段灰岩蚀变后形成的大理岩体，为白色的石英颗粒胶结形成，岩体性脆，轻敲就形成散状颗粒，遇酸起泡剧烈，据钻探揭示其岩体中发育有空洞，该段地下水很发育，围岩较破碎，遇水易崩解，自稳性极差，隧道开挖岩体会形成散状颗粒，易发生坍塌冒顶；DK554 + 800 ~ DK555 + 240 段岩体为产生蚀变作用的角岩化砂岩夹页岩，岩体较破碎，地下水较发育，岩体内节理裂隙发育密集，岩石强度降低，局部夹软弱夹层，遇水易软化，形成软土，隧道开挖易坍塌。

2. 支护及衬砌参数

Ⅴ级Ⅱ型加强复合式衬砌类型：超前支护为 $\phi42$ 小导管，长度 3.5m，环向间距 0.4m，纵向间距 2.4m，每环 38 根。钢架采用 I20b 型钢钢架，间距 0.6m，全环。C25 喷射混凝土，厚度 28cm，二次衬砌 C35 钢筋混凝土，厚度 55cm。

三、现场施工揭示的不良地质情况(D3K554 + 700 ~ D3K555 + 240 段)

东科岭隧道于 2009 年 2 月开始施工，截至 2014 年 2 月 22 日，全隧贯通。地质情况极为复杂，其间主要穿过花岗岩全风化段、花岗岩大理岩蚀变带、浅埋段、富水段、大理岩溶蚀段等多处不良地质，施工过程中出现多次坍方和涌水情况，工程进展极不顺利。

(1)2013 年 8 月 25 日，掌子面(DK554 + 750)爆破后见一充填溶洞，涌水并携带大量泥沙；拱顶见直径约为 1.5m 的溶洞，向前左上方延伸，在掌子面底部见直径约为 1m 的溶洞，此溶洞与拱顶溶洞相连，并向隧底小里程方向延伸，洞壁光滑，裂隙发育，溶洞内涌出水量大，并携带大量泥沙；掌子面在隧底处往小里程方向 0.5m 处有 5 股直径约为 0.2m 的水柱喷出，携带有泥沙。据现场实测，初始涌水量较大，约为 25000m^3/d，含砂量约为 6.9%，截至 8 月 28 日，涌水量减小，总的涌砂量约为 2000m^3。

(2)2013年9月8日,掌子面施工至D3K554+775时,右侧边墙处见一溶洞,直径约1m,其内涌出大量泥沙(图5-4-1),随雨天及季节性变化,后期出水量时大时小,流水携带泥沙时有时无;2013年10月25日,下台阶D3K554+810顶部发现涌水,并携带泥沙,2d后出水量减小;2013年10月31日,下台阶D3K554+825右侧距拱脚约1.5m处发现涌水,并携带泥沙。

图5-4-1 D3K554+775溶洞突泥

(3)2014年5月15日凌晨,由于骤降暴雨,洞内中心排水沟和DK554+750洞室预留泄水管出现急剧水量,并携带大量泥沙,考虑到前期施工曾出现多次涌水突泥、地表塌陷现象,为避免衬砌背后水压过大而造成结构损坏,及时钻设泄水孔(左侧DK554+805、DK554+828;右侧左侧DK554+805、DK554+828、DK554+845),泄水孔直径约100mm,初期喷距约5~6m,并携带大量泥砂,随降雨量的变化而变化,如图5-4-2所示。暴雨引发大量涌水后1h,经现场测定,进口方向洞内中心水沟流量为0.65m^3/s,斜井方向洞内中心水沟流量为0.53m^3/s,泥沙含量达到9%。16日下午17时测定进口方向洞内中心水沟流量为0.06m^3/s,斜井方向洞内中心水沟流量为0.05m^3/s,泥沙含量达到1.5%。可见洞内涌水主要来自地表降水补给。

图5-4-2 洞内泄水孔

5月15、16日对隧道地表进行了全面排查,共发现4处陷坑,其中位于线路DK555+176左侧3处(9号、10号、11号)陷坑,线路DK554+643右侧1处(8号陷坑,2013年9月已发现,并回填处理,此次暴雨再次塌陷),陷坑位置及现场情况见图5-4-3~图5-4-7。

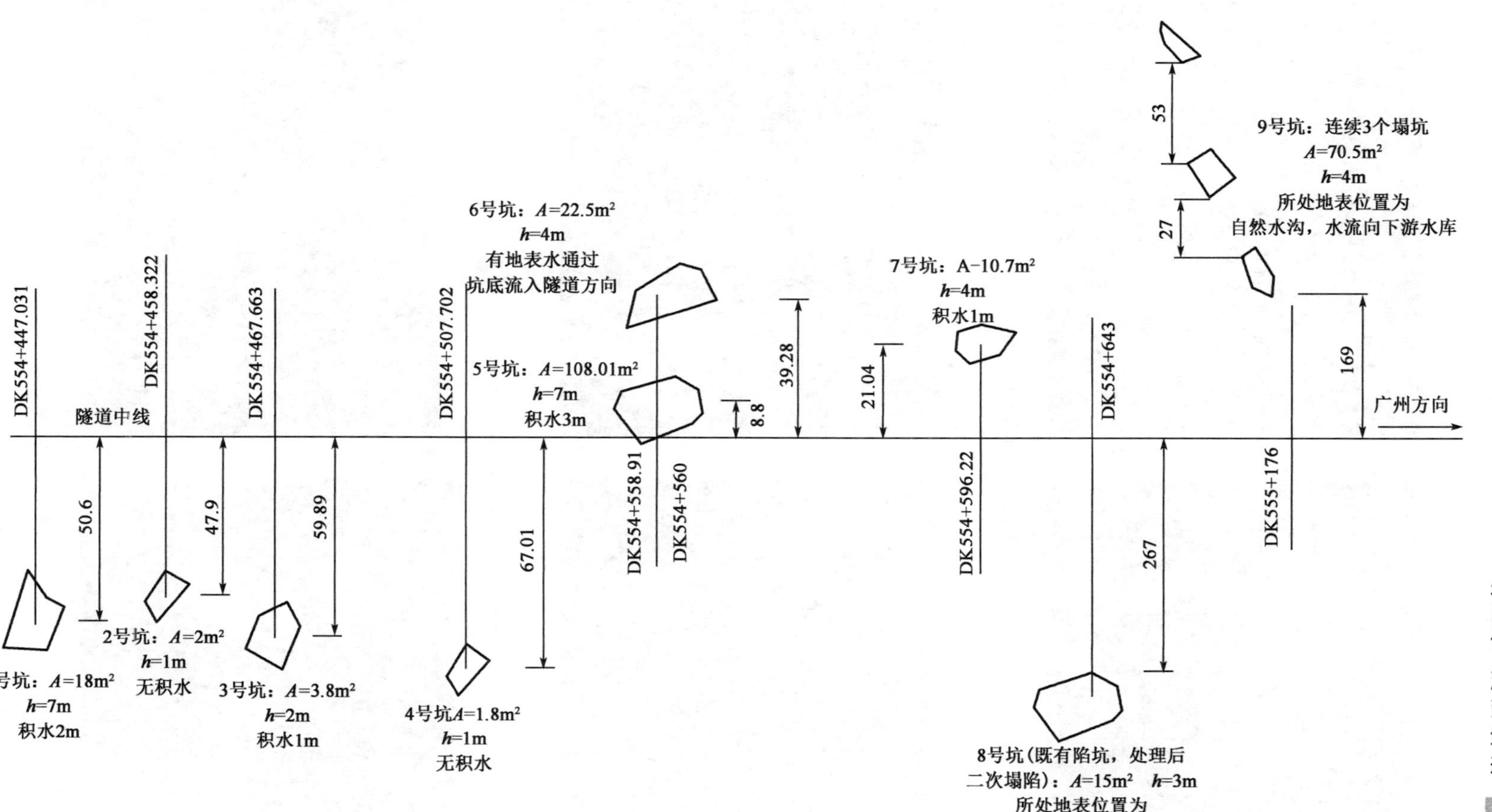

图5-4-3 陷坑与线路位置关系图（尺寸单位：m）

图5-4-4　8号陷坑

图5-4-5　9号陷坑

图5-4-6　10号陷坑

图5-4-7 11号陷坑

经现场查勘发现，8号、9号、10号、11号陷坑均位于山谷之中，原地表为自然排水沟，降雨时汇水面积较大，出现塌陷后，水流经陷坑渗入地下，导致排水沟干枯，目前已全部回填，并铺设防水板进行引排，避免水流下渗。

四、处治方案

东科岭隧道进口段工程地质、水文地质条件复杂，隧道穿过花岗岩、蚀变大理岩、角岩化砂岩的接触带，大理岩受侵入岩挤压破碎严重，岩溶发育，地下水赋存形态多样，地下水位较高，且溶蚀裂隙及管道充填满泥砂。隧道开挖时，随着地下水的排泄曾形成涌水涌砂现象，隧道二衬施作后此种现象仍有发生，地下水的处治在设计及施工上都存在较大难度。

(1)根据对地表地形，隧道埋深和地质环境的分析，涌水涌砂段地下水的补给主要来自地表。涌水涌砂现象同大气降水和地表径流具有良好的相关性。因此采取工程措施对地表水进行排导，减少下渗是必要的，因此，对已发现的陷坑，应及时恢复地表排水功能，并做好防渗措施。

(2)隧道涌水涌砂段排出的地下水流量大而且夹带大量的固体物质，易堵塞排水管道。为确保隧道长期排水通畅及运营安全，设置低位泄水洞，加大地下水排导能力。

(3)隧道涌水涌砂段主要位于大理岩地层，其中 D3K554 +400 ~ D3K554 +456 段为全风化地层，固体物质的流失会对围岩的稳定性，特别是隧底的稳定性产生不利影响，对该段隧道围岩注浆加固，并加强注浆效果的检查与评估。

(4)集中涌水涌砂的管道采用“排清留固”的原则，确保排水通畅，固体物质不被带走。

第五节　贵广客专斗篷山隧道浅层岩溶处治

一、概况

斗篷山隧道全长7368.6m，为单洞双线隧道，目前斗篷山隧道土建工程及无砟轨道已施工完成。在经历当地连续大量的降雨后，于2014年7月4日上午8时左右在隧道内发现

D3K100 +764 ~ D3K100 +832.5 段基底出现隆起破坏。

二、勘察情况

斗篷山隧道位于都匀市附近，穿过黄丝背斜核部附近之邦水穹窿东侧，岩层缓倾。隧道自进口（D3K98 +844）至D3K100 +780段洞身岩性为奥陶系灰岩、白云质灰岩，岩溶极为发育，洞身位于岩溶水水平循环带。

针对隧道进口段岩溶极发育的情况，勘察阶段完成了全隧道1∶50000大范围水文地质测绘、1∶10000区域地质测绘，并完成可溶岩段的地表大地电磁法物探，在洞身布置了2个综合勘探深孔及3个浅孔。在上述综合勘探的基础上，将该隧道列为贵广全线8个高风险隧道之一。

三、设计情况

本隧进口段约1920m为可溶岩地段，根据围岩情况分段设计有Ⅴ级加强复合式衬砌、Ⅳ级复合式衬砌、Ⅲ级带仰拱复合式衬砌，中心水沟进行加宽加深处理，以增大隧道排水能力，并进行岩溶隧道预前地质预报及施工应急预案专项设计，保证施工安全。

由于进口段位于地下水水平循环带，岩溶强烈发育，为降低运营期间排水排砂（泥）风险，调整初步设计及施工图均进行了泄水洞预设计。泄水洞位于线路中线右侧30m处，与正洞平行，全长2090m，并设置5个横通道与正洞相连，泄水洞坑底高程较对应位置正洞轨面低4.8m。考虑泄水洞施工及清淤方便，衬砌断面采用4.7m×4.9m。

预设计泄水洞在正洞遇大型溶洞、暗河管道，正洞排水能力不足时；或遇涌泥涌砂管道（裂隙），无法经正洞排放时，经现场四方协商确定启用及其实施长度。

四、施工揭示情况

斗篷山隧道进口可溶岩段施工过程中揭示的岩性、构造、水文地质特征及围岩级别划分整体与勘察阶段的认识基本相符。开挖揭示，洞身岩溶呈局部集中分布的点，即物探无异常的段落往往岩体较完整，岩溶不发育，而地表物探有异常的段落则存在一定的岩溶现象。

2009年12月6日，斗篷山隧道进口掌子面开挖至D3K99 +777，在掌子面右侧拱脚处揭示出一溶洞，并涌水、突泥，每小时约60m^3，溶洞宽约2 ~ 3m，填充物为褐黄色流塑状黏土夹砂、卵石，下雨时流出的水为浑水，不下雨时为清水，水量不稳定。经现场监测，2010年6月8日D3K99 +777溶洞瞬时最大涌水量为4920m^3/h，并携带泥砂。2010年9月14日，决定启用设计单位提出的泄水洞预案，泄水洞设置长度暂定为990m，至对应正洞里程D3K99 +800处，后续泄水洞是否施工，根据正洞施工揭示情况确定。泄水洞于2011年6月30日完成开挖，二衬混凝土于2012年10月18日全部完成。

D3K99 +777 ~ D3K100 +765段正洞主要为Ⅲ级及Ⅳ级围岩，开挖揭示情况基本与设计相符，未发现岩溶突水、突泥现象，故预设计泄水洞暂未向前延伸。

2011年3月30日，当隧道掌子面开挖至设计Ⅳ级围岩段D3K100 +765，隧道埋深40m，围岩整体性较好，但局部岩溶发育，通过施作超前炮孔时出现冒浑水现象，初始水量及水压较大，稳定后实测水压0.05MPa，随后地表出现坍坑。经现场踏勘，认为前方岩溶裂隙较发育。对D3K100+765～D3K100+795段进行了变更设计，主要内容为：围岩变更为Ⅴ级，采用Ⅴ级Ⅱ型衬砌（拱墙55cm钢筋混凝土，仰拱65cm钢筋混凝土，全环I20型钢钢架，间距0.6m），为防止突水突泥施工灾害发生，利用35m超前大管棚进行超前周边注浆，根据超前钻孔情况，对掌子面前方围岩，实施超前局部注浆，开挖后，揭示局部集中出水点或软弱围岩处（软弱围岩须打孔有坍孔现象），实施局部径向注浆。待岩溶段隧道衬砌施工完成后，对地表塌陷区回填密实，对冲沟进行铺砌。

D3K100+795～D3K100+820段，采用Ⅳ级复合式衬砌（拱墙45cm素混凝土，仰拱55cm素混凝土，拱墙格栅钢架，间距1m）；D3K100+820～D3K100+900段，采用Ⅴ级Ⅰ型加强复合式衬砌（拱墙50cm钢筋混凝土，仰拱60cm钢筋混凝土，全环I20型钢钢架，间距0.8m）。

五、2014年病害情况

2014年7月4日上午12时，D3K100+764～D3K100+832.5段隧道基底病害具体情况如下：

(1) D3K100+767.3～D3K100+830段左线基底隆起，其中在D3K100+800处隆起高度最大，当天测量值为31.7cm。无砟轨道道床出现1条裂缝，缝隙宽约1mm，裂缝横穿道床，左侧侧沟多处见横向裂缝，裂缝贯穿侧沟至左边墙间沟槽，在最左侧电缆沟与边墙间混凝土沿边墙壁完全裂开，裂缝宽2～3cm。裂缝内有岩溶水冒出，黄色，浑浊，并夹有少量泥砂，流水具有一定承压性，冒水段为D3K100+782～D3K100+792段，出水量完全淹没完电缆及紧挨电缆沟的中心沟，在电力、通信沟内水流较小。在道床与侧沟之间低洼处因在出水量最大时淹没过，现场查看时已无水流，但在沟底有1～2cm的粉细砂夹黏土覆盖。

(2) 隧道中心沟。D3K100+764～D3K100+825中心沟两侧沟壁与无砟道床接触处几乎全部出现裂缝，裂缝连续性好，裂缝宽1～3cm，其中在D3K100+805处侧沟壁有一斜向裂缝，宽约1cm，裂缝沿一盲管中心裂开，裂缝内有水喷出，喷出距离约10～20cm，流水中夹带有少量泥砂，流水为黄色、浑浊状。

(3) D3K100+764.9～D3K100+832.5右线基底隆起，其中在D3K100+800处隆起高度最大，当天测量值为38.3cm。无砟轨道道床出现1条裂缝，缝隙宽约1mm，裂缝横穿道床，右侧侧沟多处见横向裂缝，局部产生小错台。在最右侧电缆沟与边墙间混凝土沿右边墙壁完全裂开，裂缝宽2～4cm，裂缝内有岩溶水冒出，黄色，浑浊，并夹有少量泥砂，流水具有一定承压性。冒水段为D3K100+782～D3K100+795，同时该段为本隧道人字坡排水的纵坡顶，水流向进出口方向通过侧沟排泄，出水量完全淹没电缆、电力、通讯三沟槽。在道床与侧沟低洼处因在出水量最大时淹没过，在勘察时已无水流，但在沟底有2～4cm的粉细砂夹黏泥覆盖。

(4) D3K100+800处左、右边墙底有CPⅢ监测点，根据监测数据反映，该点无竖向、横向及纵向位移，证明衬砌边墙未变形。在出水段左右边墙上有既有的纵向、斜向裂缝，裂缝长度2～5m，不连续，从裂缝内有少量黄色水流出。

现场照片见图5-5-1～图5-5-9。

图 5-5-1　7 月 4 日斗篷山泄水洞出水情况

图 5-5-2　D3K100 + 764 ~ D3K100 + 832 段左右线轨道隆起

图 5-5-3　右边墙脚裂缝内冒水

图 5-5-4　右边墙上原有的裂隙

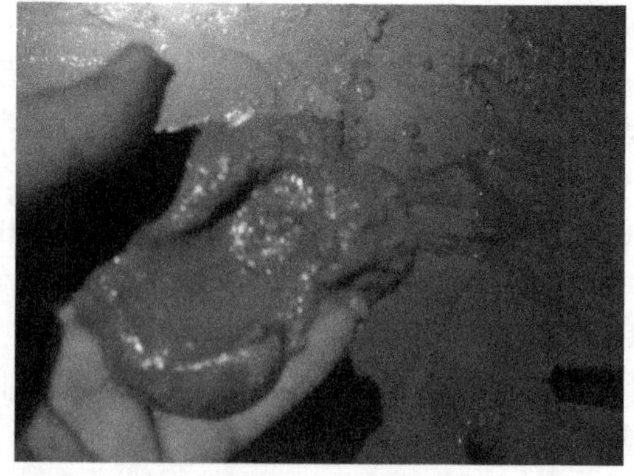

图 5-5-5　右线道床与右侧侧沟直径沟槽内裂缝及其内覆盖厚 2 ~ 4cm 的粉细砂夹黏泥

图 5-5-6 中心沟沟壁突水

图 5-5-7 左侧边墙脚裂缝冒水

图 5-5-8 左侧侧沟壁等出现裂缝

图 5-5-9 左侧边墙上出现裂纹

六、病害原因分析

根据隧道衬砌仰拱填充抬升破坏、隧道边墙无变形的特点，及近期都匀地区连续大量降雨的实际，结合隧道岩溶地质条件、水文地质条件分析，由于本段隧道施工期间可能存在未揭示的隐伏岩溶裂隙（管道），受本次强降雨作用，岩溶裂隙（管道）的承压水头在短时间内急速提高并于隧底形成高压水头，加之岩溶水富含泥砂且在隧底相对封闭的环境下排泄不畅而强烈挤压隧底最终造成隧底的较大隆起变形。

本段洞身位于岩溶水水平循环带，岩溶水整体排泄方向是自右侧流向左侧，隧道右侧山体较高（附近最大埋深达 400m），有形成高水头的地形条件。

同时，由于地下水通过岩溶管道流入隧道，原始岩溶管道内充填泥砂，因而流入隧道底部的岩溶水富含泥砂，导致水流于隧底不易渗流，发生涌堵，进而为高水头承压水的形成创造了条件。

隧道底部结构受高水头承压水的作用，当承压水作用力超过仰拱至轨道的隧道基底结构承受范围，即发生了目前的病害。

七、整治措施

(1)对施工图预设计泄水洞的未施工段(长约1100m,设计终点对应正洞时D3K100 + 900)立即开始实施。

(2)对变形的无砟轨道,按轨道施工要求进行拆除重建。

(3)对损坏的仰拱填充、沟槽部分进行拆除重建。

(4)对未损坏的钢筋混凝土仰拱设竖向锚杆加固,损坏的钢筋混凝土仰拱及素混凝土仰拱拆除重建为钢筋混凝土仰拱,并设竖向锚杆加强。

(5)边墙脚设横向引水孔,中心沟设竖向引水孔,将周边地下水引入中心沟排放,降低仰拱下地下水压力。

仰拱拆除后,查找岩溶出集中水点,并于该处设置2孔宽2m的横向集水通道,将水引向泄水洞。在未与泄水洞连通前,在横向集水通道上方设置开口通道与中心沟连通,使本整治措施未完工前,地下水能顺利排放,保证衬砌结构安全。

第六节　沪昆客专云南段大坪地隧道浅埋岩溶施工技术

一、隧道概况

大坪地隧道位于曲靖北—嵩明区间,双线隧道,左右线线间距为5.0m。隧道进口里程DIK1099 +908,出口里程DIK1107 +537,全长7629m。线路纵坡设计为人字坡,坡顶里程为DIK1103 + 500,上坡坡度分别为15.1‰和3.5‰,下坡坡度为8‰。全隧最大埋深约290m。

全隧洞身共穿越6条断层,截至2013年6月底已施工进、出口端的3条断层,仍剩余高地2号断层、高地3号断层和普家屯—哈螃沟大断层。隧区中部属于岩溶中等发育地层,开挖可能会遇到大型岩溶管道及溶洞。隧道DIK1103 +800 ~ DIK1104 +500段下穿村庄和河沟(该段隧道埋深约90 ~120m),沟槽内常年流水,另在D2K1104 +420左线线路中线右侧131m处出露一泉水,该泉点供山上村民饮用,泉眼旁边建有春雷山泉水公司,隧道在DIK1103 +867 ~ DK1104 +006段穿过普家屯—哈螃沟大断层。

本隧辅助坑道设置两斜井,一号斜井设于DIK1101 + 150左侧,与小里程夹角35°,长202m,坡度10%;二号斜井设于DIK1105 +000线路右侧,与大里程夹角40°0′0″,长1180m,坡度9%。斜井均采用双车道无轨运输断面,断面均采用7.5m(宽) ×6.2m(高)。进口与一号斜井、二号斜井与出口均已贯通。

2013年2月15日晚20点,二号斜井小里程方向DIK1104 +598掌子面爆破开挖后,隧道拱顶偏线路右侧1m处突然喷射出一股状水,水流直径约10cm,喷出距离3 ~4m,水量约6500m^3/d。随后,对涌水情况及洞顶地表水源点情况进行了现场勘察,决定对涌水点采取封堵措施,对地表水源点进行详细调查与监测,就居民缺水情况启动临时供水措施。

二、施工图设计情况

1. 工程地质条件

(1)地形地貌

隧道位于杨林盆地北东侧,隧道由北东向南西由寨子村穿越一系列低中山至大刀地南东侧山坡。山脉走向呈北东—南西向,山脉区内全长约6~11km,山体一般宽1~4km,山脊高程一般2374~1990m。区内最高峰为大坪地南西侧山峰,高程2374.8m,最低点位于隧道出口外北西侧小新街,海拔高程约1889~1890m,相对高差达485m。区内山脉属条形低中山,具构造剥蚀~侵蚀地貌特点。沿山脉走向发育有宽数十米~数百米的长条形山间沟谷地貌,其高程从1820~1930m不等,沟谷底部较平缓开阔。山体两侧坡脚地形破碎,坡麓自然斜坡陡峻,坡角达10°~40°,常为地下水的集中排泄和地表冲沟源头。

(2)地层岩性

隧道缓坡及低洼地带上覆第四系坡残积(Q_4^{dl+el})粉质黏土;下伏基岩为泥盆系下西山村组(D_1x)、志留系上统玉龙寺组(S_3y)、中统马龙群(S_2m)、寒武系下统沧浪铺组($\in_1c$)灰岩、白云岩、泥质白云岩、泥岩、砂岩、页岩等。

(3)地质构造及地震动参数

隧址区处于扬子准地台西部,滇东台褶带中部,昆明台褶束嵩明台凹。整个地台经历了多期构造运动,造成各时代地层之间的不整合和假整合,盖层的主要变形是燕山期和喜马拉雅期,至今构造运动仍十分活跃。嵩明台凹褶皱及断裂都较发育,褶皱以长轴紧密为特征,主要构造线方向以南北(北北东)向、北东向,为早期构造变形的产物。区内地台褶皱基底内明显存在着南北向、东西向两组长期断裂,在地台发展阶段,起着明显的控制作用。南北向控制性断裂即著名的小江断裂,并分为东西两支。

隧道未开挖段将穿过高地2号断层、高地3号断层、普家屯—哈螃沟大断层。

高地2号断层为正断层。断层走向近南北向,断层倾向正东,W盘为志留系上统玉龙寺组(S_3y)页岩、E盘为泥盆系下统下西山村组(D_1x);结构面新地层覆于老地层之上,岩石破碎,断层破碎带宽约80m,该断层与隧道轴线(里程:DK1102+420)呈大角度相交,较有利于隧道穿越。

高地3号断层为逆断层。断层走向N15°W,断层倾向NE,断层上下盘地层均为志留系上统玉龙寺组(S_3y)页岩,断层破碎带宽约175m,该断层与隧道轴线(里程:DK1102+650)呈大角度相交,较有利于隧道穿越。

普家屯—哈螃沟大断层为一区域性大断裂,总长大于95km,断层性质为压性冲断层,其页岩夹砂岩地层上冲于NE盘S_2m灰岩地层之上,线路附近地表断层破碎带宽约200m,以断层角砾为主,部分为灰黑色断层泥,测区产状大至为N5~10°E/67°NW。该断层与隧道轴线(里程:DK1104+020)呈大角度相交,交角53°。该断层为富水断层。

隧区地震动峰值加速度0.30g,地震动反应谱特征周期为0.4s。

(4)水文地质条件

隧道地表水以山间沟水为主,水量较小,雨季时沟内水量增加明显,普遍在2~3L/s。故隧道穿越区地表水不发育,主要以季节性水流为主。线路于DIK1104+420处穿过一水沟,测绘时为雨季，流量6500m³/d。在 DIK1104 +420 右侧 131m 处出露一泉水，测绘时流量约1.5 ~2.0L/s，供山上村民饮用，泉眼旁边建有春雷山泉水公司，含水岩组的富水性属中等，对隧道影响较大。

隧道穿越一系列不同时代的地层，根据隧址区地层岩性及其组合特征、地下水赋存条件、水理性质和水力特征，可将隧址区地下水类型划分为：第四系松散土层孔隙水、基岩裂隙水和岩溶水。

洞身穿越一系列长条形山脉，其延展地带与小江断裂东支构造的展布基本一致，断裂构造对本区形态特征的破坏较大，区域内仍保留了地下水含水岩组与相对隔水层沿断裂块出露分布的区域水文地质特点。因此，在自然状态下，各含水岩组具有断裂块产出，各含水岩组往往组成具独立地下水水文地质单元的状况仍然十分突出，地下水在接受降雨补给后常常会在区域性侵蚀基准面或当地侵蚀基准面的控制下，沿断裂走向发生顺层运移和排泄，最终汇于牛栏江，而相对隔水层两侧含水层受水文地质条件影响，含水层之间往往无水力联系和统一的地下水水位。

经取水分析，DIK1104 +000 ~ DIK1106 +050 段为寒武系下统沧浪铺组（$\in_1 c$）地层，根据区域资料，该地层夹含石膏，地下水硫酸盐侵蚀环境作用等级 H1。

预计隧道正常涌水量 $Q = 16800\text{m}^3/\text{d}$，雨洪期最大涌水量 $Q = 33600\text{m}^3/\text{d}$。

（5）围岩级别

DIK1104 + 630 ~ DIK1104 + 560、DIK1104 + 345 ~ DIK1104 + 040 段为Ⅴ级围岩，DIK1104 +660 ~ DIK1104 +630、DIK1104 +560 ~ DIK1104 +345 为Ⅳ级围岩。

2. 变更设计范围地表水环境特征

（1）地表的村庄分布情况

隧道 DIK1103 +800 ~ DIK1104 +500 段附近地表分布有村庄，共约 280 余户，1400 余人。其中林家村、大坪地村、徐家村和高家村共 4 个村组距离隧道线位较近，林家村等 4 个村组的总人数约 465 人，具体情况如表5-6-1所示。

另外，林家村小象沟水源点附近（DIK1104 +420）建有春雷山泉水公司，泉水公司日产 700 桶 18.9L 的桶装水，目前已停产。

地表居民及养殖牲畜统计表　　表 5-6-1

村庄名称	居民		牲畜				
	户	人	牛(头)	马(头)	猪(头)	羊(头)	牲畜合计(头)
林家村	22	110	30	20	45	210	305
徐家村	26	120	32	23	55	270	380
高家村	24	115	32	23	48	320	423
大坪地村	26	120	38	21	58	280	397
茅草地村	28	128	42	29	58	240	369
下荒田村	28	128	41	29	58	270	398
上荒田村	26	120	40	30	58	260	388
大麦地村	17	80	35	19	43	260	357
黄家田村	85	480	113	65	190	980	1348
合计	282	1401	403	259	613	3090	4365

据调查，满足地表居民的日常生活需要的水量约 200m^3/d。

(2)地表的水田分布情况

根据现场调查统计，地表村庄所属的水田共约 1400 余亩，旱地 2400 余亩，具体情况如表 5-6-2 所示。

地表水田、旱地统计表　　表 5-6-2

村庄名称	水田(亩)	旱地(亩)
林家村	130	200
徐家村	140	220
高家村	130	215
大坪地村	140	230
茅草地村	140	240
下荒田村	155	260
上荒田村	130	280
大麦地村	100	210
黄家田村	420	615
合计	1485	2470

其中距离线路较近的 4 个村组(林家村、大坪地村、徐家村和高家村)的水田合计约 540 亩，旱地约 865 亩，水田的灌溉用水基本为林家村水塘水源点以及沿普家屯—哈螃沟断层的地表沟槽(呈分散出水的特点)。

根据现场的调查与对影响范围的计算，地表水田与旱地所需的总用水量约 8200m^3/d，远大于目前附近 5 个地表泉点的出水量之和。

(3)地表泉眼的分布及与春雷山泉水公司的关系

该段地表水源点共计五处，分别为：林家村小象沟水源点、林家村水塘水源点、高家村山背后水源点、黄豆沟老黑龙水源点及马龙县取水点。其中林家村小象沟水源点为春雷山泉水公司的生产用水水源点。地表泉点与线路的平面位置关系如表 5-6-3、图 5-6-1 所示。

地表水源点平面分布表　　表 5-6-3

水源点名称	相对位置关系	泉点标高(m)	备　注
林家村小象沟水源点	DIK1104 +420 右侧 131m 处	2116.86	供春雷山泉水公司取水和林家村等村组饮用
黄豆沟老黑龙	DIK1106 +120 左侧 3180m 处	2040.48	供黄豆沟及下游村民饮用
林家村水塘	DIK1104 +094 左侧 20m 处	2096.12	灌溉用水
高家村山背后	DIK1103 +024 右侧 784m 处	2216.43	供高家村村民饮用
马龙县取水点	DIK1102 +837.7 右侧 1776m 处	2103.49	供黄家田村民饮用

3. 设计概况

(1)衬砌类型

全隧除明洞外，均采用复合式衬砌。本次变更设计 DIK1104 +660 ~ DIK1104 +040 段衬砌类型如表 5-6-4 所示：

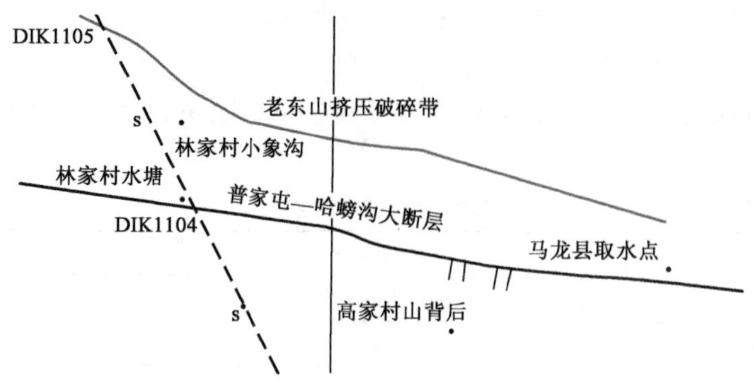

图5-6-1　地表泉点平面分布图

衬砌类型表　　表5-6-4

起止里程	长度(m)	衬砌类型	二次衬砌
DIK1104 +660 ~ DIK1104 +630	30	Ⅳb 型复合衬砌	拱墙 C35 耐腐蚀钢筋混凝土 45cm，仰拱 C35 耐腐蚀钢筋混凝土 55cm
DIK1104 +630 ~ DIK1104 +560	70	Ⅴb 型复合衬砌	拱墙 C35 耐腐蚀钢筋混凝土 50cm，仰拱 C35 耐腐蚀钢筋混凝土 60cm
DIK1104 +560 ~ DIK1104 +345	215	Ⅳ级围岩抗水压(1.0MPa)衬砌	拱墙 C35 耐腐蚀钢筋混凝土 70cm，仰拱 C35 耐腐蚀钢筋混凝土 70cm
DIK1104 +345 ~ DIK1104 +040	305	Ⅴ级围岩抗水压(1.0MPa)衬砌	

(2)支护措施及施工方法

本隧暗洞均根据新奥法原理组织施工，光面爆破，锚喷网初期支护。并要求对支护体系的稳定性进行监测、分析，并按照仰拱超前的原则组织施工。本次变更设计 DIK1104 +660 ~ DIK1104 +040 段支护措施及施工方法如表5-6-5所示。

支护措施及工法表　　表5-6-5

起止里程	长度(m)	施工方法	支护措施		
			系统支护	超前支护	加强支护
DIK1104 +660 ~ DIK1104 +630	30	台阶法加临时仰拱	全环喷混凝土 25cm；拱部 ϕ25 中空注浆锚杆，边墙 ϕ22 砂浆锚杆，间距 1.2m × 1.2m(环×纵)，长 3.5m	拱部 ϕ42 小导管注浆，3.0m 设一环，每环 40 根，每根长 4.5m	全环 I18 型钢钢架，纵向间距 1.0m
DIK1104 +630 ~ DIK1104 +560	70	台阶法加临时仰拱	全环喷混凝土 28cm；拱部 ϕ25 中空注浆锚杆，边墙 ϕ22 砂浆锚杆，间距 1.2m × 1.0m(环×纵)，长 4.0m	拱部 ϕ42 小导管注浆，2.4m 设一环，每环 50 根，每根长 4.0m	全环 I20b 型钢钢架，纵向间距 0.6m
DIK1104 +560 ~ DIK1104 +345	215	台阶法加临时仰拱	全环喷混凝土 25cm；拱部 ϕ25 中空注浆锚杆，边墙 ϕ22 砂浆锚杆，间距 1.2m × 1.2m(环×纵)，长 3.5m	拱部 ϕ42 小导管注浆，2.4m 设一环，每环 40 根，每根长 4.0m	全环 I18 型钢钢架，纵向间距 0.6m

续上表

起止里程	长度(m)	施工方法	支护措施		
			系统支护	超前支护	加强支护
DIK1104+345~DIK1104+040	305	台阶法加临时仰拱	全环喷混凝土28cm;拱部ϕ25中空注浆锚杆,边墙ϕ22砂浆锚杆,间距1.2m×1.0m(环×纵),长4.0m	拱部ϕ42小导管注浆,2.4m设一环,每环50根,每根长4.0m	全环I20b型钢钢架,纵向间距0.6m

此外,DIK1104+560~DIK1104+040段地表有居民居住,为确保地表居民区生产生活用水安全,洞内采用径向注浆措施。

(3)防排水设计

①防水设计。本隧DIK1103+815~DIK1104+560段洞身穿过普家屯—哈螃沟断层,地表处出露一泉水,测绘时流量约1.5~2.0L/s,供山上村民饮用,泉眼旁边建有春雷山泉水公司,含水岩组的富水性属中等,对隧道影响较大。本段设计采用“以堵为主,限量排放”的设计原则,施工过程中应根据超前地质预报的结果采取超前帷幕注浆、超前局部注浆及开挖后径向注浆的方式进行堵水,以确保施工及地表水环境安全。施工图暂按DIK1103+815~DIK1104+040段采用全断面帷幕注浆堵水,DIK1104+040~DIK1104+560段采用径向注浆堵水设计。

②排水设计。隧道排水采用双侧沟加中心水沟的方式。侧沟主要汇集地下水,同时起到沉淀和兼顾排水的作用,中心沟采用盖板沟的形式,主要用于排水。侧沟与中心沟之间每隔30m设置一道横向引水管。全隧初期支护与防水板间设置环向及纵向排水盲管,采用HDPE打孔波纹管(外裹无纺布),环向盲管直径为50mm,纵向盲沟采用直径为150mm。环向透水盲管每10m一环,直接引入侧沟,两侧边墙脚设纵向透水盲管,施工时应结合模板台车长度将其两端直接弯入侧沟。泄水管的出口应离开水沟内壁一定距离,不得紧贴沟壁表面。股水涌流及大面积渗流处应增设环向盲管引排。

(4)建筑材料

DIK1104+660~DIK1104+040段洞身拱部、边墙、仰拱采用C35耐腐蚀钢筋混凝土,沟槽身及喷混凝土采用C30耐腐蚀混凝土,盖板采用C35钢筋混凝土,仰拱填充采用C20混凝土。

三、施工开挖揭示地质情况及洞顶水源点水量监测情况

1.施工开挖揭示地质情况

2013年2月15日晚20点,大坪地隧道二号斜井往小里程方向施工至DIK1104+598,揭示围岩为页岩夹砂岩,以砂岩为主,掌子面爆破开挖后,隧道拱顶偏线路左侧1m处突然喷射出一股状水(图5-6-2、图5-6-3),水流直径约10cm,喷出距离3~4m,洞内总涌水量约6500m^3/d。随即,施工现场立即停止了掌子面掘进并且启动了涌水应急措施。2月16日,施工单位随即对隧道洞顶村庄(荒田村)水源点及排水沟渠下游村庄(王坝田村)影响情况逐一摸排调查。2月17日,对涌水情况及洞顶水源点情况进行了现场勘察,决定对涌水点采取封堵措施,另外对地表水源点进行详细监测,就居民缺水情况启动临时供水措施。洞内堵水采取径向注浆(已施作初支渗水段)结合帷幕注浆(未开挖段)的方案,并从掌子面处开始抗水压衬

砌(图5-6-2、图5-6-3)。

图5-6-2　洞内带水作业

图5-6-3　掌子面左侧股状地下水

2. 洞内涌水量监测情况

洞内出水主要由三部分组成：一是掌子面DIK1104+598线路右侧上台阶拱脚处股状水(图5-6-4)；二是线路左侧超前水平钻孔内流水；三是DIK1104+609～DIK1104+670段初支渗水。其中拱顶呈股状水流出的位置有四处：DIK1104+614、DIK1104+631、DIK1104+635及DIK1104+648，其余地段初支渗水严重。2月17日涌水发生后，测定洞内涌水量约为6500m^3/d，从2月25日开始至今，水量约为5200m^3/d，水量较刚开始涌水时有所减小。另外，自涌水发生以来，线路右侧股状水颜色一直为黄色，有浑浊物，但线路左侧水平钻孔内流水为清水。

3. 洞顶水源点水量监测情况

该段洞顶水源点共计五处，分别为：林家村小象沟水源点、林家村水塘水源点、高家村山背后水源点、黄豆沟老黑龙水源点及马龙县取水点(图5-6-5～图5-6-9)。每5d对以上水源点进行一次观测。自2月15日隧道涌水后，林家村小象沟水源点基本干涸，于21日完全干涸，春雷山泉水公司停产；林家村水塘等其余四个水源点基本未受影响，水量平稳。

图5-6-4　DIK1104+598线路右侧拱脚处股状水

图5-6-5　林家村小象沟水源点(春雷山泉水公司)

图 5-6-6 黄豆沟老黑龙水源点

图 5-6-7 林家村水塘水源点

图 5-6-8 高家村山背后水源点

图 5-6-9 马龙县取水点

四、补充地质情况

结合隧道开挖和地表调查，隧道洞身 DIK1106＋000～DIK1104＋100 段为寒武系下统沧浪铺组粉砂质页岩、粉砂岩，其中 DIK1104＋218～DIK1104＋345 段按照产状推测洞身为厚层砂岩。根据施工开挖揭示 DIK1104＋800 附近有一层宽约 2m 的挤压破碎带，地表在 DIK1104＋940 附近也有一挤压破碎带（老东山挤压破碎带），产状 N20°E/60°S。老东山挤压破碎带与普家屯—哈螃沟大断层之间由于断层的影响，岩体节理裂隙极为发育，形成一含水构造，其地层虽为非可溶岩，但地下水仍较丰富。已施工段开挖揭示，该含水构造基岩裂隙水较为发育。

由于洞内至地表岩体节理裂隙极为发育，隧道开挖后形成一集水廊道，引起基岩裂隙水进入洞内，地下水位下降，致洞顶地表林家村等发生地表失水现象。而林家村水塘取水点属普家屯—哈螃沟断层内的带状断层泉，目前隧道对其影响较小。马龙县取水点、高家村山背后取水点、黄豆沟老黑龙取水点因距目前开挖段较远，目前隧道施工对其无影响，其水量变化可能与云南干旱有关。

另外，根据地表泉点与隧道线位的相对关系与泉点性质，根据库萨金公式细化分析了隧道开挖可能对地表泉点产生的影响。各泉点对应里程隧道降水影响半径见表 5-6-6。

地表泉点与隧道开挖降水影响关系表　　表5-6-6

泉点名称	各含水层与隧道关系	泉点标高和隧底的高差(m)	渗透系数(m/d)	泉点性质	影响半径(m)
马龙县取水点	泉点沿断层走向距隧道2146m	103.4	0.9	断层泉	2214
高家村山背后取水点	泉点沿岩层走向距隧道912m	205.2	0.085	S_3y 页岩、砂岩层间裂隙水	935
林家村小象沟水源点	泉点沿岩层走向距隧道142m	216.3	0.085	$\in_1c$ 页岩夹砂岩、炭质页岩	1047
林家村水塘水源点	泉点沿断层走向距隧道60m	116.8	0.9	断层破碎带	2214
黄豆沟老黑龙水源点	泉点沿断层走向距隧道3791m	96.0	0.9	断层破碎带	2214

五、原因分析

自2月15日隧道涌水后，林家村老黑龙水源点基本干涸，于21日完全干涸，春雷山泉水公司停产；徐家村水塘水源点自涌水后至2月27日水量一直平稳，从2月27日起3月2日期间，水塘水位下降4cm，其余三个水源点未受影响，水量平稳。自涌水发生以来，线路右侧股状水颜色一直为黄色。掌子面DIK1104+598附近岩性以砂岩为主，根据现场隧道开挖揭示情况，在DIK1104+800附近有一层2m厚的软弱夹层，结合区域地质资料分析，在普家屯—哈螃沟断层形成过程中，由于砂岩岩质较硬，不易压缩，因此被挤压破裂形成一宽约2m、与断层近平行的软弱挤压带，在DIK1104+800软弱挤压带和普家屯—哈螃沟断层之间形成一富水构造，地下水较丰富，由于受断层影响，局部贯通裂隙发育或者存在小的次生断层，导致隧道开挖至DIK1104+598后，将春雷山泉水公司的取水泉点疏干。

六、现场注浆堵水施工情况

1. DIK1104+660～DIK1104+574段

(1)处理原则

针对大坪地隧道二号斜井小里程方向DIK1104+598掌子面涌水，考虑地表为居民聚集区，且有一山泉水公司，隧道开挖可能导致不可接受的地下水环境改变，根据现场实际情况，决定采用“以堵为主，限量排放”原则。根据超前地质预报及现场开挖揭示及地下水情况，选用超前帷幕注浆、超前周边注浆、径向注浆及局部注浆等措施进行堵水、加固处理。

①DIK1104+660～DIK1104+598段。

DIK1104+660～DIK1104+598段已开挖，为确保结构及施工安全，该段采用径向注浆加固周边围岩。

②DIK1104+598～DIK1104+574段。

考虑地表为居民聚集区，并有一山泉水公司，为防止地表失水，减小洞内涌水、突泥风险，DIK1104+598～DIK1104+574段采用超前全断面帷幕注浆加固。

(2)处理措施

DIK1104 +598 ~ DIK1104 +660 段采用径向注浆加固,DIK1104 +574 ~ DIK1104 +609 段(包括止浆墙范围)采用帷幕注浆堵水及加固围岩。由 DIK1104 +598 开始采用抗水压衬砌。

①DIK1104 +598 ~ DIK1104 +660 段。

DIK1104 +598 ~ DIK1104 +660 段已施工初期支护,采用径向注浆加固措施,对该段洞身周边围岩进行补强。径向注浆孔浆液扩散半径按 2.0m 考虑,注浆范围为开挖轮廓线外 5m。注浆孔按梅花形交错布置,并注意应错开初期支护的系统锚杆(管)和钢架。每一环设 50 个孔,纵、环向间距 120cm。注浆时应先注渗水量较小者,后注较大者。注浆孔采用风机钻开孔,开孔直径 75mm,终孔不得小于 42mm,再埋入孔口管。孔口管采用 ϕ42mm,壁厚 3.5mm 的钢花管,管长 1m,孔口管应埋设牢固,并应有良好的止浆措施。考虑 DIK1135 +598 开始帷幕注浆,采用抗水压衬砌,对 DIK1104 +618 ~ DIK1105 +598 段 Vb 型复合衬砌之环向钢筋进行加强,每延米设置 6 根ф22 钢筋。

②DIK1104 +574 ~ DIK1104 +598 段。

考虑地表为居民聚集区,并有一山泉水公司,由 DIK1104 +598 开始采用抗水压衬砌,并进行超前帷幕注浆(图 5-6-10),以减小洞内涌水、突泥风险,注浆范围为开挖轮廓线外 5m。本循环注浆长度 35m,开挖 30m,保留 5m 长止浆岩盘。本循环注浆按浆液扩散半径为 1.8m,孔底环向间距 2.2m 布设。

2. DIK1104 +574 ~ DIK1104 +544 段

大坪地隧道二号斜井工区在完成第一循环的帷幕注浆后进行开挖。2013 年 6 月 1 日,上台阶掌子面开挖至 DIK1104 +579,开始对上、中、下台阶进行超前钻孔以揭示前方围岩情况。其中上台阶超前钻孔(DIK1104 +579.2 ~ DIK1104 +549.2,长 30m)单孔出水量约 2400m^3/d,中台阶超前钻孔(DIK1104 +585.2 ~ DIK1104 +549.2,长 36m)单孔出水量约 3650m^3/d,下台阶超前钻孔(DIK1104 +588.2 ~ DIK1104 +547.7,长 40.5m)单孔出水量约为 320m/d。如图 5-6-11、图 5-6-12 所示。

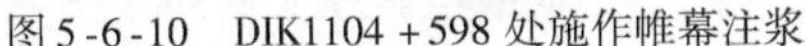

图 5-6-10 DIK1104 +598 处施作帷幕注浆

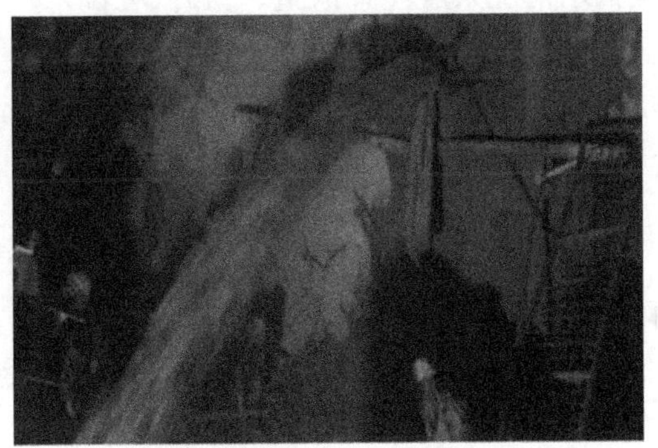

图 5-6-11 DIK1104 +579 上台阶超前钻孔出水

根据超前钻孔的出水量情况结合现场的围岩揭示情况,对 DIK1104 +544 ~ DIK1104 +574 段采取超前帷幕注浆。另外,结合 DIK1104 +574 ~ DIK1104 +609 段的注浆及开挖情况,对 DIK1104 +544 ~ DIK1104 +574 段的注浆参数进行了适当的优化调整。本循环以上一循环预留的 DIK1104 +579 ~ DIK1104 +574 段止浆岩盘作为止浆墙。注浆长度 35m，开挖 30m，预留后方 5m 长止浆岩盘。本循环注浆共设 8 环注浆孔，其中外圈 6 环按扩散半径 1.8m，孔底间距 2.2m 布设，内圈 2 环按扩散半径 2.5m，孔底间距 3.0m 布设(图 5-6-13)。

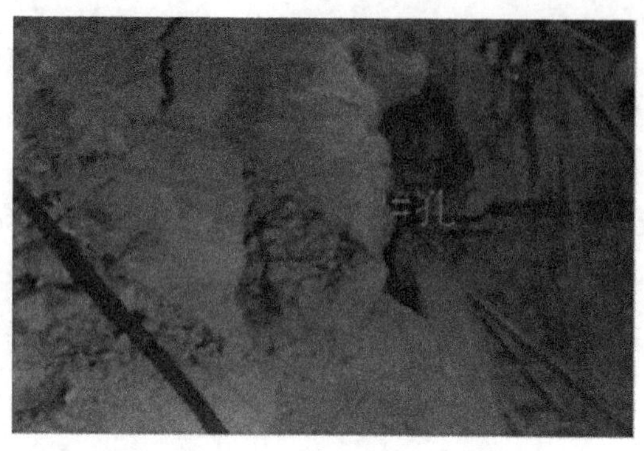

图 5-6-12 DIK1104 +585 中台阶超前钻孔出水

图 5-6-13 DIK1104 +579 处施作帷幕注浆

七、未开挖段施工方案

DIK1104 +544 ~ DIK1104 +040 段 504m 未开挖施工，根据目前段落处理情况，结合超前地质预报结果及开挖揭示围岩的自稳能力、地下水的水量水压情况、地表水环境的敏感程度、工期等，重点以超前周边注浆、径向注浆及局部注浆等措施为主进行注浆堵水、加固处理，仅在普家屯—哈螃沟大断层带(DIK1104 +598 ~ DIK1104 +660 段)根据围岩的自稳情况考虑采取帷幕注浆。

1. 注浆目的

由于地表水田的灌溉用水基本靠林家村水塘水源点和沿断层走向的沟槽(呈分散汇水的特点)，为避免隧道开挖对前方地表的水源点及地表生态环境造成破坏，根据超前钻孔等地质预报揭示情况采取注浆措施。另外，在高水压及围岩破碎带同时起到加固围岩的作用。

2. 排水量控制标准

本设计按超前注浆后每延米洞壁渗漏量不大于 $10m^3/d$，开挖径向补注浆后每延米洞壁渗漏量不大于 $1m^3/d$ 控制，施工过程中根据超前地质预报及揭示的地质条件予以调整。

3. 注浆方式的选用原则

注浆方式采用超前帷幕预注浆、超前周边预注浆、局部注浆、开挖后径向补注浆四种方式，具体注浆类型的选用标准详见表 5-6-7。

大坪地隧道的注浆选用参考标准 表 5-6-7

项目	适用水文地质条件	主要措施
普家屯—哈螃沟大断层	超前探孔总涌水量≥$100m^3/h$ 且掌子面围岩破碎、无自稳能力	超前帷幕注浆(加固圈 5m) 注浆压力：静水压 +(3.0 ~4.0)MPa
	$50m^3/h$≤超前探孔总涌水量 <$100m^3/h$，或地表水源点水位下降较快、泉眼出水明显减小	超前周边注浆(加固圈 5m) 注浆压力：静水压 +(3.0 ~4.0)MPa
	超前探孔总涌水量 <$50m^3/h$	开挖后全断面径向注浆(加固圈 5m) 注浆压力：1.0 ~2.0MPa

续上表

项目	适用水文地质条件	主要措施
一般地段	超前探孔总涌水量≥$80m^3/h$,或水压≥1.0MPa且掌子面围岩破碎、无自稳能力	超前帷幕注浆(加固圈5m) 注浆压力:静水压+(3.0~4.0)MPa
	超前探孔总涌水量≥$50m^3/h$,或地表水源点水位下降较快、泉眼出水明显减小	超前周边注浆(加固圈5m) 注浆压力:静水压+(3.0~4.0)MPa
	$5m^3/h$≤超前探孔总涌水量<$50m^3/h$	开挖后全断面径向注浆(加固圈5m) 注浆压力:1.0~2.0MPa
	开挖后集中散水,局部某一处出水量≥$1m^3/h$	开挖后局部径向注浆(加固圈5m) 注浆压力:1.0~2.0MPa
	1. 一般富水地段,岩体较完整,能保证开挖安全。 2. 局部出水。 3. 初期支护完成后不能满足设计的允许排水标准	局部补充注浆。注浆位置根据现场情况确定

4. 注浆设计参数

①浆液扩散半径根据不同的岩性特点进行确定,一般情况下按2.0m考虑。

②注浆孔布置:浆液有效注入范围根据不同的情况采取不同的加固范围,正常情况下每一循环长度35m或31m,并预留5m作为下一循环的止浆岩盘。注浆孔终孔间距根据围岩的破碎程度分类考虑,具体为:位于普家屯—哈螃沟主断层段按3.0m控制,位于受断层影响的围岩破碎带按2.8m控制。注浆孔终孔间距应根据上一循环的开挖验证情况及时进行优化调整。

③注浆压力:设计注浆压力(终压值)为静水压+(3~4MPa),现场实施过程中应根据上一循环的开挖验证情况及时进行优化调整。

大坪地隧道注浆推荐参数见表5-6-8。

大坪地隧道注浆推荐参数表 表5-6-8

方案	注浆类型	加固圈厚度	孔口管	注浆材料	终孔间距	布孔方式	注浆顺序
方案一:(普家屯—哈螃沟主断层段)	超前帷幕注浆	开挖范围及轮廓线外5m	3.0m长ϕ108管(预埋在混凝土止浆墙内或在止浆岩盘处钻孔埋设)	以普通硅酸盐水泥单液浆为主,辅以普通水泥—水玻璃双液浆	按终孔间距3.0m控制	环式布孔	由外到内、由下到上、间隔跳孔
方案二:(普家屯—哈螃沟主断层段)	超前周边注浆	开挖轮廓线外5m	2.0m长ϕ108管(预埋在混凝土止浆墙内)或在掌子面钻3m孔埋设	以普通硅酸盐水泥单液浆为主,辅以普通水泥—水玻璃双液浆	按终孔间距3.0m控制	环式布孔	由外到内、由下到上、间隔跳孔
方案三:(断层附近受断层影响的围岩破碎带)	超前周边注浆	开挖轮廓线外5m	2.0m长ϕ108管(预埋在混凝土止浆墙内)或在掌子面钻3m孔埋设	以普通硅酸盐水泥单液浆为主,辅以普通水泥—水玻璃双液浆	按终孔间距2.8m控制	环式布孔	由外到内、由下到上、间隔跳孔

续上表

方案	注浆类型	加固圈厚度	孔口管	注浆材料	终孔间距	布孔方式	注浆顺序
方案四：（断层附近受断层影响的围岩破碎带）	开挖后径向注浆	开挖轮廓线外5m	—	普通水泥单液浆	1.2m×1.0m（纵×环）	径向排式布孔	间隔跳孔

5. 注浆材料

注浆材料应以普通硅酸盐水泥单液浆为主，辅以水泥—水玻璃双液浆，浆液水灰比、水泥—水玻璃配合比根据实际地质情况及注浆的不同时段试验确定。

本隧道的注浆参数、材料等可参考表5-6-8执行，但应在保证安全的前提下，根据开挖揭示的水文地质情况、已施工注浆段的经验数值等不断进行优化调整，以达到“施工安全、经济合理、确保工期”的目的。

6. 注浆结束标准

①单孔结束标准：采用定量定压相结合方式进行控制。注浆压力逐步升高至设计终压，并继续注浆10min以上；注浆结束时的进浆量小于5L/min；检查孔涌水量小于1.0L/(m·min)；检查孔钻取岩芯，浆液充填饱满。

②全段结束标准

所有注浆孔均以符合单孔结束条件，无漏注现象；超前注浆结束后，如每延米洞壁渗漏量大于10m^3/d，则应利用检查孔进行超前补注浆，每延米洞壁渗漏量小于10m^3/d时，则满足超前预注浆的结束标准。另外，需在开挖后进行径向补注浆。径向补注浆完成后，应满足每延米渗水量小于1m^3/md。

浆液有效注入范围应不小于设计值；岩体经注浆后可在开挖后保证洞壁稳定。

7. 注浆施工流程

①在富水段采取综合超前地质预测预报等措施后，获得如围岩级别、综合渗透系数、岩溶发育特征、岩体的抗压强度、裂隙率、涌水量、水压等地质和水文的基础资料和指标。

②确定注浆方案

判定有突水突泥可能，采取超前预注浆：先采取预注浆，注浆后，判定开挖后围岩自稳能力情况，若不能自稳，则再预注浆，若可以自稳，则进行开挖。开挖后检查水压、水量是否达到要求，若达不到要求，则实施开挖后径向注浆或局部注浆。判定开挖后围岩有一定自稳能力，且水量小，水压较低或无水压，采取开挖后注浆，根据岩体综合渗透系数的大小，确定浆液有效注入范围和注浆固结圈综合渗透系数。

③在注浆过程中，应根据现场实际情况调整浆液配合比和凝胶时间。

④注浆效果评判，达到单孔和全段结束标准。

8. 注浆工艺要求

①注浆前，在类似地质条件下的岩层中进行注浆试验，初步掌握浆液充填率、注浆量、浆液配合比、凝胶时间、浆液扩散半径、注浆终压等指标。

②孔口位置应准确定位，与设计位置的允许偏差为 +5cm，偏角应符合设计要求，每钻进一段，检查一段，及时纠偏，孔底位置偏差应小于 30cm。

③注浆孔开孔直径不小于 108mm，终孔直径不小于 90mm。

④钻孔和注浆顺序应由外向内，同一圈孔间隔施工。

⑤周边帷幕注浆孔采用前进式和后退式注浆均可，正面封堵孔则采用后退式注浆。

⑥孔口设 3m 长 ϕ108 注浆管，埋设牢固，并有良好的止浆设施。

⑦一个孔段的注浆作业一般应连续进行到结束，不宜中断，应尽量避免因机械故障、停电、停水、器材等问题造成的被迫中断。对于因实行间歇注浆，制止串浆冒浆等而有意中断，应先将钻孔清理至原深度以后再行复注。

第七节 贵阳枢纽五里坡左线隧道岩溶处治

一、概况

五里坡左线隧道为单线单洞，隧道进口里程为 DI2K49 +460，出口里程 DI2K51 +351，全长 1891m，隧道最大埋深约 96m，其中 DI2K50 +100 ~ DI2K50 +250，DI2K50 +700 ~ DI2K51 +060 为浅埋段，最小埋深 13m。

二、施工情况

全隧道剩余 928m，进口掌子面里程 DI2K 49 +752，出口掌子面里程为 DI2K 50 +680。剩余段落以浅埋为主，最小埋深为 13m，且下穿、侧穿居民安置区域。

2012 年 7 月 2 日凌晨，施工至 DI2K49 +680 时，右侧边墙溶腔岩溶填充物（充填硬塑夹软塑状褐黄色黏土夹灰岩、砂页岩质碎块石）从掌子面右侧下部溶洞涌入隧道，同时掌子面前方地表出现一直径 20m 左右的陷坑，造成地表两幢在建安置房倒塌损毁（图 5-7-1 ~ 图 5-7-4）。

图 5-7-1 地表陷坑及在建安置房损毁（1）

图 5-7-2 地表陷坑及在建安置房损毁（2）

图 5-7-3　地表陷坑及在建安置房损毁(3)

图 5-7-4　地表陷坑及在建安置房损毁(4)

2012 年 7 月 13 日,支护至 DI2K49 +696,上台阶下部溶洞填充物溜坍,牵引上部围岩坍落,于 DI2K49 +700 拱部见一洞径约 2m 的竖向空溶腔,DI2K49 +700 ~ DI2K49 +710 地表形成一个新的直径约 10m 塌陷坑,与前期陷坑连接在一起,形成地表塌陷坑范围位于 DI2K49 +675 ~ DI2K49 +710 右侧 0 ~ 27m,洞内 DK49 +696 ~ DK49 +702 右侧拱顶至边墙已坍空与地表相通,右侧初支变形段扩大至 DK49 +696 ~ DK49 +670(图 5-7-5 ~ 图 5-7-9)。

图 5-7-5　DI2K49 +700 拱部竖向空溶腔

图 5-7-6　DI2K49 +700 处溶腔坍陷至地表

图 5-7-7　DI2K49 +700 ~ DI2K49 +710 新的直径约 10m 塌陷坑(1)

图 5-7-8　DI2K49 +700 ~ DI2K49 +710 新的直径约 10m 塌陷坑(2)

图 5-7-9 DI2K49 + 680 ~ DI2K49 + 715 段岩溶漏斗导致地表塌陷坑

三、存在的问题

1. 地质条件较差

根据补充勘探，认为 DI2K49 + 670 ~ DI2K50 + 300 段(共 630m)围岩以中厚层状灰岩为主，夹白云岩和泥质灰岩，且岩溶发育，岩溶充填物与较好围岩呈相互交错的分布，围岩变化频繁，且掌子面软硬分布不均，围岩总体评价较差。

2. 工期受控

进度慢，无法满足施组要求。

3. 埋深浅，地表建筑物多(图 5-7-10)

该隧道剩余段落均处于浅埋段落，最小埋深 13m，且地表为拆迁安置区域，地表构造物较多，人员活动频繁，隧道施工已造成地表塌陷，破坏地表房屋，幸未发生人员伤亡。

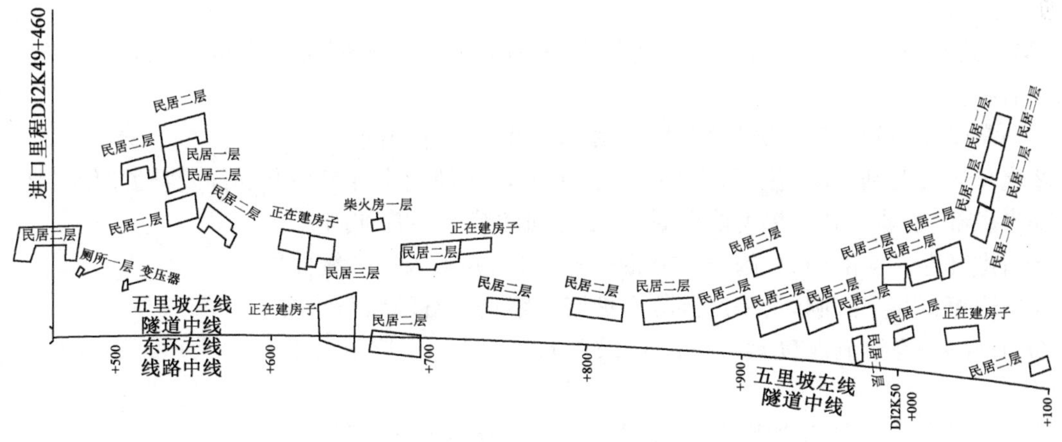

图 5-7-10 DI2K49 + 650 ~ DI2K50 + 000 段洞身地表房屋平面示意图

四、工程措施

1. 围岩及支护调整

DI2K49 + 670 ~ DI2K50 + 300 段二次衬砌变更为 Ⅴ 级 Ⅱ 型加强复合式衬砌及Ⅳ级 Ⅱ 型加

强复合式衬砌，按如表5-7-1所示岩溶发育情况进行支护。

支护参数表　　表5-7-1

衬砌支护类型	岩溶情况	超前支护			钢架		
		类型	纵向间距(m)	单根长(m)	类型	部位	间距(m)
Ⅴ级Ⅱ-A型加强支护	岩溶强烈发育，全充填溶洞	ϕ108大管棚	30	35	I22a型钢钢架	全环	0.8
Ⅴ级Ⅱ-B型加强支护	岩溶强烈发育，溶蚀破碎及裂隙发育	ϕ75中管棚	5.6	10	I20b型钢钢架	全环	0.8
Ⅴ级Ⅱ-C型加强支护	较完整岩体为主(Ⅴ级围岩)	ϕ42小导管	2.4	3.5	I18型钢钢架	全环	0.8
Ⅳ级Ⅱ型加强支护	溶蚀带(Ⅳ级围岩)	ϕ42锚管	2	3.5	I16型钢钢架	拱墙	0.8

2. 增设横洞

为满足工期要求，于DI2K50+080处线路前进方向右侧增设一横洞，横洞长78.67m，采用单车道无轨运输。

3. 地表房屋保护措施

隧道顶部及左侧边墙0~50m范围内存在大量房屋，本段采用控制爆破开挖。

4. 岩溶整治技术

(1)本隧于DI2K49+991.05~DI2K50+016.25段隧道基底存在岩溶管道，与隧道走向成45°交角。管道内可见小股清澈流水，水深小于5cm。于该段基底空溶洞内设置一泄水涵洞，以避免岩溶管道堵塞。

(2)隧道通过溶蚀带时，除采用上述的支护措施外，还应根据揭示溶洞形态及充填情况采取以下措施：

①当掌子面遇到硬塑状充填物时，采用ϕ22玻纤锚杆加固。

②当掌子面遇到软塑、流塑状充填物时，采用ϕ42超前小导管注浆加固及喷混凝土封闭。

③当拱部、边墙遇到充填型溶洞时，ϕ42径向注浆小导管加固。

④当拱部存在空溶洞时，施作C20混凝土护拱，并吹入细砂缓冲层。

⑤当边墙存在空溶洞时，采用混凝土护墙及浆砌片石回填至密实。

⑥当仰拱底空溶洞深度≤3.0m时，采用C20回填；深度>3.0m时，采用片石夯填结合C20回填。

⑦当仰拱底部存在充填型溶洞，采用C20换填或ϕ75钢管桩注浆加固。

五、其他

(1)施工中做好掌子面超前水平钻孔等超前地质预报工作，切实探明前方围岩情况。

(2)现场进行围岩级别调整同时，相应的进行岩溶处理措施调整，避免出现因措施不匹配出现的安全风险。

(3)加强对隧底的探查,适时的调整工程措施;针对可能出现的软硬不均现象,采用相应的工程措施进行局部加强。

(4)施工期间应将地表的建筑物中的人员临时迁出,待确保安全后方可迁回。

(5)总结经验教训,加强现场的管控力度,高度重视岩溶区域的施工安全,确保工程顺利推进。

第八节 沈丹客专于家岭隧道浅埋岩溶处治

一、隧道概况及地表坍陷区地质环境条件

于家岭隧道位于辽宁省本溪市境内,穿越辽东低山区。进口里程为 DK110+560,出口里程为 DK115+234,全长 4674m,为单洞双线隧道。DK114+570 左右下穿草祁公路。隧道全长位于直线上,纵坡为 3‰的下坡。

1. 地形地貌

坍陷区地处于家岭隧道顶部(DK114+300~DK114+700)段落内丘陵区宽缓的沟谷之中,地形较平坦。沟谷中溪流常年流水。

2. 地层岩性

(1)地表坍陷分布的沟谷洼地地段表覆第四系全新统冲洪积层,上部岩性以粉质黏土为主,局部夹砂和砾石沟槽底部分布有粗圆砾土层。

粉质黏土:黄褐色,软塑—硬塑。厚度一般为 2.0~3.0m。

粗圆砾土:黄褐色,松散—中密,碎石成分主要为大理岩、板岩,一般粒径 20~50mm,最大粒径 60mm,充填砂和粉质黏土。厚度一般为 0~2.0m。

(2)沟谷两侧缓坡地段主要分布第四系上更新统坡洪积层和坡残积层,岩性主要以粉质黏土、粗角砾土为主。

粉质黏土:黄褐色,软塑—硬塑。一般厚度为 0.0~3.0m,局部略厚。

粗角砾土:黄褐色,稍密—中密,碎石成分主要为大理岩、板岩,一般粒径 20~50mm,最大粒径 60mm,充填粉质黏土。一般厚度为 0~3.0m。

(3)下伏辽河群大石桥组大理岩,岩溶裂隙较发育,局部发育溶洞。地表坍陷揭示,在沟谷地段土石界面处发育明显的溶沟溶槽。

大理岩:灰白色—灰黄色,隐晶质—微晶结构,块状构造,节理较发育,岩层产状 210°∠42°。大理岩主要为白云质大理岩、方解石大理岩,夹片岩,为可溶性岩石。

坍陷区地质断面如图 5-8-1 所示。

3. 水文地质条件

本区植被发育,降雨丰沛,沟谷宽缓深长,汇流面积较大。沟谷中常年流水,雨季有暂时性洪水。

地下水类型主要为岩溶裂隙水及第四系孔隙潜水。由于处于沟谷低洼地段,两侧地下水向区内汇集,地下水量丰富,地下水位较浅。地下水主要靠大气降水补给,由于岩体溶蚀裂隙发育,地下水及雨季的地表水能够沿溶蚀裂隙及破碎带下渗,形成集中管道状或分散网络状地

下径流向下游排泄，在线路里程 DK114 +500 ~ DK114 +700 横穿线路。隧道施工期间，由于隧道开挖排水，改变了地下水的流动及其水动力条件，导致地下水和地表水向隧道内渗流和涌水，致使区内地下水位有所下降。

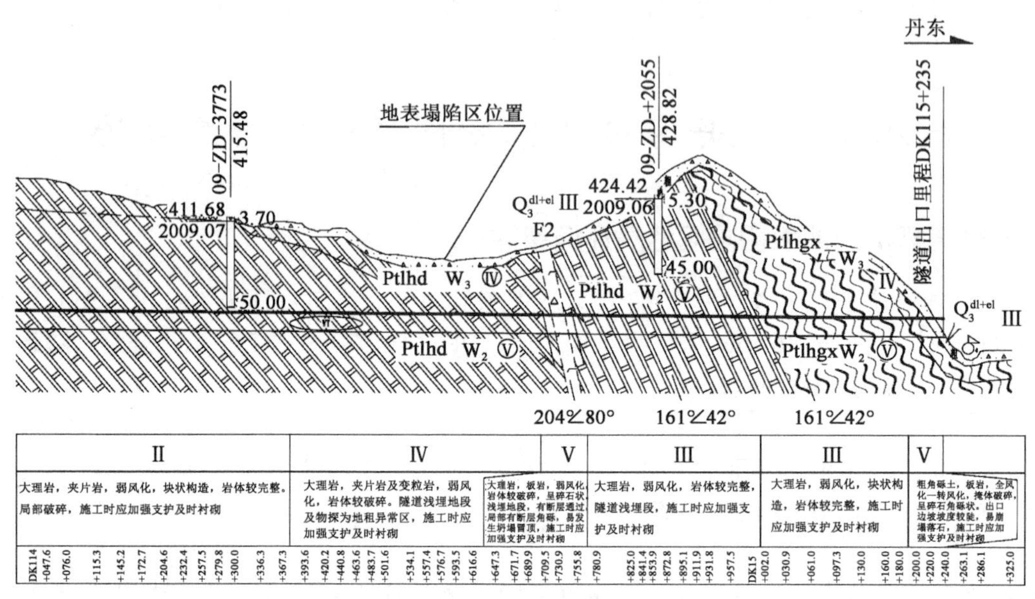

图 5-8-1　地质纵断面图

二、地表坍陷概况

2013 年 7 月 19 日，地表强降雨，降雨量 79.3mm。19 日至 24 日间，本地又发生数次较强降雨。于家岭隧道线路上方及附近地表陆续发生 6 处坍陷现象（图 5-8-2 ~ 图 5-8-4）。地表坍陷主要出现在 DK114 +300 ~ DK114 +700 隧道两侧的村庄及耕地内，各坍陷坑尺寸及与隧道位置关系见表 5-8-1。

图 5-8-2　1 号陷坑

图 5-8-3　2 号陷坑

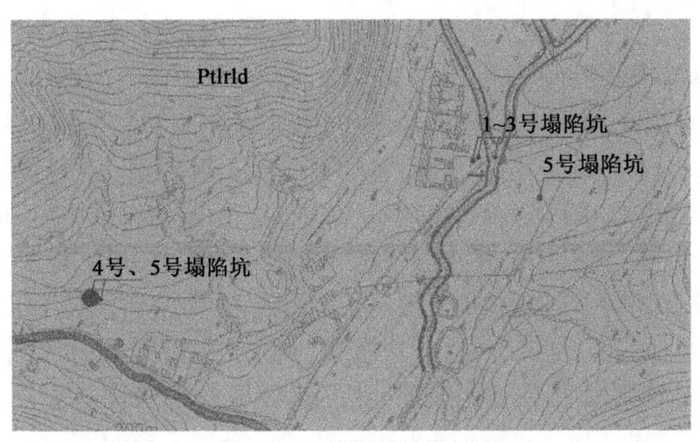

图 5-8-4 陷坑平面分布图

于家岭隧道地表1～6号坍陷坑尺寸及与隧道位置关系统计表 表 5-8-1

序号	塌坑编号	塌坑相对隧道里程	与隧道位置关系(垂直距离,m)	基坑面积(m^2)	基坑平均深度(m)	备注
1	1号	DK114 +617.896	线路左侧 65.85	11.34	2.1	
2	2号	DK114 +621.592	线路左侧 69.29	4.5	1.7	
3	3号	DK114 +634.472	线路左侧 69.29	6	1.7	
4	4号	DK114 +326.900	线路右侧 42.29	36	2.5	
5	5号	DK114 +327.966	线路右侧 42	9	2.5	
6	6号	DK114 +668.631	线路左侧 37.21	4	1.5	

地表坍陷发生在隧道开挖过后一定时期内,并集中出现在较强降雨期间。大部分坍陷分布在低洼地段的冲沟附近,个别坍陷发生在沟谷一侧的缓坡地带。

三、该段隧道施工揭示情况

1. 掌子面突水

2011 年 9 月 1 日,施工人员在 DK114 +570 处进行上导钻孔施工时,发现线路左侧拱脚处,在钻孔 1.5m 深时出现突水,施工人员及时采用堵塞处理,而后又在拱腰处钻孔 0.7m 深时出现突水,水压较大,水柱喷射距离达 7m,且水压有变大趋势,至上午 10:30 时,喷射距离可达 9m,并且伴随大量泥沙,涌水量为 685m^3/d。

隧道 DK114 +570 掌子面发生突水原因为地层构造影响,掌子面里程附近有断层通过隧道洞身。设计对 DK114 +570 ~ DK114 +540 段采用 5m 超前周边预注浆对地下水进行封堵。

2. 揭示溶洞

2012 年 5 月,在隧道掌子面施工至 DK114 +552 里程时,揭示隧道上半断面右侧发育有一处溶洞(图 5-8-5),洞宽 2m,洞高 4.5m,可见洞深 3.9m。块石直径为 0.1 ~0.4m,最大块径 0.6m,含泥量约占 95%;有少量的浑浊的岩溶水沿洞壁流出。

DK114 +542 ~ DK114 +552 段支护衬砌参数相应加强,由原设计的Ⅳ级围岩Ⅳb 型复合式衬砌调整为Ⅴ级围岩Ⅴb 型复合式衬砌。

2012 年 6 月 12 日，掌子面施工至里程 DK114 + 535 时，掌子面右侧出现溶洞（图 5-8-6），溶洞宽约 4.5m，面向掌子面深约 3m，高约 5.5m。根据现场调查分析结果，对 DK114 + 505 ~ DK114 + 535 段设计采用 5m 围岩超前周边预注浆，DK114 + 535 ~ DK114 + 540 段采用 5m 围岩径向注浆，以封堵地下水。DK114 + 525 ~ DK114 + 535 段隧道支护衬砌参数相应加强，由原设计的Ⅳ级围岩Ⅳb 型复合式衬砌调整为Ⅴ级围岩Ⅴb 型复合式衬砌。掌子面右侧溶洞采用引排水、混凝土回填、注浆等措施进行处理。但由于持续降雨，水量较大，且此段为浅埋段，受地表降水补给影响较大，溶洞塌腔体内充填物及洞顶松散体继续塌落涌出，至 2012 年 6 月 18 日塌落基本稳定，溶洞顶坍方高度约 15m，并有大量出水。根据调查结果，决定对溶洞处理采取先引排水、加固封闭后回填混凝土并做缓冲层，然后再做局部径向注浆止水加固等工程措施进行处理。

图 5-8-5　DK114 + 552 里程溶洞

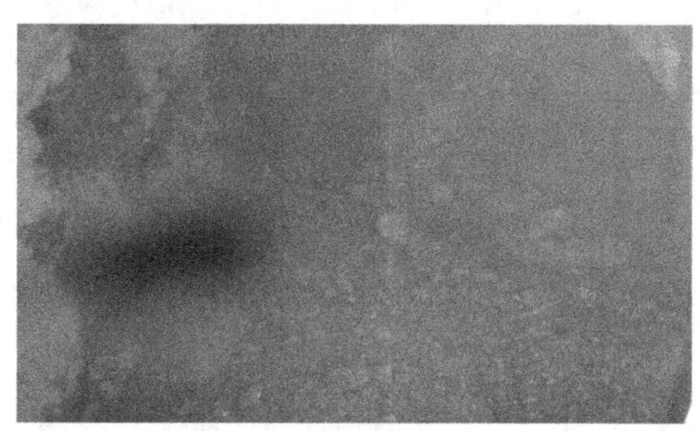

图 5-8-6　DK114 + 535 里程溶洞

3. 二衬渗漏水

2013 年 8 月 6 日，隧道 DK114 + 400 ~ DK114 + 700 段部分二次衬砌施工缝出现渗水，衬砌表面湿渍，股状射水，出水量约为 $30m^3/d$，水质浑浊。

四、地表塌陷区地质综合勘察

1. 物探探查

第一次物探勘察工作（2013 年 7 月 31 日 ~ 2013 年 8 月 5 日）的目的是重点查明草祁公路与于家岭隧道交叉处及附近公路路基的安全隐患区域。第二次物探勘察工作（2013 年 10 月 14 日 ~ 2013 年 10 月 31 日）的目的是查明房屋周边是否会产生岩溶坍陷，危及房屋安全。

两次物探勘察工作情况综合如下：

(1) 物探工作布置

根据该区域地形、岩性及地下水补给充足等特点，物探专业采用高密度电法、地质雷达法、地震映像法及激发极化法开展了勘察工作。

野外使用 AGI 高密度电法仪和 SIR-20 地质雷达（100MHz 天线）、NZ-72 地震仪、GDD 激电仪开展采集工作。高密度电极装置类型为反向斯伦贝谢及偶极装置，电极距为 2m，每个排列 108 ~ 144 根电极，设计勘探深度 40m 左右，供电时间 1.2s。地质雷达采样长度 300ns，10m 一个标记。地震映像法采用 60Hz 检波器，点距 1m，偏移距 1m。激发极化法采用偶极—偶极装置开展工作，方波形式供电，供电时长 2m，信号供电周期 8s，供电电流大于 0.5A。

(2)物探成果

①高密度电法:电阻率剖面电性分层明显,地表红色与黄色低阻区为粗圆砾土及全风化大理岩,深度3~10m;中深部蓝色高阻区为较完整风化大理岩。品红色线实线大致勾画出了土石分界面。根据破碎含水地层电阻率明显偏低的原则,在电阻率剖面上画出了溶蚀裂隙发育区及渗流通道。

②地质雷达法:根据雷达反射信号突然增强且有多次强反射及反射波杂乱等特征,在雷达时间剖面上画出溶蚀裂隙发育区。

③地震映像法:地震剖面存在同相轴断裂、波形杂乱,有明显续至震荡,推断为塌陷区异常。

④激发极化法:在激发极化法成果断面中,电阻率较低、等值线弯曲、充电率剧烈变化处为塌陷引起的物探异常。

(3)物探结论

结合现场地形、地表特征及已知资料对各测线进行分析,从物探剖面上共发现高密度电法异常6处、探地雷达法异常17处、地震映像法异常29处、激发极化法异常6处。

2. 钻探勘察(2013年11月5日~2013年11月9日)

钻探工作布置:钻探工作布置依据物探成果,各条测线异常区域,结合现场地形、地质情况,布置9个物探钻孔位。

3. 勘察结果分析

从物探成果、钻探成果以及地质调查看,基本查明了本区上部主要地层分布情况及地表塌陷发育规律。

(1)地层分布情况

①粉质黏土:黄褐色,软塑—硬塑。一般厚度为0~3.0m,局部略厚。

②粗(细)角砾土:黄褐色,稍密—中密,碎石成分主要为大理岩、板岩,一般粒径20~50mm,最大粒径60mm,充填砂及粉质黏土。一般厚度为0~4.5m。

③下伏辽河群大石桥组大理岩,全风化—弱风化。溶蚀裂隙较发育,局部发育溶洞。地表塌陷揭示,在沟谷地段土石界面处发育明显的溶沟溶槽。

可见,区内上部地层为粉质黏土、粗(细)角砾土层及全风化大理岩,其特点为结构松散,为易被冲蚀的土体,容易在潜流作用下形成土洞。而溶蚀裂隙、局部溶洞的存在,则是地下径流的排泄通道。因此为本区地表塌陷的发生提供了基础条件。

(2)物探异常分布与地表塌陷发育规律

根据物探成果,物探异常主要分布在沟谷低洼地带,沿冲沟两侧条形区域和在已发生塌陷的区域内分布频次相对较高,尤其在DK114+570附近草祁公路与隧道交叉地段及DK114+600处隧道中线东侧高家堡村7户居民院落附近物探异常较为明显。物探异常主要解释为溶蚀裂隙发育区和塌陷区异常。钻探揭示物探异常处钻孔岩心多为块状和短柱状,说明岩溶裂隙相对较发育,而揭示出溶洞的13-ZBD-505和13-ZBD-506等两钻孔均在沟谷低洼地带内物探异常明显且塌陷坑出现频次较高的区域内,这进一步证实了地表塌陷多发育在沟谷内溶蚀裂隙及溶洞较为发育的地段。

综合现场调查、物探及钻探结果,可以推断地表塌陷主要发育在沟谷低洼地带及冲沟附近的覆盖层内，多发生在岩溶相对较强烈的地段。

五、地表坍陷原因分析

根据地质调查、物探及钻探成果资料，以及塌陷区分布、形成过程，隧道施工过程，对地表塌陷原因分析如下：

塌陷区为山间沟谷地带，常年有溪流，雨季有暂时性洪水，为地下水径流集中和强烈的地带，地表水径流和地下水潜流均十分发育。塌陷区域处于可溶性岩石分布地区，上覆 2.0 ~ 7.0m 厚的第四系松散土层。下伏大理岩岩溶裂隙发育，局部存在隐伏的溶蚀洞穴，基岩面溶蚀沟槽十分发育。因此，本区域存在上覆有适宜被冲蚀的土体［粉质黏土、粗（细）角砾土］，下有排泄、储存冲蚀物的通道（溶蚀裂隙，溶洞），当水文地质条件发生改变，造成地表水向下渗透或地下水位在土石界面附近频繁升降时，水流对土体产生强烈的冲蚀及潜蚀作用，极易形成土洞，进而发生地表塌陷。

根据对地表塌陷区的勘察发现，其地表上覆 2.0 ~ 7.0m 的粉质黏土和松散角砾土，松散破碎的盖层是塌陷体的主要组成部分。本段岩溶裂隙发育，局部发育溶洞，地下水赋存丰富，与地表水连通性好，导致在隧道施工过程中涌水量较大，且曾经出现多次较大的涌水。如 2011 年 9 月 1 日，在 DK114 + 570 处遇到裂隙，有较大涌水，水压较大，涌水浑浊，夹有大量的流沙，说明本段地下水已经与上部连通，形成地下潜流，并对上部土体造成冲蚀破坏。

此外，根据对当地居民的访问，在近一二百年间，此地从未发生过地表塌陷，而隧道开挖以后，地表塌陷才成群地发生，这说明地表塌陷的发生确与隧道施工存在一定的联系。

通过对当地地层及构造条件、水文地质条件和隧道施工过程中的涌水特征等综合分析表明，在隧道开挖之前，地下水位较高，地表水主要沿河床以溪流的形式向下游排泄，地下潜流发育较弱，对土体的潜蚀作用也相对较弱，很难形成较大规模的土洞和地表塌陷。当隧道开挖以后，地下水向隧道内排泄，导致地下潜水位降低，在岩溶裂隙、溶洞发育地段，形成较为集中的排水通道，并使地下水与地表径流联通，形成地下潜流。随着时间的推移和隧道的不断排水，地下潜流在流经的土石分界处将土体逐渐冲蚀带走而形成土洞。在集中降雨期间，地表径流和地下潜流突然增强，对土体的冲蚀作用明显加剧，土洞迅速扩大。加之降雨对土体的软化作用，从而导致地表塌陷在较强降雨期间成群发生。因此，隧道施工开挖改变了地下水的流动及其水动力条件，汛期集中降雨加剧了地下水运动，故诱发了地表塌陷。

六、地表塌陷发育规律及趋势分析

地面塌陷多产生在覆盖在岩溶裂隙及溶蚀洞穴之上的松散土体内，在地下潜流作用下首先产生土洞，进而在降雨等外动力或人为因素作用下产生的突发性地面变形破坏，其结果多形成圆锥形塌陷坑。

1. 地表塌陷发育的影响因素

根据现场调查，本区地面塌陷均发生在碳酸盐岩分布区内。激发塌陷活动的直接诱因为隧道排水等工程活动、降雨和洪水。地表塌陷发育规律及趋势主要受以下因素影响：

（1）可溶岩及岩溶发育程度

可溶岩是由岩溶地面塌陷形成的物质基础，而岩溶洞穴（裂隙）的存在则为地面塌陷提供了必要的空间条件。

岩溶裂隙和溶穴的发育与分布受岩溶发育条件的制约，一般主要沿断裂破碎带、裂隙发育带、质纯层厚的可溶岩分布地段、与非可溶岩接触地带分布。岩溶的发育程度和岩溶洞穴裂隙的开启程度，是决定岩溶地面塌陷的直接因素，可溶岩洞穴和裂隙一方面造成岩体结构的不完整，形成局部的不稳定；另一方面为容纳陷落物质和地下水的强烈运动提供了充分的空间条件。一般情况下，岩溶越发育，溶穴的开启性越好，洞穴的规模越大，则岩溶地面塌陷也越严重。

(2)覆盖层厚度、结构和性质

松散破碎的盖层是塌陷体的主要组成部分，由基岩构造成的塌陷体在重力作用下沿溶洞、管道顶板陷落而成的塌陷为基岩塌陷。塌陷体物质主要为第四系松散沉积物所形成的塌陷叫土层塌陷。通过分析判断本区塌陷主要为土层塌陷。

(3)地下水运动

地下水运动是塌陷产生的动力条件——主要动力。地下水的流动及其水动力条件的改变是岩溶塌陷形成的最重要动力因素，地下水径流集中和强烈的地带，最易产生塌陷，这些地带有：①岩溶地下水的主径流带或集中排泄带；②地下水位埋藏浅、变幅大的地带(地段)；③地下水位在基岩面上下频繁波动的地段；④双层(上为孔隙、下为岩溶)含水介质分布的地段，或地下水位急剧变化的地段；⑤地下水与地表水转移密切的地段。

地下水位急剧变化带是塌陷产生的敏感区，水动力条件的改变是产生塌陷的主要触发因素。

2. 地表塌陷发育规律及趋势

可以看出本区地质条件，符合上述一般岩溶地表塌陷发育规律。首先，本区下伏分布面积较大的可溶岩—大理岩，大理岩从性质上分析岩溶虽不甚发育，通过勘察与施工观察可以确定本区岩溶洞穴(裂隙)的确存在，它是地面塌陷必要的空间条件。其次，松散破碎的盖层[粉质黏土、粗(细)角砾土层、全风化大理岩]是塌陷体的主要组成部分。再次，在外因上从地下水运动状况看，本区地下水受大气降雨补给，影响地下水运动的补给主要因素为季节(雨季旱季)、降雨量、汇水面积及地形，岩溶洞穴(裂隙)的发育地带是本区地下水活动的主径流带或集中排泄带，而隧道开挖排水使地下水活动更为加剧。这些因素就构成地下水的流动及其水动力改变的条件，是岩溶塌陷形成的最重要动力因素。

综合现场调查、物探及钻探成果综合分析，本区地表塌陷分布规律如下：

(1)地表塌陷主要发生在大理岩区段内，集中分布于有河流经过的沟谷低洼地带及冲沟两侧的斜坡下部。

(2)塌陷坑在隧道中线两侧100m范围内分布，在隧道中线东侧沟谷上游成群出现，在西侧沟谷下游零星发生。

(3)地表塌陷均发生在第四系覆盖层内，塌陷坑深度与覆盖层厚度有直接关系，深度多在2m左右，直径大小不一，覆盖层越厚，塌陷坑越深，规模也较大。

(4)塌陷坑成群出现在岩溶发育强烈地段，这些地段物探异常明显，局部可见溶洞，同时通过岩溶裂隙及溶蚀空洞与隧道形成较好的水力联系，隧道开挖排水使这些地段产生强烈的潜流和地下水位变动。

综上可见，本区地表塌陷发育条件依旧存在，地表塌陷发生的可能性和危险性仍未消除。在隧道持续排水、降雨等因素作用下，塌陷还可能在上述类似区域内发生。

七、处治方案

根据现场调查和勘探结果分析，隧道的持续排水和浅层土洞的不断发育，使本区地表塌陷发生的可能性和危险性依然存在。因此，需采取必要的工程措施对隧道地表坍陷进行处理，以确保铁路工程安全，减小对地表周边环境的影响。

1. 地表垂直注浆

于家岭隧道 DK114 +400 ~ DK114 +700 段位于大理岩岩溶槽谷区，该段落隧道埋深浅，地下水发育。对该槽谷区段隧道周边及隧道与地表冲沟相交区域，进行地表垂直注浆堵水加固，以形成止水帷幕圈，控制地下水流失。

(1)注浆段落：DK114 +400 ~ DK114 +700 段。

(2)注浆范围：

①DK114 +575 ~ DK114 +600 段。该段落为隧道与地表冲沟相交区域，注浆范围：横向为隧道结构外边缘左侧(水沟上游侧)11m、右侧 6m；竖向为隧道结构底至地表范围。

②DK114 +400 ~ DK114 +575 及 DK114 +600 ~ DK114 +700 段。该槽谷区段注浆范围：横向为隧道结构外边缘两侧各 6m 范围；竖向为隧道结构底至隧道结构顶以上 6m 范围。

(3)注浆方式：采用后退式注浆，袖阀管注浆工艺。

(4)注浆孔布置：注浆范围内，注浆孔按梅花形布置，间距 1.5m ×1.5m。为避免钻孔对隧道结构产生影响，钻孔边界、钻孔端头，隧道结构外边缘两侧及结构顶部留设 1m 安全距离。注浆检查孔考虑每 10m 布置 3 个检查孔，用于检查注浆效果。

(5)注浆参数：

①钻孔孔径：90mm。

②袖阀管：外径 50mm。分为扩散孔和无扩散孔两种：标准长度 33cm/节。注浆管内壁光滑，接头有螺扣，端头有斜口，外壁有加强筋以提高其抗折强度。长度大于 35m 时采用刚性袖阀管，小于 35m 时采用 PVC 袖阀管。

③注浆扩散方式：渗透—劈裂。

④浆液扩散半径：1 ~1.5m。

⑤袖阀管射浆孔孔径及布置：有扩散孔注浆管上开有 8mm 的溢浆孔 6 个，注浆管有孔部位外面紧紧地套着抗爆破压力为 4.5MPa 的橡胶套，橡胶套覆盖着溢浆孔，这样，注浆时，浆液可以通过溢浆孔进入地层，而地层中的水和颗粒难以进入注浆管中，从而达到注浆管的单向阀作用。

⑥有效加固范围：1 ~1.5m。

⑦注浆压力：2 ~3MPa，或现场试验调整。

⑧注浆速度：根据现场试验确定。

⑨注浆材料：普通水泥浆，水灰比 0.8∶1 ~1∶1，或现场试验确定。

(6)施工工艺

①钻孔。

钻孔深度应达到设计注浆固结段深度，钻孔垂直度误差小于 1%。

②浇注套壳料、下管。

钻孔至设计深度并采用清水洗孔后,立即将套壳料通过钻杆泵送至孔底,自下而上灌注套壳料至孔口溢出。套壳料一般以膨润土为主,水泥为辅组成,主要用于封闭袖阀管与钻孔孔壁之间的环状空间,防止灌浆时浆液到处流窜,在橡胶套和止浆塞的作用下,迫使在灌浆段范围内挤破套壳料(即开环)而进入地层。

根据注浆要求,在注浆部位下有扩散孔注浆管,非注浆部位下无扩散孔注浆管。首先在连接好的袖阀管底部加封盖后,将注浆管下入注浆钻孔中,要确保袖阀管下到孔底,上部要高出地面约0.5m,然后在袖阀管中加满水,利用重力作用,使袖阀管不会浮起,之后将套管缓慢地提出,最后在袖阀管上部盖上封盖,以防止杂物进入注浆管,影响注浆质量。

③待凝。

等到套壳料具有一定的强度后(时间不得少于3d),可进行注浆施工。

④注浆。

采取后退式分段注浆,每段注浆长度选取1.0m。注浆过程中,每段注浆完成后,向上移动一个注浆段的心管长度。注浆结束后,在注浆管上重新盖上封盖,以便于复注施工。

⑤注浆结束标准。

注浆过程中,在达到设计的终压后,维持10min以上;注浆流量随着时间逐渐减少,最终小于1L/min · m,维持10min以上。达到上述两个条件之一即结束该孔注浆。

⑥注浆效果检查。

注浆结束后,采用分析法、取芯观察法、注水试验法等手段对注浆效果进行检查。

⑦注浆效果检查合格后,应对注浆孔进行清理,孔壁进行打磨与凿毛,采用M15水泥砂浆封堵注浆孔及检查孔。

(7)注浆注意事项

①注浆前应进行简易压水实验,确定适宜注浆压力并检查孔口套管的密封性及止浆塞的止浆效果。

②注浆应遵循浆液由稀到浓、注浆压力由低到高、胶凝时间由长到短的原则,防止由于浆液黏度大、注浆压力小等因素使浆液扩散半径短而影响注浆质量。

③注浆过程中,如发现压力突然上升或流量突然加大,应立即停止注浆,查明原因并处后方可恢复注浆。

④详细记录注浆全过程,包括钻孔编号、地质情况、注浆压力及注浆量等,对注浆量大的孔应现场拍照及录像。

⑤做好现场泥水处理系统,及时进行泥浆清理工作,防止污染当地环境。

⑥注浆施工应由专业注浆队伍进行注浆施工。

(8)其他说明

①在正式袖阀管注浆施工前,应先施作30m长的试验段,根据注浆堵水效果,适当调整钻孔布置、袖阀管套壳料、浆液配比、注浆压力等技术参数。根据洞内二衬施工缝渗水量大小,建议将DK114+440~DK114+470段选取为试验段。

②注浆量按照填充率5%计算得出,并扣除隧道DK114+505~DK114+570段超前周边注浆及径向注浆设计注浆量。

2. 隧道上方冲沟处理

(1)清理疏通沟谷河道,加速泄流,减少渗漏。

(2)严重漏水的坑洞采用黏土填实,结合原冲沟位置施作C25钢筋混凝土水沟,水沟外侧依次设置10cm厚C15混凝土垫层、EVA防水板(2mm厚)及3cm厚M10砂浆保护层。

3. 草祁公路基底加固

(1)对物探推测塌陷风险区范围内的草祁公路采用地表注浆加固。

注浆设计参数:注浆钻孔深7m,孔径52mm,间距1.5m×1.5m,梅花形布置;孔口管采用φ50mm,壁厚3.5mm的热轧无缝钢管,钢管长1m,孔口管埋设牢固,并有良好的止浆措施;注浆材料选用水泥砂浆,浆液配比通过现场试验确定,注浆压力应通过现场试验选取;注浆后应对其效果进行判断和检测。

(2)施工结束前,应在地表塌陷影响范围两端设置警示标识。

4. 坍坑回填

对地表6处坍坑采用三七灰土进行回填夯实,避免地表水集中下渗,并根据需要(如4~6号坍陷坑),满足复耕要求(三七灰土回填顶面覆盖不小于50cm厚种植土)。

第六章　隧道内无砟轨道上鼓病害及整治

第一节　隧道内无砟轨道上鼓病害

隧道内采用无砟轨道大大减少了运营维护工作量，是隧道内轨道结构形式的发展趋势，目前铁路行业规定，1km 以上的隧道均采用无砟轨道结构形式。隧道内铺设无砟轨道对隧道底部要求严格，经过近几年来的工程实践证明，隧道内无砟轨道总体上是成功的，技术成熟，质量良好，主要存在以下问题：

(1)隧道底板和仰拱经常出现以下质量问题：仰拱厚度不足，仰拱或底板下存在虚渣，仰拱回填层内存在洞渣，仰拱轮廓不符合设计要求。

(2)部分隧道某一段落内道床上鼓或下沉。

(3)部分隧道内某一段落道床开裂。

(4)个别单线单洞隧道道床内积水。

第二节　隧道内无砟轨道上鼓病害原因分析

归纳总结近年来隧道内无砟轨道上鼓病害的原因如下：

(1)高地应力，主要是较大的水平构造地应力。如六沾二线三联隧道、兰渝铁路玄真关隧道等。

(2)高地下水压力，主要是岩溶管道水受强降雨影响，水压突然增加引起仰拱上鼓，如贵广客专斗篷山隧道。

(3)仰拱回填层层间"囊状水"受列车往复作用产生局部水压，致使道床及轨道上鼓，如武广客专煤隆岭隧道、宁杭客专湖州隧道等。

(4)泥岩等膨胀性围岩，隧道施工完成后打破了原有的水力平衡条件，形成了过水通道，底部泥岩遇水产生膨胀力导致仰拱上鼓和开裂，如兰新铁路福川隧道等。

(5)仰拱厚度严重不足，受力薄弱，导致仰拱上鼓和开裂，如包西铁路冒天山隧道等。

第三节　隧道内无砟轨道上鼓病害处治技术

发生隧道内无砟轨道上鼓病害后，首先要分析病害原因，针对病害原因制定整治措施，整治的原则是：一次根治，不留后患，确保运营安全。

一、处治技术

(1)对于高地应力引起的变形，经监控量测短期内不能稳定的，可局部段落采用有砟轨道，变形趋于稳定的，可仍然采用无砟轨道。底部仰拱要进行加强，措施为增加仰拱曲率、底部增设锚索或锚固桩。

(2)对于高水压引起的变形，增设泄水洞排水泄压，隧道底部、侧沟增加排水措施，保证隧道底部不产生水压。

(3)对于层间水囊产生的水压，打孔泄压，注浆填充。

(4)对于膨胀性围岩，加强底部仰拱结构，如加厚、提高强度、配置钢筋、增设初支封闭等，必要时增设锚固桩、长锚杆等。

(5)存在质量问题的必须返工重做。

(6)对进行了底鼓处理的区段，建立监测机制，对一定周期内的底鼓发展情况、引发底鼓的地质条件变化情况进行监测记录，并存档作为分析依据之一。

二、案例调查及处治措施

对近期较为典型的底鼓危害及其处理过程，进行了调研，隧道底鼓原因及处理措施如表6-3-1所示。

隧道底鼓情况统计表　　表6-3-1

<table>
<tr><th>所在线</th><th>隧道名</th><th>底鼓原因</th><th>底鼓处理措施</th></tr>
<tr><td>宁杭</td><td>湖州隧道</td><td>1. 地下水微水压作用；
2. 填充层存在不密实现象</td><td>1. 抗隆起锚杆、排水泄压；
2. 仰拱找平层钻孔释压，注浆回填</td></tr>
<tr><td>六沾</td><td>三联隧道</td><td>1. 高地应力；
2. 软弱围岩遇水膨胀；
3. 仰拱结构曲率不到位</td><td>1. 拆换仰拱，并加大其曲率；
2. 调整无砟轨道为有砟轨道；
3. 局部地区使用地锚</td></tr>
<tr><td>兰渝</td><td>玄真关隧道</td><td>高地应力</td><td>1. 拆换仰拱，并加大其曲率；
2. 调整无砟轨道为有砟轨道；
3. 局部地区使用地锚</td></tr>
<tr><td rowspan="4">向莆</td><td>雪峰山隧道</td><td rowspan="4">地下水丰富、仰拱填充层水囊形成局部高水压</td><td rowspan="4">泄水降压，底板锚固，基底注浆，堵水，填充层注浆</td></tr>
<tr><td>戴云山隧道</td></tr>
<tr><td>青云山隧道</td></tr>
<tr><td>高盖山隧道</td></tr>
<tr><td rowspan="3">中南通道</td><td>石楼隧道</td><td rowspan="3">深埋、地下水丰富，软弱围岩遇水膨胀，结构设计对围岩膨胀作用考虑不足</td><td rowspan="3">1. 拆换开裂严重及错台的仰拱、底板；
2. 一般开裂段，使用“微型桩＋注浆”，并设置钢筋混凝土面板；
3. 未施工有水段落注浆封堵，仰拱调整为钢筋混凝土，适时施作；
4. 排水降压</td></tr>
<tr><td>临县隧道</td></tr>
<tr><td>东卫隧道</td></tr>
</table>

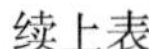

续上表

所在线	隧道名	底鼓原因	底鼓处理措施
遂成	云顶隧道	仰拱厚度不足，泥岩遇水软化、膨胀，结构设计对围岩膨胀作用考虑不足	仰拱拆除重做、仰拱改为钢筋混凝土、仰拱加厚
武广	煤隆岭隧道	地下水丰富、仰拱填充层水囊形成局部高水压	打孔排水泄压、底部增设抗拉锚杆
武广	琯头岭隧道		
中南部通道	吾沿河隧道	局部高地应力、泥岩遇水膨胀	仰拱拆除重做、仰拱改为钢筋混凝土
兰新	福川隧道	仰拱厚度不足、泥岩遇水膨胀、局部地应力较大	仰拱拆除重做、仰拱改为钢筋混凝土

注：上表均为收集资料，包含纪要、汇报材料及图纸等，来源于设计单位、建设单位及施工单位。

由上表内容可以知道，造成隧道底鼓的原因可以分为：高地应力、地下水、膨胀岩、结构匹配性、施工质量等原因，各原因或单一、或相互作用造成了隧道底鼓。

底鼓发生后，针对各原因的处理措施情况如下：

（1）高地应力

加强监测，先放后抗，采用抗拉锚杆、锚索等措施，区域稳定的采用无砟轨道，不稳定的采用有砟轨道。

（2）地下水

针对地下水造成的底鼓，主要采用以“排”为主，以“堵”为辅的措施，“排”主要是结构外排水泄压，消除源头；“堵”是结构内，各结构层之间进行堵水，防止渗水对结构的破坏；同时对于须进行地下水排放量控制区域，换“排”为“堵”。通常采用的“排”措施是钻孔插管，“堵”措施为注浆封堵。局部地区也配合地锚，对基底进行加固。

（3）膨胀岩

主要应用地锚、微型桩及注浆加固进行处理。根据国内相关的研究资料，对于因膨胀岩引起的底鼓，一般采用柔性支护措施较为稳妥。

（4）结构匹配性

对于软岩、膨胀岩的认识不足，结构设计中未进行特殊的处理，只按一般围岩进行设计；同时对隧道上、下断面的区别判断不足，致使使用的措施不能与真实地质条件相匹配，引发底鼓。此类问题的应对基本上采取重新考虑、加强结构、重建的措施。

（5）施工质量

根据情况不同，主要有厚度、材料质量及结构形式不符合要求，施工顺序不符合规范等，其处理措施也主要相对应的恢复上述问题的设计要求即可。

第四节　预防隧道内无砟轨道上鼓病害的建议

（1）对一些特殊地质条件如高地应力、富水软弱层、膨胀岩、岩溶等，要进行无砟轨道适应性研究与论证，合理选用无砟轨道形式，采取适宜的工程措施。

(2)加强仰拱结构设计,高地应力段可增设抗拉锚杆,软弱含水及遇水膨胀的Ⅳ级围岩段将参考图中仰拱素混凝土改为钢筋混凝土。

(3)加强底板和仰拱下地下水排导措施,避免形成高压水。如设置泄水洞、深埋水沟、减压泄水管等。

(4)对软弱地基进行注浆加固,减少地下水渗流,提高地基承载力。

(5)结合近年来收集的部分隧道底部渗水、由于承压水导致无砟轨道道床开裂、隆起的案例,对加强隧道防排水设计、改进施工工艺等提出如下建议:

①加强隧道防排水设计,从源头消除隧底病害的发生。

a. 富水单洞双线隧道,可试验将中心水沟设于隧底(仰拱)下方,防止隧道底部出现承压水。如即将开工的呼张线全线隧道(图6-4-1)、武九客专南阳隧道,设计中采用了中心深埋水沟,水沟设于隧底(仰拱)下方。

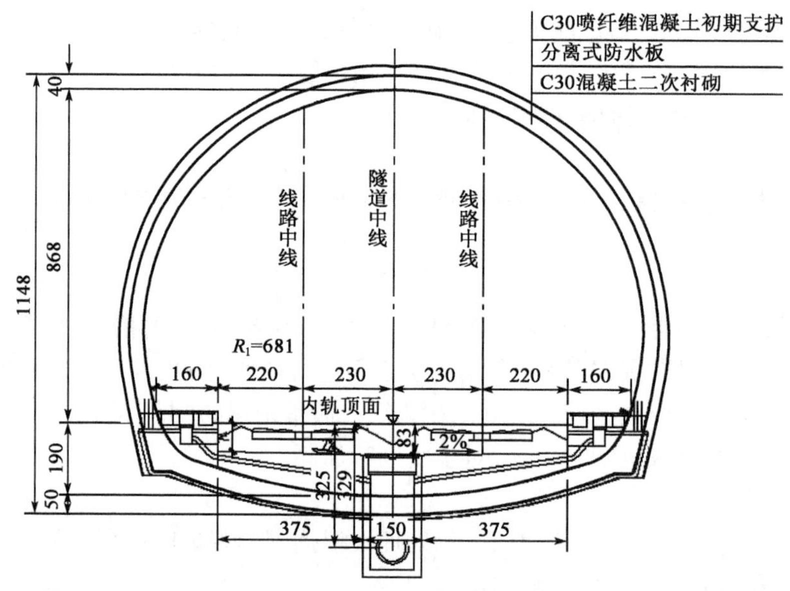

图6-4-1　呼张线双线隧道采用深埋中心水沟衬砌结构图(尺寸单位:cm)

b. 富水单线隧道,应优化隧道底部设计,加深隧道侧沟有效过水高度,加大隧道纵坡坡度,使隧道侧沟常流水水位低于无砟轨道底板,使道床内积水可排入侧沟内。

如即将开工建设的成昆铁路米易至攀枝花段营盘山隧道加深了隧道侧沟,有效排水高度可达到42cm(图6-4-2),道床顶面高于水沟内常水位(按本隧道最大涌水量计算水面高度为15cm)。

c. 加强单线富水隧道底部施工缝防水设计,避免地下水通过底部施工缝渗入道床内。

隧道底部环向施工缝采取止水带、界面剂等防水措施。隧道底部(仰拱下)埋设盲管疏导底部承压水。

②加强施工工艺控制,实现设计意图。

a. 加强隧底施工质量控制,防止隧底防排水措施失效引起隧底病害。

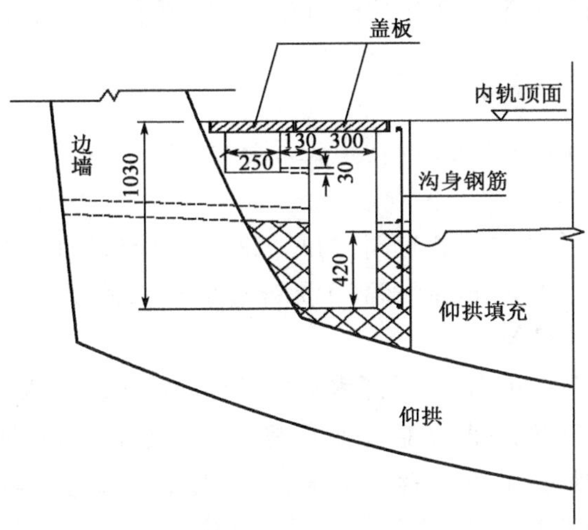

图 6-4-2 营盘山隧道(单线)加深隧道侧沟设计图(尺寸单位:mm)

b.仰拱填充宜一次浇筑。分层浇筑时严格按相关规定执行,对先浇混凝土面清洗、凿毛,防止人为造成“夹层”。

(6)加强仰拱施工质量控制。

建议在施工中对以下施工工艺、工法进行规范,制定施工细则和指南。

①建立仰拱开挖施工工法,保证开挖轮廓和尺寸。

②建立仰拱底部虚渣控制工艺,保证底部质量和良好的受力条件。

③建立仰拱厚度控制与检测工艺,保证仰拱质量。

④建立仰拱底部基底承载力现场测试和评价办法,保证基底具有足够的承载力。

⑤建立隧底防排水施工细则,保证底部排水畅通。

⑥建立无砟轨道铺设条件评估细则,在无砟轨道铺设前,进行铺设条件评估。

第五节 向莆铁路隧道道床积水、轨道隆起病害整治技术

一、向莆铁路隧道道床积水、轨道隆起病害情况

2012 年 9 月,在向莆铁路已贯通的雪峰山等 4 座隧道内,轨道车运行期间陆续发现部分段落无砟轨道道床渗水、积水,个别地段轨道隆起。

1. 无砟轨道道床积水

雪峰山、高盖山、戴云山、青云山等 4 座双洞单线隧道无砟轨道道床积水,积水深度 3 ~ 5cm。

2. 无砟轨道隆起

雪峰山隧道 3 处 YDK308 + 082 ~ YDK308 + 105 段(23m)、YDK308 + 570 ~ YDK308 + 640 段(52m)、DK312 + 925 ~ DK312 + 937 段(12m)、戴云山隧道 1 处 DK434 + 868 ~ DK312 + 938 段

(70m)无砟轨道施工完成后,在轨道车运行期间发生了轨道隆起现象,隆起高度 2.3 ~30mm。

二、病害原因分析

(1)单线隧道两侧水沟底位置较高,道床积水无法排入两侧水沟内,造成道床内长期积水。

向莆铁路单线隧道侧沟沟底位置较高,沟底仅低于无砟道床板 16cm,由于隧道富水,隧道侧沟常流水高位运行,水位高于 16cm(即高于无砟道床板),使得道床沟槽内积水无法排入两侧水沟内,造成道床内长期积水。

(2)隧道富水段底部存在承压水,承压水沿仰拱环向施工缝渗入仰拱回填层和道床内。

隧道采用“半包”防水衬砌,即:①拱墙采用复合式防水板、环向盲管、纵向盲管进行地下水限排;②隧道位于富水地段时,底部存在承压水,水头高于隧道边墙底纵向排水盲管的承压水可通过盲管排放至隧道侧沟内,水头低于隧道边墙底纵向排水盲管的承压水将赋存于隧底无法排放(图 6-5-1);③仰拱环向施工缝未专项设计防水措施。因此底部承压地下水可沿环向施工缝向上渗入。

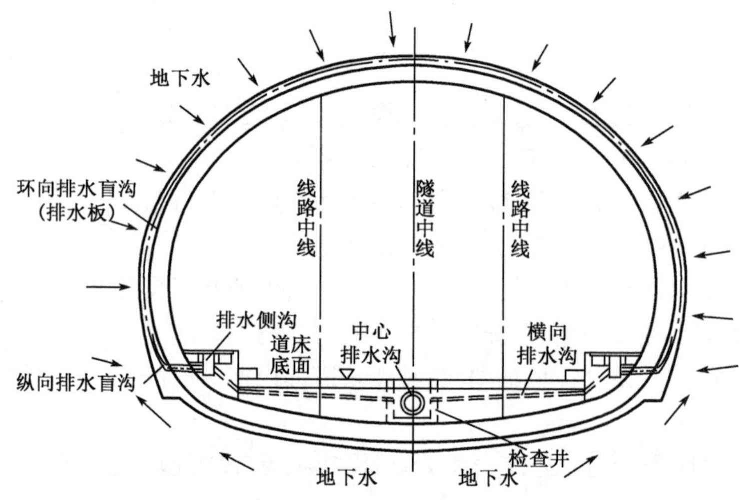

图 6-5-1 “半包”防水衬砌地下水路径示意

(3)隧道两侧沟内水沿水平施工缝渗入道床内。

(4)仰拱回填层分两次施作,隧底承压水或隧道侧沟排水沿施工缝渗入“夹层内”形成水囊,在列车往复作用下导致无砟轨道隆起,见图 6-5-2。

现场施工时,仰拱填充层预留 30cm 厚后浇层作为无砟轨道垫层,无砟轨道垫层为无砟轨道施工前铺设,由于施工车辆对隧底填充长期碾压,造成隧底填充表面凹凸不平,与无砟轨道垫层不密贴,隧底地下水沿着施工缝进入隧底填充与无砟轨道垫层间空隙,积水压力逐渐升高,积聚到一定压力后,会将轨道垫层及其上的无砟轨道顶起,造成局部段落的无砟轨道抬升(图 6-5-2、图 6-5-3)。

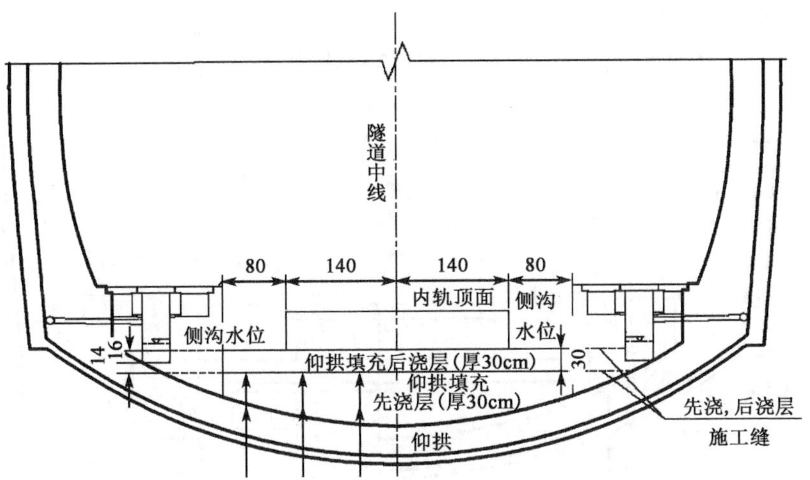

图 6-5-2　底部水渗流路径示意图(横断面,尺寸单位:cm)

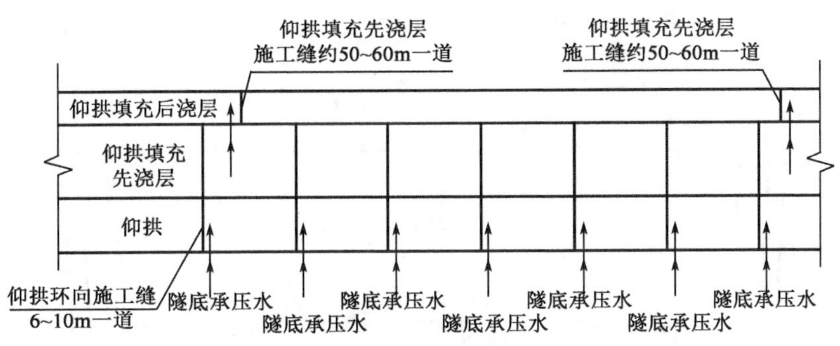

图 6-5-3　底部水渗流路径示意图(纵剖面)

三、病害整治技术

1. 病害探查

根据前期发现的病害情况,研究确定了排查方式和范围,见表 6-5-1。

向莆铁路底板渗水排查方式及排查范围　　表 6-5-1

序号	排 查 方 法	排 查 范 围
1	现场排查 1. 道床板积水情况; 2. 道床板渗水点	全隧道逐一排查
2	隧底探水:采用钻孔探水,钻孔深度 50cm,钻孔纵向间距 1m	1. 无砟轨道道床侧沟存在渗水、积水地段; 2. 施工期间揭示富水段和突涌水段落
3	轨道隆起监测	根据无砟轨道精调情况,对异常段进行监测

2. 整治技术方案及实施效果

(1)整治方案

采用"泄水降压、底部加固、水流归槽"的总体技术方案,如图6-5-4～图6-5-7所示。

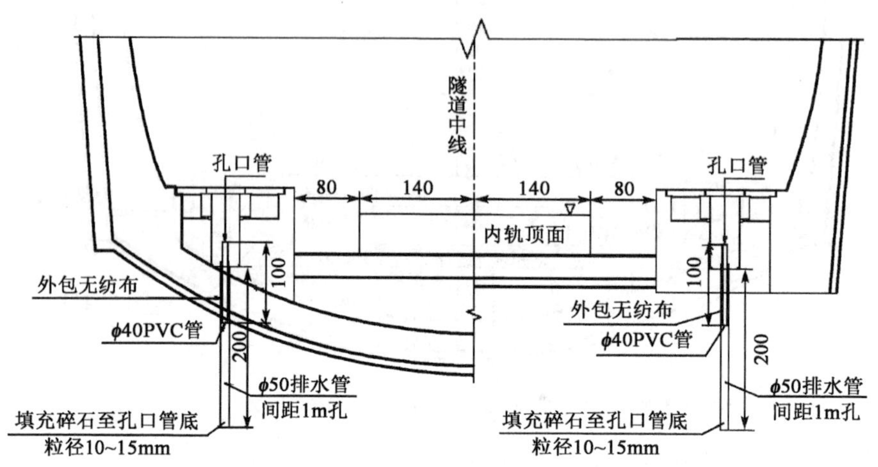

图6-5-4　底部承压水地段泄水降压(尺寸单位:cm)

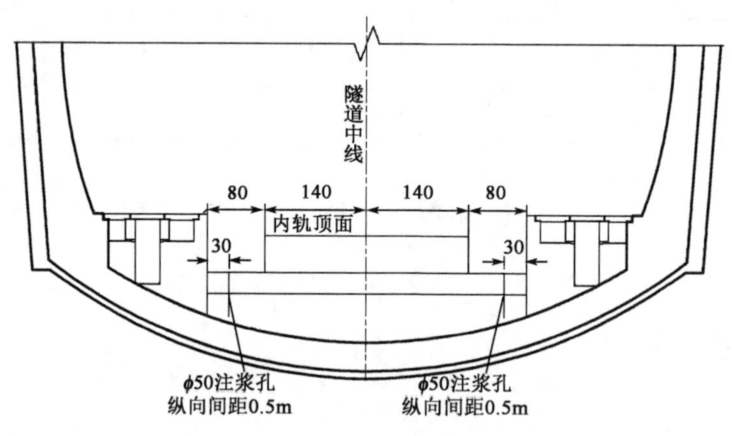

图6-5-5　仰拱填充"夹层"注浆加固(尺寸单位:cm)

①泄水降压。

隧道底部承压水泄水降压:针对隧底存在承压水地段和道床板渗水水源来自底部承压水的段落,采用在隧道侧沟内钻孔泄水降压的工程措施,疏通隧底承压水排水路径,防止隧底承压水通过仰拱施工缝在仰拱填充"夹层"形成承压水囊。泄水孔直径50mm,钻孔深度1m(钻穿隧道结构),纵向间距1m,泄水孔设置反滤层。

仰拱填充"夹层"有压水囊泄水降压:针对仰拱填充"夹层"已形成承压水囊的段落,钻孔打穿仰拱填充"夹层",对有压水囊进行泄水降压。

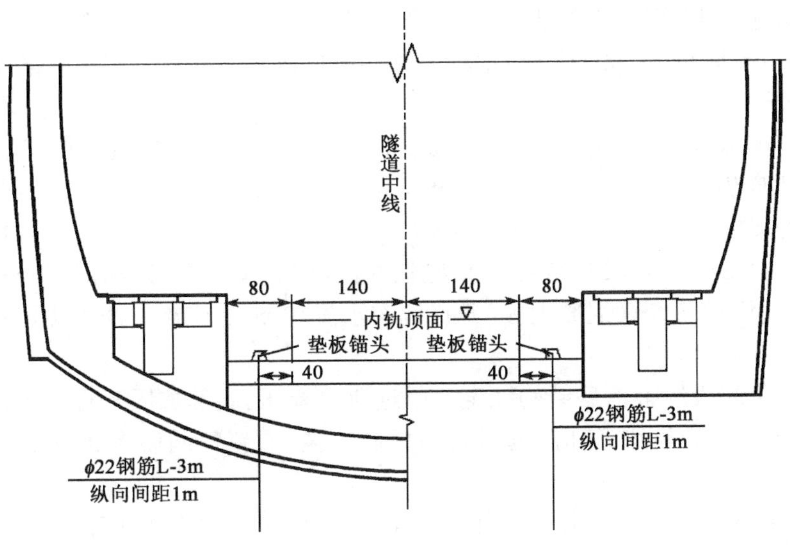

图 6-5-6　仰拱填充"夹层"锚固图(尺寸单位:cm)

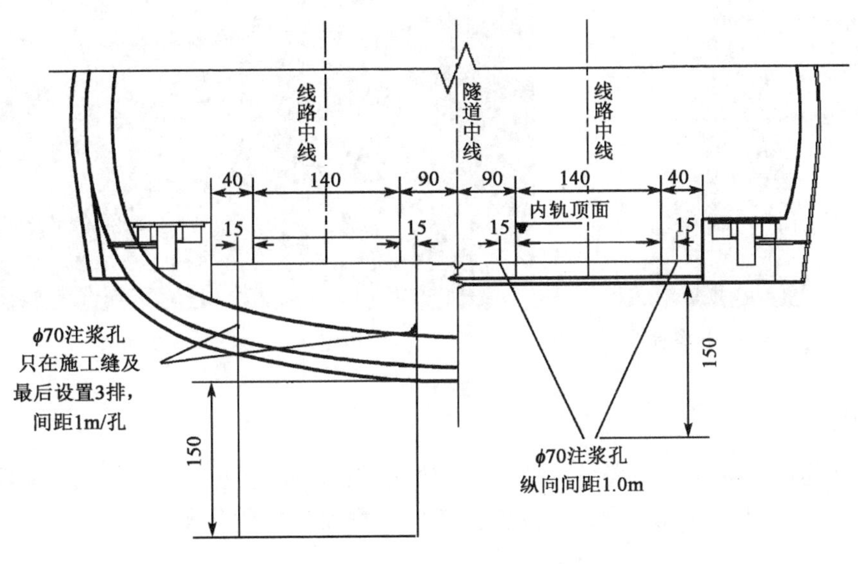

图 6-5-7　富水地段隧道隧底注浆加固图(尺寸单位:cm)

②底部加固。

仰拱填充"夹层"加固,增加底部结构整体性。针对仰拱填充后浇层隆起地段,在泄水降压后,采用注浆和锚固加强后浇层与仰拱填充的整体性。注浆钻孔孔径 50mm,每侧 1 排,间距 0.5m,注浆采用超细水泥浆液。锚固采用 25mm 中空注浆锚杆,将仰拱、仰拱填充、仰拱填充后浇层连成整体，锚杆纵向间距1m，上部设置垫板固定，锚固锚杆与注浆孔错开布置。

在富水地段进行基底注浆，控制地下水排放量。钻孔孔径70mm，深度为进入仰拱以下3m（有仰拱地段）或底板下3m（无仰拱地段），注浆孔间距1m/孔。注浆浆液采用超细水泥浆。

③水流归槽。

在靠近道床侧施作50cm×15cm（宽×高）C25素混凝土板，归拢道床板积水至侧沟侧，避免常流水影响无砟轨道板。

（2）实施效果

共设置减压孔24765孔（24765延米），底板仰拱填充"夹层"注浆和锚固15356延米，隧底注浆17811延米，增加C25素混凝土板（归拢侧沟水流）21542延米。通过以上工程措施，达到了预期的整治效果。

①无砟轨道隆起段经整治后结构稳定。通过泄水降压、底部加固工程措施，雪峰山隧道3处、戴云山隧道1处无砟轨道道床隆起段轨道标高恢复，重新精调后无砟道床稳定，满足验标要求。

②整治后，部分地段无砟轨道道床内无积水，部分地段通过施作无砟道床板素混凝土板，归拢水流至侧沟侧，水流深度1～2cm，避免水流影响无砟轨道板，并有效改善了隧道内渗水观感，见图6-5-8、图6-5-9。

图6-5-8 整治前

图6-5-9 整治后效果

四、建议

向莆铁路隧道道床病害虽经整治取得了较好的效果，但隧道排水沟深度不够缺点依然存在，运营部门应引起足够重视，设计单位应在类似工程设计中优化排水设计。

第六节 兰新铁路甘青段福川隧道无砟轨道上鼓处治

一、设计情况

1. 隧道概况

福川隧道位于甘肃省永靖县境内，穿行于湟水河右岸高阶地和低中山区，起讫里程DK39+730～DK50+379，全长10649m，洞内线路纵坡为人字坡，为双线隧道。隧道洞身一般埋深为 50 ~ 180m，最大埋深约 270m，最小埋深约 7m。本隧道设计两座斜井及一座横洞进行辅助施工，辅助坑道布置如图 6-6-1 所示。

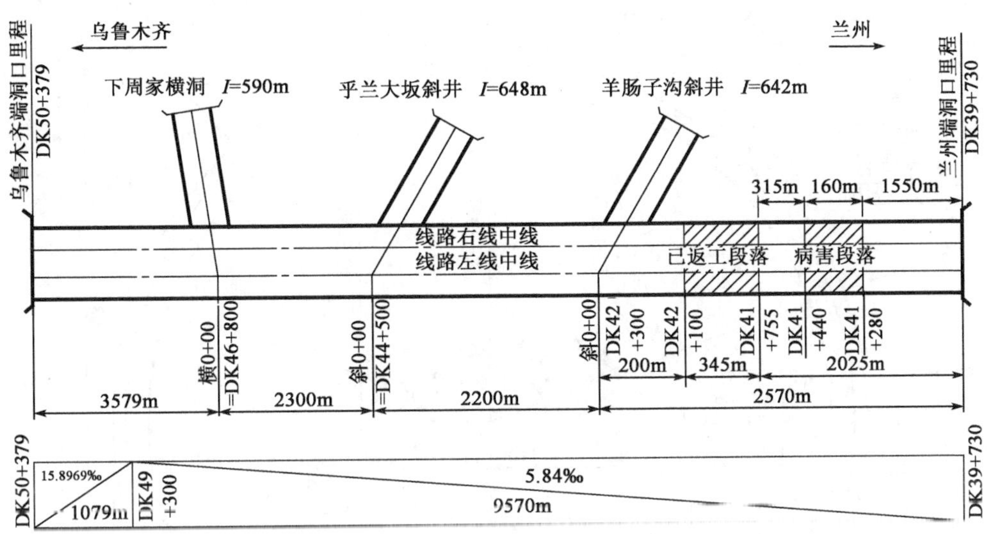

图 6-6-1　福川隧道辅助坑道平面布置示意图

2. 地质情况

(1) 工程地质

福川隧道 DK40 + 230 ~ DK42 + 250 段，以泥岩为主，局部间夹薄层砂岩，紫红、棕红色，局部灰绿色，泥钙质胶结，薄层—中厚层构造，成岩作用较差，泥岩为泥质结构，砂岩为粉、细砂状结构，节理裂隙较发育，Ⅳ级软石，弱风化，$\sigma_0 = 450\text{kPa}$。

(2) 水文地质

泥岩结构致密，产状较为平缓，裂隙不太发育，岩层透水性较差，不利于地下水的储存和运移，一般水量贫乏或基本不含水。

(3) 特殊岩土

泥岩开挖后易膨胀、崩解，根据取样试验，其参数指标为自由膨胀率 $FS = 25\% \sim 53\%$，蒙脱石含量 $M = 9\% \sim 16\%$，阳离子交换量 $CEC(NH_4^+) = 111 \sim 213\text{mmol/kg}$，具弱膨胀性。

(4) 围岩分级

Ⅳ级围岩。

3. 隧道结构设计情况

本段埋深 200 ~ 260m，洞身通过地层为白垩系下统泥岩夹砂岩，设计采用Ⅳa-1 型衬砌支护参数，详细如下：

(1) 初期支护

喷 C25 混凝土，拱墙 25cm，仰拱 10cm；拱墙设 $\phi 6$ 钢筋网，间距 20cm × 20cm；拱墙设置系统锚杆，间距 1.2m × 1.5m，长 3.0m；拱墙设置工 18 型钢钢架，纵向间距 1m。

(2) 二次衬砌

C30 纤维素纤维混凝土，拱墙厚 45cm，仰拱厚 55cm（图 6-6-2）。

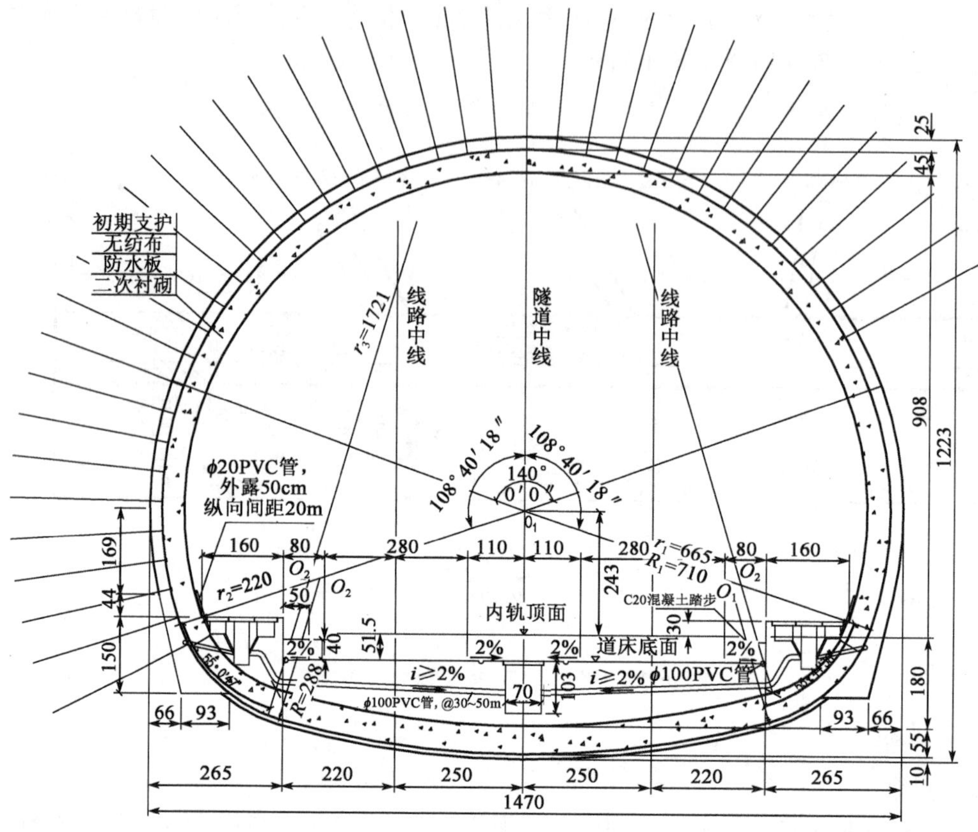

图6-6-2　衬砌断面图（尺寸单位：cm）

4. 轨道结构设计情况

兰新第二双线正线无砟轨道结构形式为CRTS I型双块式无砟轨道结构，其中，隧道内无砟轨道结构以《高速铁路CRTS I型双块式无砟轨道隧道地段通用参考图》（通线［2011］2351-Ⅳ）为基础进行设计，其组成部分仍主要为钢轨、扣件、双块式轨枕、C40钢筋混凝土道床板，道床板直接构筑于隧道仰拱回填层上（图6-6-3）。

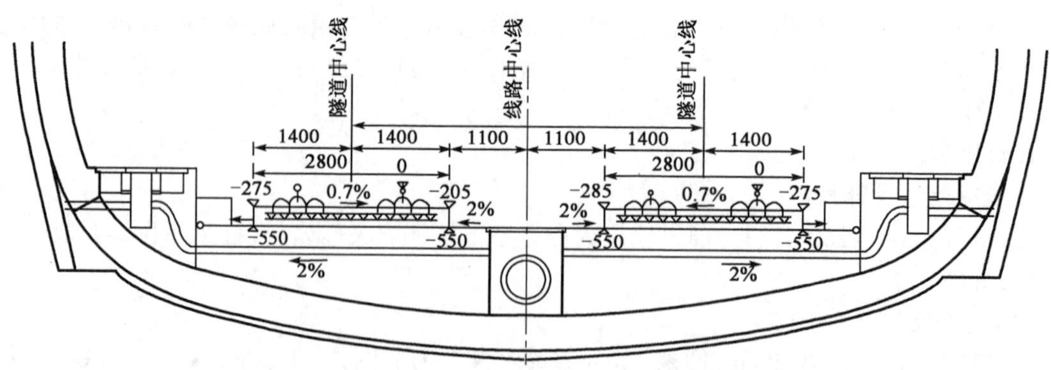

图6-6-3　隧道内双块式无砟轨道横断面图（尺寸单位：mm）

隧道总长度大于600m工点两端距洞口200m范围内采用6.5m单元式道床板结构，距洞口200m向内地段采用连续道床板结构(与通用图保持相同结构设计原则)。道床板均采用双层配筋,单元式道床板板长6.5m,板中设置锚固钢筋使道床板与隧道仰拱填充层牢固连接;连续式道床板仅在隧道沉降缝处断开,其他均为连续结构,在道床板端部设置锚固钢筋使道床板与隧道仰拱填充层牢固连接,其他区段采用隧道仰拱凿毛方式增强道床板与仰拱找平层间黏结力,详见图6-6-4。

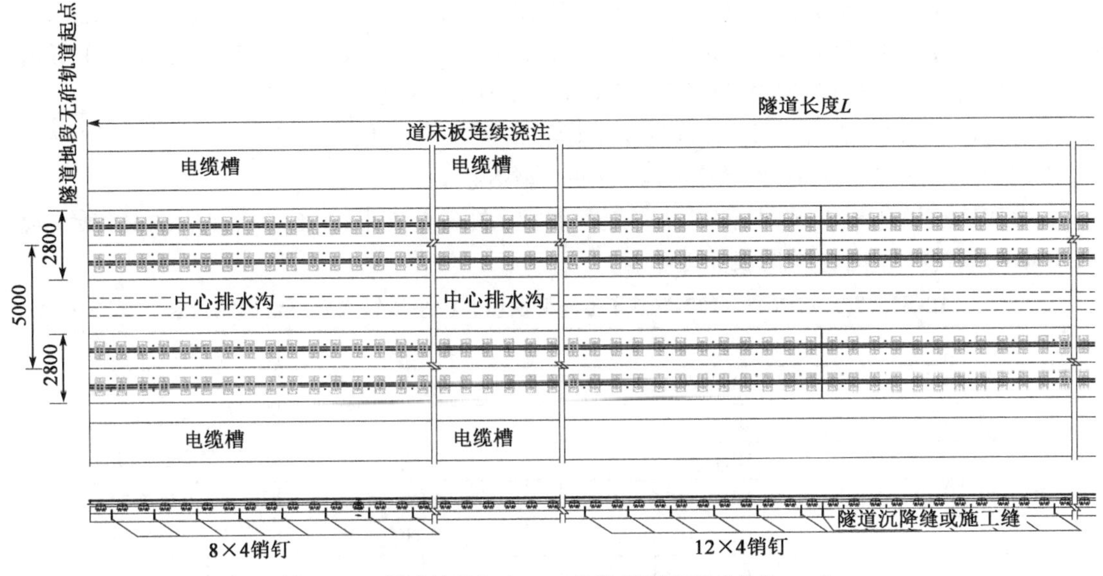

图6-6-4　隧道长度大于600m地段布置图(尺寸单位:mm)

二、DK41+755～DK42+100段变形及处理情况

1. 开挖揭示情况

福川隧道DK41+755～DK42+100段施工过程开挖揭示岩性为泥岩夹砂岩,薄层—中厚层构造,节理裂隙较发育,无水。

2. 施工过程

DK41+755～DK42+100段自2011年4月初开挖,2014年4月4日完成铺轨,各施工工序时间见表6-6-1。

表6-6-1

里　程	拱墙施工时间		隧底施工时间				道床板施工时间	
	开挖	二衬	开挖	仰拱	填充	找平层	左线	右线
DK41+600～DK41+800	2012.5.30～2012.7.14	2012.6.17～2012.8.3	2012.6.6～2012.7.17	2012.6.7～2012.7.22	2012.6.7～2012.7.22	2013.4.18～2013.4.20	2013.9.15～2013.9.17	2013.10.16～2013.10.18
DK41+800～DK42+000	2011.6.24～2012.5.30	2011.7.25～2012.6.17	2011.7.2～2012.6.6	2011.7.5～2012.6.7	2011.7.6～2012.6.7	2013.4.21～2013.4.22	2013.9.12～2013.9.14	2013.11.25～2013.11.28
DK42+000～DK42+200	2011.4.3～2011.6.24	2011.5.12～2011.7.25	2011.4.20～2011.7.2	2011.4.22～2011.7.5	2011.4.22～2011.7.6	2013.4.22～2013.4.24	2013.9.10～2013.9.12	2013.11.28～2013.12.1

3. 病害情况描述

2014 年 4 月初，长钢轨铺设完成后（尚未进行长钢轨焊接锁定）进行小车复测时发现左右轨高程差超限，经测量、调查，该段落道存在轨道上鼓、道床板与仰拱找平层脱离、仰拱开裂等现象，详细情况如下：

（1）轨道变形情况

经施工单位现场测量，左线 DK41 +782 ~ DK42 +075（l = 293m）段轨面变形≥10mm；右线 DK41 +783 ~ DK42 +000（l = 217m）段轨面变形≥10mm。在 DK41 +885 附近轨道变形最严重，实际轨面标高与设计标高相差最大，其中左线 100mm，右线最大 122mm。

同时对该段 CPⅢ进行了复测，未发现明显异常。

（2）道床板、仰拱填充找平层及水沟侧沟病害情况

①无砟轨道道床板上鼓，与仰拱找平层间脱离（图 6-6-5、图 6-6-6），产生离缝，最大离缝约 2 ~ 3cm，离缝具体位置详见表 6-6-2。

DK41 +755 ~ DK42 +100 段道床板与仰拱填充找平层较大离缝情况调查表　　表 6-6-2

序　　号	里　　程	线　　别	道床板离缝情况
1	DK41 +810	右线	离缝 5mm
2	DK41 +880	右线	离缝约 30mm
3	DK41 +888	左线	离缝 12mm
4	DK41 +905	右线	离缝 30m
5	DK41 +950	右线	离缝 20mm
6	DK41 +965	左线	离缝 3mm
7	DK42 +030	左线	离缝 6mm

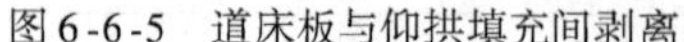

图 6-6-5　道床板与仰拱填充间剥离

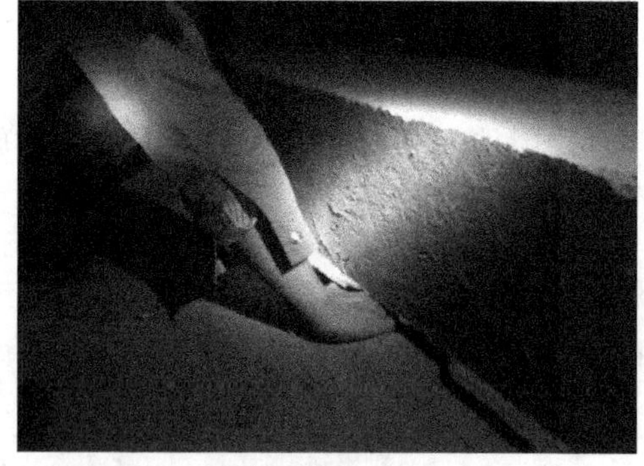

图 6-6-6　道床板与仰拱填充间剥离

②道床板端头与水沟电缆槽侧壁间仰拱填充找平层发现纵向裂缝（图 6-6-7、图 6-6-8），裂缝宽度 5 ~ 20mm。裂缝统计情况如表 6-6-3 所示。

DK41 +740 ~ DK42 +100 段仰拱填充找平层裂缝统计表　　表 6-6-3

序号	段　落	长度（m）	位　置	裂 缝 情 况
1	DK41 +815 ~ DK41 +825	10	右线右侧	纵向裂缝宽 5mm
2	DK41 +860 ~ DK41 +950	90	右线右侧	纵向裂缝宽 5 ~ 20mm
3	DK42 +020 ~ DK42 +070	50	右线右侧	纵向裂缝宽 5mm

续上表

序号	段 落	长度(m)	位 置	裂 缝 情 况
4	DK41 +890 ~ DK41 +900	10	左线左侧	纵向裂缝宽 5 ~ 15mm
5	DK41 +910 ~ DK41 +960	50	左线左侧	纵向裂缝宽 5mm
6	DK42 +000 ~ DK42 +010	10	左线左侧	纵向裂缝宽 5mm
7	DK42 +035 ~ DK42 +045	10	左线左侧	纵向裂缝宽 5mm

备注:裂缝段落 DK41 +815 ~ DK41 +825、DK41 +880 ~ DK41 +960,DK42 +000 ~ DK42 +010、DK42 +020 ~ DK42 +070,共计 160m。

③现场对隧道找平层进行钻孔后发现找平层与仰拱填充层发生剥离(图 6-6-9)。

④水沟电缆槽侧壁开裂(图 6-6-10),水沟侧壁与仰拱填充层间分离。

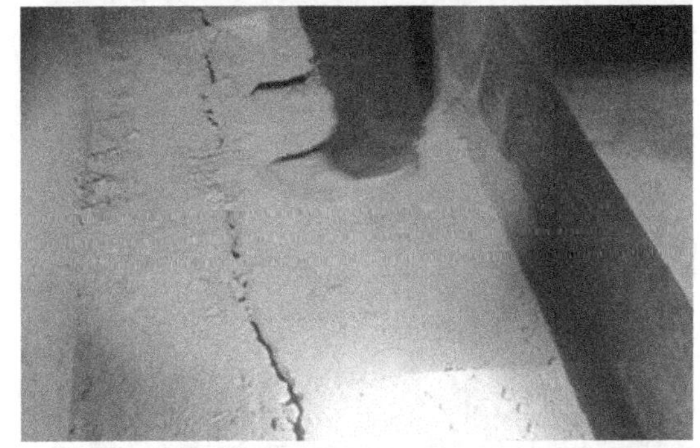

图 6-6-7 找平层纵向裂缝(1)

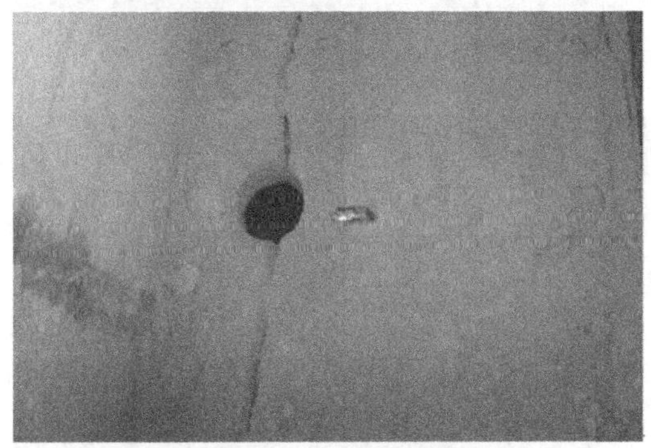

图 6-6-8 找平层纵向裂缝(2)

图 6-6-9 填充层与找平层剥离

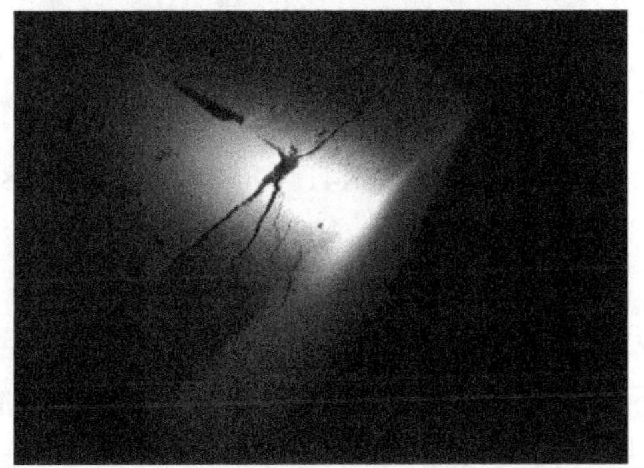

图 6-6-10 水沟电缆槽侧壁开裂

(3)破除后仰拱及仰拱填充开裂情况

2014 年 5 月 16 日,首先拆除变形段落的钢轨,然后依次破除无砟轨道板及仰拱填充平层,在变形最大位置附近破除仰拱至基底,以查明开裂情况。通过对现场破除仰拱填充找平层及仰拱的调查,DK41 +755 ~ DK42 +100 段开裂情况如下:

①仰拱填充层左右侧均有纵向裂缝。

a. DK41 +755 ~ DK41 +829、DK41 +847 ~ DK41 +861、DK41 +873 ~ DK41 +964、DK41 +979 ~ DK42 +100 段线路两侧发现纵向裂缝,裂缝在仰拱施工缝位置断开,裂缝分布情况详见

图6-6-11～图6-6-14。

图6-6-11　右线侧纵向裂缝(1)

图6-6-12　右线侧纵向裂缝(2)

图6-6-13　左线侧纵向裂缝(1)

图6-6-14　左线侧纵向裂缝(2)

b. 现场调查发现DK41+850～DK41+885段线路左侧裂缝被后浇筑找平层混凝土砂浆填充，为老裂缝。DK42+097～DK42+100段线路右侧发现施工期间已经进行注浆处理的老裂缝。

②DK41+883～DK41+886段仰拱破除后发现，该断面处裂缝始于水沟电缆槽侧壁附近，斜向下发展至仰拱，而后再折向隧道中线处，在距离隧道中线一定范围内裂缝终止（中心水沟未见裂缝），左右线裂缝呈两个并排的"V"字形（图6-6-15、图6-6-16）。

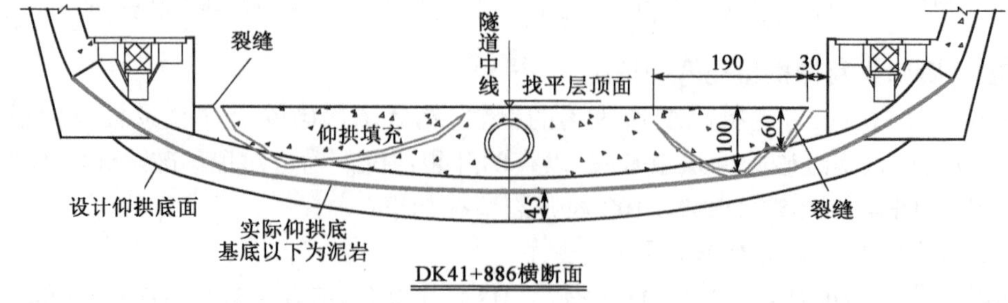

图6-6-15　DK41+883～DK41+886段仰拱裂缝（尺寸单位：cm）

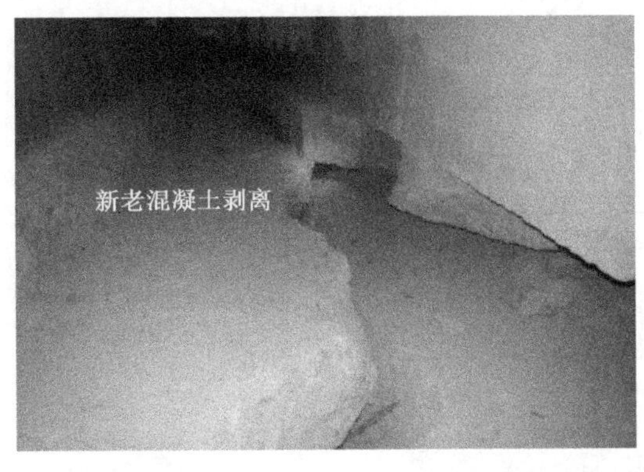

图 6-6-16　DK41 +886 右侧找平层与老混凝土间剥离及裂缝

③DK41 +763 处仰拱破除后发现，该断面处裂缝始于左线侧水沟电缆槽侧壁附近，斜向下发展至仰拱，在仰拱填充下部呈水平走向，最终裂缝终止于中心水沟（图 6-6-17 ~ 图 6-6-19）。

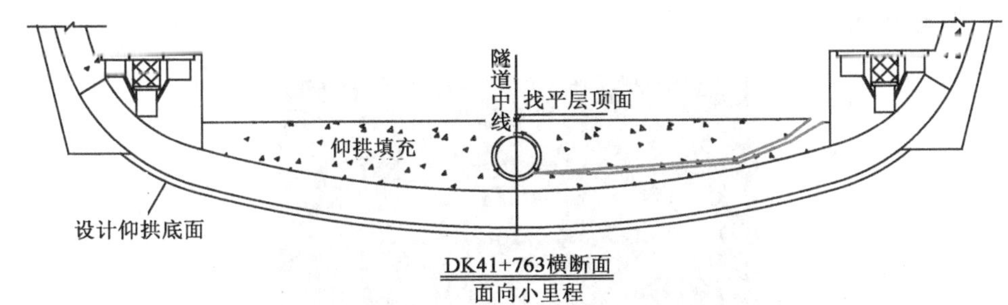

图 6-6-17　填充层裂缝（尺寸单位：cm）

6-6-18　DK41 +763 断面线路左侧裂缝（面向小里程）

图 6-6-19　DK41 +763 处基底泥岩夹砂岩（无水）

4. 洞内钻探及测试

(1)洞内钻探

本段段完成 27 孔，每个断面按照左、中、右布置 3 个钻孔，孔位分别位于紧临两侧水沟电缆槽与轨道板中心水沟与轨道板间，如图 6-6-20 所示。

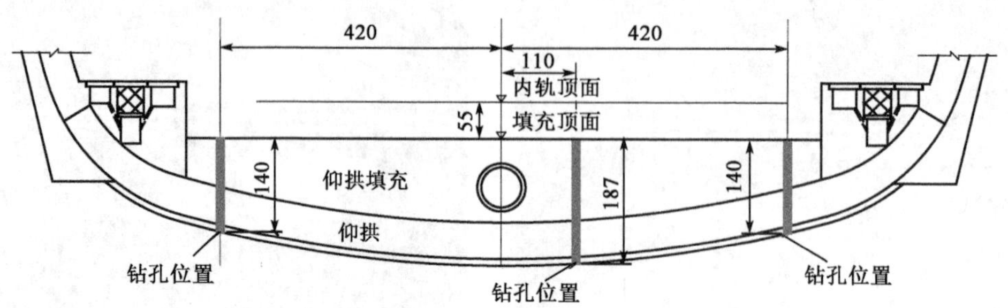

图6-6-20　钻孔断面(尺寸单位:cm)

钻探显示,上部为混凝土层,厚度在0.9~1.77m,岩芯呈碎块状或短柱状和长柱状;其中FZ-5钻孔(DK41+780右侧1.1m)显示,混凝土厚度1.7m,但在0.8~1.1m岩芯呈砂状(图6-6-21)。混凝土下部为泥岩,棕红色,主要为黏土质矿物组成,泥质结构,泥钙质胶结,岩芯呈碎块状或短柱状和长柱状,局部夹薄层砂岩。

图6-6-21　FZ-5钻孔0.8~1.1m岩芯呈砂状

(2)混凝土测试结果

①通过对钻孔进行观察发现FZ-6~25、27号钻孔,在距离仰拱填充顶面10~20cm位置处混凝土存在剥离、分层现象。

②通过27个钻孔取芯与设计情况进行对比,除FZ-7、25号2个钻孔混凝土厚度满足设计厚度以外,其余钻孔均不满足设计厚度,详见(表6-6-4)。

③根据钻孔取芯混凝土的抗压强度实验结果,仰拱混凝土强度基本满足设计要求。

仰拱混凝土钻孔记录表　　表6-6-4

钻孔号	里程	偏移量(m)	钻孔深度(m)	钻探混凝土厚度(m)	设计混凝土厚度(m)	混凝土欠缺厚度(cm)	备　注
FZ-4	DK41+780	-4.2	6.3	1.3	1.4	0.1	
FZ-5	DK41+780	1.1	4	1.7	1.87	0.17	

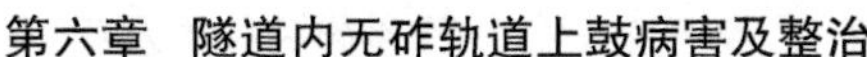

续上表

钻孔号	里程	偏移量(m)	钻孔深度(m)	钻探混凝土厚度(m)	设计混凝土厚度(m)	混凝土欠缺厚度(cm)	备　注
FZ-6	DK41 +780	4.2	6	1.25	1.4	0.15	找平层以下 110 ~ 115cm 处混凝土有水平离缝
FZ-7	DK41 +810	-4.2	6.4	1.4	1.4	0	找平层以下 16 ~ 20cm 处混凝土有水平离缝
FZ-8	DK41 +810	1.1	4.65	1.65	1.87	0.22	找平层以下 11 ~ 12cm 处混凝土有水平离缝
FZ-9	DK41 +810	4.2	6	1.1	1.4	0.3	找平层以下 54 ~ 66cm 处混凝土有水平离缝
FZ-10	DK41 +840	-4.2	4.12	1.12	1.4	0.28	找平层以下 12 ~ 13cm 处混凝土有水平离缝
FZ-11	DK41 +840	1.1	4.43	1.43	1.87	0.44	找平层以下 16 ~ 18cm 处混凝土有水平离缝
FZ-12	DK41 +840	4.2	5	1.2	1.4	0.2	找平层以下 12 ~ 14.5cm 处混凝土有水平离缝
FZ-13	DK41 +880	-4.2	6.13	1.13	1.4	0.27	找平层以下 18 ~ 21cm 处混凝土有水平离缝
FZ-14	DK41 +880	1.1	4.42	1.42	1.87	0.45	找平层以下 17 ~ 18cm 处混凝土有水平离缝
FZ-15	DK41 +880	4.2	5	1.1	1.4	0.3	找平层以下 14.5 ~ 18cm 处混凝土有水平离缝
FZ-16	DK41 +915	-4.2	6.03	1.03	1.4	0.37	找平层以下 13 ~ 16cm 处混凝土有水平离缝
FZ-17	DK41 +915	1.1	4.23	1.23	1.87	0.64	找平层以下 9.5 ~ 12cm 处混凝土有水平离缝
FZ-18	DK41 +915	4.2	5	1.1	1.4	0.3	找平层以下 46 ~ 51cm 处混凝土有水平离缝
FZ-19	DK41 +945	-4.2	6.08	1.08	1.4	0.32	找平层以下 15 ~ 17cm 及 65 ~ 67cm 处混凝土有水平离缝
FZ-20	DK41 +945	1.1	4.72	1.72	1.87	0.15	找平层以下 83 ~ 85cm 处混凝土有水平离缝
FZ-21	DK41 +945	4.2	6	1	1.4	0.4	找平层以下 59 ~ 65cm 处混凝土有水平离缝
FZ-22	DK41 +990	-4.2	6.24	1.24	1.4	0.16	找平层以下 10 ~ 14cm 处混凝土有水平离缝
FZ-23	DK41 +990	1.1	4.62	1.62	1.87	0.25	找平层以下 6.5 ~ 11cm 处混凝土有水平离缝
FZ-24	DK41 +990	4.2	6	1	1.4	0.4	找平层以下 18 ~ 21cm 处混凝土有水平离缝
FZ-25	DK42 +050	-4.2	6.77	1.77	1.4	-0.37	找平层以下 10.5 ~ 13cm 处混凝土有水平离缝

续上表

钻孔号	里程	偏移量(m)	钻孔深度(m)	钻探混凝土厚度(m)	设计混凝土厚度(m)	混凝土欠缺厚度(cm)	备　注
FZ-26	DK42+050	1.1	5.2	1.2	1.87	0.67	
FZ-27	DK42+050	4.2	6	1	1.4	0.4	找平层以下19~23cm处混凝土有水平离缝
FZ-28	DK42+100	-4.2	5.98	0.98	1.4	0.42	
FZ-29	DK42+100	1.1	4.68	1.68	1.87	0.19	
FZ-30	DK42+100	4.2	7	1	1.4	0.4	

(3)泥岩膨胀性试验结果

泥岩钻探取样试验，其参数指标为自由膨胀率$FS=30\%\sim84\%$，蒙脱石含量$M=9.0\%\sim17.6\%$，阳离子交换量CEC(NH_4^+)=135~207mmol/kg，具弱膨胀性。

本次钻探试验结果与勘察阶段试验数据一致。

5. 隧道结构处理方案

(1)处理方案

根据钻孔及轨道变形情况，并结合仰拱填充找平层后仰拱裂缝情况，本着“彻底整治，不留后患”的原则，对病害段落仰拱进行返工整治处理。要求返工段仰拱严格按设计要求施作，保证其厚度及弧度。

(2)其他相关要求

①施工期间分段跳槽施工，保证施工安全。

②在拱墙及仰拱混凝土接合面处预埋注浆钢花管，注浆管纵向间距1~2m，后期进行注浆处理，确保新旧混凝土结合密实。

③加强监控量测：

a.在仰拱返工过程中必须加强对隧道衬砌沉降观测，每个观测断面布置3个测点，分别位于拱顶及两侧最大跨边墙位置；每板衬砌至少布置一个观测断面，观测频次1次/d，在仰拱拆除施工过程中及观测数据异常时加密观测频次。

b.仰拱沉降观测

量测断面及测点布置：每10m布置一组测量断面；每处横断面布置3个测点，测点分别位于隧道中线及左右两侧水沟侧壁0.3~0.5m处(图6-6-22)；特殊地段加密量测断面及测点。观测频率为1次/1d(铺轨前)；1次/周(铺轨后)；观测周期暂按铺轨后3个月考虑。

6. 无砟轨道处理方案

上述工点整治范围无砟轨道高程超限幅值较大，并且道床板已经与下部基础剥离，无法满足运营要求，因此应结合隧道仰拱整治方案范围将轨道高程超限及道床板离缝或仰拱返工地段无砟轨道进行完全拆除返工。

(1)无砟轨道拆除方案

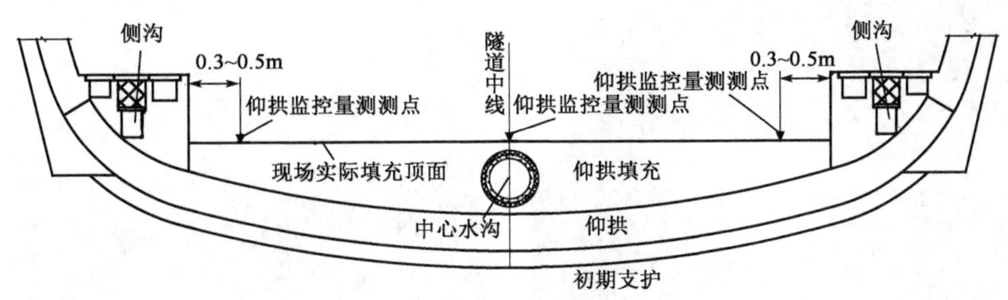

图 6-6-22 仰拱沉降观测测点布置

上述段落位于隧道中部,无砟轨道结构为连续式道床板结构,因此,切除超限道床时需要在未超限道床与拆除段道床相邻侧锯切一道通缝和深度 3cm 的假缝。施工时,先锯切假缝,后锯切通缝。假缝位于相邻两根轨枕正中间,通缝紧靠拆除侧双块式轨枕端部。

(2)紧邻未拆除段加固措施

为防止相邻正常区段无砟轨道在拆除轨道过程中受扰动,影响无砟轨道的稳定性,对临近拆除段的道床板应先进行加固处理。加固措施采用后钻孔设置锚固钢筋方式。

(3)无砟轨道返工方案

返工段无砟轨道道床板仍按原施工图设计的连续式道床板进行施作,并对回填层表面做好拉毛或凿毛等工艺,保证道床板与回填层间粘接牢固。

三、DK41 +280 ~ DK41 +440 段变形情况

1. 变形情况

2014 年 8 月 14 日,对福川隧道进行测量时发现 DK41 +280 ~ DK41 +440 段轨面异常,该段落轨面最大超高 26.6mm。随后对该段进行了排查及钻孔,具体情况如下:

(1)DK41 +300 ~ DK41 +400 段线路右侧道床板与水沟电缆槽间找平层有纵向裂缝,裂缝宽度 3 ~4mm。破除右线道床板与电缆槽侧壁间混凝土后,发现仰拱找平层与原填充层出现剥离,仰拱填充发现斜向隧道底发展的裂缝(图 6-6-23 ~ 图 6-6-26)。

图 6-6-23 线路右侧纵向裂缝

图 6-6-24 纵向裂缝

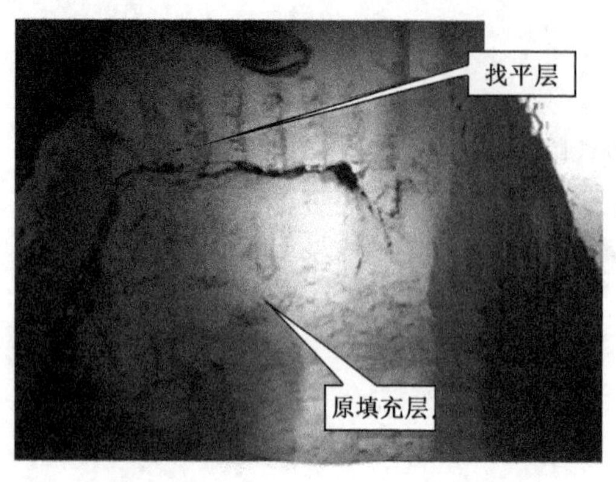

图 6-6-25　DK41 +380 处破检端头裂缝

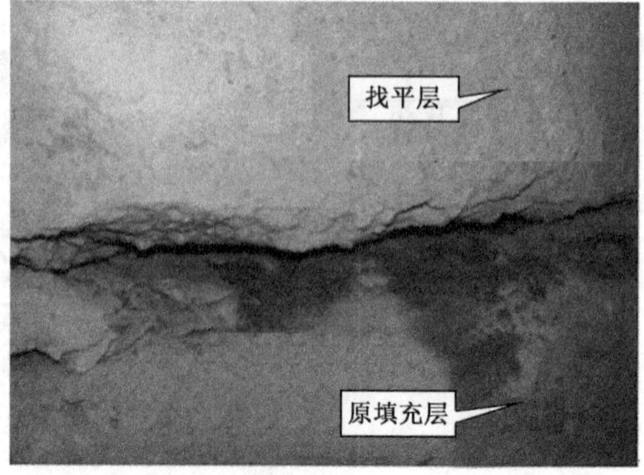

图 6-6-26　找平层与原填充层剥离

(2)通过对现场钻孔量测及调查,发现大部分混凝土厚度欠缺,部分钻孔在找平层附近发现裂缝,钻孔记录如表 6-6-5 所示。

福川隧道 DK41 +280 ~ DK41 +436 段钻孔记录表　　表 6-6-5

钻孔编号	钻孔里程	钻 孔 位 置	设计长度(cm)	芯样长度(cm)	混凝土欠缺厚度(cm)	离 缝 情 况
1	DK41 +280	左线,距道床板左侧 50cm	135	98	37	无
2	DK41 +280	右线,距道床板右侧 47cm	136	101	35	无
3	DK41 +290	左线,距道床板右侧 70cm	190	190	0	无
4	DK41 +300	左线,距道床板左侧 50cm	135	112	23	无
5	DK41 +300	右线,距道床板右侧 46cm	136	111	25	无
6	DK41 +310	右线,距道床板左侧 74cm	190	170	20	无
7	DK41 +323	右线,距道床板右侧 61cm	132	113	19	找平层与填充间 1cm
8	DK41 +340	左线,距道床板左侧 52cm	134	94	40	无
9	DK41 +340	右线,距道床板右侧 49cm	135	107	28	找平层与填充间 1cm
10	DK41 +350	左线,距道床板左侧 73cm	129	90	39	无
11	DK41 +350	右线,距道床板右侧 60cm	132	95	37	找平层与填充间 1cm
12	DK41 +360	左线,距道床板左侧 67cm	131	137	-6	无
13	DK41 +360	右线,距道床板右侧 60cm	132	119	13	找平层与填充间 1cm
14	DK41 +380	左线,距道床板左侧 64cm	131	123	8	无
15	DK41 +380	右线,距道床板右侧 56cm	133	100	33	找平层与填充间 1.5cm
16	DK41 +400	左线,距道床板左侧 63cm	132	103	29	无
17	DK41 +400	右线,距道床板右侧 48cm	135	101	34	无
18	DK41 +440	右线,距道床板右侧 50cm	135	108	27	无

续上表

钻孔编号	钻孔里程	钻 孔 位 置	设计长度（cm）	芯样长度（cm）	混凝土欠缺厚度（cm）	离 缝 情 况
19	DK41 +708	右线，距道床板右侧 55cm	134	94	40	无
20	DK41 +712	右线，距道床板右侧 65cm	131	97	34	找平层与填充间 2cm
21	DK41 +710	左线，距道床板左侧 52cm	134	115	19	无
22	DK41 +410	右线，距道床板右侧 40cm	137	93	44	找平层与填充间 0.8cm
23	DK41 +410	左线，距道床板左侧 40cm	137	102	35	无
24	DK41 +436	左线，距道床板左侧 40cm	137	123	14	无

2. 施工时间

本段 2012 年 6 月 8 日 ~10 月 7 日，进行开挖、衬砌及仰拱施工（表 6-6-6）。

施 工 时 间 表　　表 6-6-6

里　程	拱墙施工时间		隧底施工时间		
	开挖	二衬	开挖	仰拱	填充
DK41 +000 ~ DK41 +160	2012.6.8—2012.7.22	2012.6.30—2012.8.16	2012.6.20—2012.8.6	2012.6.21—2012.8.7	2012.6.22—2012.8.8
DK41 +160 ~ DK41 +318	2012.7.24—2012.9.6	2012.8.22—2012.10.7	2012.8.6—2012.9.16	2012.8.11—2012.9.17	2012.8.12—2012.9.18
DK41 +318 ~ DK41 +497	2012.8.11—2012.9.26	2012.8.28—2012.10.16	2012.8.19—2012.10.6	2012.8.23—2012.10.7	2012.8.23—2012.10.7

道床板施工时间为：2013 年 9 月 19 日 ~21 日（左线）；2013 年 11 月 7 日 ~10 日（右线）。

四、DK41 +280 ~ DK41 +440 段变形原因分析

1. 裂缝特征

通过对整治段病害进行详细调查、整理，该段变形存在如下特征：

（1）除个别裂缝斜向隧道中线外（图 6-6-27），大部分的裂缝均沿隧道纵向发展，裂缝呈张开型（图 6-6-28），宽度 0.1 ~5cm 不等。所有的纵向裂缝均在仰拱施工缝处断开。

图 6-6-27　裂缝斜向发展至中线

图 6-6-28　裂缝斜呈张开型

（2）在横断面上，裂缝左右侧存在1～5cm的错台现象（图6-6-29～图6-6-32），主要表现为靠隧道中线侧混凝土高于靠电缆槽侧沟侧混凝土，线路右侧此现象较左线侧明显。

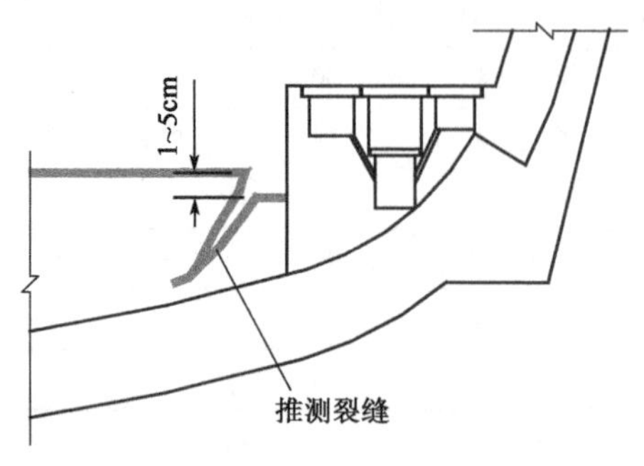

图6-6-29　右线侧侧沟位置处裂缝

图6-6-30　右线侧纵向裂缝

图6-6-31　裂缝横向错台(1)

图6-6-32　裂缝横向错台(2)

（3）纵向裂缝主要分布在道床板端头与电缆槽侧壁间，隧道中线位置附近未发现裂缝。

（4）发现轨面异常的段落，均在铺完轨道后一段时间，一旦出现异常后，在短时间内变化明显。

（5）调查未发现拱墙开裂、起皮等现象，沉降观测及CPⅢ均未发现异常。

2. 连续式道床板稳定性分析

（1）类似工点状况

上述工点为隧道内连续式道床板结构，2010年11月根据干旱风沙地区无砟轨道施工质量控制措施研究课题需要为验证连续式道床板结构在高温环境下的工作状态，在吐鲁番高温干旱环境（DK1612+985～DK1613+395）进行了试验段铺设及测试，试验段左右线轨道结构分别采用双块式连续道床板及19.5m单元式道床板结构，截至目前经为期3年的长期观测500m长度连续式道床板结构未出现高温失稳上拱现象，道床板与支承层间结合紧密，该试验段位于吐鲁番盆地地段，气象资料显示最高环境温度47.7℃，道床板浇筑时环境温度基本在5～10℃，即道床板在可能的最大温升幅度33℃。该试验段在露天且高温环境未出现上拱，也证明了连续式道床板本身发生上拱的可能极小，而本工点左右线同时出现上拱，且道床板横向出现外翻现象，因此基本可排除由于轨道自身失稳上拱的可能性。

(2)无砟轨道道床板竖向稳定性分析

福川隧道出现轨道上拱地段为单坡道直曲线地段(坡段长 10.75km,坡度 5.84‰),隧道内连续式道床板结构随着温度的升高内部积聚温度压应力,正常状态下为内部应力,纵向自平衡。针对本工点出现的道床板竖向大位移情况,下文从理论经典公式、简化数学模型、有限元模型三个方面进行了系统检算,具体如下:

①欧拉公式法。

根据细长杆压力失稳的经典数学公式(欧拉公式)进行检算,细长杆失稳压力 F_{cr} 可表示为:

$$F_{cr}=\frac{\pi^2 KEI}{l^2}$$

式中:E——轨道板弹性模量;

I——轨道板沿横向的截面惯性矩;

l——轨道板上拱失稳半波长。

由于波长无典型参数可借鉴,本计算按现场实际出现的各种弦长进行试算如表 6-6-7 所示。

试 算 结 果　　表 6-6-7

l(m) \ u	0.5	l(m) \ u	0.5
46.1731	3189.957337	41.547	3939.88551
40.3119	4185.009091	33.1332	6194.926781
26.0486	10022.91779	15.5564	28102.4859
24.0438	11764.04638	15.5829	28006.986

可见,在最不利弦长 46 工况下仍需温度力 3189kN(即温升 9.8℃)才有可能温度失稳,而现场实测施工温度 10℃左右,最高温度不超过 30℃,再考虑混凝土固有收缩温降 15℃,混凝土道床板内部仅 5℃温升,因此不足以使道床板失稳上拱。

②简化数学模型。

假设 L 长范围的连续道床板内力为 F,F 在竖直和水平方向的分力分别为:N_1、N_2。则内力分析如图 6-6-33 所示。

$$F=E\alpha\Delta t\times S$$

$$N_1=F\sin\theta$$

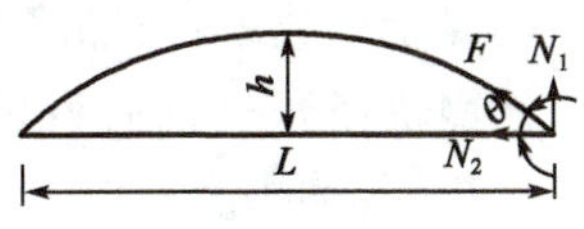

图 6-6-33

式中:E——混凝土弹性模量;

α——混凝土膨胀系数;

Δt——温度变化幅度,取 25℃;

S——道床板的横截面积。

因此道床板内力在竖直方向上的分力为:

$$N_1=E\alpha\Delta t\times S\times\sin\theta$$

DK41+700~DK42+100 范围的道床板上拱量如图 6-6-34 所示。

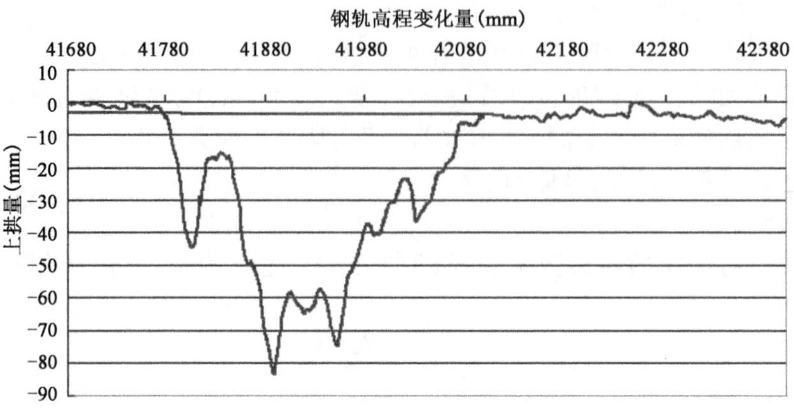

图 6-6-34　轨道高程变化图

对该范围的道床板波峰进行内力分析。道床板波峰范围内的重量分别为：

$$G=\rho\times S\times L$$

式中：ρ——混凝土重度。

对 L 长范围的道床板内力和重力进行对比分析见表 6-6-8。

表 6-6-8

N_1(N)	$G/2$(N)	H(mm)	L(m)
3045.66	3290742	95	369
7735.00	463736	34	52
8317.97	570752	45	64
2692.34	258622	6.6	29
6544.26	419146	26	47
4210.68	526162	21	59

通过表上数据可见，N_1 远远小于 $G/2$，道床板在温度力的作用下，引起上拱的引起竖向内力远远小于该范围的道床板重度。因此，道床板出现上拱，需要其他的外力才能保证道床板的竖向平衡，温度力不是引起道床板上拱的主要作用力。

③有限元模型。

a. 设计参数。

隧道内年温差温度荷载：15℃。

混凝土收缩：按照降温 10℃计算。

钢轨：60kg/m，弹性模量 2.1×105MPa。

扣件：动刚度 60kN/mm，支点间距 650mm。

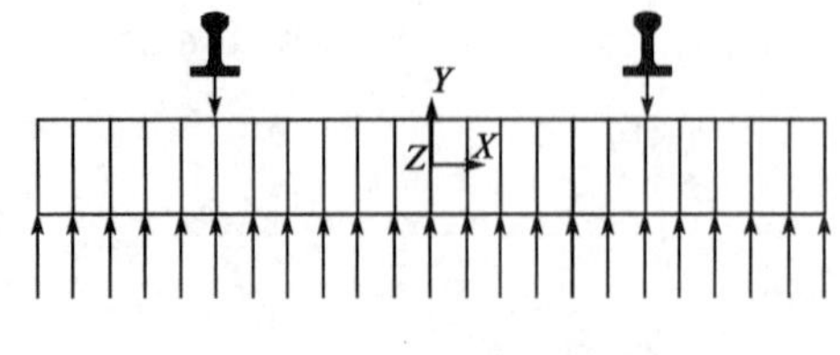

图 6-6-35　有限元分析模型

轨道板：宽度 2.8m，厚度 0.26m。弹性模量 3.25×104MPa。

隧道基础刚度：E=1200MPa/m。

b. 计算模型。

采用“梁—板—板”计算模型，利用 ANSYS 有限元分析软件进行计算（图 6-6-35）。

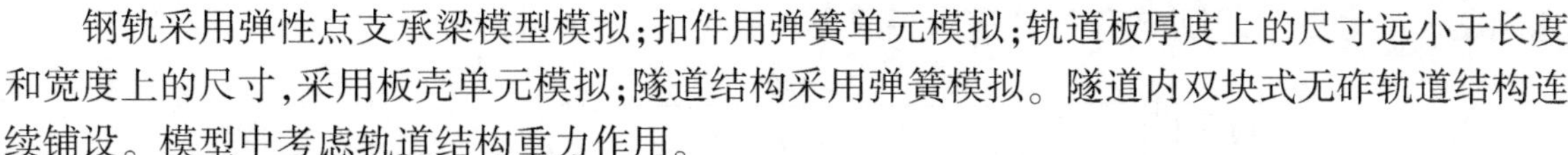

钢轨采用弹性点支承梁模型模拟；扣件用弹簧单元模拟；轨道板厚度上的尺寸远小于长度和宽度上的尺寸，采用板壳单元模拟；隧道结构采用弹簧模拟。隧道内双块式无砟轨道结构连续铺设。模型中考虑轨道结构重力作用。

c.计算结果。

(a)温度荷载作用。

由于隧道内双块式无砟轨道不受太阳照射，道床板上下表面的温度基本一致，计算时可不考虑温度梯度的作用。

计算道床板温度力时，将年温差荷载和道床板收缩叠加考虑，即按道床板降温25℃计算(年温差荷载15℃+收缩10℃)。

轨道板计算结果：轨道板下沉位移0.01mm，无上拱。

轨道板弯矩值见表6-6-9。

轨道板弯矩值　　表6-6-9

荷载类型	温度荷载	荷载类型	温度荷载
轨道板纵向正弯矩(N·m/m)	175.654	轨道板横向正弯矩(N·m/m)	311.788
轨道板纵向负弯矩(N·m/m)	248.872	轨道板横向负弯矩(N·m/m)	1246

(b)极限温度荷载作用力。

当隧道内双块式无砟轨道道床板降温幅度为25℃时，温度荷载产生的道床板混凝土温度力为：

$$P_t = E\alpha_t \Delta TA = 34000 \times 1 \times 10^{-5} \times 25 \times 2.8 \times 0.26 = 6188\text{kN}$$

道床板极限温度力

$$P_t = f_c A = 19.1 \times 10^6 \times 2.8 \times 0.26 = 13905\text{kN}$$

当施加极限温度力时，轨道板受力状态不变，下沉位移仍为0.01mm，无上拱。

(c)初始扰动力。

假设隧道基础有初始扰动力，使轨道板产生上拱位移，对基础施加一定的扰动力，轨道板产生0.82mm的初始上拱位移。

在初始扰动力作用下，轨道板弯矩值如表6-6-10所示。

轨道板弯矩值　　表6-6-10

荷载类型	初始扰动力	荷载类型	初始扰动力
轨道板纵向正弯矩(N·m/m)	1563	轨道板横向正弯矩(N·m/m)	7364
轨道板纵向负弯矩(N·m/m)	739.329	轨道板横向负弯矩(N·m/m)	18740

在轨道板产生初始上拱位移的前提下，再对轨道板施加25℃温度力，轨道板受力状态不变，上拱位移仍为0.82mm。

若进一步考虑隧道找平层与道床板一体化温升，由于温度力与重力均与横断面成正比例变化，而分析对象断面高度加大且找平层宽度大于道床板宽度，则截面抗弯刚度大幅提高(仅分析道床板时，I道床板$=0.00485\text{m}^4$，若将道床板与找平层作为一个整体，则I道床板+找平层$=0.051\text{m}^4$，抗弯刚度I提高10倍)，另外找平层与隧道两侧电缆沟及中心排水沟为牢固连接，约束力更强，因此当将无砟轨道道床板与隧道找平层作为一个整体时，理论上约束条件、抗弯刚度及重力更大，因此较仅检算道床板应更加稳定（图6-6-36）。

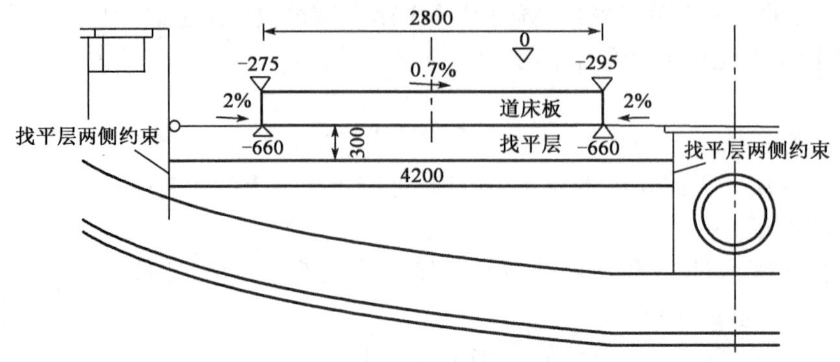

图6-6-36　轨道板计算简图（尺寸单位：cm）

综上所述，通过各种方式理论检算及其他项目的佐证，隧道内连续道床板发生温升失稳上拱的可能性极低。

3. 变形原因综合分析

（1）仰拱结构薄弱。

挖探和钻探揭示两侧水沟电缆槽与轨道板之间仰拱及填充层混凝土强度符合要求，厚度欠20～40cm，仰拱曲率较设计偏小。仰拱和填充层混凝土普遍出现裂缝，一般呈V字形。DK41+755～DK42+085段内右侧发现40条裂缝，其中缝宽2～5cm的28条；左侧31条裂缝，其中宽度达到1cm的12条。表明仰拱和填充层破碎，基本失去抵抗围岩变形能力。

（2）泥岩膨胀。

泥岩按《膨胀土评判指标》（TB 10038—2012）为弱膨胀性。

轨道隆起地段具有汇水条件。一是羊肠子沟进口外山体有2条大的冲沟，有水流过；隆起段处在5.84‰、9.5km长单面坡的下部，距羊肠子斜井交叉口约200m。具备汇集地表水和地下水的条件。二是隧道仰拱和填充层混凝土浇筑与养护时水的汇聚。

泥岩遇水后发生膨胀，导致仰拱和填充层混凝土破裂或拱起。

（3）围岩压力。

轨道隆起地段隧道埋深较大，围岩压力较大；施工地质素描揭示，隧道围岩线路右侧节理裂隙发育程度强于左侧，且该段线路与右侧山脊斜交，围岩压力传递受构造影响和地应力不均存在差异，是造成右线变形值较大的主要原因。泥岩自身具有显著的蠕变特性，影响围岩压力的调整；泥岩遇水软化使围岩强度降低，抵抗不了围岩压力作用，底部产生塑性剪切破坏，沿拱脚连续滑动面从底板向隧道内挤出，导致隧道底鼓。

仰拱结构薄弱、泥岩膨胀性和围岩压力等相互作用是引起轨道隆起的主要原因，即：受上述因素影响，导致仰拱和填充层开裂失去抵抗围岩变形的能力，在泥岩膨胀力和围岩压力作用下的进一步底鼓，导致隧道内轨道隆起。

五、DK41+280～DK41+440段整治方案

（1）在影响轨道隆起的三个因素中，加强仰拱结构是切实可行的整治措施。DK41+280～DK41+440、DK41+650～DK41+755段无砟轨道、仰拱返工重做，采用C40钢筋混凝土对仰拱进行加强，并适当增加仰拱厚度，保证仰拱曲率。

(2)无砟轨道道床板采用长单元结构。

(3)对剩余1km泥岩段,采用6m长、1.5m纵横向间距(并设纵梁)锚杆注浆加固,防止底部上鼓。

(4)结合轨道隆起整治,在隧道底部和仰拱及填充层内设置传感器,监测围岩湿度变化、力学和变形特征、动力效应等。

(5)整治过程中要加强对福川隧道施工用水管理,保持中心水沟排水畅通,防止施工用水下渗恶化基底。

(6)制定返工及影响段落道床板、轨道高程变形长期监测方案,建设期间由施工监测,运营后移交运营单位继续监测。

第七节　中南部铁路通道吾沿河隧道轨道上鼓处治

一、隧道概况

吾沿河隧道全长9100m,采用单洞双线,DK566+800~DK567+050段设计为Ⅳ级围岩,岩石产状平缓,页岩遇水易软化脱顶,可溶岩与非可溶岩接触带(页岩与灰岩),可能岩溶较发育,可能存在高水头地下水,正常涌水量$Q=1256\text{m}^3/\text{d}$,DK567+113~DK567+768段可能发生软岩大变形,该段埋深450m。

该段初期支护采用格栅钢架、间距1.2m/榀,仰拱为45cm厚C30素混凝土,仰拱填充为133cm厚C20素混凝土,二次衬砌为40cm厚C30素混凝土,整体道床设计为双块式无砟轨道,混凝土设计等级为C40。

二、轨道上鼓问题的发现

2014年6月18日,在吾沿河隧道客缺整改过程中发现DK566+800~DK567+050段轨面标高及轨道几何形态异常,该段仰拱中心纵向开裂、裂缝宽度最大达到7mm且明显隆起、中心排水管横向挤压变形,具体情况为:

1.纵向贯通裂缝,缝宽最大达7mm(图6-7-1、图6-7-2)

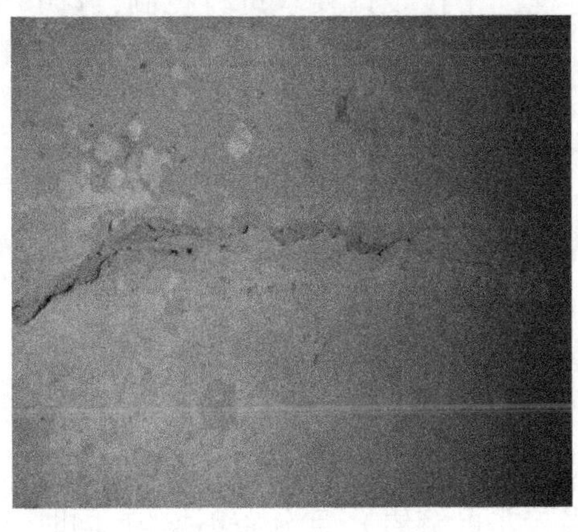

图6-7-1　纵向贯通裂缝

图6-7-2　最大缝宽7mm

2. 中心排水管横向挤压变形（图 6-7-3、图 6-7-4）

图 6-7-3　中心排水管挤压变形

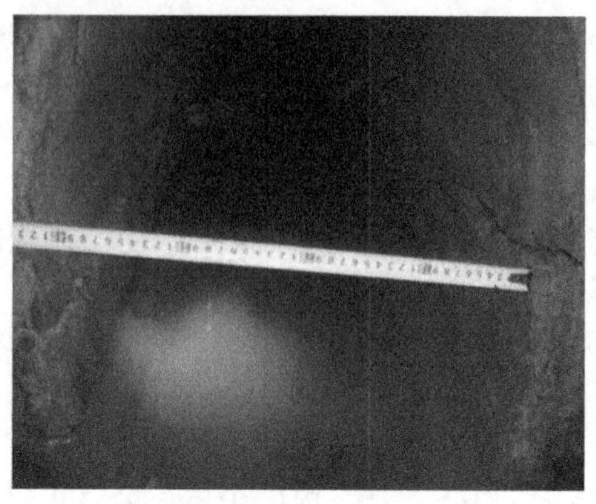

图 6-7-4　中心排水管变形量测

3. 轨面标高不均匀抬升，几何形态差

通过精调小车对该段数据的检测，同时对比 4 月份几何形态调整时的数据，发现 DK566 + 908 处右线左轨轨面标高最大累计抬升 58.2mm，DK566 + 925 处左线右轨轨面标高最大累计抬升 60.8mm，相应的右线右轨、左线左轨轨面标高也抬升约 30mm，单个测量周期局部最大抬升达到 6.8mm，造成该段几何形态严重超标。

4. 全站仪建站精度达标，二衬未发生变形

通过 3 个周期对该段数据进行连续观测，全站仪在建站过程中每次的建站精度均达到规范要求，说明设置在拱墙二次衬砌结构上的 CPⅢ点位及二衬混凝土结构未发生变形。

5. 隧道净空测量满足要求，未发现收敛变形

通过对该段范围内二次衬砌净空断面及收敛量测，隧道净空满足设计要求，未发现收敛变形。

三、施工过程

吾沿河隧道于 2012 年 8 月 31 日贯通，无砟轨道 2014 年 1 月 3 日全部完工。其中 DK 566 + 800 ~ DK567 + 050 分为两台阶开挖，施工过程严格按设计要求进行控制，遵循"弱爆破、短进尺、强支护、早封闭、勤测量"的原则进行施工。在此施工期间，该段范围内未发现明显类似情况。各主要工序具体施工时间如下：

（1）隧道仰拱开挖时间：2011 年 9 月 2 日至 11 月 28 日。

（2）仰拱施工时间：2011 年 9 月 5 日至 11 月 29 日。

（3）仰拱填充施工时间：2011 年 9 月 6 日至 11 月 30 日。

（4）衬砌施工时间：2011 年 9 月 27 日至 12 月 19 日。

（5）无砟轨道施工时间：2013 年 10 月 10 日至 10 月 17 日。

四、地质钻孔情况

该段地质为泥岩、页岩与灰岩接触带（可溶岩与非可溶岩），且分布不均匀，同时还夹杂少量石英砂岩，页岩遇水及易软化；同时该段埋深 450m，可能发生软岩大变形所致。尽快对基底

进行取芯，并进行地质分析。具有代表性的主要芯样情况如下：

1. DK566 + 825 断面

(1)右线：取芯深度 4.13m，芯样揭示情况为混凝土厚度 1.71m，岩石高度为 2.42m，全部为灰岩(图 6-7-5、图 6-7-6)。

图 6-7-5　灰岩(1)

图 6-7-6　灰岩(2)

(2)左线：取芯深度 3.98m，芯样揭示情况为混凝土厚度 1.72m，岩石高度为 2.26m，全部为灰岩(图 6-7-7、图 6-7-8)。

图 6-7-7　0 ~ 46cm 为灰岩，较破碎

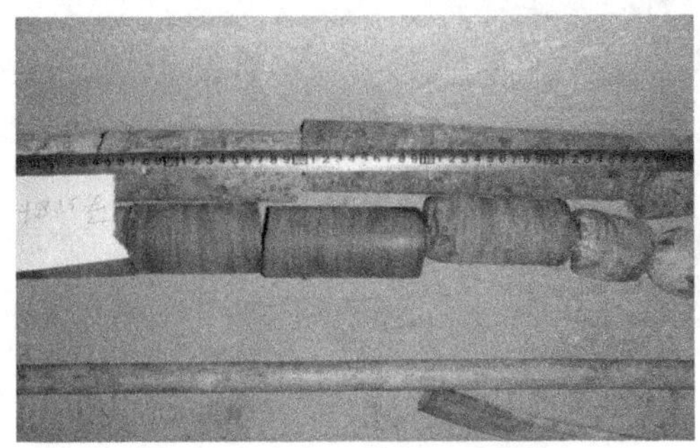

图 6-7-8　46 ~ 129cm 为灰岩

2. DK566 + 875 断面

(1)右线：取芯深度 4.37m，芯样揭示情况为混凝土厚度 1.72m，岩石高度为 2.65m，灰岩、砂岩、泥岩(图 6-7-9 ~ 图 6-7-12)。

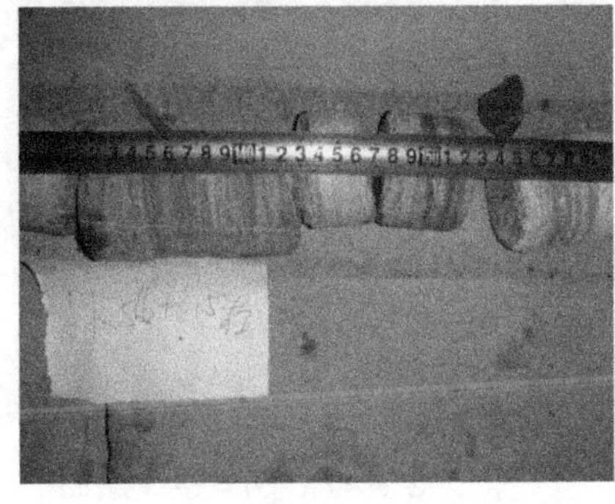

图 6-7-9　0 ~ 140cm 为灰岩夹杂砂岩

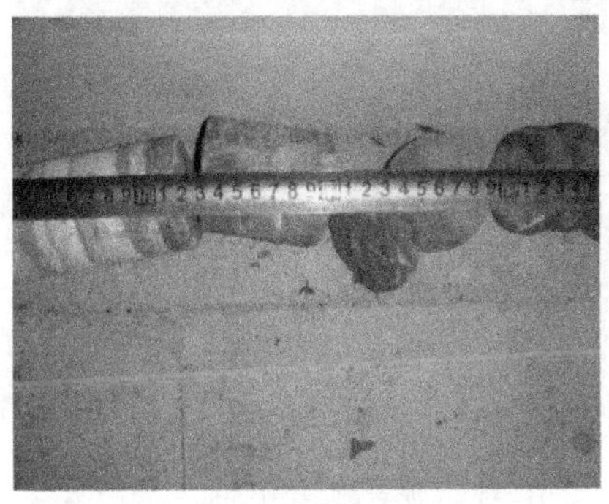

图 6-7-10　140 ~ 180cm 为砂岩夹杂泥岩

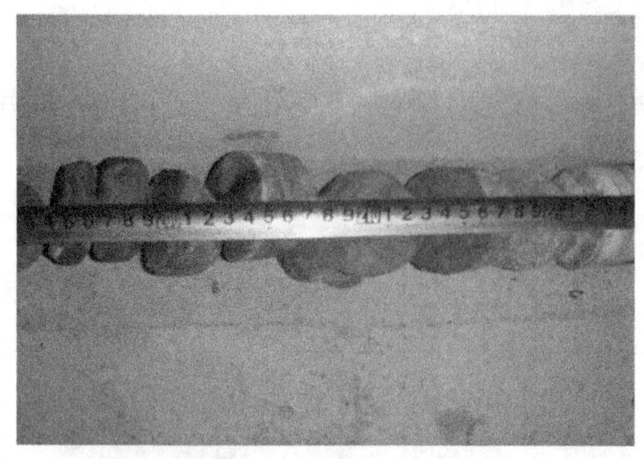

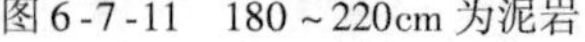

图6-7-11　180～220cm为泥岩

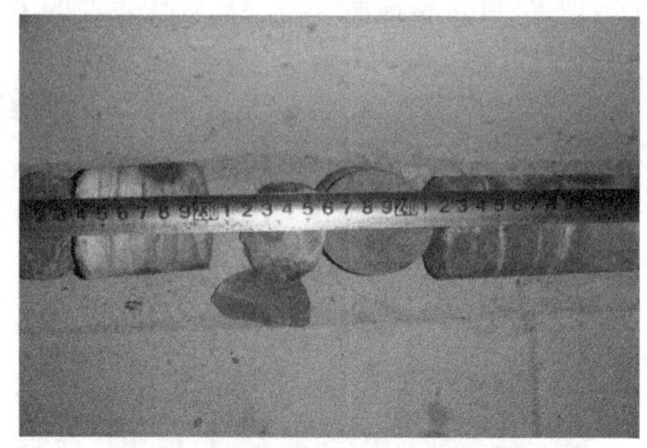

图6-7-12　220～265cm为砂岩夹杂泥岩

（2）左线：取芯深度3.1m，芯样揭示情况为混凝土厚度1.76m，岩石高度为1.34m，灰岩夹杂泥岩（图6-7-13、图6-7-14）。

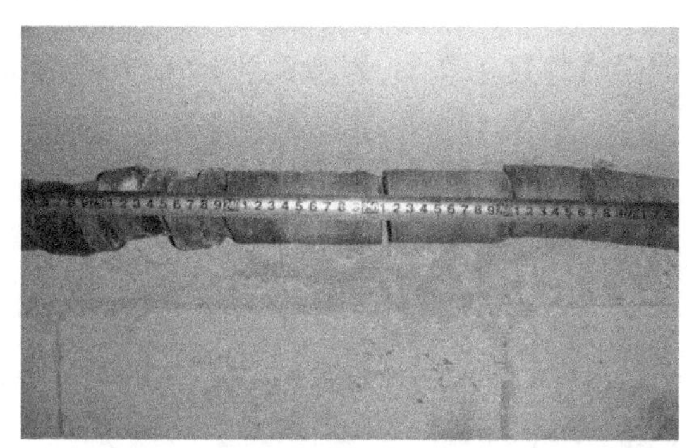

图6-7-13　灰岩

图6-7-14　灰岩夹杂泥岩

3. DK566+975断面

（1）右线：取芯深度2.8m，芯样揭示情况为混凝土厚度1.7m，岩石高度为1.1m，泥岩、页岩（图6-7-15～图6-7-18）。

图6-7-15　泥岩、页岩分界面

图6-7-16　0～25cm为泥岩

图 6-7-17　25～60cm 为泥岩夹杂页岩

图 6-7-18　60～100cm 为页岩

(2)左线:取芯深度 2.6m,芯样揭示情况为混凝土厚度 1.69m,岩石高度为 0.91m,灰岩夹杂泥岩(图 6-7-19、图 6-7-20)。

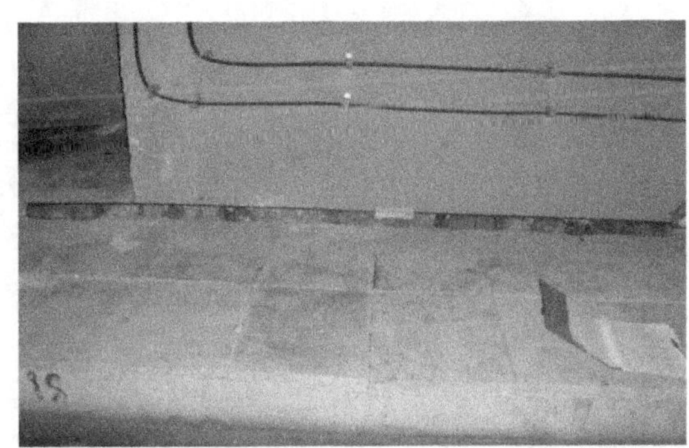

图 6-7-19　灰岩

图 6-7-20　灰岩夹杂泥岩

4. DK567 +025 断面

(1)右线:取芯深度 2.9m,芯样揭示情况为混凝土厚度 1.7m,岩石高度为 1.2m,泥岩、砂岩(图 6-7-21～图 6-7-23)。

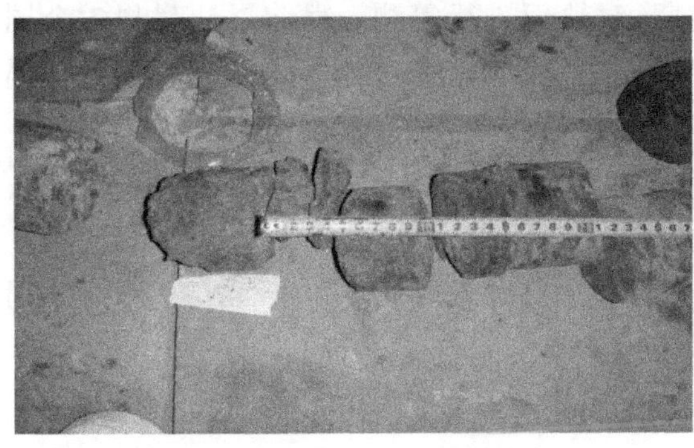

图 6-7-21　0～30cm 为泥岩

图 6-7-22　30～60cm 为泥岩夹杂页岩

图6-7-23　60～120cm为砂岩(其中80～90cm处较破碎,无法成形)

(2)左线:取芯深度2.5m,芯样揭示情况为混凝土厚度1.71m,岩石高度为0.79m,泥岩、砂岩(图6-7-24、图6-7-25)。

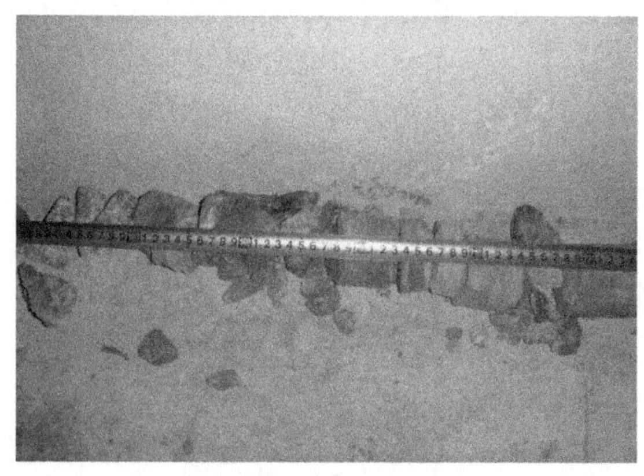

图6-7-24　泥岩,较破碎

图6-7-25　砂岩

五、轨面监测变化情况

(1)发现问题后,每间隔3d作为一个测量周期,对轨面进行复测。目前累计观测7个周期,精调小车检测数据显示该段轨面标高仍在变化。其中前3个观测周期上浮变化较明显,局部最大上浮达到6.8mm,后4个观测周期变化趋于平稳,上浮值在1～3mm范围内。

截止到2014年7月14日,右线左轨DK566+908处最大值对比设计值累计上浮62.8mm;DK566+925左线右轨对比设计值累计上浮65.5mm。

(2)在该段衬砌边墙部位加密变形观测点,通过3个周期对二衬边墙上设置的CPⅢ点、加密的变形观测点的实地测量,未发现位移变化情况,说明衬砌暂且处于稳定状态。

六、原因分析

(1)中心水沟横向受压发生竖向变形,推测可能存在较大地应力。

通过对DK566+800～DK567+050段中心水沟进行实测(图6-7-26、图6-7-27),中心水

沟受挤压应力呈“0”形，且随着轨面标高变化的增大，中心水沟变形也随之增大（具体变形情况详见表6-7-1），同时因地质主要为泥岩、页岩，本身弹性模量较小，当受到强烈的外力作用下，相对回弹变形更为明显。因此，根据水沟变形情况和页岩、泥岩特性分析，推测该段范围可能承受较大的地应力。

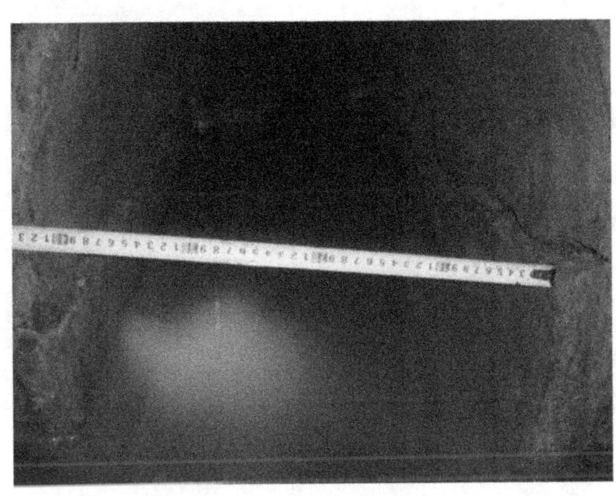
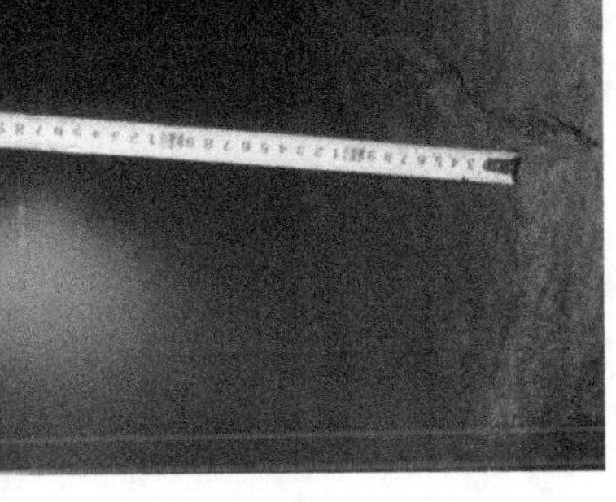

图6-7-26　水平方向42cm

图6-7-27　垂直方向72cm

实测集水井中心排水管尺寸表　　表6-7-1

集水井里程	大里程排水管尺寸(cm)		小里程排水管尺寸(cm)	
	水平方向	垂直方向	水平方向	垂直方向
DK566 +810	58	60	58	60
DK566 +860	55	64	57	63
DK566 +910	45	69	54	66
DK566 +960	53	68	42	72
DK567 +010	55	63	55	62

（2）该段存在一定承压水，对仰拱及道床上拱存在一定影响。

在钻孔过程中发现，仰拱与基岩接触面处存在涌水，通过对孔内积水进行抽排并观测记录水位恢复时间，当孔内积水基本抽完后，可见孔底裂隙涌水较明显，水位快速上涨，最快孔位约6～8s即可恢复原水位（因钻孔深度不同，孔内水深约1.5～2.5m）。根据地下水位及裂隙涌水情况分析，该段基岩存在一定承压水，对仰拱及道床上拱造成一定的影响。

（3）通过对芯样检测分析，泥岩、页岩含有一定比例的蒙脱石和伊利石，遇水易发生膨胀。

泥岩、页岩中均含有较多黏土矿物，尤其是蒙脱石和伊利石含量如果达到一定比例，则遇水后发生相互作用而出现膨胀，致使泥岩、页岩发生强烈的化学软化作用。为了准确地查明原因，根据专题会要求，在不同部位共取2份芯样并委托中国地质大学（武汉）材料与化学学院XRD研究室进行检测，检测结果为：样品1蒙脱石含量26.14%，样品2蒙脱石含量16.43%，伊利石含量14.91%。检测结果表明，该地质存在一定的膨胀性。

综上所述，推断DK566+800~DK567+050段仰拱及道床板上拱问题的主要原因是由于地下水、基岩微膨胀、高压应力综合作用下造成的。

七、处治

1.技术方案

对吾沿河隧道DK566+800~DK567+050段无砟道床、仰拱及填充需要进行凿除、整治。凿除后对二衬边墙采用ϕ42mm钢管，间距2m，深度2.5m进行锁定并用工字钢横撑加固避免二衬收敛变形。边墙锁定后对仰拱进行凿除并采用钢筋混凝土加强，如基底存在丰富地下水或软弱围岩的情况进行注浆加固。

2.施工方案

(1)道床板拆除

拆除两线钢轨后，采用切割机对道床板进行分段切割，分段长度不大于5m，而后利用破碎锤进行凿除，装至改装后的轨道小车上，并运出洞外。

(2)衬砌锚固锁定

仰拱及填充凿除前，首先对整改部位两侧衬砌进行锚固锁定。分别在距离电缆槽上方50cm和150cm处设置全黏结锚杆对衬砌进行锚固，间距2m，防止在仰拱及填充凿除过程中衬砌发生收敛、开裂。

(3)仰拱及仰拱填充凿除

分段跳槽凿除，凿除段应避开每板衬砌施工缝处左右3m范围，提前在衬砌上做好需凿除的范围标识。凿除前，先用沙袋对需整改段落上游的中心沟检查井进行封堵。利用抽水泵将积水抽排至下游。然后对整改段落进行凿除，每板仰拱及填充凿除长度不得大于10m，废渣由挖掘机装至改装后的轨道平板车上，运送至洞外并卸渣。

(4)基底验收

基坑虚渣清理完成后，会同监理人员共同对基底标高、曲率、涌水等情况进行现场确认。验收合格后，方可进入仰拱或基底加固施工工序。

(5)基底加固(如有)

根据现场揭示的实际情况(涌水、岩性)，确认具体的注浆范围及加固方案。

(6)仰拱钢筋绑扎

凿除开挖后对仰拱钢筋进行绑扎，钢筋型号及布置情况按设计院出定方案后照图进行施工。

(7)仰拱、仰拱填充混凝土浇筑

①混凝土利用进口端轨道平板车运送料斗至作业区域，然后利用挖机吊运料斗放料浇筑，振动棒振捣密实。

②仰拱与填充之间设置止水带进行防水处理，并预留相邻段的接头。

③仰拱施工后，隧道中心处相邻段落间、与未处理段间的中心沟接头处进行密封处理，确

保后期排水通畅。同时在检查井位置按原设计要求埋设盲管,确保侧沟流水及时排向中心排水沟。

④仰拱混凝土应整体浇筑,一次成型,填充混凝土应在仰拱混凝土终凝后进行,不得同时浇筑。

⑤仰拱填充混凝土强度达到5MPa后允许行人通行。

(8)无砟道床混凝土浇筑及精调

待填充混凝土顶面标高验收合格后,即可按照原设计图纸要求组织无砟道床施工,精调工作同于正线施工。

3. 物流施工组织

由于该段已完成铺轨,整治施工进度主要取决于物流速度,为合理利用既有轨道,现场的机械运输、出渣、混凝土运输等均利用改装后的轨道平板车进行,小型农用车配合。

(1)混凝土运输

主要由进口段1台轨道平板车负责,混凝土由1号拌合站进行集中拌合,运送至吾沿河隧道进口后由吊车吊运料斗放置在轨道平板车上,然后由轨道平板车运输至轨道末端,经二次倒运至作业区域。

(2)废渣运输

主要由出口段1台轨道平板车负责,由挖机装运至轨道平板车后运输至吾岩河隧道出口处,由吊车将废料吊运至废料存储区。为加快凿除部分废料的清理,现场配置4台小型农用车进行倒运。

4. 主要施工人员及机具配置(表6-7-2、表6-7-3)

主要机械设备数量表 表6-7-2

序号	设备名称	数量	备　注
1	挖掘机	4台	带破碎锤
2	5t改装轨道车	4台	进口2台运输混凝土、出口2台出渣
3	切割机	6台	
4	农用车	4台	作业区倒运及小型机具的运输
5	吊车	2台	进口1台吊装卸混凝土料斗、出口1台装卸出渣袋
6	罐车	6台	12方
7	电动扳手	2台	拆除扣件
8	风枪	12台	
9	空压机	4台	
10	发电机	4台	200kW
11	拌合站	1座	HZS120型
12	装载机	1台	ZL505t
13	钻机	8台	锚固桩钻孔

主要施工人员数量表 表6-7-3

序号	工　种	数量(人)	备　注
1	管理人员	20	
2	司机	42	
3	道床板切除	18	
4	出渣	50	
5	衬砌锚固	52	
6	混凝土浇筑运输	30	
7	电工	3	
8	材料倒运	24	
9	拌合站	14	
10	杂工	15	
合计		268	

5. 安全生产保证措施

(1)施工前,项目部组织全体施工人员进行专项安全培训教育,重点是轨道行车安全、隧道内吊装安全(混凝土浇筑、废渣装卸对作业人员及接触网导线)、用电安全。

(2)对于重点施工部位设置专职安全员,全程监督现场施工作业,避免发生人员及接触网导线碰伤事故。

(3)项目部与分部成立安全巡查小组,不定期对现场施工情况及隐患进行平排查,同时督促现场立即完成整改。

(4)在隧道进出口两端设置警示标志,避免发生意外安全事故。

(5)在吾岩河隧道进口段接触网接地处安排专人进行值守,避免接地线脱离引发的接触网触电事故。

6. 质量保证措施

(1)严格按照设计图纸进行整治施工,重点是尺寸、标高、曲率、配筋数量及间距,原材料及混凝土质量。

(2)严格落实基底验收制度,重点是涌水、虚渣清理、注浆,待监理验收合格后才能进行下一道工序。

(3)加强隧道防排水设施的设置与检查,重点是中心管的接头密闭处理、仰拱与填充间的止水、侧沟的排水等。

(4)开挖过程中密切注意二衬拱脚基底的质量,发现不密实处应及时采取注浆处理,使其与仰拱形成环形封闭,均衡受力。

(5)在混凝土施工过程中,技术人员全过程盯控,严格控制现场混凝土质量,重点是和易性、坍落度、振捣工艺,严禁私自加水。

(6)持续做好仰拱填充顶面、轨面、二衬拱顶沉降及边墙收敛变形观测。

第八节 六沾线三联隧道仰拱上鼓处治

一、概况

三联隧道位于六沾线背开柱—且午区间,设计时速160km,双线通行双层集装箱,隧道全长12214m,为全线第二长隧道。该段线路选线时在综合考虑了煤窑采空区、滑坡断层等及不良地质的影响,通过多方案比选最终确定了12.1km的越岭方案。本隧处于云贵高原中部低中山地貌,隧道进口端5563m通过地层为二叠系上统峨眉山玄武岩组($P_2\beta$)玄武岩夹凝灰岩;隧道中DIK305+950~DIK307+100段(1150m)通过地层为宣威群(P_2xn)砂岩夹页岩、泥岩、炭质泥岩、煤层;出口端5501m通过地层为三迭系下统飞仙关组(T_1f)砂岩夹泥岩、页岩。全隧通过6条断层及1个向斜,最大埋深约280m,其纵断面及地质构造平面如图6-8-1、图6-8-2所示。

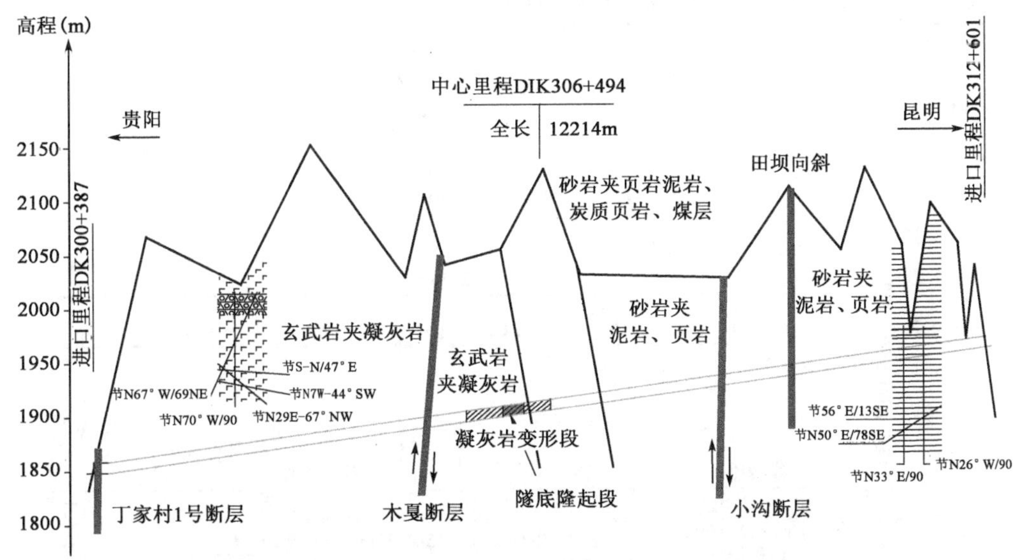

图6-8-1 三联隧道纵断面示意图

为加快施工进度,满足施工通风要求,方便隧道弃渣,减小施工对既有线的干扰,本隧设置进口平导、1号主副斜井及延长平导、2号斜井,施工中进口工区围岩变更频繁,1号斜井工区支护变形,施工受阻,因此将进口平导延长1100m,出口端增设1900m的迂回平导,各工区辅助坑道平面图如图6-8-3所示。

本隧自2008年6月开工,至2012年4月26日全隧贯通,施工中进口及1号斜井工区在玄武岩夹凝灰岩地段施工时,凝灰岩频繁出露,围岩级别变更较多,且多处段落引起初期支护的变形,通过采用施工图中玄武岩夹凝灰岩预设计的工程措施进行支护措施加强后,均能有效控制变形,施工基本正常。但1号斜井工区在玄武岩夹凝灰岩与煤系地层接触带附近、煤层集中段(DIK305+940~DIK307+120)施工中虽对支护措施进行了不断地加强,但初支变形未能得到有效控制，平导及正洞初期支护均出现大变形，正洞甚至出现了二次衬砌开裂的现象。施工中对较长段落都进行了拆换处理。后续施工中通过多次专家会议及现场试验段，最终确定了未开挖段的支护参数及施工工法，变形得到一定程度的控制，施工较为正常。2012 年 4 月 7 日，DIK306 +020 ~ DIK306 +130 段已施作完二次衬砌地段出现隧底结构隆起，仰拱填充开裂，二衬边墙局部出现细小裂纹，立即进行现场核对并开展了地质补勘、整治方案研究等工作。

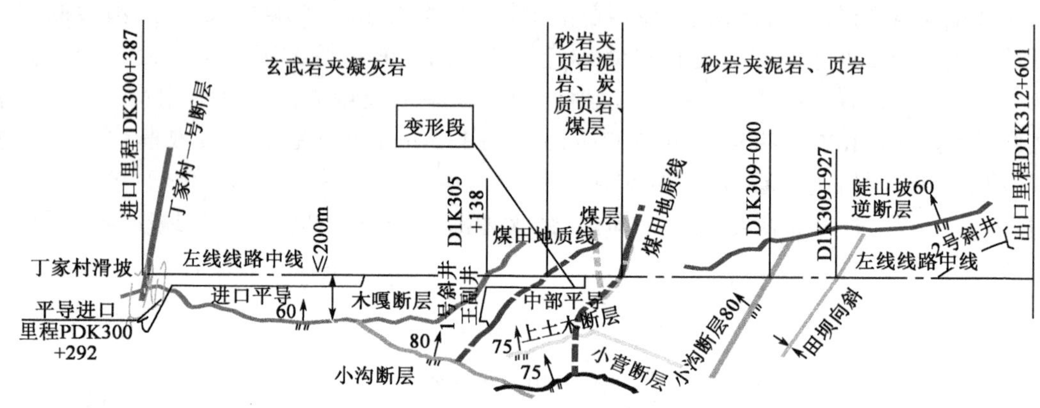

图 6-8-2　三联隧道地质构造纲要图

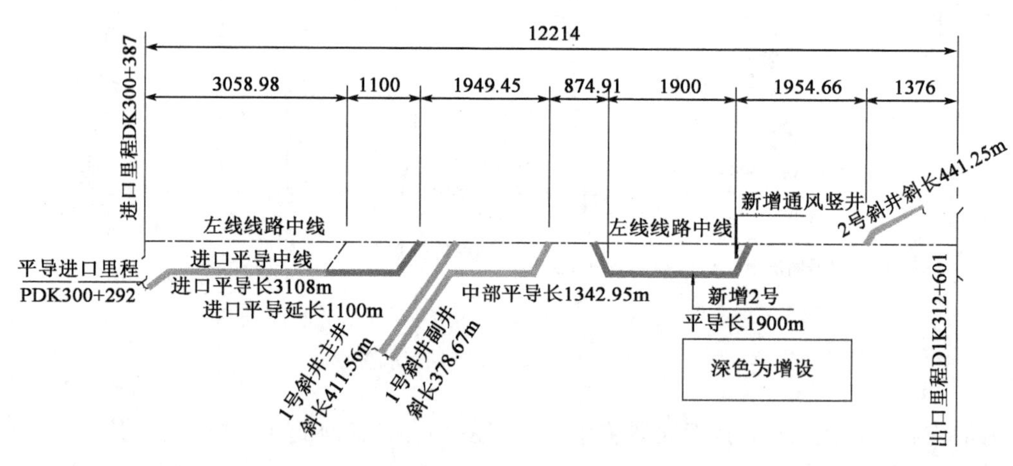

图 6-8-3　三联隧道辅助坑道平面图(尺寸单位：m)

二、施工图设计简述

1 号斜井工区 DIK305 +080 ~ DIK306 +440 段埋深 180 ~ 200m，位于木嘎断层和上土木断层的夹持区内，DIK305 +080 ~ DIK305 +985 段穿越峨眉山玄武岩组($P_2β$)玄武岩夹凝灰岩，DIK305 +985 ~ DIK306 +440 段穿越宣威群(P_2xn)砂岩夹页岩、泥岩、炭质泥岩、煤层，两套地层在 DIK305 +985 处呈平行不整合接触(图 6-8-4)。

施工图阶段针对不良地质体(凝灰岩)相对于隧道的分布位置进行了预设计：

(1)主要根据断面上凝灰岩出露的位置和范围通过采用改变钢架的类型及纵向间距，钢架类型从格栅钢架逐渐加强到I20b型钢钢架，纵向间距从1.2m加密到0.6m，调整系统支护的参数对初支变形进行控制。

(2)根据凝灰岩在纵向出露的范围调整超前支护的类型及长度，分别采用超前小导管、超前中管棚或超前大管棚支护，以抑制前期变形，保证隧道开挖时掌子面的稳定。

(3)根据凝灰岩出露的范围采用与之相适应的施工工法、大多数采用台阶法施工，当凝灰岩出露较多、掌子面稳定性较差时采用双侧壁导坑施工。

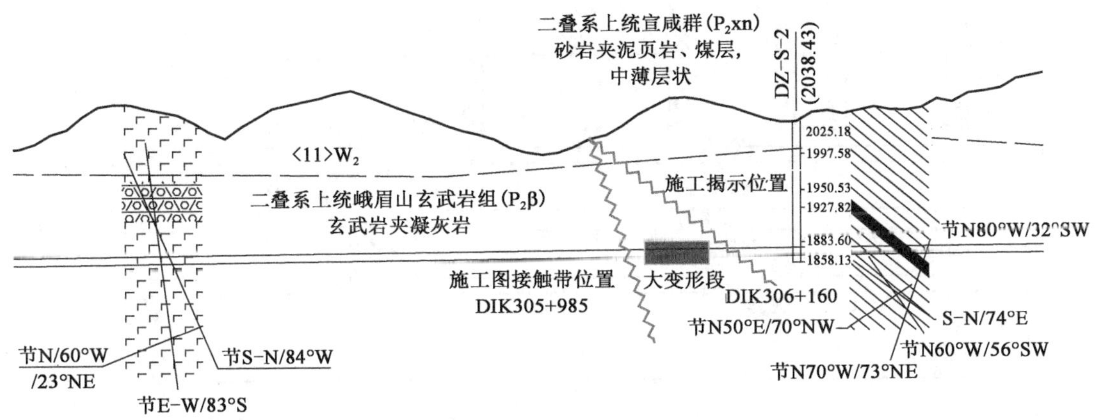

图6-8-4 大变形段放大纵断面

三、隧底结构隆起整治

1. 隧底隆起情况

2012年4月7日，三联隧道DIK306+020~DIK306+146段二衬施作后出现底鼓、仰拱填充开裂、拱墙衬砌出现裂纹等现象。经现场调查，变形自2012年1月开始发展，至2012年4月，仰拱填充混凝土：DIK306+020~DIK306+060右侧侧沟边至隧道中心水沟2m范围内仰拱填充出现挤压开裂，裂缝最宽处10cm。DIK306+050~DIK306+060、DIK306+090~DIK306+130段右侧填充顶面(距隧道中线约3m处)出现纵向裂缝，缝宽5~10mm不等，其中DIK306+030~DIK306+040右侧中心水沟开裂，DIK306+050~DIK306+060裂缝已贯通至中心水沟右侧。DIK306+043混凝土填充面最大隆起累计83.1mm

在DIK306+037~DIK306+050左、右侧(填充面上约1.5m处)、DIK306+146段左侧(填充面上2m处)衬砌混凝土均出现细小1~3mm宽环向裂纹，DIK306+146段拱顶中部也出现纵向相似裂纹。

另具施工资料，于DIK306+162、DIK306+172埋设的初支钢架变计、喷混凝土应变计在埋设后7~21d左右就出现超量程。各段二次衬砌施作时间及仰拱填充开裂展示如表6-8-1所示。

二次衬砌施作时间

表 6-8-1

里程段落	开挖方法及时间	仰拱、填充施工时间	二衬混凝土施工时间
DIK306 +020 ~ DIK306 +032	采用台阶法加临时仰拱施工，开挖初支时间于 2010 年 6 月 1 日 ~2010 年 6 月 15 日	2011 年 1 月 12 日 ~ 2011 年 1 月 14 日	2011 年 4 月 17 日
DIK306 +032 ~ DIK306 +044	采用微台阶法开挖，施工时间为 2010 年 11 月 16 日 ~2010 年 12 月 22 日	2011 年 1 月 10 日 ~ 2011 年 1 月 12 日	2011 年 7 月 7 日
DIK306 +044 ~ DIK306 +146	采用双侧壁导坑法施工，施工时间为 2011 年 1 月 22 日 ~2011 年 12 月 17 日	2011 年 4 月 25 日 ~ 2012 年 3 月 7 日	2011 年 7 月 25 日 ~ 2012 年 3 月 9 日

该段仰拱填充裂缝展示如图 6-8-5 所示。

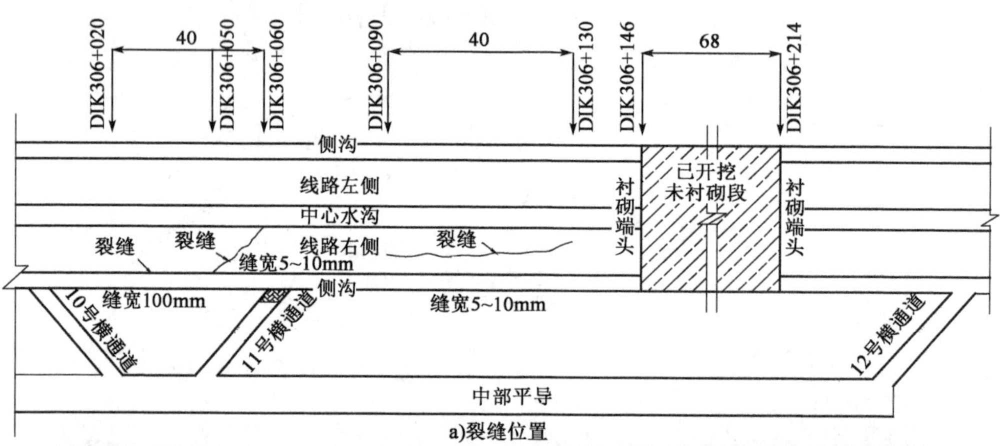

a)裂缝位置

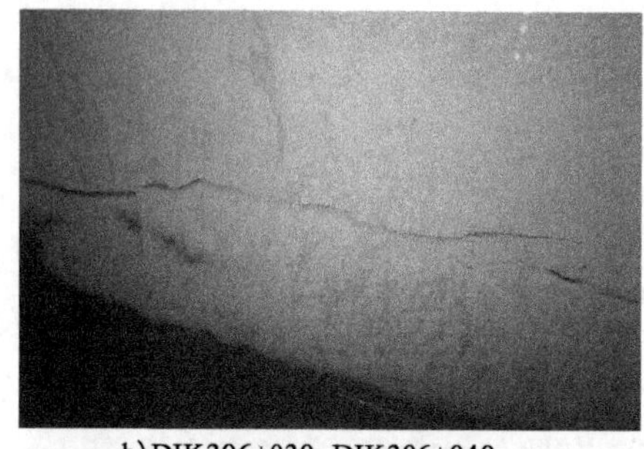
b) DIK306+030~DIK306+040 右侧中心水沟侧面裂缝

c) DIK306+050~DIK306+060 右侧填充顶面纵向裂缝

d) DIK306+050~DIK306+060 右侧填充顶面裂缝

e) DIK306+055~DIK306+060 裂缝贯通至中心水沟

图 6-8-5　仰拱填充裂缝(尺寸单位：m)

根据后续对仰拱的监控量测资料发现，该段仰拱底鼓仍在继续发展，仰拱底鼓及拱顶下沉具体变化曲线图如图6-8-6所示。

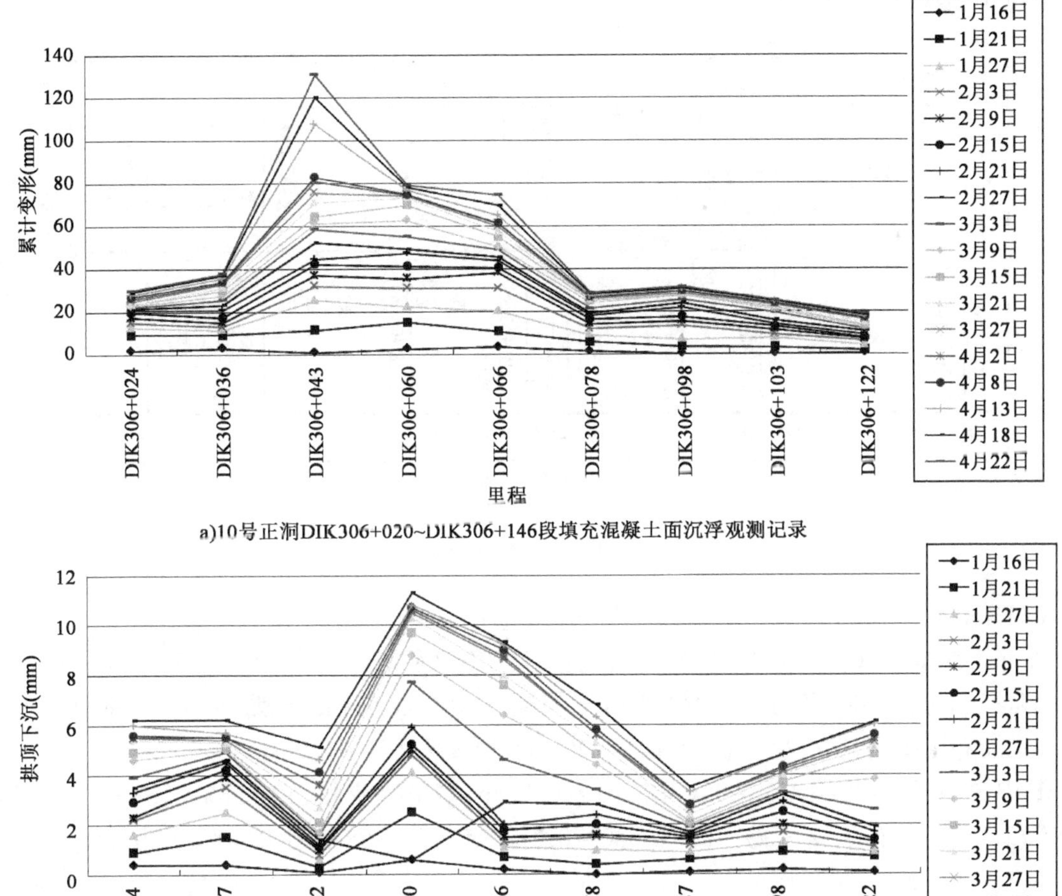

a)10号正洞DIK306+020~DIK306+146段填充混凝土面沉浮观测记录

b)三联隧道拱顶下沉量测记录

图6-8-6　仰拱底鼓及拱顶下沉具体变化曲线图

上述病害后进行了如下工作安排：

(1)要求施工单位对仰填充开裂段进行破检，以查明仰拱变形是否破坏。

(2)对DIK306+020~DIK306+042段隧底进行地质补勘，布设13个钻孔、以查明仰拱及填充的破坏形态、隧底的地层岩性及相关地层参数。

(3)对DIK306+000~DIK307+120段二次衬砌布设观测点进行二衬变形监测。

2. 地质补勘情况

根据现场出现的病害情况，立即开展了地质补勘工作，施工单位对DIK306+052~DIK

306 +055 段沿裂缝进行仰拱填充及仰拱的破检，设计院立即开始钻探工作，于 DIK306 +028 ~ DIK306 +042 段共布设 13 个钻孔，孔深均为 8m。补勘成果如下：

(1)钻孔孔位布置(图 6-8-7)

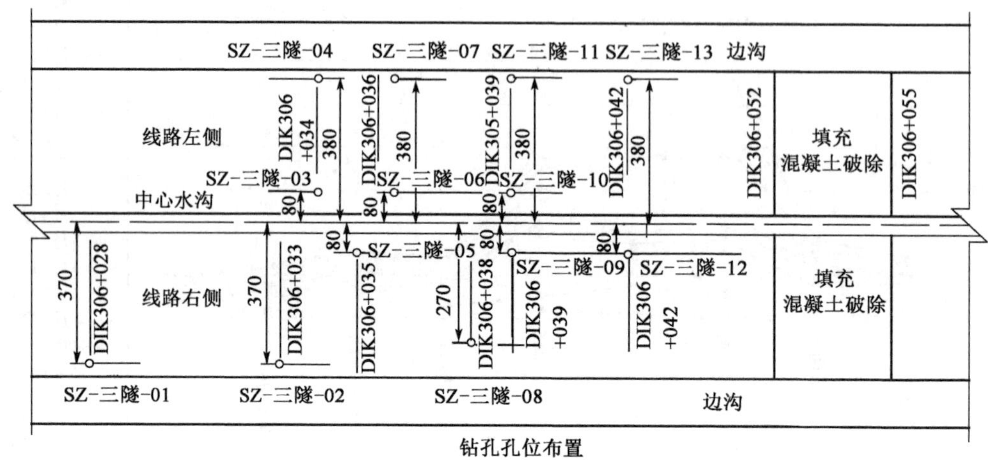

图 6-8-7　钻孔孔位布置(尺寸单位:cm)

(2)钻孔揭示情况

上部为混凝土(Q_4)，基岩为峨眉山玄武岩组($P_2\beta$)凝灰岩。各地层岩性特征分述如下：

①混凝土(Q_4)：隧道初支、仰拱及填充混凝土，灰、浅灰色，坚硬，密实，局部钻孔遇到 ϕ25m 钢筋和工字钢，钻心呈柱状，节长 5 ~ 20cm。厚度为 1.4 ~ 1.9m。

其中 SZ 三隧 -05 孔 0.4 ~ 1.0m 钻出岩心破碎，多呈碎块状；SZ 三隧 -05、SZ 三隧 -07 孔在 1.2m 处见气孔。SZ 三隧 -05 钻孔 0 ~ 0.3m、SZ 三隧 -08 钻孔 0 ~ 0.4m 为裂缝，裂缝倾角约 80°。

②凝灰岩($P_2\beta$)：褐红、紫红色，弱风化，岩质稍硬，锤击不易碎，含砂量较高，节理发育，岩体破碎，钻探岩心取出多呈碎块状，ϕ2 ~ 10cm，岩心采取率 75%。

③凝灰岩($P_2\beta$)：褐红、灰白、杂色，斑状结构，岩质极软，强风化，微层理发育，锤轻击及散，手掰断裂，沿微层面开裂，节理发育，节理倾角约 40° ~ 80°，节理面光滑、扭曲，钻探岩心取出呈柱状，节长 5 ~ 40cm，手压及散呈泥状，岩心采取率 95% ~ 100%。

钻探揭示 SZ 三隧 -02、SZ 三隧 -07 在仰拱与基岩接触面之间存在 0.3 ~ 0.4m 松散岩体。

该层取样试验，试验号为 2012 - 贵昆岩 - 1 ~ 2012 - 贵昆岩 - 15，其结果分别为：自由膨胀率 50% ~ 64%，平均 57.3%；饱和吸水率 3.60% ~ 32.12%，平均 19.71%；线路左侧 3 组岩芯膨胀力实验为 11 ~ 22kPa，线路右侧 6 组岩芯膨胀力实验为 22 ~ 70kPa，线路右侧岩芯膨胀力大于左侧，膨胀力平均为 26.9kPa，判定为膨胀岩。

(3)仰拱填充破检情况

仰拱填充破开后，发现填充破解底面揭示了 2 道裂缝，隧道右侧在距离边墙约 1.5m 的地方有条纵向裂缝，裂缝贯通，张开约 0.5 ~ 1cm，局部混凝土压碎，钢筋出露一根压碎去宽约

5cm，长0.4m。该裂缝右侧有细小的环向裂缝，环向裂缝张开1mm，延伸0.4m左右，未延伸到衬砌，左侧未发现环向裂缝。距离右侧边墙约2.5m位置发育一纵向裂缝，裂缝宽度3mm，开挖段内延伸不长，约0.8m，一端伸入未破解填充层内。在中心水沟位置未见裂缝，左侧仰拱填充破解底面未见裂缝。

裂缝示意图见图6-8-8。

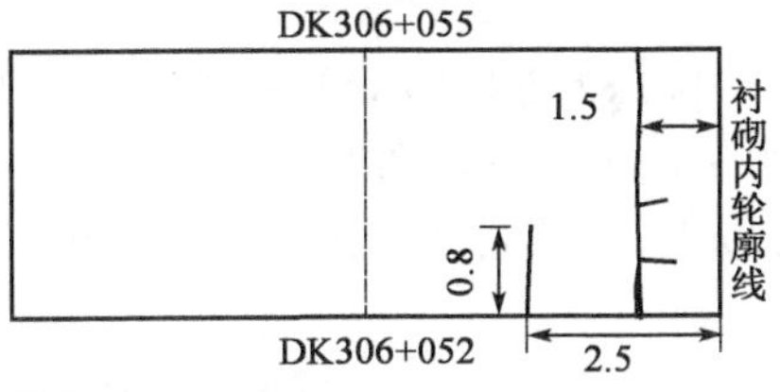

图6-8-8　裂缝示意图(尺寸单位:m)

现场照片见图6-8-9～图6-8-12。

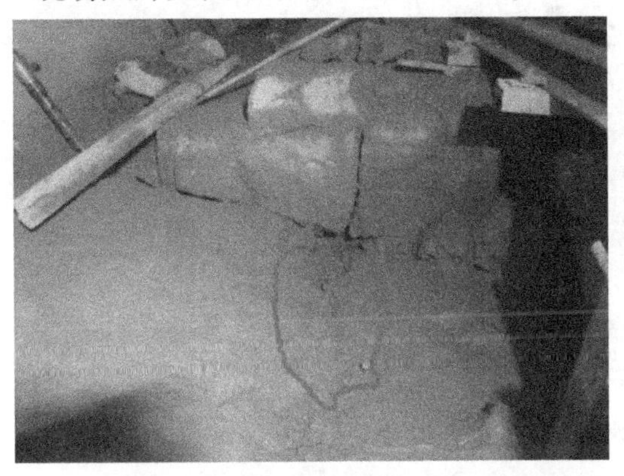

图6-8-9　贯通裂缝最严重段

图6-8-10　局部混凝土压碎

图6-8-11　局部混凝土压碎(不同角度)

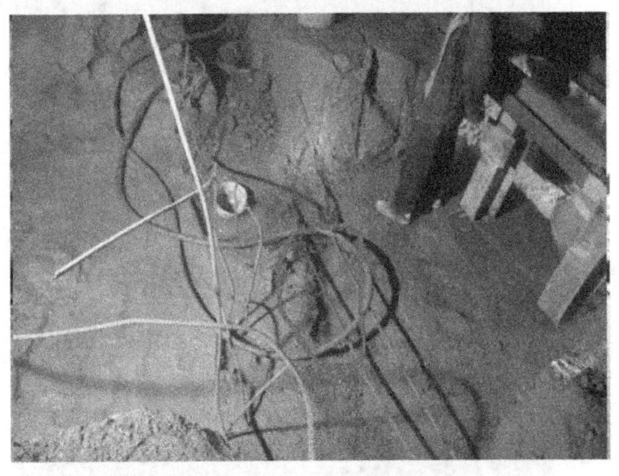

图6-8-12　中心水沟

仰拱填充破解底面示意图见图6-8-13。

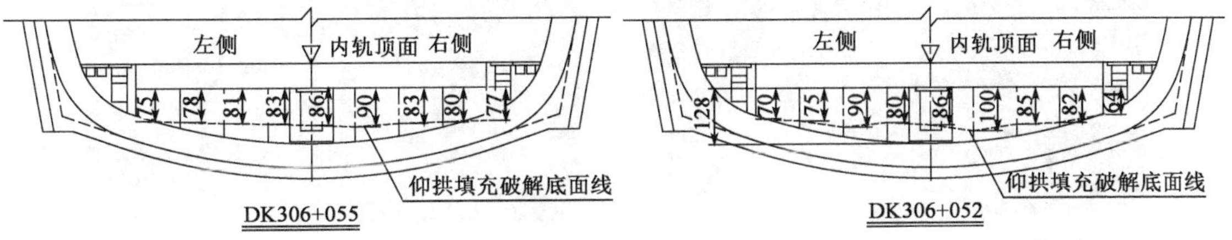

图6-8-13　仰拱填充破解底面示意图(尺寸单位:cm)

(4)仰拱破检情况

仰拱破检段DK306+052~DK306+055段,上层钢筋弯曲成“Z”字形,弯曲位置距右侧边墙1.2~1.0m之间,弯曲较有规律,Z字水平弯点间距约10cm,垂直弯点距离约7cm。下层钢筋变形较小,同样也右侧下沉,左侧突起。初期支护破开较窄未发现型钢有变形(图6-8-14~图6-8-18)。

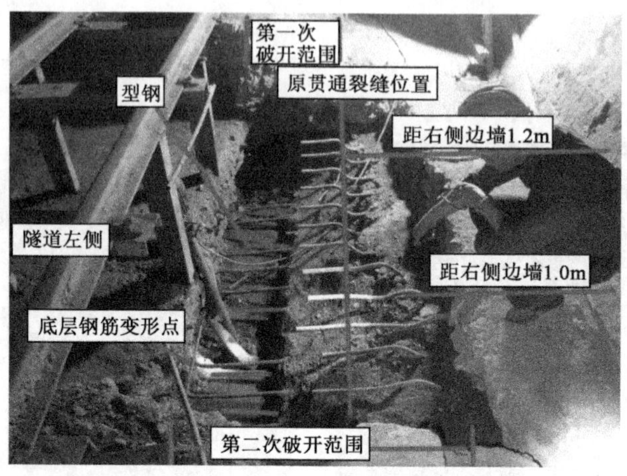

图6-8-14　破开位置图

图6-8-15　上层钢筋弯曲情况

图6-8-16　底层钢筋弯曲情况

图6-8-17　底层钢筋下混凝土情况

图6-8-18　出露四榀钢架

(5)地中位移测量

现场选取靠近两侧边墙的6个孔，插入$\phi75$的PVC管，采用油泵将孔内积水抽除，然后将8m长$\phi25$螺纹钢插入孔内，向孔内塞入一定锚固剂及砂浆，采用$\phi16$钢筋振捣，振捣密实之后，拔出$\phi16$钢筋。

各监控桩平面位置示意图如图6-8-19所示。

补勘初步结论及分析：

(1)隧道底部岩性均为凝灰岩，多为强风化，少为弱风化，且具有一定的膨胀性，芯样实验膨胀力平均在11~70kPa之间，平均27kPa，线路右侧芯样膨胀力较线路左侧大。

(2)线路左侧仰拱及填充均未发现破损，线路右侧仰拱及仰拱填充均有一定程度的破坏。

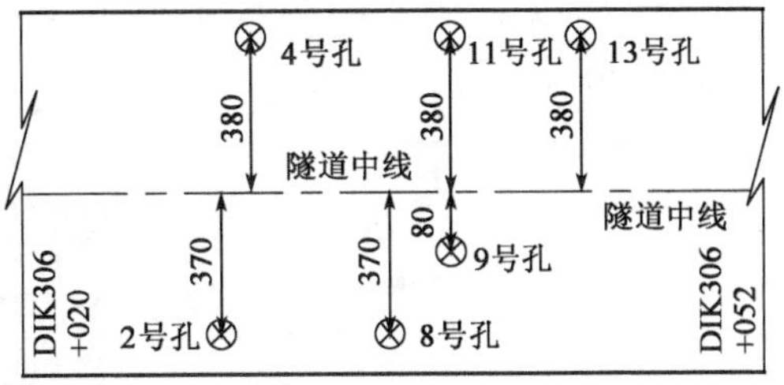

(3)钻孔揭示实际施作的仰拱及仰拱填充混凝土层在靠近侧沟处大于设计厚度，靠中心水沟部位厚度小于设计厚度，按钻孔情况拟合的仰拱曲率小于设计仰拱曲率。

图6-8-19　监控桩平面位置示意图(尺寸单位：cm)

各测点监测情况如表6-8-2所示。

测点监测情况　　表6-8-2

孔号	里　程	观测时间(d)	变形累计(mm)	平均变形速率(mm/d)
2号	DIK306+033	3	3.9	1.3
4号	DIK306+034	3	2.8	0.9
8号	DIK306+038	3	4.5	1.5
9号	DIK306+039	3	8.8	2.9
11号	DIK306+039	3	5.2	1.7
13号	DIK306+042	3	5.3	1.4

3.隧底隆起原因分析

(1)该地段所处地质环境条件复杂，隆起段紧邻玄武岩夹凝灰岩与煤系地层小角度不整合接触带附近，位于木嘎断层和上土木断层挤压夹持区内，岩体破碎、稳定性差。

(2)本段隧道区域构造线方向为NNE向，最大水平主应力值为6.87MPa，方向为N31°W向，线路走向为S12.8°W，线路走向与最大主应力方向呈大角度相交，且最大主应力主要为构造应力，凝灰岩、泥页岩及煤层强度低，岩石天然单轴抗压强度平均值约为1MPa，强度应力比为0.15，属极高强度应力比状态。

(3)围岩软弱，遇水后强度急剧降低，自稳性极差，且具有一定的膨胀性。

(4)受11号横通道空间位置及交叉口大坍方影响，该段岩体被扰动后，结构空间受力情况非常复杂。

综上所述，该段在极高地应力条件的软岩流变压力及围岩膨胀力的综合作用下，加之其他不利条件，导致隧底结构在剪力最大处，结构发生剪切破坏。

4.比较方案：地锚方案

由于DIK306+020~DIK306+130段仰拱填充隆起，有些段落还产生了纵向裂缝，从仰拱

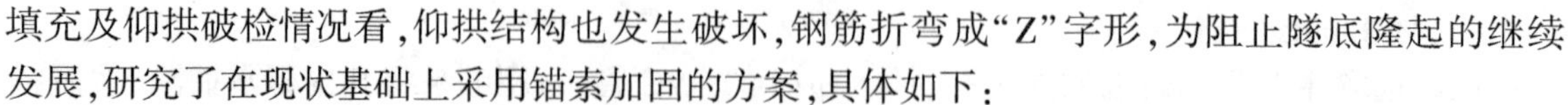

填充及仰拱破检情况看，仰拱结构也发生破坏，钢筋折弯成“Z”字形，为阻止隧底隆起的继续发展，研究了在现状基础上采用锚索加固的方案，具体如下：

（1）结构计算情况：

结构计算按不考虑初期支护和仰拱的叠合梁作用，计算时分析了不同曲率情况下，二衬结构安全系数满足2.0时需要的锚索吨位，通过对比分析，仰拱曲率变化对锚索吨位大小的影响程度非常大，以下是采用2种不同的仰拱曲率和锚索吨位得出的二次衬砌内力状态图见图6-8-20。

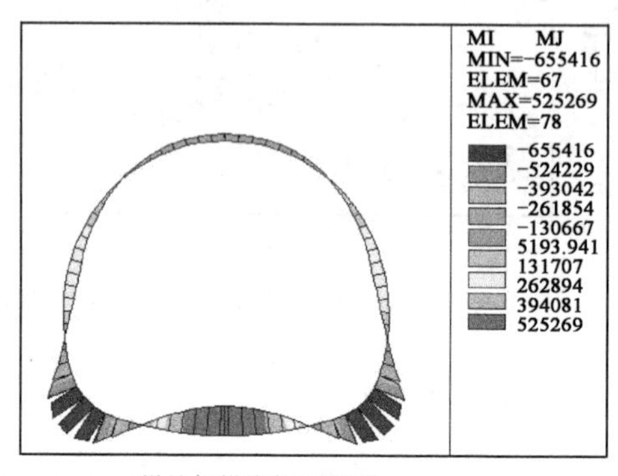

a)设计仰拱弯矩分布图

b)设计仰拱剪力分布图

图6-8-20　二次衬砌内力状态图

按设计的仰拱曲率不考虑初期支护下加4根200kN的锚索后结构受力见图6-8-21。

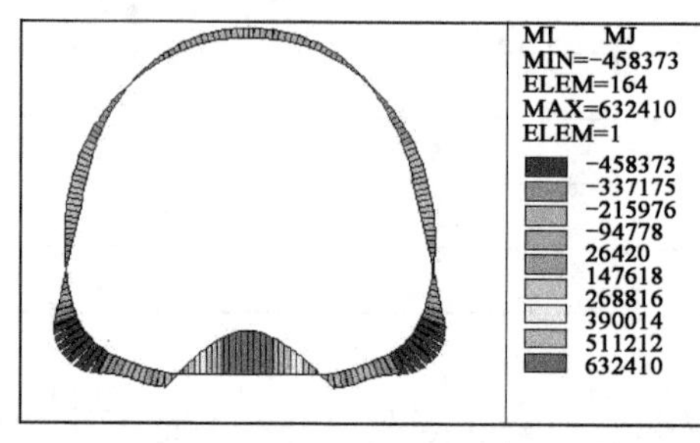

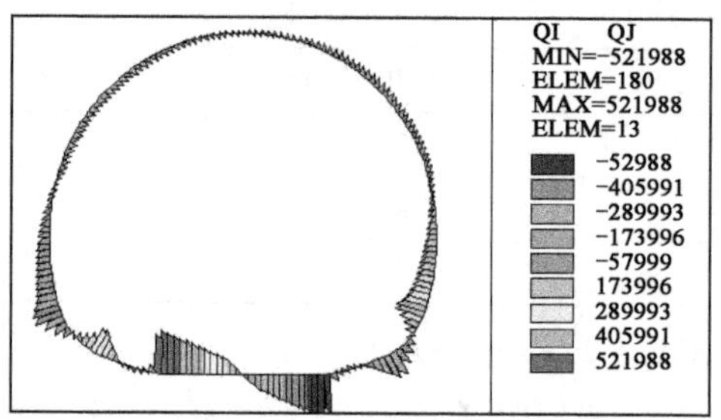

图6-8-21　锚索后结构受力状态图

根据钻孔揭示情况初步拟合的仰拱模型4根540kN的锚索后结构受力如图6-8-21所示，拟合仰拱弯矩、剪力分布见表6-8-3。

拟合仰拱弯矩、剪力分布　　表6-8-3

位置	设计仰拱+4根200kN锚索				拟合仰拱+4根540kN锚索			
	弯矩(kN·m)	轴力(kN)	剪力(kN)	安全系数	弯矩(kN·m)	轴力(kN)	剪力(kN)	安全系数
拱顶	-119	-2244	-92	6.9	-133	-2244	-39	6.8
拱脚	81	-2300	-194	7.3	193	-2251	8	6.4
边墙底	-655	-2517	-105	2.26	-458	-2449	20	2.2
仰拱底	525	-2368	-15	3.15	632	-2386	0	2.2

对于设计仰拱的情况，按锚索横向布置4根，纵向间距1.8m设计，单根锚索施加200kN的拉力，二衬结构满足规范要求；对于拟合的仰拱模型的情况，按锚索横向布置4根，纵向间距1.8m设计，单根锚索施加540kN的拉力，二衬结构才能满足规范要求。

(2)锚索设计

根据现场仰拱起鼓开裂情况，对DIK306+018～DIK306+062及DIK306+088～DIK 306+132段里程采用锚索加固隧底。首先对仰拱填充面进行凿除，为锚索提供设置空间和施作空间。每个断面4孔锚索，锚索横向间距2m，距隧道中心对称布置，纵向间距1.8m，总共设置192孔锚索。每孔锚索采用4束ϕ15.2钢绞线，施加预应力为50t，锚头、锚具设计按照60t考虑。根据地质参数最终计算确定每根锚索长36m，采用拉力分散型。施工过程中应分级、分次施加预应力，并严密监测仰拱变形情况，如果变形太大需马上停止施加预应力，以便及时处理，确保施工安全。

锚索纵横地梁纵向需设置变形缝，宜与仰拱施工缝同缝，并最多3联就应设置一处。

(3)破损结构补强

当仰拱出现裂缝时，对裂缝采用聚氨酯浆液注浆封缝；当仰拱局部地段出现压溃现象时，首先应清除松散的混凝土碎块，并至少凿毛2cm后采用同级混凝土灌注。凿槽时需注意不要破坏仰拱钢筋。

采用锚索加固方案具有不大拆大改的优点，但从补勘揭示的仰拱及仰拱填已经破坏，即使采用补强措施，但仍难以保证其整体性。再者锚索长度较长，锚索的作用难以充分发挥；锚索施工难度非常大，工程量大，施工时间长，不建议采用。

5.处治方案：仰拱拆除重建

(1)结构设计

鉴于该段仰拱已发生结构性破坏，修复的难度较大，拟采用仰拱拆换方案，拆换后加深仰拱，提高仰拱抵抗底部围岩隆起变形的能力。原设计仰拱内轮廓半径为12803mm，矢跨比为1/11.8，拆除后仰拱半径拟采用7727mm，矢跨比为1/5.8，仰拱中部较原设计加深约63cm，拟通过计算分析比较设计仰拱、缓于设计曲率的仰拱和加深仰拱三种不同曲率仰拱的安全系数不小于2时的仰拱的最大承载力。

计算采用荷载结构方法，考虑初期支护和二次衬砌共同承担围岩压力，分别计算三种不同曲率的仰拱结构各自能承受的最大荷载。经文献调研和反复计算，软岩高地应力条件下围岩压力径向静水压力有一定类似，此种荷载形式对仰拱结构最不利，因而对结构设计偏于安全。考虑该地段软岩高地应力和凝灰岩膨胀性，将仰拱压力合理简化为径向压力来分析。

对于原设计仰拱，可承受最大0.4MPa的压力，内力图如图6-8-22、图6-8-23所示。

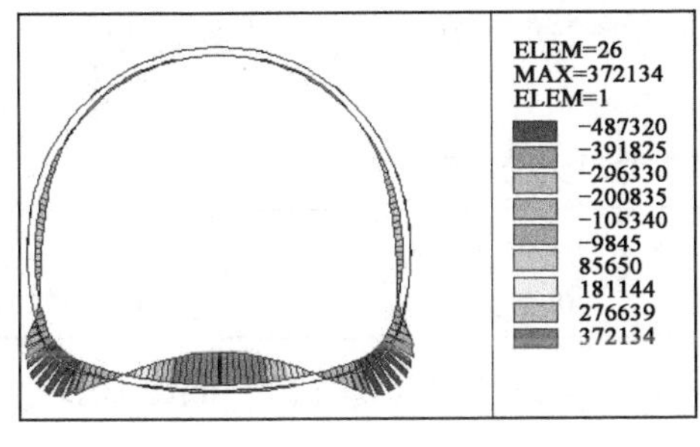

图6-8-22　设计仰拱二衬弯矩图

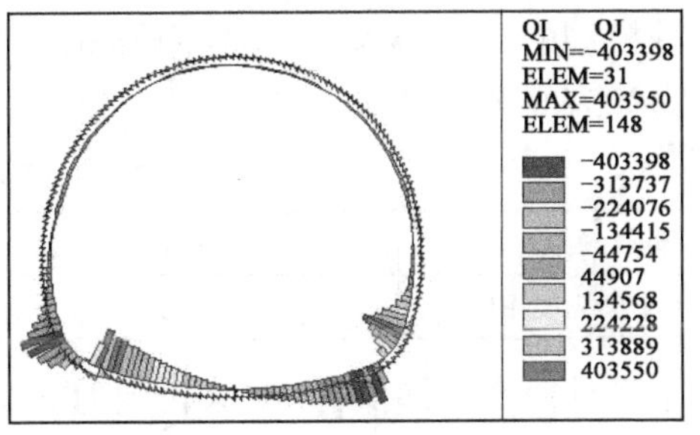

图6-8-23　设计仰拱二衬剪力图

内力主要集中在边墙底和仰拱，最大弯矩为 487kN·m，最大剪力 404kN，均位于边墙与仰拱连接处。

对于缓于设计曲率的仰拱（较设计仰拱拱矢少 25cm），可承受最大 0.15MPa 的压力，内力图如图 6-8-24、图 6-8-25 所示。

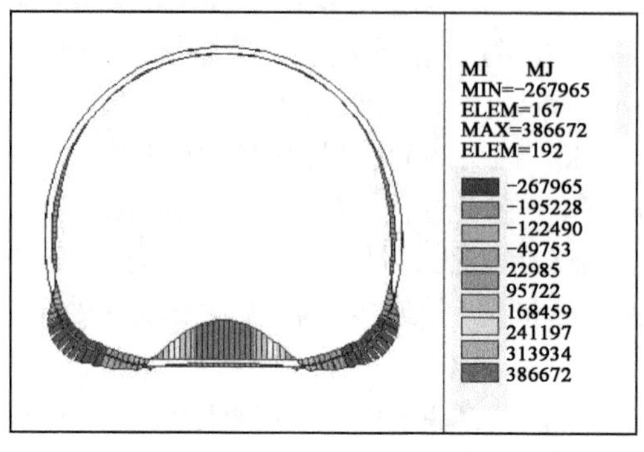

图 6-8-24　二衬弯矩图

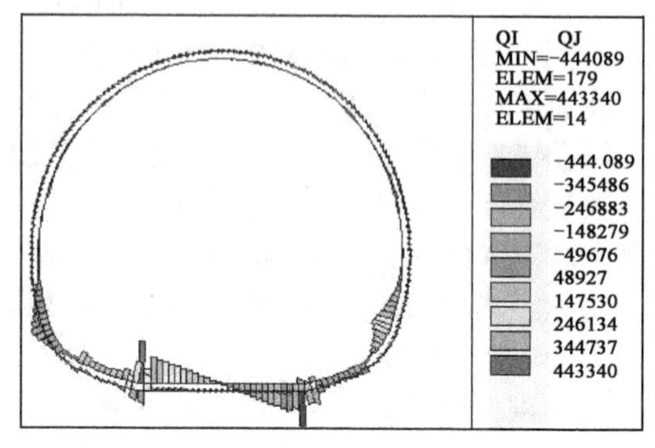

图 6-8-25　二衬剪力图

内力主要集中在仰拱，最大弯矩为 387kN·m，最大剪力 444kN，与原设计仰拱的内力分布不同，由于仰拱较平缓，最大弯矩位于仰拱中部。

对于加深仰拱模型，可承受最大 0.55MPa 的压力，内力图如图 6-8-26、图 6-8-27 所示：

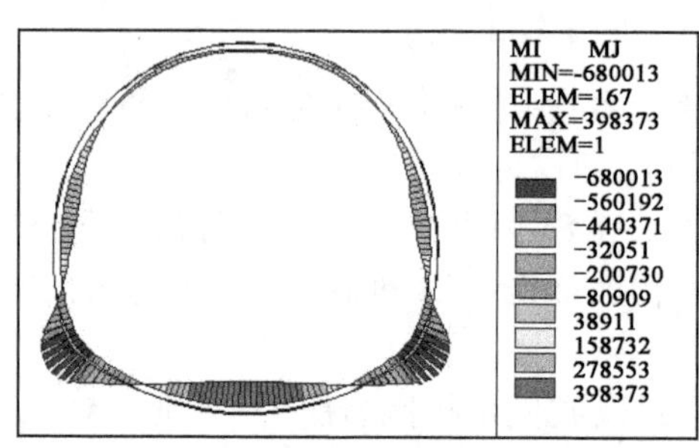

图 6-8-26　二衬弯矩图

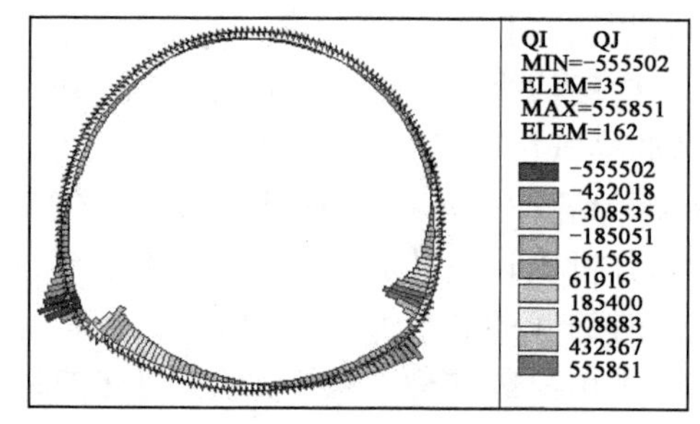

图 6-8-27　二衬剪力图

内力主要集中在仰拱和边墙连接处，最大弯矩为 680kN·m，最大剪力 555kN，位于仰拱与边墙连接处。

三种模型的二衬结构厚度均为 55cm，主筋为 5ф25，通过以上计算，其各自能承受的最大围岩压力如表 6-8-4 所示。

三种模型的二衬结构能承受的最大围岩压力　　表 6-8-4

仰拱模型	设计仰拱	缓于设计曲率的仰拱	加深仰拱
仰拱最大承载力（MPa）	0.40	0.15	0.55

缓于设计曲率的仰拱，仰拱承载能力较低，在现有设计的仰拱基础上，仰拱加深 63cm 左右、矢跨比调整为 1/5.8，仰拱承载能力提高约 40%。

各种曲率的仰拱在各自能承受的最大荷载下，其内力和安全性如表 6-8-5 所示。

各种曲率的仰拱内力和安全性　　表6-8-5

模型	点位	计算内力				安全系数
		弯矩 M(kN·m)	轴力 N(kN)	剪力 N(kN)	受力状态	
设计模型(0.40MPa)	拱顶	-17	1171	11	小偏心受压	6.3
	拱脚	81	1224	-11	小偏心受压	6.1
	边墙底	-431	-1426	-259	大偏心受压	2.1
	仰拱中部	372	-1375	31.8	大偏心受压	3.6
缓于设计曲率的仰拱模型(0.15MPa)	拱顶	-3.2	-762	2.5	小偏心受压	7.2
	拱脚	-40	-847	9.6	小偏心受压	6.8
	边墙底	-268	-974	-21	大偏心受压	5.0
	仰拱中部	387	-887	13.5	大偏心受压	2.1
加深仰拱模型(0.55MPa)	拱顶	-263	-2751	-6.8	小偏心受压	6.2
	拱脚	106	-2825	-129	小偏心受压	4.5
	边墙底	-522	-2994	428	大偏心受压	2.1
	仰拱中部	398	-2895	7.0	小偏心受压	3.4

计算分析结论：从以上计算可知，仰拱形状对承载能力较为敏感，加深仰拱后，结构得到优化，能够较大幅度地减小弯矩，将围岩荷载主要转化为轴力，更好地发挥混凝土抗压性能，因而能够较大幅度提高结构的承载能力。当仰拱较平缓时，仰拱中部弯矩较大，为控制结构设计的薄弱环节；当仰拱曲率较大（半径较小）时，仰拱与边墙连接部位为相对薄弱环节，控制结构设计。

（2）工程措施

①拆换范围。

根据现场仰拱填充变形开裂情况和监控量测资料 DIK306+020～DIK306+130 段 110m 范围仰拱填充均有不同程度的隆起，最严重地段为 DIK306+036～DIK306+060 段，本次拆换范围暂按 DIK306+020～DIK306+130 段 110m 设计。拆换时先对 DIK306+020～DIK306+060 及 DIK306+090～DIK306+130 段进行拆换，中间的 DIK306+060～DIK306+090 待两端拆换后对其进行监测，发现隆起继续发展，再考虑进行拆除，其余地段通过监控量测资料进行分析，若有隧底隆起其仍在持续发展地段也应进行拆换。

②拆换断面范围。

为保证拆换时拱墙二次衬砌的稳定，以及拆换后隧底结构受力的整体性，结合原设计的断面情况确定了断面上的拆换范围，如图 6-8-28 所示。

如图中阴影部分所示，拆除范围为内轨顶面以下 1070mm 的部分，二衬和初期支护除预留搭接的钢筋和钢架外其余均拆除。

③工程处理措施。

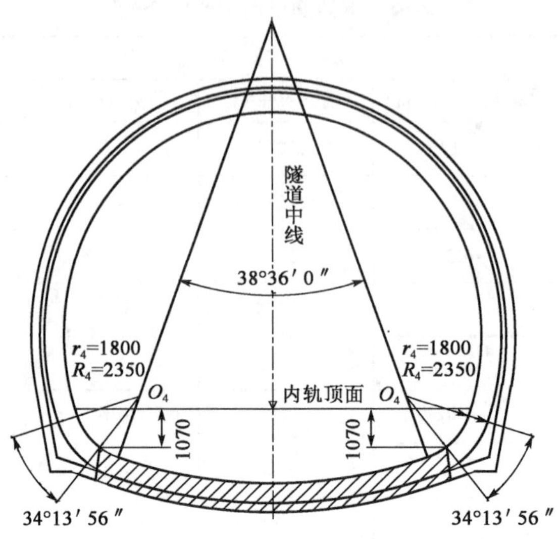

图 6-8-28　拆换范围(尺寸单位:mm)

a. 临时加固

为确保隧底结构拆换时的安全,在仰拱拆换前,首先在两侧边墙脚施作 ϕ89 锁脚钢管,每根长 6m,纵向间距 1.2m。洞内设置临时支撑以防止仰拱拆换时二衬边墙内敛过大,临时支撑系统由 1 根横撑 +2 根斜撑组成,每道采用 4 根 ϕ203 钢管组成。临时支撑纵向间距 1.5m 设置一道。其代表断面见图 6-8-29。

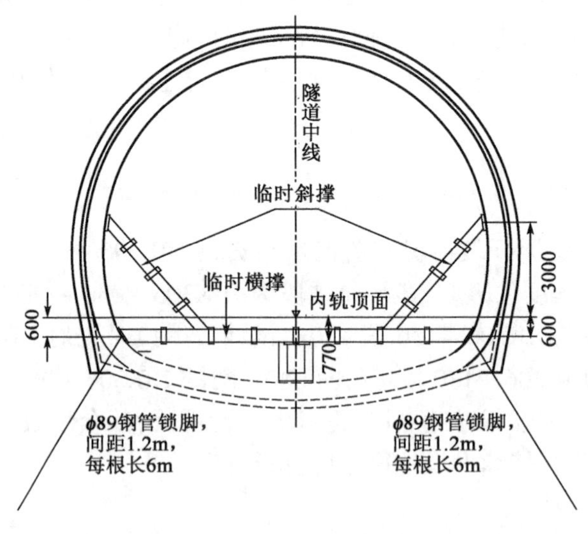

图 6-8-29　临时加固(尺寸单位:mm)

b. 增大仰拱曲率。

为增强结构抵抗荷载的能力,优化新建仰拱结构受力状况,结合结构计算情况,本次仰拱拆换时考虑增大仰拱矢跨比,由原设计的 1/11.76 调整为 1/5.8,仰拱较原设计加深 63cm。具体形态见图 6-8-30。

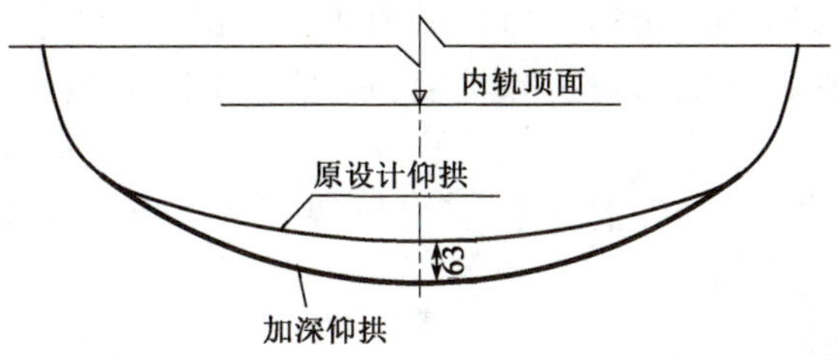

图 6-8-30 增大仰拱曲率(尺寸单位:cm)

c. 仰拱结构及支护措施。

拆换后的仰拱衬砌结构见图 6-8-31。

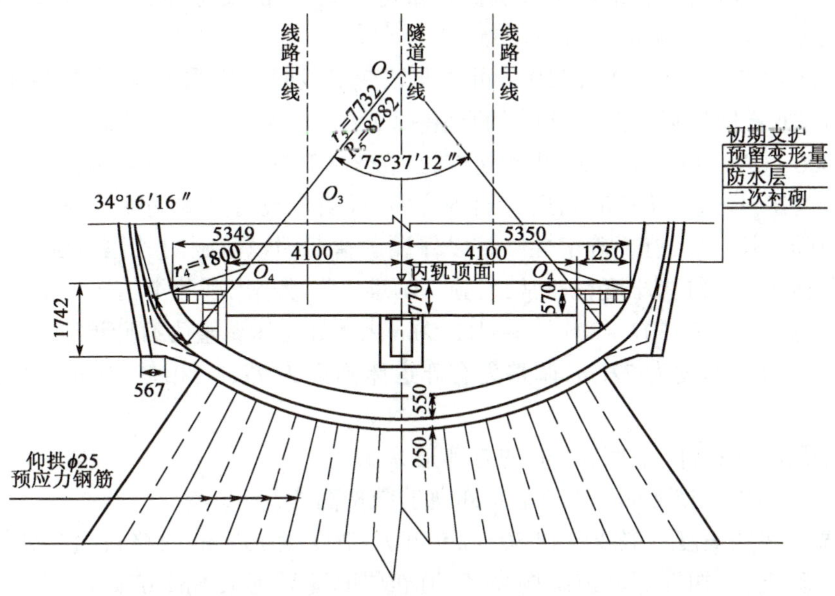

图 6-8-31 拆换后的仰拱衬砌结构(尺寸单位:mm)

拆换后内轮廓仰拱半径为 7732mm,矢跨比为 1/5.8,仰拱衬砌厚度为 55cm,钢筋适当加强,主筋采用 $\phi25$@200mm,纵向筋采用 $\phi16$@200mm,箍筋采用 $\phi12$@200mm。

支护参数见表 6-8-6。

支护参数 表 6-8-6

衬砌类型	喷混凝土		钢筋网		自进式锚杆			钢架		衬砌
	部位	厚度(cm)	部位	网格(cm)	部位	环距×纵距(m)	长度(m)	H175 型钢		仰拱
								部位	间距(m)	(cm)等级与材质
仰拱拆换方案	仰拱	25	仰拱	20×20	仰拱	1.0×1.2	10	拆换部位	0.6	55/C35 钢筋混凝土

d. 施工工序。

仰拱拆除过程应分段进行,每段施作长度 3m,间隔 6m。仰拱拆除过程应先支挡后拆除,加强监测，保证施工安全和结构安全，具体步骤如下：

(a)施作 DIK306 +020 ~ DIK306 +130 段临时钢管支撑及 φ89 锁脚钢管。

(b)分段进行拆除，间隔 6m，每段拆除长度 3m，依次拆除仰拱填充、仰拱衬砌及仰拱初期支护。

(c)施作仰拱初期支护，按初喷混凝土、架立钢架、施作钢架间连接槽钢、施作 φ32 自进式锚杆、复喷混凝土的顺序进行。

(d)施作仰拱二次衬砌。

(e)施作仰拱填充和中心水沟。

(f)待二衬混凝土达到一定强度后，继续下一循环的拆除及重建仰拱工作，每段施工长度仍为 3m。

(g)分段拆除临时支撑，每段长度不宜超过 10m。

通过综合对比分析，最后采用了隧底拆除重建方案，目前实施和运营效果良好。

6. 软岩大变形段无砟轨道改有砟轨道

由于 DIK305 +950 ~ DIK307 +120 段处于与该变形段同一地质环境，都是高地应力区，岩性又均是软岩，同处于木嘎断层和土木断层的夹持区，又属于极高地应力状态，压力释放周期难以确定，从 DIK306 +080、DIK306 +090 断面施作的二次衬砌监测情况可以看出，二次衬砌施工 1 个月后基本趋于稳定，经过半年多时间后又出现病害，说明该段变形的周期长，围岩和结构达到新的应力平衡时间较长，且具有不确定性。难以保证运营期间该范围内其他地段不出现仰拱底鼓等现象，采用无砟轨道，维修难度也非常大，施工困难。为减小出现此类情况时的运营维修难度，建议将 DIK305 +850 ~ DIK307 +200 段共计 1350m 由无砟道床调整为有砟道床。

原设计无砟道床高度为 57cm，调整为有砟道床高度为 77cm，相差 20cm，为此研究了 3 种方案：

①轨道采用特殊设计，采用 57cm 的有砟道床高度。

②通过凿除仰拱填充 20cm 来满足有砟轨道结构高度。

③通过调整线路坡度，DIK305 +850 ~ DIK307 +200 段 1350m 线路轨面标高均上调 20cm。

方案①扣除钢轨、扣件等轨道结构高度，道砟层厚度只有 15cm，方案不可行。方案②需对已施作仰拱填充人工凿除，总量约为 2160m^3，凿除费用高，且施工难以控制，凿除时可能会对下层保留的填充产生振动破坏等情况，不建议采用。方案③在通过线路、接触网、轨道专业进行相应调整的基础上，能满足净空要求，此方案能最大程度缩短施工工期，且最经济合理，故采用调整线路坡度的方案，具体调整情况如下：

(1)线路专业

原设计隧道该段为 9.5‰的单面上坡，此次调整范围为 DIK305 +450 ~ DIK307 +600 段共 2150m：DIK305 +450 ~ DIK305 +850 段线路坡度为 +10‰，DIK305 +850 ~ DIK307 +200 段线路纵坡为 +9.5‰，DIK307 +200 ~ DIK307 +600 段线路纵坡为 +9‰，将 DIK305 +850 ~ DIK307 +200 段轨面标高整体抬高 20cm。

(2)轨道专业

轨道结构变更设计范围为三联隧道内 DIK305 +450 ~ DIK307 +600，其余维持原来施工图设计不变。隧道内轨道结构变化的铺设地段见表 6-8-7。

轨道结构变化的铺设地段　　表 6-8-7

项　目		铺 设 范 围	线路长度(m)	轨道结构高度(mm)
三联隧道	无砟轨道	DIK305 +450 ~ DIK305 +845	395	570 递增至 770
	无砟过渡段	DIK305 +845 ~ DIK305 +850	5	
	有砟过渡段	DIK305 +850 ~ DIK305 +870	20	770
	有砟轨道	DIK305 +870 ~ DIK307 +180	1310	766
	有砟过渡段	DIK307 +180 ~ DIK307 +200	20	770
	无砟过渡段	DIK307 +200 ~ DIK307 +205	5	770 递减至 570
	无砟轨道	DIK307 +205 ~ DIK307 +600	395	
合计			2150	

(3)接触网专业

轨面标高整体抬高后,接触网专业通过特殊设计能满足内净空要求。

第九节　宁杭客专湖州隧道轨道结构隆起处治

一、轨道板隆起及裂缝情况

隧道进口里程 DK173 +075,出口里程 DK178 +390,隧道全长 5315m。2012 年 10 月 16 日轨道精调时发现湖州隧道出口端轨道板最大超限值高于设计值,仰拱填充找平层出现裂缝,具体情况如下:

1. 轨道板隆起情况

(1)左线板号 828809 ~ 828817(DK177 +004 ~ DK177 +062)段右股最大超限值高于设计值 16mm,左股最大超限值高于设计值 8mm,线路中心最大偏差为往左侧偏移 5mm,此区段超高最大偏差低于设计值 8mm(图 6-9-1)。

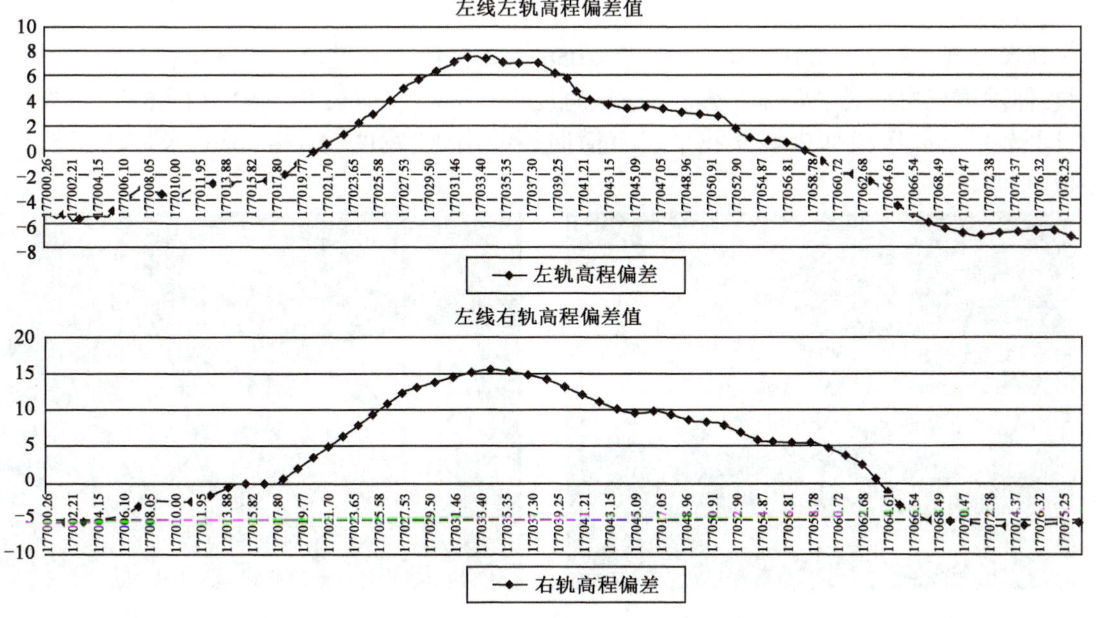

图 6-9-1　左线轨道高程偏差值

（2）右线板号928808～929817（DK176＋998～DK177＋061）段左股最大超限值高于设计值14mm，右股最大超限值高于设计值5mm，线路中心最大偏差为往右侧偏移12mm，此区段超高最大偏差高于设计值9.5mm（图6-9-2）。

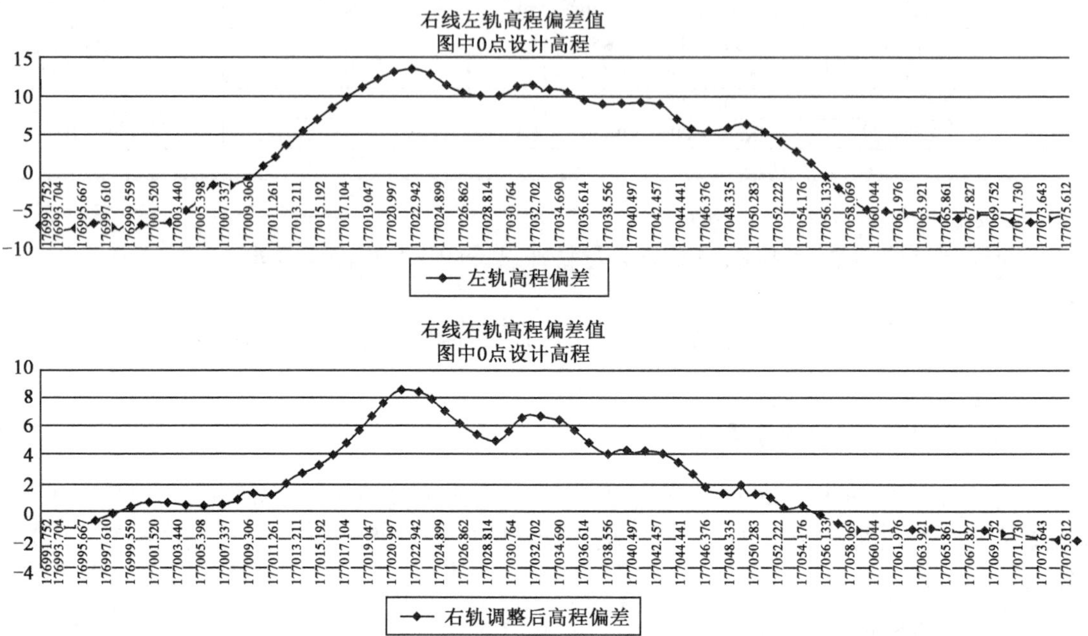

图6-9-2　右线轨道高程偏差值

从测量结果看，轨道高程偏差在靠近中心管沟处大，两侧小，即：左线右轨、右线左轨的高程偏差值大；左线左轨、右线右轨的高程偏差值小。

2. 仰拱填充找平层裂缝情况

现场发现DK177＋004.794～DK177＋056.150区段内隧道填充找平层存在大小不等的裂纹，仰拱填充找平层中央排水槽处的裂纹宽度3～7mm，纵向长度约50m（图6-9-3、图6-9-4）；间隔3～5m区段仰拱填充找平层有横向裂缝出现，宽度约1～3mm，未贯通至轨道底座板。

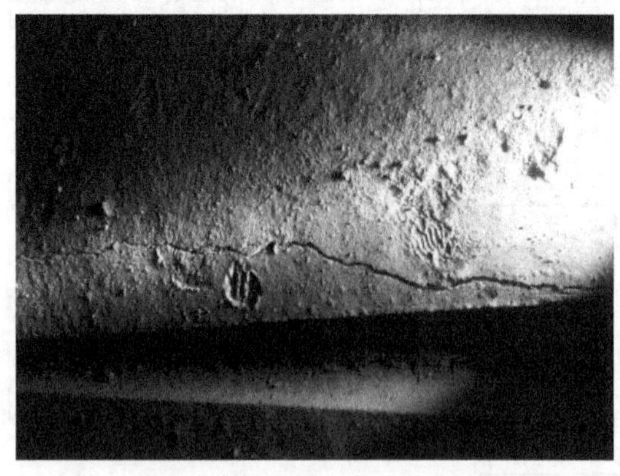

图6-9-3　纵向中心局部裂缝

图6-9-4　仰拱纵向中心裂缝

二、原设计情况简介

1. 线路情况

隧道进口里程 DK173 +075，出口里程 DK178 +390，隧道全长 5315m。隧道线路DK175 + 517.80 至出口位于半径为 7000m 的右偏曲线上，其余地段位于直线上。隧道内纵坡为"人"字坡，坡度依次为：20.00‰、6.40‰和 −4.00‰，变坡点分别为 DK174 +200、DK177 +300 及 DK178 +600。隧道进口至 DK174 +438、DK177 +118 ~ DK177 +482 及 DK178 +512.5 至隧道出口段均设置圆曲线型竖曲线，竖曲线半径均为 35000m。

2. 地质情况

湖州隧道位于浙江省湖州市，湖州隧道隧址区主要为低山丘陵区，相对高差 100 ~ 400m，地形起伏较大，自然坡度约 15°\u65374X40°\u65292X 植被发育，多为松林及杂木。DK176 + 980 ~ DK177 +090 为泥盆系上统五通组（D_3w）砂岩、石英砂岩，弱风化，灰紫色，节理较发育，倾向 325°\u65374X10°\u65292X，倾角 12°\u65374X28°\u65292X，物探 V_p =2.4 ~ 4.5km/s 。为Ⅱ级围岩地段。

湖州隧道进行了 4 次抽水试验，对于隧道涌水量的预测，根据同类隧道的经验，采用了降水入渗法进行了计算分析，全隧道的正常涌水量为 3519m^3/d，DK177 +200 ~ DK178 +350 段正常涌水量为 649m^3/d。

3. 设计情况

DK176 +980 ~ DK177 +090 采用Ⅱa 型复合衬砌结构，隧底设置厚 37cm 混凝土底板（底部设钢筋网）。即：初期支护厚 5cm，二初为 35cm 混凝土结构，拱部局部设置 L-2.5mϕ22 组合中空锚杆。拱墙设置 ϕ16 钢筋网片，间距 2m 设三肢钢架。

隧道按照 CRTSⅡ型板式无砟轨道设计，DK176 +187.8 ~ DK178 +585 段曲线超高值为 165mm，轨道结构高度为 747mm。隧道衬砌防排水按照"防、排、堵、截相结合、因地制宜、综合治理"的原则进行。

隧道防排水主要措施为：隧道内设双侧侧沟和中心排水管，中心排水管与侧沟以 PVC 排水管连接；隧道初期支护与二次衬砌间拱墙铺设防水板加土工布防水；防水板背后 8 ~ 12m 设置环向 HDPE50 打孔波纹管，防水板下端墙脚处设置纵向 HDPE107/93 双壁打孔波纹管；隧道衬砌施工并变形完成后，应进行衬砌背后回填注浆。对施工缝、变形缝等薄弱环节采用多道防水措施（图 6-9-5 ~ 图 6-9-7）。

三、施工情况

1. 现场施工情况

DK176 +980 ~ DK177 +090 段开挖时间为 2010 年 11 月初至 2011 年 3 月初，约 5 个月时间。

据监理日志显示：2010 年 11 月 6 日上导掌子面里程为 DK177 +077，2010 年 12 月 4 日在 DK177 +054 出现拱顶坍方，2011 年 2 月 8 日上导掌子面里程为 K176 +984.6，下导掌子面里程为 DK177 +037。如图 6-9-8 所示是根据监理日志绘制的现场施工进度图。

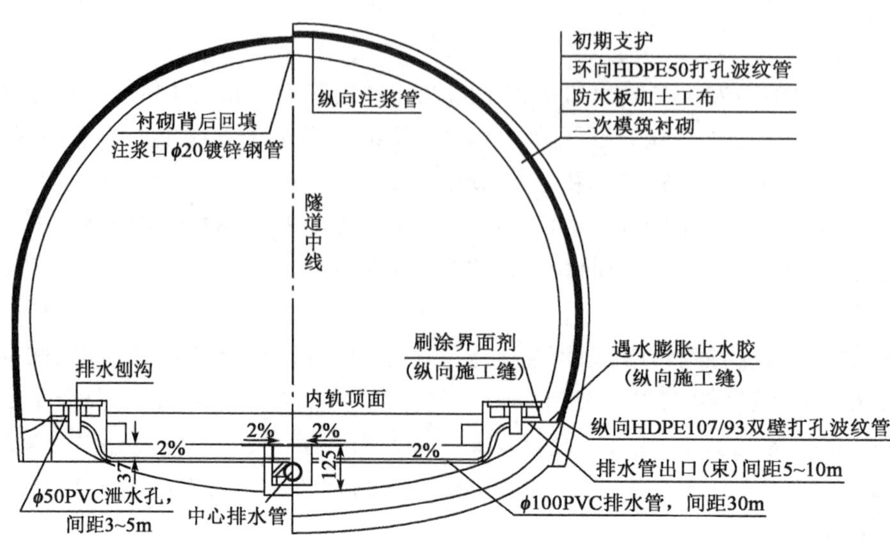

图 6-9-5　综合防排水系统断面示意图(尺寸单位:cm)

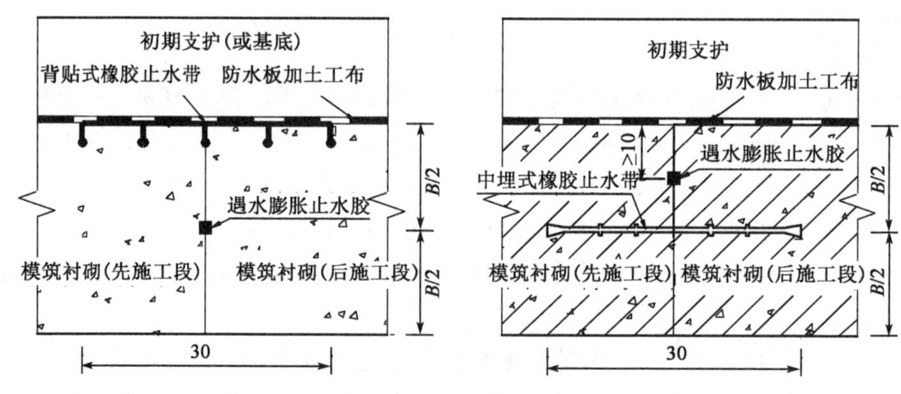

图 6-9-6　环向施工缝防水构造(尺寸单位:cm)

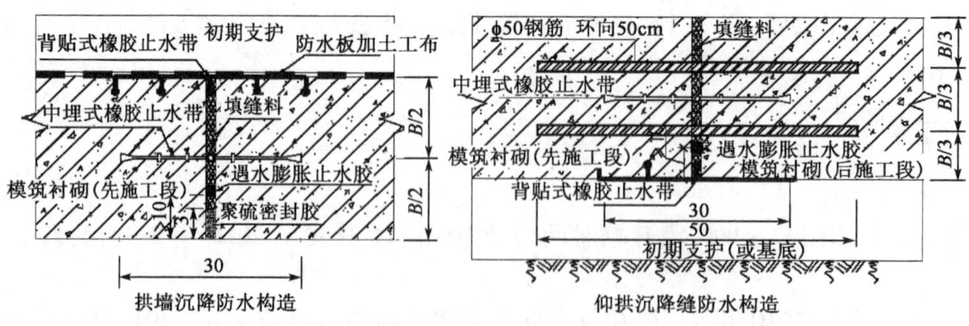

图 6-9-7　变形缝防水构造(尺寸单位:cm)

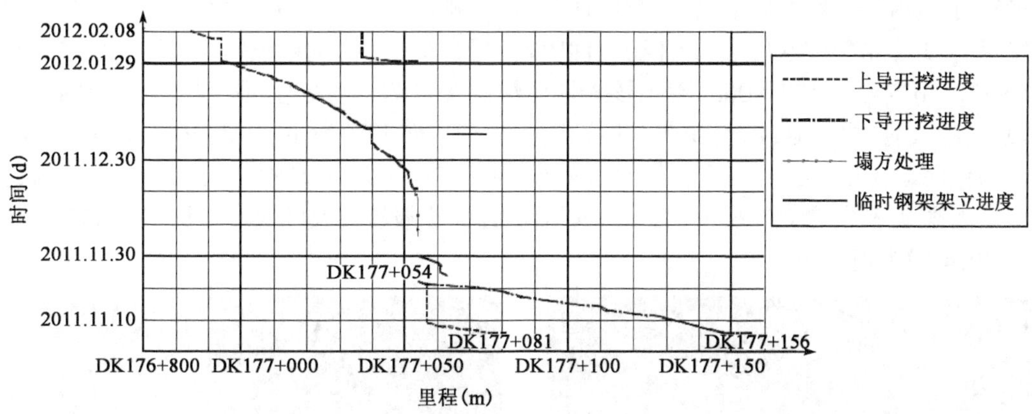

图6-9-8 开挖进度示意图

从图中显示在2010年11月中下旬时，隧道上、下断面掌子面里程均为K177+054。

隧道二衬于2011年3月15日完成，找平层于2011年7月8日完成。2012年6月经第三方无损检测表明本段隧道二次衬砌厚度、强度等满足设计要求。

2.施工中揭示的地质情况

2010年10月~2011年6月，对隧道开挖揭示的地质情况及时地进行了核查，在参建四方共同的确认下，进行动态设计。

DK176+980~DK177+012段：现场核查地质情况为砂岩，深灰色，弱风化，节理裂隙较发育，岩体较破碎，呈块状，裂隙面可见少量泥质充填物，地下水不发育(图6-9-9)。围岩级别由Ⅱ级变更为Ⅲ级。

DK177+012~DK177+022段：现场地质核查情况为砂岩，深灰色，强~弱风化，节理裂隙发育，岩体破碎，呈块状、碎块状，裂隙面以张开型为主，间距10~30cm，裂隙面夹大量灰白色泥质充填物，质滑，掌子面左侧夹1~5cm厚泥质夹层，稳定性较差，现场可见掉块现象，裂隙水不发育(图6-9-10)。围岩级别由Ⅱ级变更为Ⅳ级。

图6-9-9 现场开挖揭示照片

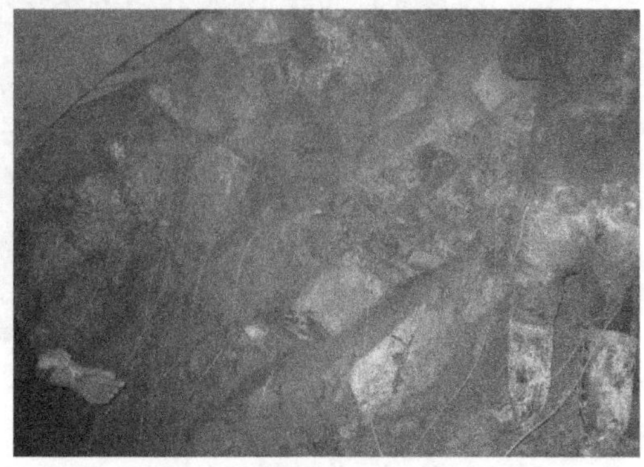

图6-9-10 现场开挖揭示照片

DK177+022~DK177+037段：现场核查地质情况为掌子面左侧为砂岩，青灰色，岩质较硬，弱风化，节理裂隙发育，岩体破碎，呈块状、碎块状，裂隙面以张开型为主，间距10~20cm，裂隙面夹大量灰白色泥质充填物，质滑，岩体胶结性较差，右侧为砂岩，全～强风化，呈土夹角砾状，裂隙水稍发育，可见少量裂隙水出渗，岩体稳定性较差（图6-9-11）。围岩级别由Ⅱ级变更为Ⅴ级。

DK177+037～DK177+063：现场核查地质情况为砂岩，青灰色，强～弱风化，以弱风化为主，节理裂隙发育，岩体破碎，呈块状、碎块状，裂隙面以张开型为主，间距10～30cm，裂隙面夹大量灰白色泥质充填物，质滑，岩体胶结性较差，局部夹1～2cm泥质夹层，呈灰色、灰绿色，土状，质软，裂隙水不发育（图6-9-12）。围岩级别由Ⅱ级变更为Ⅳ级。其中DK177+047～DK177+054段为坍方段。

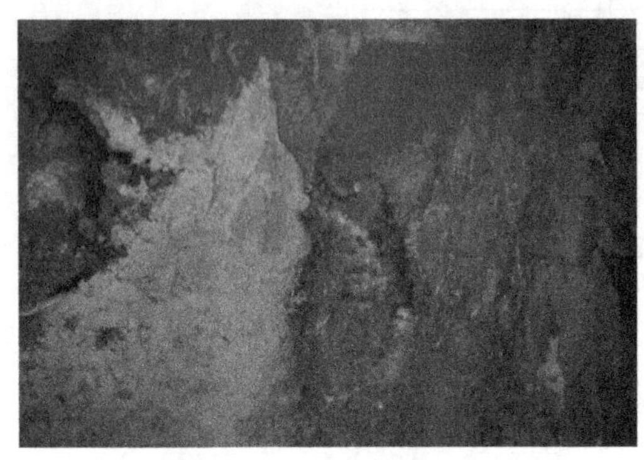
图6-9-11　现场开挖揭示照片

图6-9-12　现场开挖揭示照片

DK177+063～DK177+080段未变化。DK177+080～DK177+090段：现场核查地质情况为砂岩，青灰色，弱风化，夹泥质夹层，厚5～10cm，节理裂隙发育，岩体较破碎，呈块状、碎块状，局部岩质较软，裂隙面可见大量灰白色泥质充填物，质滑，裂隙水稍发育，局部渗水，拱顶有掉块现象（图6-9-13）。此段围岩级别由Ⅱ级变更为Ⅲ级。

图6-9-13　现场开挖照片

施工现场变更后，本段隧道洞身地质情况见图6-9-14、图6-9-15。

3. 坍方处理措施

2010年12月4日，隧道DK177+054～+047段发生坍方（图6-9-16、图6-9-17），坍方高度约5～7m，坍方体为破碎的岩石，夹杂部分灰白色泥质充填物。

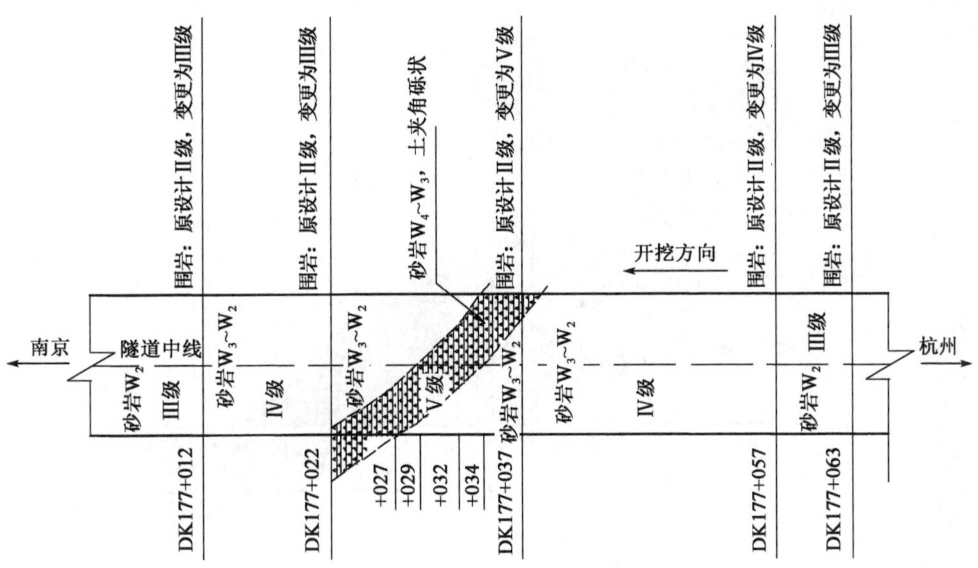

图 6-9-14　DK176 +980 ~ DK177 +090 段隧道洞身地质平面示意图

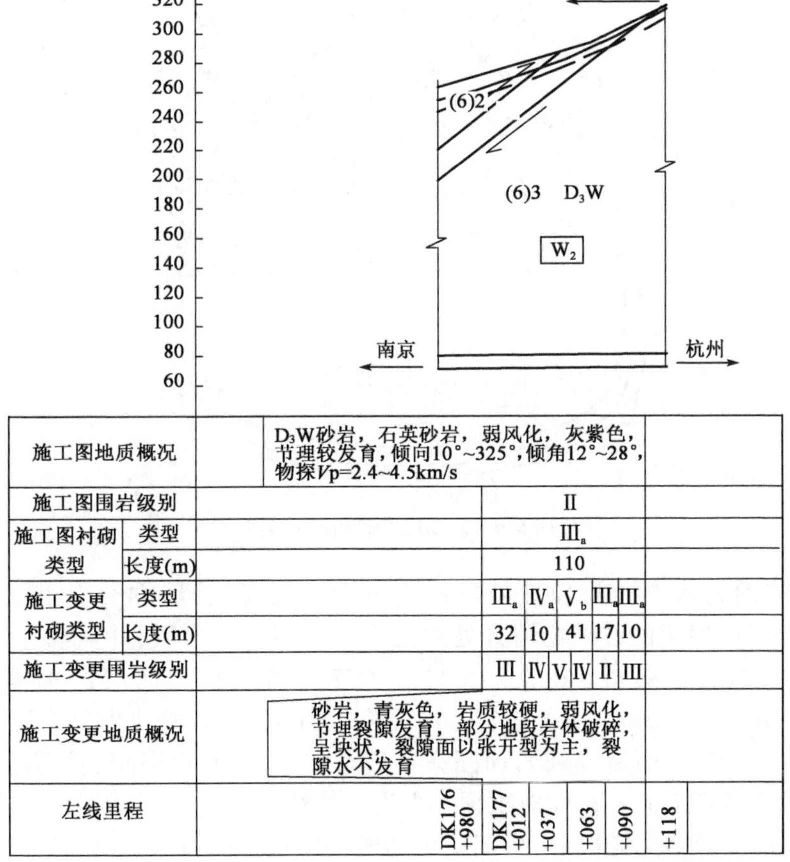

施工图地质概况		D_3W砂岩，石英砂岩，弱风化，灰紫色，节理较发育，倾向10°~325°，倾角12°~28°，物探Vp=2.4~4.5km/s
施工图围岩级别		Ⅱ
施工图衬砌类型	类型	$Ⅲ_a$
	长度(m)	110
施工变更衬砌类型	类型	$Ⅲ_a$　$Ⅳ_a$　$Ⅴ_b$　$Ⅲ_a$　$Ⅲ_a$
	长度(m)	32　10　41　17　10
施工变更围岩级别		Ⅲ　Ⅳ　Ⅴ　Ⅳ　Ⅱ　Ⅲ
施工变更地质概况		砂岩，青灰色，岩质较硬，弱风化，节理裂隙发育，部分地段岩体破碎，呈块状，裂隙面以张开型为主，裂隙水不发育
左线里程		DK176+980　DK177+012　+037　+063　+090　+118

图 6-9-15　DK176 +980 ~ DK177 +090 变更前后洞身纵断面图

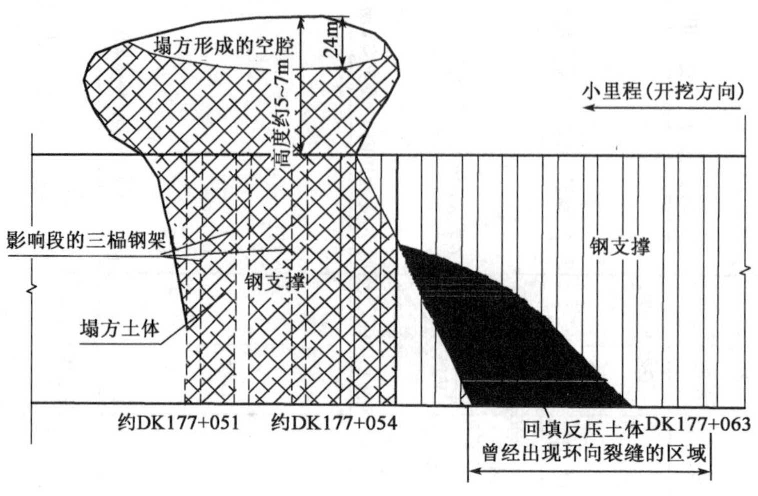

图 6-9-16　DK177 +054 ~ DK177 +047 坍方段纵断面示意图

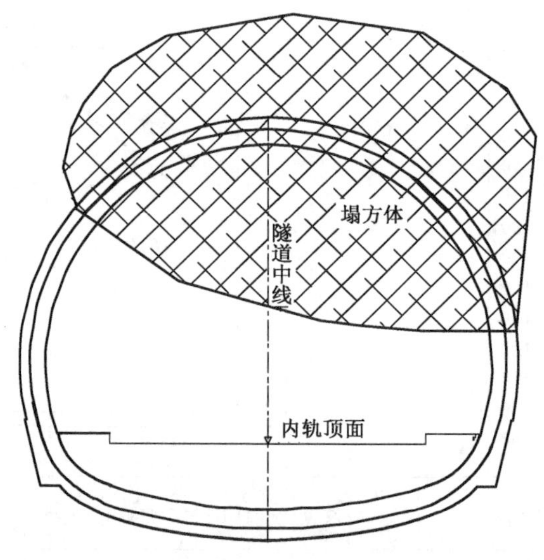

图 6-9-17　坍方段横断面示意图

断面上裂隙面的灰白色泥质充填物由右侧向左侧发展，坍方发生于隧道拱顶上方。2010 年 12 月 5 日，参建四方确定坍方处理措施。立即停止出渣，并从洞外运土回填反压（图 6-9-18）；其次在 DK177 +063 ~ DK177 +067 初期支护表面增设 4 榀临时钢架；对 DK177 +063 ~ DK177 +057 段拱部进行径向注浆（图 6-9-19），初支背后空洞部分开孔进行注浆回填加固；在对掌子面后方围岩加固完毕后对掌子面坍方体进行注浆加固；坍方体加固完毕后，利用已经施工的初衬面对拱顶上方坍方体注浆加固；再采用 L-5m 超前双层小导管预支护，在超前导管施工完成后，拱部采用掏槽施工钢架的方式，短进尺推进。隧道衬砌结构采用Ⅴb 型衬砌。

图6-9-18　填土反压

图6-9-19　超前小导管注浆

4. 初期支护施作后监测情况

根据监测资料显示在初期支护施作后，本段拱顶沉降变化趋势是趋于稳定的（图6-9-20、图6-9-21）。

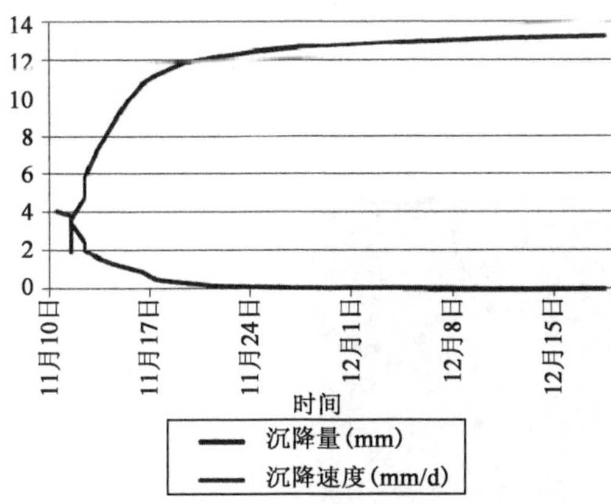

图6-9-20　DK177+070 断面沉降及沉降变化

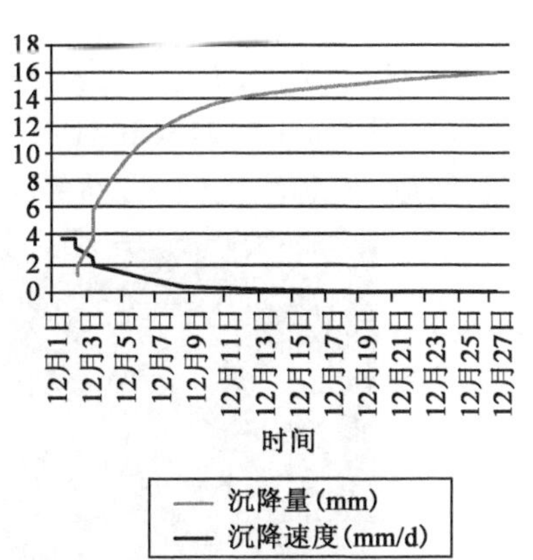

图6-9-21　DK177+060 断面沉降及沉降变化

施作后，隧道内净空变化也是趋于稳定的。断面净空变化典型趋势详见图6-9-22～图6-9-24。

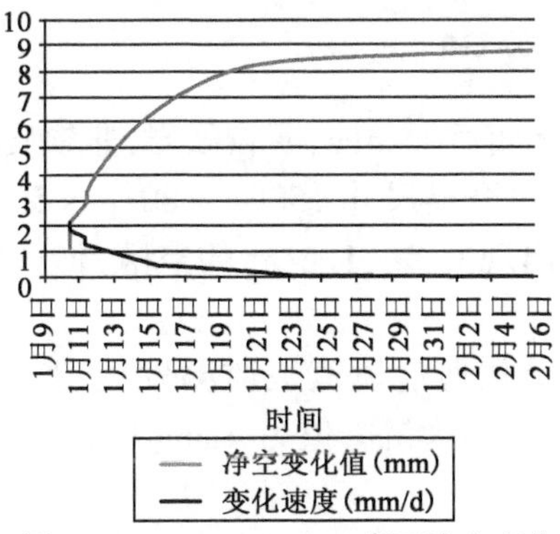

图6-9-22　DK177+040 断面净空变化值及变化速率

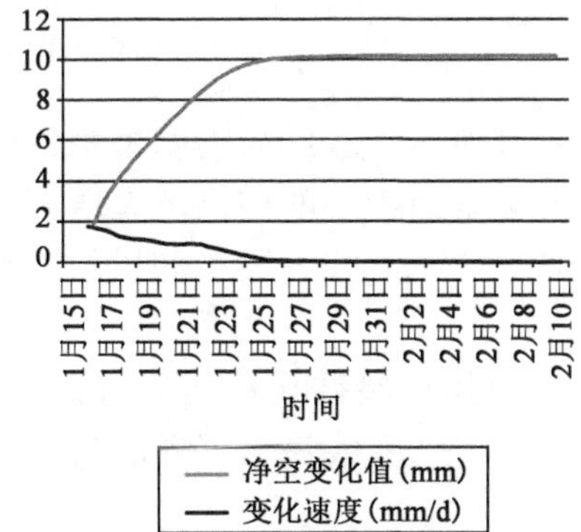

图6-9-23　DK177+030 断面净空变化值及变化速率

通过以上数据显示本段隧道施作二次衬砌时初期支护是稳定的。

根据施工单位提供的 DK177 +022、+37、+052 断面在 2012 年 11 月 4 日至 11 月 28 日期间拱顶沉降观测数据基本无变化，表明本段隧道衬砌结构是稳定的。

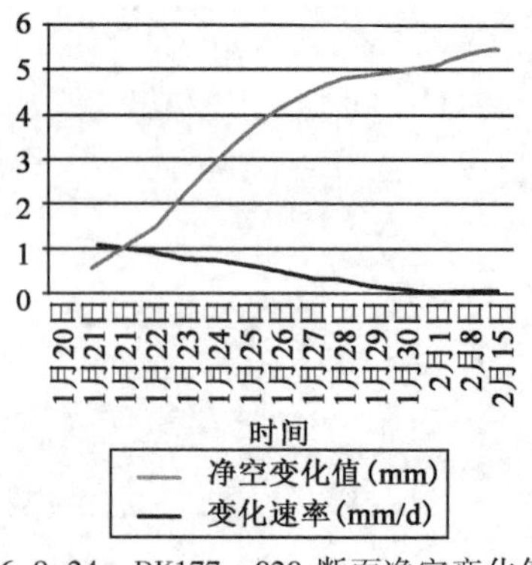

图 6-9-24　DK177 +020 断面净空变化值及变化速率

四、原因分析

经过对本段隧道施工地质揭示情况、坍方产生及处理措施、初支及二衬稳定性等方面分析，DK177 +004.794 ~ DK177 +056.150 段仰拱填充找平层出现的裂缝引起轨道板隆起与坍方段无很大关联。

1. 现场情况

2012 年 11 月 1 日，现场发现湖州隧道出口段排水不畅：中心管沟集水井淤积较严重，有的水位距仰拱填充层表面仅十几厘米，边墙沟槽与轨道底座板间有多处积水，但两侧水沟几乎无水流现象。

采用钻孔取芯方法，从仰拱填充层表面至仰拱下基岩，芯样长 228cm（图 6-9-25）；观察芯样在长度 37cm、125cm、185cm、213cm 处有较为明显的分界线，其中 213cm 以下为弱风化砂岩，青灰色，岩质较硬，岩芯呈短柱状，局部碎块状。

图 6-9-25　现场取芯芯样

岩石单轴抗压强度试验结果表明单轴抗压强度超过 15MPa，属较硬岩，非软质岩层。现场在 DK177 +035 处隧道中心的仰拱填充层开槽检查，开槽尺寸 150cm × 80cm × 50cm。经检查纵向裂缝深度 17 ~ 20cm，找平层与仰拱填充层间出现 0.5 ~ 1.2cm 的空隙，仰拱填充层下部未发现裂缝。

在对隧道填充找平层钻孔释压后，现场施工单位通过轨道板监测发现超高值下降 1 ~ 2mm；在轨道板解锁后，左线最大沉降值为 5mm，右线最大沉降值为 4mm。

2. 主要原因

隧道仰拱填充按两次施作，先施工下部，而后是 37cm 厚找平层，形成纵向水平施工缝（图 6-9-26）。客观上存在仰拱填充层两次浇筑衔接不密实的情况。且隧道排水系统不畅，使得隧道仰拱填充长期处于浸水状态中，仰拱填充与填充找平层间细小裂缝不停吸水，在微水压下逐渐扩展，最终使得仰拱填充表层拱起，并在薄弱位置出现裂缝，并引起轨道板隆起。

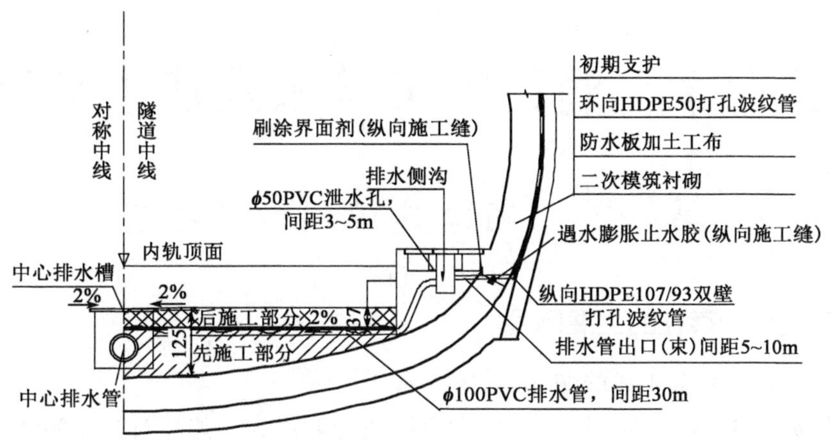

图 6-9-26　仰拱填充施工细节图

五、整治措施

针对分析的原因，处理措施如下：

（1）疏通隧道排水系统，确保排水系统通畅。

（2）对仰拱填充找平层钻孔释压，钻孔直径 10cm，深度 50cm，纵向间距约 2m。

（3）对 DK176 + 998 ~ DK177 + 071 段仰拱填充层裂缝地段进行灌浆回填，灌浆孔深 50cm，间距 1.5m × 1.5m。应先锚固后灌浆，浆液采用超细水泥浆，注浆压力控制在 0.2MPa 以内，必须确保回填密实。

（4）对 DK176 + 998 ~ DK177 + 071 段仰拱填充层与仰拱间进行锚固，纵向间距 2 ~ 4m，每断面设置 6 处。锚杆采用 ϕ50 自进式中空注浆锚杆，锚固伸入隧道仰拱内 0.3m。

（5）若全线隧道填充客观存在纵向水平施工缝，应采取措施确保隧道内排水系统通畅。

第七章　洞口施工技术及病害处治

第一节　洞口建设问题及病害

一、洞口设计中存在的主要问题

在洞口设计中存在的主要问题如下：

(1)未贯彻“早进晚出”原则，边仰坡高度大，安全隐患大。如郑西客专部分黄土隧道中仰坡高度过大，存在安全隐患，在开通之前接长了明洞。富村二号黄土隧道(图7-1-1)，仰坡高达80m；南交口一号隧道出口仰坡高且存在冲沟(图7-1-2)；坳渠二号隧道进口(图7-1-3)、富村一号隧道进口(图7-1-4)仰坡高。

图7-1-1　郑西客专富村黄土隧道洞口

图7-1-2　郑西客专交口隧道洞口

图7-1-3　坳渠二号隧道进口

图7-1-4　富村一号隧道进口

明挖段形成汇水槽谷，如阌乡隧道出口(图7-1-5)、南交口二号隧道进口(图7-1-6)。

图7-1-5 阌乡隧道出口

图7-1-6 南交口二号隧道进口

宜万铁路野三关隧道Ⅰ线出口(图7-1-7)仰坡高，安全隐患大，破坏环境。

图7-1-7 野三关隧道Ⅰ线出口

(2)偏压严重、进洞困难。如南广线新蓝隧道出口(图7-1-8)、白石顶2号隧道出口(图7-1-9)偏压严重，进洞困难，应采取接长明洞，地面反压等措施。

图7-1-8 新蓝隧道出口

(3)未认真开展岸坡稳定性评价，按一般经验设计，边仰坡防护措施偏弱。

(4)对边仰坡、洞口施工方法、施工步序等未进行详细设计。

图 7-1-9　白石顶 2 号隧道出口

(5)对施工扰动引起的岸坡稳定性未进行详细分析与评价，施工配合不密切，变更不及时。

二、洞口施工中存在的主要问题

在目前洞口施工中存在的主要问题是：一次刷方高度大，支护不及时；地形偏压时反压措施不及时；洞口浅埋施工方法不当；明洞施作不及时；防护措施施作不到位。事例如下：

(1)浙赣线某隧道，洞口地形偏压(图 7-1-10)。设计采用混凝土回填反压平衡山体压力，“边仰坡零开挖”进洞，中壁法施工。施工时采用台阶法，未能及时封闭初期支护，靠山侧压力过大，造成洞口坍方，已施工的支护破坏。后被迫改为大开挖，修建明洞，造成山体植被大面积破坏。工期影响 6 个月。

图 7-1-10　浙赣线某隧道偏压洞口

(2)浙赣线某隧道，洞口地形浅埋(图 7-1-11)。设计采用中壁法施工进洞，要求及时封闭初期支护，减小围岩变形。施工时采用台阶法，未能做到及时封闭初期支护，山体出现大量纵横向裂缝，施工时适逢雨季，大量雨水下渗，围岩压力加大，最后支护大变形，坍方。工期影响 4 个月。

图 7-1-11 浙赣线某隧道浅埋洞口

三、洞口主要病害

由于地形地质复杂，设计、施工措施不当等引起洞口主要病害如下：

(1)边仰坡滑坍，引起安全事故。

据调查，铁路隧道施工中洞口边仰坡滑坍引起的安全事故每年都有发生。

如：宝兰客专洪亮营隧道洞口由于地方长期取土烧砖致使洞口发生大型滑坍(图 7-1-12)，约 20 万立方米，洞内 5 名作业人员被困，经组织抢险救援，被困人员脱险，但滑坍治理难度非常大。

图 7-1-12 洪亮营隧道洞口发生大型滑坍

再如：2006 年 3 月 21 日 18 时 20 分，武汉安康铁路增建二线襄胡段王家沟隧道明洞洞口上部边坡突然坍塌，8 名施工人员被困洞内。后经紧张抢险，至 22 日凌晨 4 时 50 分，被困人员全部获救；2006 年 5 月 21 日上午 10 时 40 分，洛湛线 DK58 + 620 处发生山体滑塌，正在双牌 2 号隧道进行开工准备的 4 名作业人员被砸伤，1 人死亡，其余 3 人受伤；2007 年 8 月 6 日，广深港客运专线水田隧道进口正在进行导向墙施工准备时，右侧导向墙顶部仰坡忽然滑塌约 2 ~ 3m^3 土体，两人被埋，经抢救无效，死亡；宜万铁路高阳寨隧道洞口坍方造成多名人员遇难

（图7-1-13）。

图7-1-13　宜万铁路高阳寨隧道洞口坍方

（2）边仰坡蠕变引起洞口结构变形、开裂、失稳。

如：宝兰客专塔稍村隧道（图7-1-14），仰坡不稳、蠕变变形引起洞口隧道结构仰拱开裂，结构变形侵限，洞口外挡墙纵向开裂。

图7-1-14　宝兰客专塔稍村隧道

（3）洞口段隧道衬砌开裂、变形。

（4）落石。

四、部分洞口滑坡或洞口上方坍方实例分析

1. 实例简况（表7-1-1）

部分洞口滑坡或洞口上方坍方实例分析　　表7-1-1

序号	名　称	简　　况
1	六郎隧道出口边坡滑移	2010年11月12日，在距平导口约50m以外发现斜坡地表产生贯通裂缝，宽度最大已达100mm，地表变形较严重，威胁斜坡上方居民安全
2	红岭隧道进口仰坡滑移	2011年6月，隧道进口在完成洞口边仰坡支护，导向墙及管棚施工并完成暗洞上台阶开挖及初支38m后，左侧边坡开始滑移，危及上方村庄房屋，到6月38m初支被挤压破坏

续上表

序号	名　称	简　况
3	下贵坪隧道出口初支偏压开裂	隧道出口上台阶掘进20m,初支出现较大变形,拱顶累计下沉49cm,水平位移达21.6cm,初支局部开裂,部分段落已侵限11.5cm
4	红石岩隧道出口增设横洞	2010年9月5日,红石岩隧道出口不具备进洞条件,增加横洞进洞

(1)云桂铁路六郎隧道(图7-1-15)

图7-1-15　六郎隧道出口洞口上方山体大面积滑移

六郎隧道出口及平导出口斜坡位于牛场坪沟槽左岸斜坡上,地形较陡,自然坡度一般20°~40°。出口工点周围区域仅有乡间小道相通,交通不便,施工单位进场后修建了施工便道到达隧道出口,开挖边坡采用挂网喷锚方式进行加固。2010年11月11日,在距平导口约50m以外发现斜坡地表产生间断不连续的裂缝,裂缝宽10mm;11月12日,裂缝宽度最大已达100mm,其中一条已贯通地表,地表变形较严重。现场对该变形体及时采取整治措施,避免了滑移体向便道边坡底部剪出的可能,以及牵引隧道上方土层及风化层整体向下滑移,确保了隧道工程展开和斜坡上方居民安全。

(2)沪昆客专湖南段红岭隧道(图7-1-16~图7-1-18)

图7-1-16　红岭隧道进口

图7-1-17　左侧边坡开挖过大引起地面大范围开裂滑动

隧道进口已完成边、仰坡开挖支护及洞口 40m 长管棚施作，上台阶完成开挖及初支 38.5m。2011 年 3 月 25 日，在导向墙施工时，发现 DK209 + 355 ~ DK209 + 390 隧道明洞段左侧边坡出现裂缝。6 月 3 日新化县普降暴雨，雨后巡查时发现隧道进口左侧边坡出现新的裂缝，裂缝最大长度约 26m，宽度约 1.5cm，深度约 1.2m，滑坡体外缘裂缝距隧道中心线距离由 76m 扩展至 125m。坡体上距隧道中心线距离 76m 处两民房已成为危房，坡体上距隧道中心线距离 84m 处两民房地板、墙体均有大量裂缝。隧道洞内 DK209 + 390 ~ DK209 + 400 段受左侧山体滑坡体偏压影响拱部左侧收敛已侵入二衬 26cm，拱顶已形成纵向裂缝（长 4m，宽 3cm），局部初支有剥离脱落现象，导向墙开裂达 3cm。

后采取接长明洞、反压回填、地面桩锚注浆加固等措施处治。

（3）沪昆客专贵州段下贵坪隧道

施工单位在按设计方案完成洞口段加固处理后，隧道出口开始掘进，但左侧山体开始滑移，地表在隧道中线两侧也均连续出现纵向裂纹，隧道受山体侧移和偏压作用，发生初支偏压开裂，隧道拱顶累计下沉 49cm，水平位移达 21.6cm。

（4）云桂客专红石岩隧道（图 7-1-19）

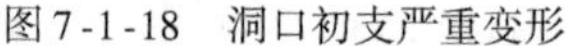

图 7-1-18　洞口初支严重变形

图 7-1-19　红石岩隧道出口

隧道出口山体陡峭，不具备进洞条件，增加 3 号横洞进洞，有效地规避了风险。

2. 事例分析

上述引起山体滑移的三个事例均因洞口段地质复杂原因引起，涉及三个方面的问题：一是对隧道洞门位置地质复杂程度和特殊气象影响认识不到位，红岭隧道设计方案中已经考虑了边坡防护，但边坡在进洞的扰动下，受持续暴雨影响，堆积体荷载加大，产生了滑动；二是进洞方法值得斟酌，六郎隧道在不具备直接进洞条件下，采用了强行刷坡，修筑便道的方式进洞，导致坡脚受到较大扰动和削弱，影响山体稳定；而红石岩隧道增加横洞进洞，有效地规避了风险；三是下贵坪隧道洞口段的监控量测工作照搬了规范项目，未充分考虑现场地质、地形条件和施工部位的特殊性。

3. 预防措施

对洞口段设计和施工要求做好三个方面的管理工作。

（1）对隧道洞门位置的设计，应充分考虑进洞条件，能够回避风险的尽可能在设计方案上予以回避，确实无法回避，应进行必要的补充勘测设计，提出合理的边坡处理方案。

(2)进洞方法的确定,应结合洞口段地质、地貌等条件,可采用横洞进洞,不宜强行刷坡进洞,避免造成洞门边、仰坡山体滑动,人为带来安全隐患和险情。

(3)隧道进洞段监控量测,应尽可能采用无尺绝对坐标实施水平位移监测,及时发现因山体侧移导致隧道整体侧移的风险。

第二节 洞口病害处治

隧道洞口病害发生后应首先分析原因,针对病害原因采取工程措施。

(1)稳定边仰坡。采取回填反压、清方减载、设置抗滑桩、锚索、注浆加固等措施稳定边仰坡。

(2)接长明洞,保证运营安全。

(3)处理和加固变形开裂段衬砌,加强结构强度。

(4)综合治理洞口地表排水措施,填补裂缝、防止雨水下渗。

(5)建立长期监测体系,及时进行评估。

第三节 洞口施工技术及病害预防措施

(1)严格落实"早进晚出"原则,合理选择洞口位置,避免设在滑坡、岩堆等不良地质处,避免设在地形十分困难位置,如极端偏压、悬臂、沟谷等位置。

(2)对于确因地形控制进洞条件不好的,认真开展岸坡稳定性评价,根据稳定性评价意见采取相应工程措施。

(3)一般采用长管棚超前支护进洞(图7-3-1)。

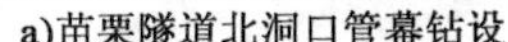

a)苗栗隧道北洞口管幕钻设

b)洞口管幕钻设

图7-3-1 洞口长管棚施工

(4)推荐采用不刷方进洞方法,保护环境及确保不扰动边仰坡(图7-3-2)。

(5)偏压隧道采用回填反压措施。

图 7-3-2　不刷方进洞，保护环境

(6)采用锚索、抗滑桩、正洞防护网等措施进行边仰坡防护。

(7)桥隧相连时(图 7-3-3)，科学制定隧道、桥梁施工步序，详细设计进出洞施工方法与洞口防护措施，合理进行施工组织，保证施工安全；洞口可采用防护棚罩保护桥梁运营期间的安全(图 7-3-4)。

图 7-3-3　桥隧相连(宜万铁路景阳坪隧道)

图 7-3-4　主动防护网(宜万关平苍隧道)

(8)适当接长明洞，并尽早施作明洞(图 7-3-5、图 7-3-6)。

图 7-3-5　适当接长明洞(右图为焦枝线新龙门隧道)

图7-3-6 台湾高铁洞口

(9)加强洞口段支护和衬砌。

(10)加强洞口防排水措施。

第四节 南广铁路走军岭2号隧道洞口病害处治

一、设计情况

1. 隧道概况

走军岭2号隧道位于广西壮族自治区藤县塘步镇三垌村附近,进口里程D2K235+733,出口里程D2K235+908,隧道全长175m,位于直线段上,洞口照片及平面图如图7-4-1、图7-4-2所示。隧道内纵坡为单面下坡,坡度为2.958‰。

图7-4-1 洞口照片

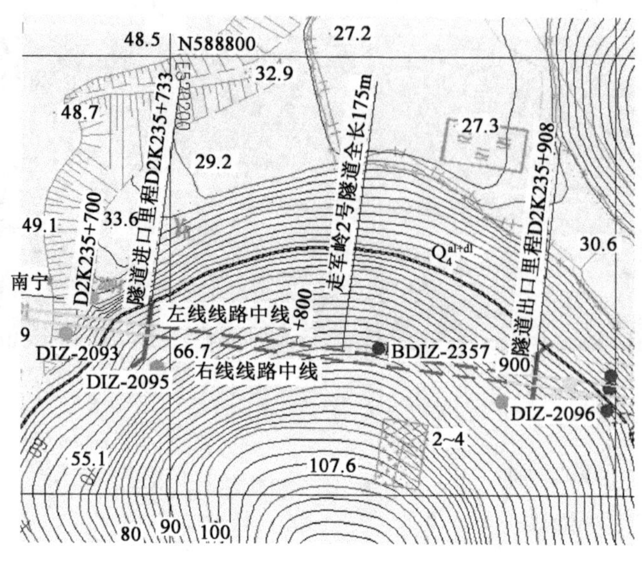

图 7-4-2　平面图

本隧道进出口地表为残破积黏土，易流坍，下伏寒武系砂岩，燕山期花岗岩，全～强风化，呈砂土状及碎块状，围岩稳定性差，隧道围岩为Ⅴ级围岩，全隧道暗洞衬砌类型采用Vc型（偏压型）复合式衬砌。隧道拱顶埋深0.5～17m，外侧拱肩覆盖土厚度为0.5～13.3m，浅埋、偏压现象严重。

由于全隧为浅埋偏压，为保证隧道进洞安全，减少隧道开挖刷坡高度，隧道进口设计7m单压耳墙式明洞，接22m半明半暗衬砌；同样，隧道出口设计10m单压耳墙式明洞，接15m半明半暗衬砌。

2. 工程地质及水文地质

（1）地层岩性

②$_1$ 粉质黏土（Q_4^{el+dl}）：层厚1.6～2.2m，褐红色，硬塑，含少量植物根系。

③$_1$ 细砂岩（$\in_1$）：全风化层，红褐色，岩芯呈砂土状及碎块状。

③$_2$ 细砂岩（$\in_1$）：强风化层，红褐色，粉细粒结构，中厚层状构造，岩芯呈碎块状，局部短柱状，节理裂隙发育。

③$_3$ 细砂岩（$\in_1$）：弱风化层，红褐色夹灰白色，粉细粒结构，钙质胶结，厚层状构造，岩芯呈短柱状，节理裂隙发育。该层钻探未揭穿。

④$_1$ 花岗岩（γ_5）：全风化层，红褐色，岩芯呈砂土状及碎块状。层厚16m左右。

④$_2$ 花岗岩（γ_5）：强风化层，红褐色，岩芯呈碎块状，局部短柱状，节理裂隙发育，手捻即碎。

④$_3$ 花岗岩（γ_5）：弱风化，青灰色，灰白色，中粗粒结构，块状构造，岩芯呈长柱状，节理裂隙发育。本层钻探未揭穿。

（2）地质构造

隧道范围内未发现断裂等地质构造。寒武系细砂岩产状240°～232°∠63°～68°。

（3）水文地质特征

勘探时未见地下水。但本区大气降水丰富，工点处植被较好，砂岩透水性较强，估计开挖时会有渗水。

(4)不良地质及特殊岩土

经地质调绘及勘探,隧道范围内未发现不良地质现象和特殊岩土。

(5)工程地质条件评价

②$_1$ 粉质黏土:Ⅱ级普通土,$\sigma_0=180$kPa。

③$_1$ 砂岩($\in_1$):Ⅲ级硬土,$\sigma_0=250$kPa。

③$_2$ 砂岩($\in_1$):Ⅳ级软石,$\sigma_0=400$kPa。

③$_3$ 砂岩($\in_1$):Ⅴ级次坚石,$\sigma_0=800$kPa。

④$_1$ 花岗岩(γ_5):Ⅲ级硬土,$\sigma_0=250$kPa。

④$_2$ 花岗岩(γ_5):Ⅳ级软石,$\sigma_0=500$kPa。

④$_3$ 花岗岩(γ_5):Ⅴ级次坚石,$\sigma_0=1200$kPa。

(6)隧道围岩分级如下:隧道主要穿越全风化层,全隧道皆定为Ⅴ级围岩。

3. 支护参数及施工方法

(1)明洞衬砌参数

隧道明洞衬砌采用单压耳墙式衬砌,衬砌厚度85cm,C35钢筋混凝土结构,环向主筋$\Phi25$@200,纵向钢筋$\Phi16$@250(图7-4-3)。

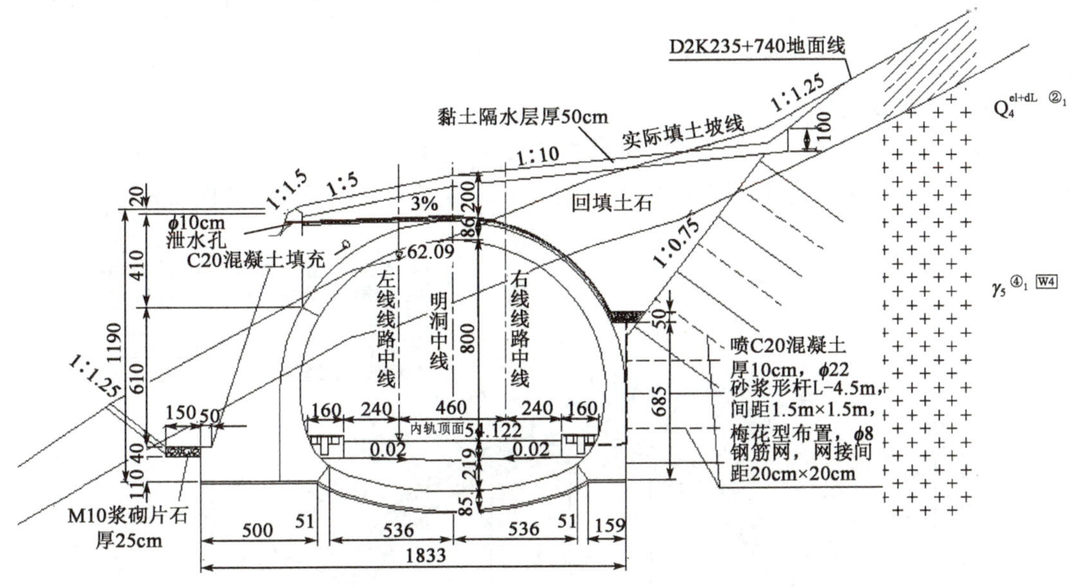

图7-4-3　D2K235+740明洞衬砌断面(尺寸单位:cm)

(2)半明半暗衬砌参数

暗洞侧初期支护采用210格栅钢架,钢架间距0.5m,$\phi89$超前管棚间距0.4m,衬砌厚度拱墙65cm,仰拱85cm,C35钢筋混凝土结构,环向主筋$\Phi25$@200,纵向钢筋$\Phi16$@250,如图7-4-4所示。

隧道设计在进口D2K235+740~D2K235+768段(22m)和出口D2K235+877~D2K235+898(21m)段隧道中线左右各12m范围内,在靠近山体一侧,采用地表注浆加固,注浆管梅花形布置,间距2m×2m。

明洞及半明半暗衬砌施工完成后方可进行暗洞施工。

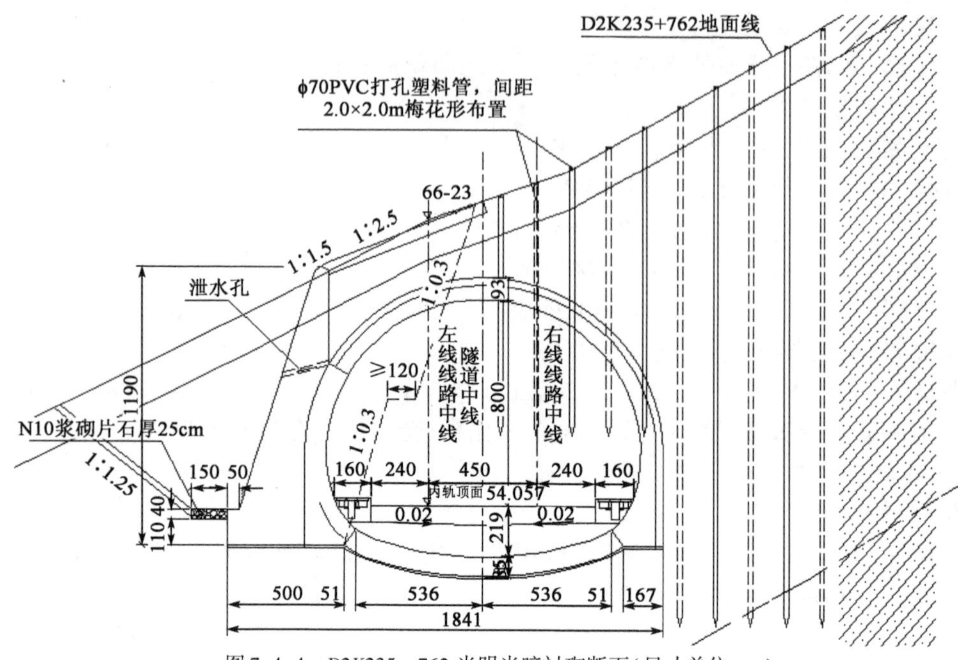

图 7-4-4　D2K235 + 762 半明半暗衬砌断面(尺寸单位:cm)

(3)暗洞衬砌参数

暗洞初期支护采用 I22 型钢钢架,间距 0.5m,$\phi42$ 超前小导管间距 0.4m,衬砌厚度拱墙 55cm,仰拱 65cm,C35 钢筋混凝土结构,环向主筋 $\Phi22@200$,纵向钢筋 $\Phi14@250$,如图 7-4-5 所示。

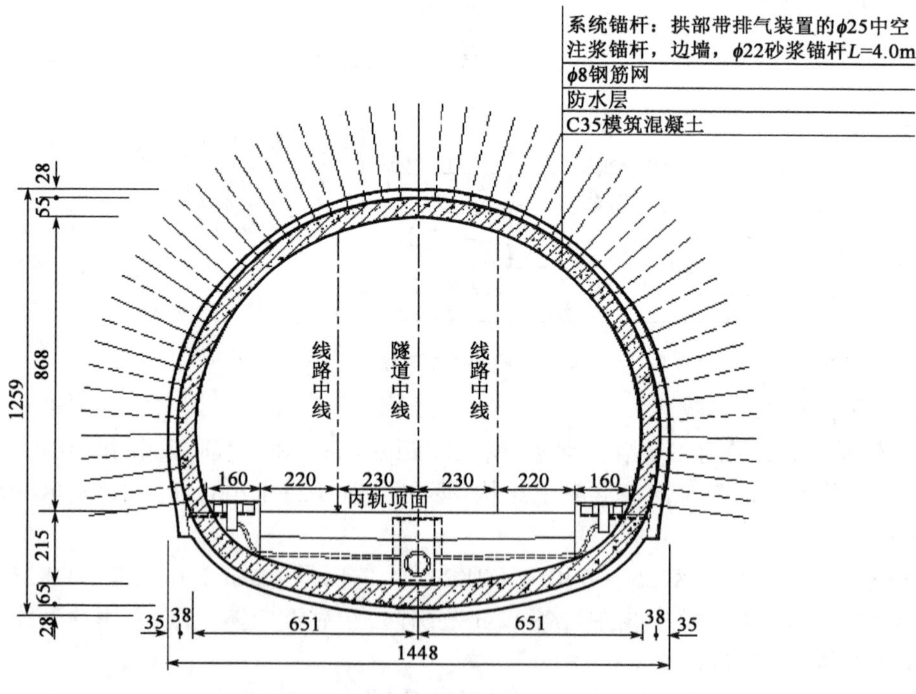

图 7-4-5　暗洞偏压衬砌断面(尺寸单位:cm)

(4)施工方法

原设计本隧道暗洞采用双侧壁导坑法施工,进出口半明半暗段采用分步开挖施工,如图7-4-6所示。

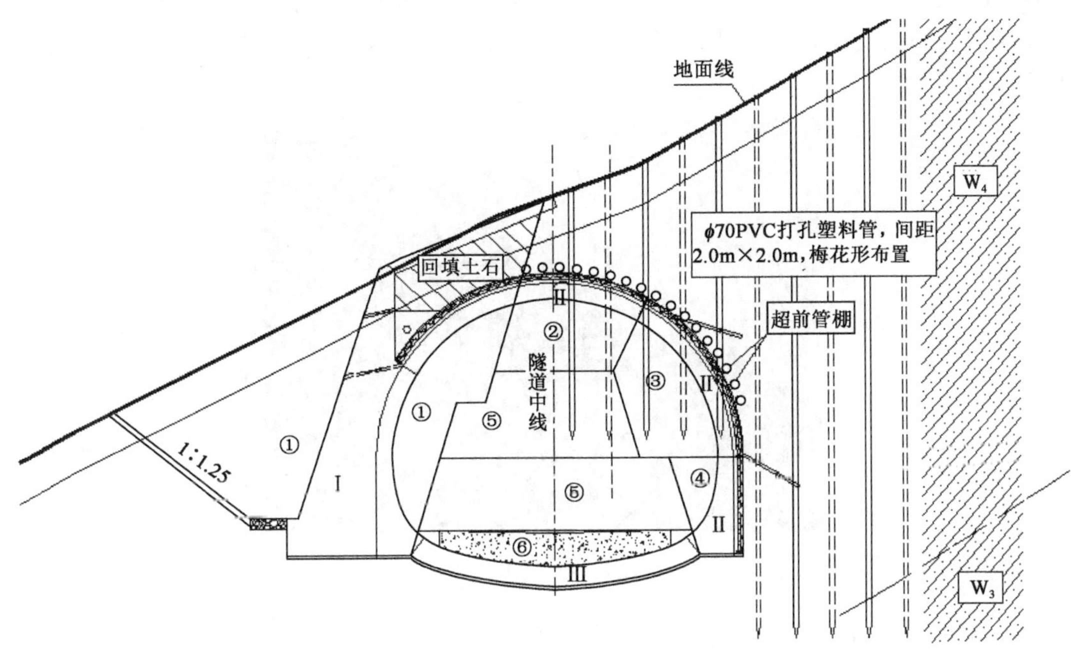

图7-4-6 半明半暗工法图

4.现场施工完成时间节点(表7-4-1)(截至2011年12月)

隧道完工时间统计表 表7-4-1

序号	工程项目	完成时间(年-月-日)
1	明洞	2011-09-05
2	洞门	2011-10-24
3	明洞洞顶回填	未做
4	地表注浆	2010-8-17
5	反压挡墙	2011-08
6	反压回填	未做
7	进洞	2010-2
8	隧道贯通	2010-12-24-25
9	二衬	2011-1-16
10	水沟电缆槽	2011-09-18

二、变更设计过程

1. 第一次变更

施工提前 10m 进洞且未施作明洞，未进行反压回填，施工工法采用台阶法进洞。

2010 年 1 月，走军岭 2 号隧道进口边仰坡发现程度不同裂缝，地表有下沉迹象（图 7-4-7）。

图 7-4-7 洞口照片

2010 年 3 月 16 日，组织了专家论证，意见如下：

（1）进出口偏压严重的暗洞地段，采用外侧反压、地表注浆等措施，明洞长度可适当增加，避免半明半暗法施工。

（2）暗洞可采用 CRD 工法，必要时采取洞内径向注浆等措施。

（3）暗洞施工前及时施作排水系统及明洞工程。

根据专家意见，对原设计文件进行如下调整：

（1）根据施工单位实测的地形，隧道进口端 D2K235 + 752 ~ D2K235 + 772 段线路左线左侧 12m 处施工挡土墙；出口端 D2K235 + 876 ~ D2K235 + 886 段线路左线左侧 12m 处施工挡土墙，以回填土对山体进行反压，回填土顶高程 70m；同时适当增加地表注浆范围，进口段 D2K235 + 752 ~ D2K235 + 772 及出口段 D2K235 + 876 ~ D2K235 + 886 进行地表注浆，注浆范围为隧道中线左右两侧各 12m。

将明暗分界里程定在 D2K235 + 752，出口明暗分界里程确定为 D2K235 + 886。

（2）暗洞采用 CRD 工法，先分部开挖靠山侧上导，拱脚打设锁脚锚管固定，靠山侧边墙采用 $\phi50$ 长锚管注浆锁定，减少围岩变形，锚管长 6m，超前外扩 60°打设，并注水泥砂浆，注浆压力 1 ~ 2MPa，根据开挖揭露的情况，必要时采用洞内径向补注浆进行加固，暗洞段采用超前小导管支护，Vc 偏压衬砌。

2. 第二次变更

截至 2010 年 6 月，进口仅完成 D2K235 + 733 ~ D2K235 + 743 段明洞衬砌，因 D2K235 + 743 ~ D2K235 + 752 段长度不满足台车长度，施工单位先行开挖了 7m 的暗洞部分，初支未封闭。

2010年6月9—10日,由于梧州地区连降暴雨,造成走军岭2号隧道进口明洞边坡发生溜塌,现场踏勘后发现,明洞边坡坡率未按设计坡率施工,洞顶天沟未及时施作,洞口存在排水不畅问题,造成隧底围岩受雨水浸泡,继而影响到已完成的7m隧道初支(未封闭,停工施作明洞段),水平及竖向位移达5~6m。

对现场实际情况进行了勘察,并根据实际情况调整设计。将隧道进口明暗分界里程向广州方向延长15m,隧道暗洞长度变更为116m。明洞段边坡按设计重刷(未按设计刷坡),暗洞待明洞工程、地面注浆工程及反压回填完毕后再行施工。

三、裂缝发展情况及特征

1.2011年9月17日

2011年9月17日,该隧道洞内水沟电缆槽侧壁出现竖向裂缝。当时隧道已贯通并完成衬砌,水沟电缆槽基本完成,但明洞尚未回填,反压回填未施作,洞口边仰坡未按设计修整坡率。随后立即展开全隧排查,并确定该隧道已完成水沟电缆槽侧壁多处出现类似情况。表现为裂纹宽度0.2~1mm不等,横向裂纹呈左右线对称出现较多,其中一处与隧道填充面贯通。

2011年9月23日,对现场进行踏勘,发现洞内裂缝具体情况如下:

(1)隧道两侧水沟电缆槽每隔3~5m出现横向裂纹,位置在水沟电缆槽壁。

(2)隧道中部D2K235+827处两侧水沟电缆槽、仰拱二次填充裂纹横向贯通,裂纹宽度达1.5mm,二衬边墙暂时未发现裂纹,拱顶发现有横向裂纹,衬砌未发现环向裂纹。

(3)隧道进出口明洞处(明洞拱顶覆土未回填),拱顶出现6~8m长的纵向裂纹。

裂缝位置展示详见图7-4-8、图7-4-9。

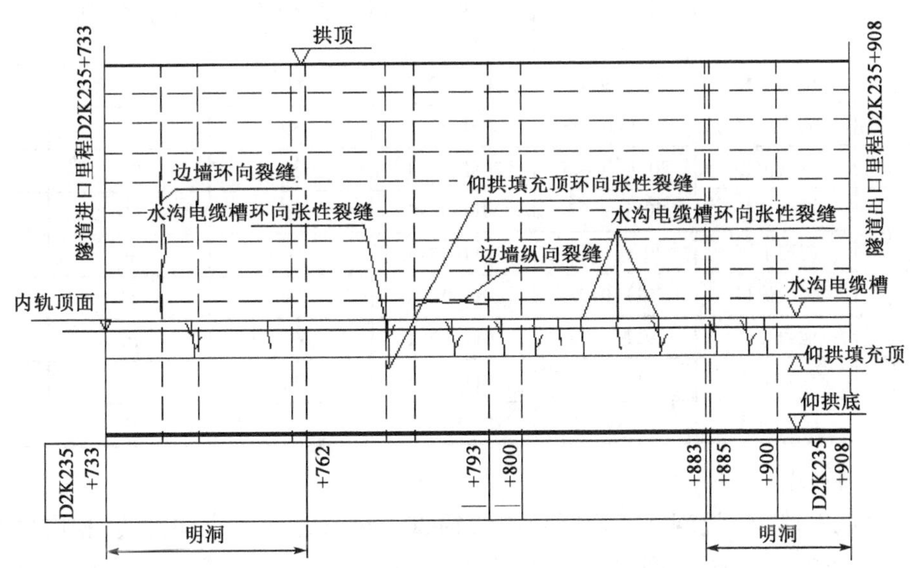

图7-4-8　洞身左侧裂缝示意图(远离山体侧)

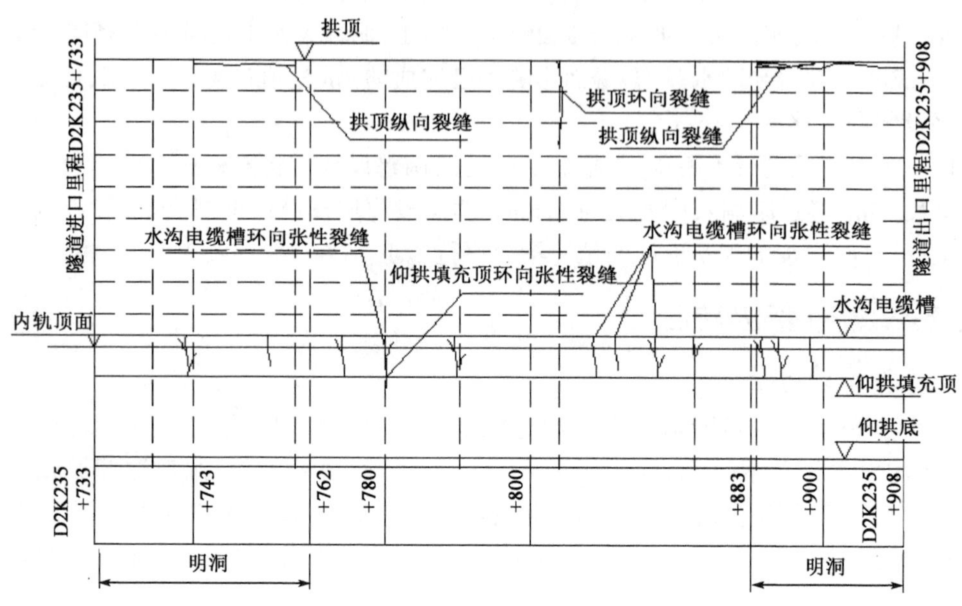

图 7-4-9　洞身右侧裂缝示意图（靠近山体侧）

2. 隧道洞内及地表观测数据

自隧道洞内衬砌发现裂缝后，对隧道洞内位移、洞内沉降及地表沉浸进行观测，观测数据见表 7-4-2。

各断面观测数据汇总表　　表 7-4-2

断面位置	量测项目	初测日期（年-月-日）	统计截止日期（年-月-日）	观测天数（d）	累计最大变形值（mm）	平均变形速率（mm/d）
D2K235 +767 进口明暗交界	地表位移	2011-9-23	2011-12-1	69	19	0.28
	洞内下沉	2011-10-23	2011-12-1	39	0	0.00
	洞内位移	2011-10-25	2011-12-1	37	23	0.62
D2K235 +830 隧道中部	地表位移	2011-9-23	2011-12-1	69	10	0.14
	洞内下沉	2011-9-22	2011-12-1	70	9	0.13
	洞内位移	2011-9-23	2011-12-1	69	23	0.33
D2K235 +880 出口明暗交界	地表位移	2011-9-23	2011-12-1	69	10	0.14
	洞内下沉	2011-9-22	2011-12-1	70	10	0.14
	洞内位移	2011-10-25	2011-12-1	37	8	0.22

3. 2011 年 11 月 13 日

2011 年 11 月 13 日，发现在距离隧道中线约 30 ~ 65m 地表有纵向裂缝，相应位置截水天沟也出现十余处断裂。地表裂缝宽度最大约 0.2m，现场能测量到的裂缝深度约 2.2m（图 7-4-10）。

根据对地表裂缝的观测数据，地表裂缝基本趋于稳定。

图 7-4-10 走军岭 2 号隧道地表裂缝

4. 补充勘察情况

为查明隧道底部是否存在软弱夹层或承载力不足,须在隧道洞内补充钻探。钻机于 11 月 4 日进场,在洞内对裂纹处地基进行了钻探,至 11 月 12 日结束,共完成钻孔 3 个,总进尺 71.15m。现将各钻孔揭示情况分述见图 7-4-11。

(1)钻孔号 SBZJLZ-1,位于 D2K235+830.5 隧道中线左 0.5m。1 号机组于 2011 年 11 月 5 日开钻,2011 年 11 月 8 日终孔。6 日上午 10 点钻穿仰拱混凝土,混凝土总厚度 2.20m。钻穿混凝土后孔深 2.20~2.40m 处出现掉钻现象,且孔内所存循环水快速全部泄漏,取上岩芯呈软塑状。2.40~20.70m 为全风化花岗岩,褐红色,原岩结构已破坏,岩芯呈砂土状,局部夹碎块,手捏易碎,现场标贯击数 29~53 击。其中 16.0~20.70m 处在 11 月 8 日中午 12 时发生两次埋钻问题,处理过程中因开水钻进及钻具上下来回转动,致使此部分岩芯冲散未能获取。20.70~21.50m 为强风化花岗岩,灰褐色,块状,锤击易碎。

(2)钻孔号 SBZJLZ-2,位于 D2K235+880 隧道中线左 1m。2 号机组于 2011 年 11 月 10 日开钻,2011 年 11 月 11 日终孔。10 日下午钻穿仰拱混凝土,混凝土总厚度 2.15m。2.15~5.20m 为全风化花岗岩,黄褐色,原岩结构已破坏,岩芯呈砂土状,手捏易碎,标贯击数 29 击;5.20~10m 为全风化泥质粉砂岩,褐红色,原岩结构已破坏,岩芯呈土夹碎块状,标贯击数 52 击;10~24.90m 为全风化花岗岩,褐红色,原岩结构已破坏,岩芯呈砂土状,手捏易碎,标贯击数 50~52 击;24.90~27.35m 为强风化花岗岩,灰褐色,岩芯呈碎块状。

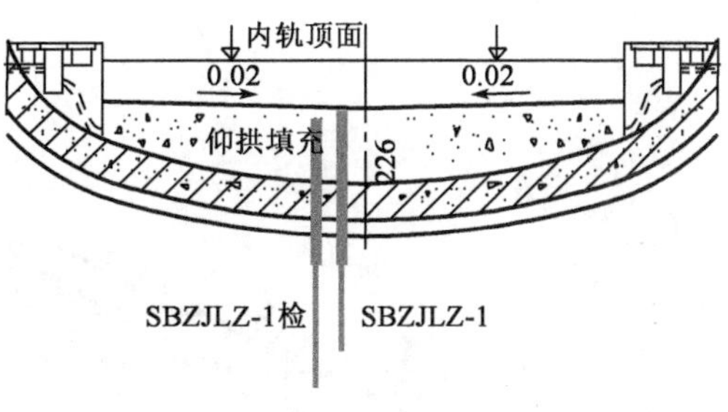

图 7-4-11 补勘钻孔图

(3)钻孔 SBZJLZ-1 检,鉴于 SBZJLZ-1 号孔钻进过程发生过埋钻问题,在其附近补钻一孔。钻孔位于 D2K235+830 隧道中线左 1m。2 号机组于 2011 年 11 月 11 日开钻,2011 年 11 月 12 日终孔。12 日上午钻穿混凝土,混凝土总厚度 2.24m。钻穿混凝土后 2.24~2.4m 钻进速度较快,岩芯呈松散土状,且发生漏水情况,现场进行 3 次注水试验,水面均无法上升,水位稳定在深度 2.20m 左右。2.40~21.00m 为全风化花岗岩,褐黄~褐红色,原岩结构已破坏,岩芯呈砂土状,手捏易碎,标贯击数 26~77 击;21.00~22.40m 为弱风化花岗岩,青灰色,岩芯呈柱状，岩质坚硬。

四、裂缝原因分析

(1)地形偏压严重，全风化砂层厚度大、自稳性差。

(2)隧道进出口明洞临时刷坡面积大，坡率陡，刷坡完成后未及时支护，暴露时间达1年半之久，经历两个雨季，未支护的临时边坡长时间暴露，导致山体不稳定引起滑动而产生裂缝。

(3)明洞及洞门工程施工严重滞后，明洞2011年9月份施工完成，洞门在10月份施工完成，明洞结构与临时边坡至11月中旬尚未回填，长时间搁置导致边坡坡脚不稳，引起山体滑动产生裂缝。

(4)对于偏压坡脚处的反压措施施工滞后，反压挡墙2011年8月才施作完成，即隧道贯通后10个月才施工反压挡墙，至11月份尚未进行反压回填，坡脚反压未起到相应的作用。

(5)施工期间在山体坡脚开挖施工便道，临时直立边坡高达8m左右，对山体坡脚进行卸载，引起山体滑动产生裂缝。

(6)由于隧道开挖对于山体扰动，引起山体滑动产生裂缝。

(7)隧道仰拱底部存在虚渣，引起局部受力不均衡，可能产生差异沉降，引起变形。

五、处治

处治总体方案：洞外斜坡采用清方减载、回填反压(图7-4-12)及抗滑桩的综合整治方案，对洞内隧道基底进行加固、洞内裂缝采用渗透性强材料进行修复处理。

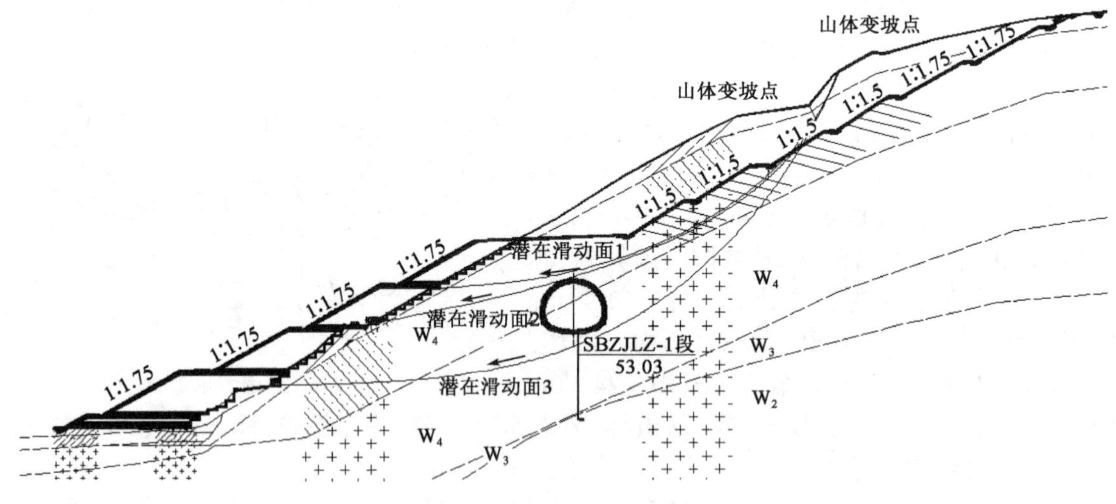

图7-4-12　洞身反压回填横断面

2012年3月6日进行了洞外卸载反压施工，待隧道裂缝观测稳定后，于2012年5月1日开始进行洞身衬砌混凝土裂缝处理，于2012年5月25日全部处理完成。2012年8月中旬，隧道洞外卸载反压及防护工程基本结束(图7-4-13)。

图 7-4-13　处理后地面照片

六、2012 年裂缝发展情况及后处治措施

1. 处治后裂缝发展情况

(1)2012 年 9 月 18 日,在进行隧道洞内外观察时发现,已修复完成数月的洞内裂缝再次出现细微裂纹,进口洞门端墙、出口明洞仰拱填充表面等部位也出现较为明显的裂缝。裂缝发展情况见表 7-4-3。

①出口明洞仰拱填充裂缝。该裂缝长约 5m,位于洞口明洞段线左仰拱填充处。

裂缝发展观测表　　表 7-4-3

检测日期(年-月-日)	裂缝宽度(mm)
2012-9-20	1.4
2012-9-22	1.5
2012-9-24	1.5
2012-9-26	1
自上次检测至今无变化	

②洞门端墙裂缝(图 7-4-14)。

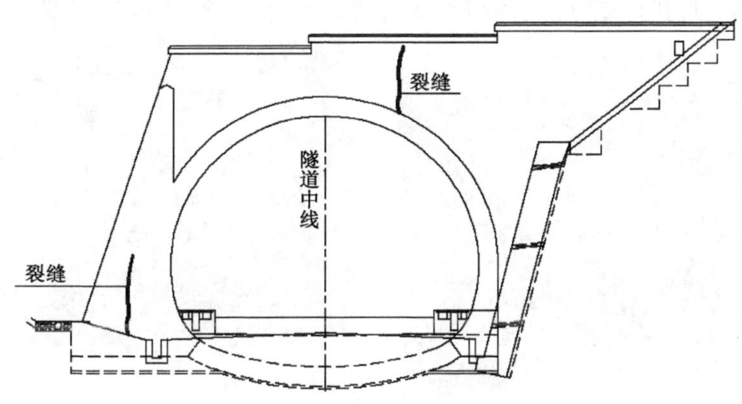

图 7-4-14　洞门端墙裂缝展示图

③水电槽裂缝。洞内水电槽已封闭处理完成的裂缝大部分出现开裂迹象。

(2)2012 年 10 月 21 日，下午工地巡查发现，走军岭 2 号隧道洞外地表发现土体开裂现象，具体情况如下：

①位于走军岭 2 号隧道洞顶平台出现纵向裂缝，长度约 50m，最大宽度达 2cm。

②位于走军岭 2 号隧道出口仰坡处，发现竖向裂缝，长度为 4.1m，最大宽度达 5.1cm。

2. 原因分析

(1)隧道卸载反压后，隧道浅埋偏压问题仍然存在。

(2)隧道右侧卸载区有 7 级边坡，高度达 50m；左侧反压填筑区有 5 级边坡，高度达 44m。加之反压区放坡基底位于水田淤积软土中，其软土部分采用抛填片石处理，反压填筑区属于斜坡段超高填方，反压区土体会发生沉降和位移，从而带动隧道变形。

(3)进入 2012 年旱季以来，隧道区域近两个月未下雨，隧道周围土体含水率减少，地下水位降低，土粒间空隙增大，隧道围岩承载力降低，隧道在外力作用下易产生波动变形。

3. 后处理措施

(1)建立长期观测系统，对地表和洞内裂缝进行长期观测。

(2)变形趋于稳定后，对结构裂缝进行处理。

(3)对地表裂缝及时进行回填处理，防止地下水下渗。

第五节　南广铁路新蓝隧道进洞施工技术

一、设计情况

新蓝隧道起止里程为 IDK293 + 772 ~ IDK296 + 332，全长 2560m，最大埋深 341m，隧道穿越低山丘陵区，地形起伏较大，地面高程为 75 ~ 430m，相对高差约为 270m，山坡自然坡度较陡，纵向自然坡脚一般为 15° ~ 20°，部分穿越山间凹地，横向自然坡脚一般为 25° ~ 35°，隧道主要穿过强、弱风化砂岩夹页岩。

二、施工情况

进口掘进 72m，仰拱浇筑 35m，洞口准备拼装衬砌台车，如图 7-5-1、图 7-5-2 所示。

图 7-5-1　洞口施工情况

图 7-5-2　洞内施工情况

出口与陡峭山体小角度斜交，18m 明洞位于半明半暗的山坡上，明洞右边墙位于河床中的扩大基础挡墙上，挡墙已施工完成，如图 7-5-3 所示。

图 7-5-3　洞口明挖

明暗交界里程为 DK296 +314，暗洞施工的导向墙和长管棚都已经施工完成(图 7-5-4)，由于浅埋偏压严重，不敢贸然进洞。

暗洞停工后，主要进行明洞施工，在开挖的过程中，明洞右侧山体滑塌(图 7-5-5、图 7-5-6)，几乎将右侧偏压挡墙掩埋。

图 7-5-4　洞口导向墙和长管棚

图 7-5-5　洞口右侧坍方(1)

及时对滑塌边坡进行了喷锚防护，并浇筑左侧挡墙，在左右侧挡墙上进行套拱施工(图 7-5-7)，防止边坡滑塌危及明洞施工人员安全。

图 7-5-6　洞口右侧坍方(2)

图 7-5-7　洞口套拱

三、暗洞进洞方案

(1)解决偏压问题

由于山高坡陡，掘进后，将给初期支护带来巨大的不平衡偏压力，会造成初期支护开裂和山体坍方，采用锚索桩，以抵抗不平衡推力。

(2)解决浅埋问题

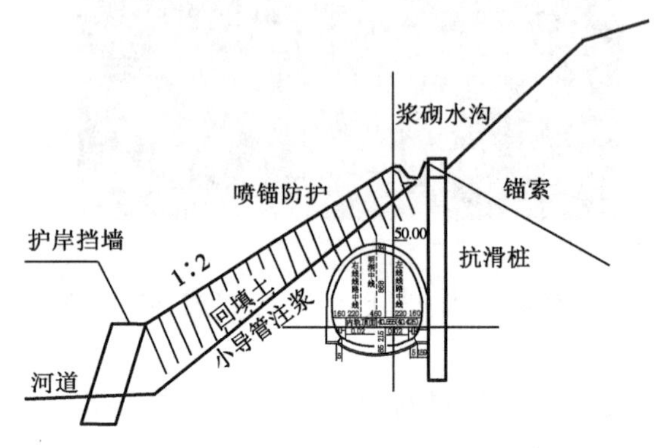

图 7-5-8　进洞方案图(尺寸单位:cm)

由于洞身埋深极浅，不能形成拱效应，将山坡清表后，在洞顶浅埋段回填水泥土，使洞身埋深达到 5m，然后增加地表小导管注浆，将回填土与原状土固结为一体，增加洞身开挖时的成拱稳定性。

(3)解决河流冲刷问题

由于山坡下有河流，属于水库泄洪渠，垂直冲刷山坡，对百年大计的隧道工程恐有危害，在隧道区段的山坡坡脚增设护岸挡墙，可减少河流冲刷对隧道的危害，也可以保证回填注浆土的稳定。

处理方案断面大样图见图 7-5-8。

第六节　宝兰客专塔稍村隧道进口边仰坡病害处治

一、隧道原设计情况

1. 隧道概况

塔稍村隧道(图 7-6-1、图 7-6-2)位于渭河南岸西秦岭中山区，起讫里程 DK650 + 422 ~ DK655 + 348，全长 4926m，双线隧道，最大埋深约 360m。隧道进口端位于塔稍沟下游，出口端位于太宁沟下游；该隧道设长 188m 斜井一座。

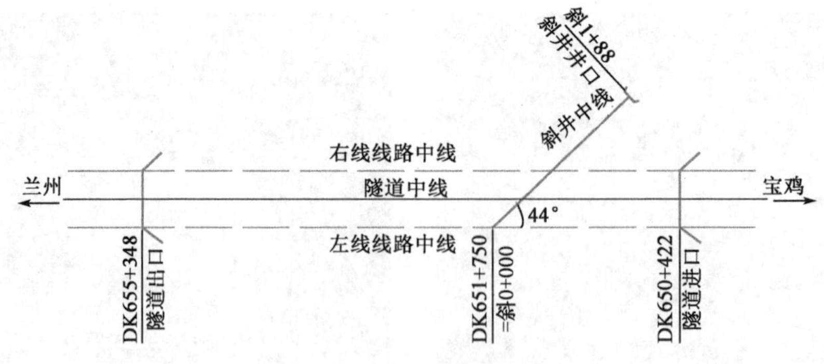

图 7-6-1　隧道工程设置示意图

图 7-6-2　塔稍村隧道进口全貌

2. 隧道勘察概况

(1)设计阶段勘察概况

宝鸡至兰州客运专线定测工作于 2009 年 7 月开始,2009 年 9 月底,地质勘察外业工作结束,地质勘察中采用地面调查、钻探及物探等综合勘察手段,对该隧道口进行了详细的工程地质及水文地质勘察工作,完成地质勘察工作量见表 7-6-1。

设计阶段地质勘察工作量一览表　　表 7-6-1

序号	类别	单位	工作量	备注
1	地质调查	km^2	0.45	
2	钻探	m/孔	199.8/4	
3	物探	m	500	

(2)施工阶段补充地质勘察概况

设计院对塔稍村隧道进口进行了补充地质勘察工作,并进行详细的地质调绘,施工中共布置钻探 250m /4 孔,目前已经完成 91m/2 孔,完成物探剖面 1 条。

3. 原设计地质情况

(1)地形地貌

该隧道位于西秦岭北麓中低山区,地处塔稍村左岸斜坡中下部,隧道口自然坡面 35° ~ 45°,两侧发育坡面沟槽,相对高差 100 ~ 200m,山坡多被植被覆盖,隧道顶部有土层覆盖,如图 7-6-3所示。由于左侧便道及隧道口施工,对坡面进行人工切坡,切坡后的人工边坡坡度约 40° ~ 60°。

(2)地层岩性

隧道进口坡脚为第四系全新统洪积黏质黄土,山顶覆盖第四系上更新统风积黏质黄土。隧道进口基岩裸露,涉及地层为下元古界(P_{t2})片岩及大理岩,片岩为灰黑—灰色,大理岩为白色,细粒变晶结构,片状构造,主要矿物成分为石英、云母、角闪石等。夹有大理岩夹层,岩体较破碎,节理裂隙较发育,片理产状为 N80°E ~ N80°W/40° ~ 75°S,片理产状与线路方向近一致或小角度相交，与坡面方向近垂直。

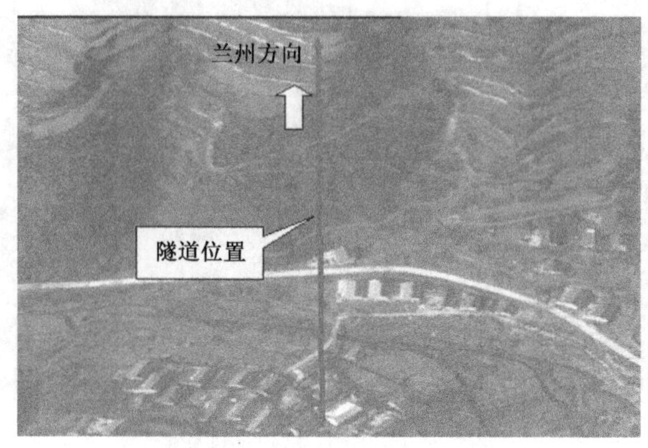

图 7-6-3　进口原始地貌

(3)地质构造

该隧道在前印支期以区域性褶皱和韧性变形为特征，在燕山—喜山期则以区域断裂活动为特征，并伴随大规模的酸性岩浆侵入，形成了宝鸡以东的渭河断陷盆地、元龙以西的天礼断陷盆地和宝鸡至元龙之间的侵入岩隆起带。褶皱断裂十分复杂。

由于该地层时代较老，整体受花岗岩侵入影响严重，同时晁峪—坪头—通洞断裂(F1-2)自该隧道北面 1～3km 处通过(图 7-6-3)，同时在该隧道进口端南面约 600m 处即为燕山期花岗岩和元古界地层的接触带，因此隧道口岩体受地质构造影响严重，岩体破碎。

(4)水文地质特征及气象

隧道进口段地下水不发育。隧道涌水量预测 DK650＋422～DK650＋920 长 0.498km 属弱富水区，正常涌水量 125.0m^3/d，最大涌水量 357.0m^3/d。

该隧道工程地处宝鸡市渭滨区境内，因此本工程采用宝鸡市渭滨区气象资料。该地区属半干旱气候区，季节性温差较大，雨季和旱季分明，年降水量较少，年平均气温 14.1℃，极端最高气温 41.7℃，极端最低气温 －11.3℃，年平均降水量 606.5mm，年最大降雨量 906.0mm，年平均蒸发量 606.5mm，主导风向以 SSE 为主，年平均风速 3.2m/s，最大瞬时风速大于 17m/s，年平均八级以上大风日数 1.2d，统计最大冻结深度 50cm。

(5)地震动参数

该工程所属区地震动峰值加速度为 0.15g(相当于地震基本烈度七度)。

(6)隧道进口段围岩分级

根据该隧道工程地质及水文地质条件分析，该隧道进口段设计围岩见表 7-6-2。

塔稍村隧道围岩工程地质分级表(原设计情况)　　表 7-6-2

编号	起讫里程	长度(m)	围岩分级	隧道埋深	岩体完整性及工程措施建议
1	DK650＋422～DK650＋522	100	Ⅴ	0～50	隧道进口，下元古界片岩夹大理岩，岩体风化严重，节理裂隙较发育
2	DK650＋522～DK650＋597	75	Ⅳ	50～80	弱风化片岩夹大理岩，靠近隧道进口，岩体较破碎

4. 原设计隧道进口段坡面防护及洞口段设计情况

(1)坡面防护

塔稍村隧道进口 DK650 + 421.15 ~ DK650 + 432.05 段(10.9m)为洞门段,DK650 + 432.05 ~ DK650 + 443 段(10.95m)为明洞段。洞口明暗分界里程为 DK650 + 443,洞口边仰坡采用不开挖进洞,永久坡面防护采用锚杆框架梁,加固范围为拱顶以上 20m、隧道中线两侧各 20m。梁、柱截面均为 0.4m × 0.4m,梁柱节点间距 3m。框架梁内中心绿化。锚杆采用 2 根 Φ28HRB335 钢筋点焊并联制作,锚杆长 L = 8.0m。

(2)进洞支护措施

为辅助洞口进洞施工,保证施工安全,隧道拱部分别设一环 30m 长 ϕ108 管棚,环向间距 0.4m,外插角 0° ~ 3°;管棚间内插 ϕ42 超前小导管,并注浆加固,L = 4.0m,环向间距 0.4m,外插角 10° ~ 15°,纵向搭接不小于 1m。

(3)进口段支护参数

DK650 + 443 ~ DK650 + 522 段为 V 级围岩按 Vb 型衬砌施工,初期支护主要参数如下:

①全断面喷射 C25 混凝土,厚度 28cm,全断面设置 I20 型钢钢架,间距 1 榀/0.6m。

②拱部采用 ϕ22 中空锚杆,边墙采用 ϕ22 水泥砂浆锚杆,锚杆长度 4.0m,间距 1.2m × 1.0m;钢筋网采用 ϕ8 钢筋网,网格间距 20cm × 20cm。

③二次衬砌采用 C35 钢筋混凝土,拱墙厚度 50cm,仰拱厚度 60cm。

二、施工情况

1. 施工经过

(1)2013 年 8 月从隧道左侧切割山体坡脚引入便道进行洞口刷坡施工, 2013 年 8 月 28 日开始导向墙施工,9 月 19 完成所有管棚施工。

(2)2013 年 10 月 1 日暗挖进洞施工。11 月 15 日,隧道进口上台阶掌子面开挖至里程 DK650 + 492,中台阶左侧开挖至 DK650 + 484,右侧开挖至 DK650 + 480 时,第一次出现地表裂缝。

(3)2014 年 6 月完成了洞口边坡锚索框架梁、明洞及明洞两侧填土的施工。

(4)2014 年 7 月洞内复工,8 月 2 日,上台阶掌子面开挖至 DK650 + 534(距离洞口 91m,埋深 80m)、中台阶 DK650 + 528、仰拱 DK650 + 507.8、二衬 DK650 + 462.9 时,进口段山体出现第二次地表裂缝,同时,洞内仰拱及二次衬砌发现裂纹。施工过程示意图见图 7-6-4。

2. 施工中出现的问题及处理情况

(1)第一次出现裂缝情况

塔稍村隧道于 2013 年 11 月 15 日隧道掌子面掘进至 DK650 + 492 时,洞口坡面及隧道洞内出现裂缝。

①地表裂缝。

裂缝主要位于隧道顶部 DK650 + 450 处截水沟处。裂缝宽 5 ~ 25cm,错距 5 ~ 20cm,延伸长度约 25m,裂缝使得截水沟变形开裂,裂缝倾向洞口,同时沟顶坡面有岩体掉落,裂缝位置见示意图旧 1 ~ 旧 5 裂缝,照片见图 7-6-5 和图 7-6-6。导向墙拱顶右侧开裂,裂缝宽度 0.5 ~ 1.0cm。

②隧道两侧纵向裂缝。

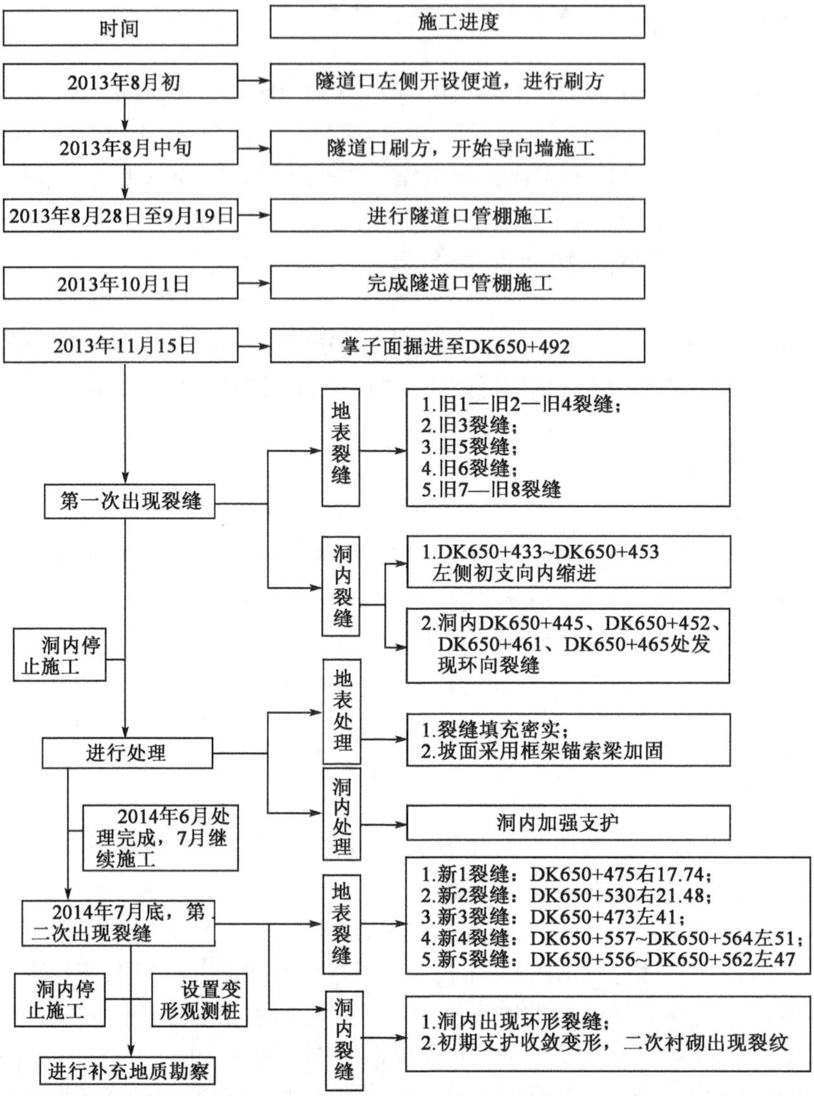

时间	施工进度
2013年8月初	隧道口左侧开设便道，进行刷方
2013年8月中旬	隧道口刷方，开始导向墙施工
2013年8月28日至9月19日	进行隧道口管棚施工
2013年10月1日	完成隧道口管棚施工
2013年11月15日	掌子面掘进至DK650+492

- 第一次出现裂缝
  - 地表裂缝
    1. 旧1—旧2—旧4裂缝；
    2. 旧3裂缝；
    3. 旧5裂缝；
    4. 旧6裂缝；
    5. 旧7—旧8裂缝
  - 洞内裂缝
    1. DK650+433~DK650+453 左侧初支向内缩进
    2. 洞内DK650+445、DK650+452、DK650+461、DK650+465处发现环向裂缝
- 洞内停止施工
- 进行处理
  - 地表处理
    1. 裂缝填充密实；
    2. 坡面采用框架锚索梁加固
  - 洞内处理：洞内加强支护
- 2014年6月处理完成，7月继续施工
- 2014年7月底，第二次出现裂缝
  - 地表裂缝
    1. 新1裂缝：DK650+475右17.74；
    2. 新2裂缝：DK650+530右21.48；
    3. 新3裂缝：DK650+473左41；
    4. 新4裂缝：DK650+557~DK650+564左51；
    5. 新5裂缝：DK650+556~DK650+562左47
  - 洞内裂缝
    1. 洞内出现环形裂缝；
    2. 初期支护收敛变形，二次衬砌出现裂纹
- 洞内停止施工；设置变形观测桩
- 进行补充地质勘察

图7-6-4　塔稍村隧道进口施工过程图

图7-6-5　洞顶截水沟开裂照片

图7-6-6　洞顶截水沟开裂照片

旧1—旧2—旧4裂缝：该裂缝位于DK650+432~DK650+474段，裂缝与线路方向大致平行，距离隧道中线左侧41m，距隧顶35.2m，裂缝宽8~15mm，错距5~15mm，呈锯齿状向上延伸，见图7-6-7。

旧7—旧8裂缝：裂缝位于DK650+467~DK650+528段，裂缝与线路方向大致平行，距离隧道中线左侧46m，距隧顶39.7m，裂缝宽宽3~18cm，深40cm，错距1~3cm，呈锯齿状向两侧延伸，裂缝走向N80°W，见图7-6-8。

其余裂缝宽度较小，长度不超过1m。

图7-6-7 洞顶左侧地表开裂照片(1)

图7-6-8 洞顶左侧地表开裂照片(2)

③便道边坡上的裂缝。

洞口左侧20m处边仰坡开裂0.5~1.5cm，并有外鼓现象。

④洞内裂缝。

在DK650+443~DK650+453段初期支护左侧锁脚锚管缩进初支面内2~3.4cm，右侧锁脚锚管突出初支面约1cm(图7-6-9、图7-6-10)；在洞内DK650+445、DK650+456、DK650+462、DK650+466处发现环向裂缝，裂缝宽度0.3~1.0cm。

图7-6-9 右侧锁脚锚管缩进(1)

图7-6-10 右侧锁脚锚管缩进(2)

(2)第一次出现裂缝现场处理情况

①在地表裂缝处开挖30cm深U形槽后用灰土密实回填，并在附近埋设观测标，采集原始数据，以便后期观察分析。

②洞内停止掌子面掘进，将已开挖支护的中台阶底面由原设计的临时横撑调整为临时仰拱。

③增设 DK650 +443 ~ DK650 +492 段上台阶钢架的锁脚锚杆，每处增设 ϕ42mm 锁脚管 2 根，长度 4.0m。

④由于洞口地表出现裂缝，且隧道洞顶仰坡截水沟出现外凸现象，为确保洞口坡面稳定，将原设计洞口锚杆框架梁调整为 C30 钢筋混凝土锚索框架梁，锚索长度 30m。格梁节点间距 3.0m，格梁截面尺寸为 0.4m ×0.4m，锚索由 5 根 ϕ15.2 的钢绞线组成。

⑤工序要求：

a. 先停止掌子面开挖，采用临时仰拱封闭洞内的初期支护，同时增设上台阶钢架的锁脚锚杆施工。

b. 立刻进行洞口锚索框架梁的施作。

c. 待洞口坡面加固完成后施作 DK650 +432.05 ~ DK650 +443 段（10.95m）明洞，明洞完成后尽快施作明洞两侧及洞顶的附属工程。

d. 在洞口坡面加固、明洞及附属工程完成后，尚可进洞施工。洞内落底施工必须遵守“短进尺、早封闭、勤量测、紧衬砌”的原则，确保施工安全。

(3) 第二次出现裂缝情况

塔稍村隧道进口 2014 年 6 月洞口明洞及边仰坡锚索框架梁施工完成，2014 年 7 月洞内复工。截至 2014 年 8 月 2 日，掌子面里程 DK650 + 534（距离洞口 91m，埋深 80m），二衬里程 DK650 +462.9。地表及洞内出现以下问题：

①地表裂缝。

2014 年 7 月地表新发现 5 条裂缝（新 1 ~ 新 5 裂缝）（表 7-6-3），其裂缝延伸长度为 1 ~ 7m 不等，其裂缝发展方向与坡面近垂直，与线路走向近一致，裂缝宽度为 0.3 ~ 3cm 不等，同时隧道口公路挡墙出现垂直裂缝，裂缝宽度 2 ~ 4cm，见图 7-6-11、图 7-6-12。

裂缝分布一览表　　表 7-6-3

序号	裂缝编号	裂缝里程	裂缝特征
1	新 1	DK650 +475 右 17.74	裂缝延伸长度约 2.7m，裂缝宽度约 0.5cm，为表层裂缝，深度约 0.1m
2	新 2	DK650 +530 右 21.48	裂缝延伸长度约 1m，裂缝宽度约 0.3cm
3	新 3	DK650 +473 左 41	裂缝延伸长度约 3m，裂缝宽度约 1.5cm
4	新 4	DK650 +557 ~ DK650 +564 左 51	裂缝延伸长度约 4m，裂缝最大宽度约 2cm
5	新 5	DK650 +556 ~ DK650 +562 左 47	裂缝延伸长度约 7m，裂缝最大宽度约 3cm

图 7-6-11　洞顶左侧第二次地表开裂照片(1)

图 7-6-12　洞顶左侧第二次地表开裂照片(2)

②洞内裂缝：

a. 2014 年 7 月 21 日发现 DK650 + 462 仰拱右侧施工缝处出现裂缝，宽度约 0.2 ~ 0.3cm（图 7-6-13）；DK650 + 474 左侧仰拱施工缝处出现裂缝（图 7-6-14），宽度约 1 ~ 3cm，左侧边墙外鼓现象加重，右侧边墙向线路右侧偏移；截至 2014 年 8 月 9 日，仰拱矮边墙处裂缝最大已达到 30mm，并出现 30mm 错台。

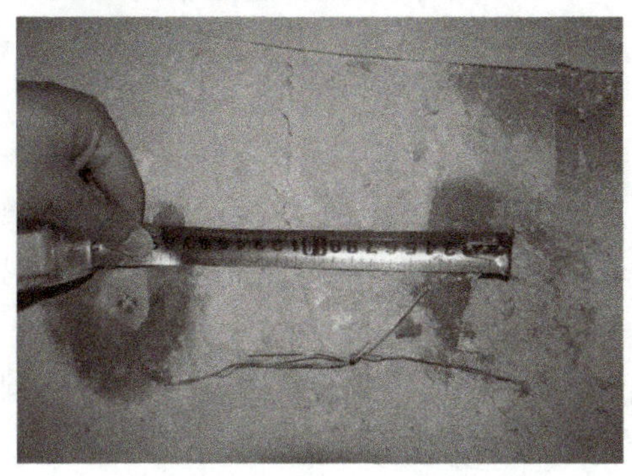

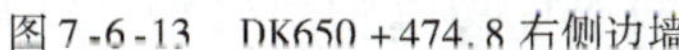

图 7-6-13　DK650 + 474.8 右侧边墙

图 7-6-14　DK650 + 474.8 左侧边墙

b. 8 月 5 日，在明暗交界往大里程二次衬砌拱部（里程为 DK650 + 443 ~ DK650 + 447）出现 4 条长 2 ~ 4m、宽 0.1 ~ 0.3cm 宽的裂纹。

③第二次出现裂缝出现后的应急处理：

a. 地在地表裂缝处开挖 30cm 深 U 形槽后用灰土密实回填，并在附近埋设观测标，采集原始数据。

b. 加强隧道洞内外的监控量测工作。

c. 暂停掌子面开挖，尽快施作仰拱及二次衬砌。

d. 对部分初期支护侵限地段，采用先注浆加固，再逐榀拆换的原则进行处理，确保拆换段施工安全。

e. 对现场已开挖的Ⅳ级围岩地段，二次衬砌钢筋进行补强处理。

f. 开展洞口的地质补勘工作。

三、裂缝产生原因分析、稳定性评价及处理措施

1. 原因分析

（1）隧道洞口塔稍村左岸斜坡中下部，该处自然坡面 35° ~ 45°，两侧发育坡面沟槽，岩层为下元古界（P_{t2}）片岩及大理岩，表层覆盖层较薄，基岩多裸露，片理产状基本稳定且与线路方向近一致，斜坡总体稳定。隧道洞口段为下元古界片岩夹大理岩，地层时代老，历经多期次构造作用，岩体受地质构造作用影响严重，节理裂隙发育，局部褶皱及小断裂发育，岩体破碎、风化严重，根据钻探及洞内掌子面开挖综合分析，该隧道口表层为全 ~ 强风化层，风化层厚度为 15 ~ 30m，岩体风化后容易沿裂隙面开裂破坏。

（2）隧道地表出现的环向裂缝形成和发展的诱发因素

①隧道洞口左侧开设便道切坡刷方、隧道洞口切坡及仰坡坡面刷方，形成高陡边坡，导致

坡面形成卸荷临空面，引发坡面横（环）向裂缝。

②隧道洞口段埋深较浅，岩层风化严重，多呈松散碎石类土状，风化层的斜坡抗剪强度低。

③地表水沿节理裂隙面下渗，增加了上部坡体的重量，降低土石层的抗剪强度。

(3)第一次和第二次出现的纵向裂缝，分布于隧道两侧（其中以左侧发育）20～50m处，裂缝走向基本于隧道轴线平行或小角度相交，岩体节理裂隙发育，片理与隧道轴向一致。分析其形成原因主要由于基岩岩体破碎，隧道施工开挖后，围岩应力调整，初期支护变形大，围岩形成较大松动圈，继而引发隧道两侧纵向裂缝。

2. 斜坡稳定性评价

(1)2013年第一次裂缝产生时，存在横向环形裂缝，隧道坡面存在失稳破坏趋势，为此采用框架锚索梁进行加固，加固后隧道口DK650+433～DK650+474段趋于稳定，说明框架锚索梁防护措施增强了隧道口坡面稳定性。

(2)隧道口框架锚索梁施工结束之后锚索出现变形，根据框架锚索梁的变形特点，洞口端二衬及仰拱开裂为框架锚索梁自由端正常变形特性引发的斜坡应力所致。

(3)第二次出现的裂缝主要为隧道开挖引起的地表纵向裂缝和洞口端二衬及仰拱开裂；地表环向裂缝基本趋于稳定，斜坡目前未发现新的环向裂缝，总体评价隧道口坡面目前处于稳定状态。

3. 处理措施

塔稍村隧道进口位于西秦岭北麓中低山区，基岩裸露，地层主要为下元古界片岩夹大理岩，地层时代古老，受附近区域性大断裂和多期次构造作用影响，片理和节理发育，岩体破碎，风化严重，洞口切坡及隧道开挖诱发了山坡局部变形，地表产生裂缝及洞内初期支护侵限、洞口局部二衬产生裂纹，为了控制进一步发展，对边仰坡进行整治和洞内支护体系进行加强是必要的。

(1)建立系统的变形监测网，对裂缝、坡体及洞内变形进行系统观测，对监测数据进行分析，利用地质钻孔进行孔内位移观测，及时调整整治措施。

(2)适当扩大锚索加固范围，选择合理的锚索长度和角度。做好地表排水系统。

(3)隧道洞口边仰坡坡脚及桥台基坑开挖增设预加固桩。

(4)加强洞内初期支护及控制拱脚沉降的措施，预留补强空间，尽量避免换拱。

(5)调整掌子面上台阶高度，适当缩短台阶长度，初期支护及时封闭成环。

(6)对仰拱填充及边墙已开裂部位继续进行观测，并根据观测结果确定是否需要增加补强措施。

(7)在保证安全步距的前提下，掌子面可以和整治工程同步施工。

第八章　铁路隧道关门坍方抢险救援

第一节　铁路隧道关门坍方抢险救援

根据《中华人民共和国安全生产法》、原铁道部《铁路隧道施工抢险救援指导意见》(铁建设[2010]88 号)和《关于组建铁路隧道专业抢险救援队伍的通知》(铁建设[2010]128 号)规定和要求,结合云桂铁路富宁、吉图珲客专小盘岭 1 号、兰渝铁路桃树坪等隧道施工坍方抢险救援经验,提出以下建议和意见,供隧道关门坍方抢险救援时参考使用。

一、指导原则与机制

1. 抢险救援指导原则

(1)指导方针。科学施救,严防次害,争分夺秒构建信息生命通道。

(2)组织原则。统一指挥,分级负责,快速反应,专业救援。

(3)救援体系。实行应急处置与专业抢险相结合、被困人员自救互救与洞外救援相结合、铁路与地方相结合的三结合原则。

2. 抢险救援机制

我国安全生产实行属地管理,按照《中华人民共和国安全生产法》规定:"有关地方人民政府和负有安全生产监督管理职责的部门的负责人接到重大生产安全事故报告后,应当立即赶到事故现场,组织事故抢救。任何单位和个人都应当支持、配合事故抢救,并提供一切便利条件。"

按照事故等级,特别重大、重大安全生产事故分别由国务院和省、直辖市负责组织抢险救援,组建现场抢险救援指挥部,地方政府相关部门、国家铁路局、中国铁路总公司、建设单位以及相关施工企业参加抢险救援工作。

较大和一般安全生产事故由施工企业负责组织抢险救援,或由事故所在地的地、市政府负责组织抢险救援。地方政府相关部门、建设单位以及相关施工企业参加抢险救援工作。

施工企业是安全生产的责任主体。事故发生后,应立即按照有关程序和时限报告本企业、建设单位和地方政府相关部门,并迅速采取有效措施组织应急抢救,防止事故扩大,同时保护好事故现场。

(1)中国铁路总公司:有关部门对特别重大、重大安全生产事故进行督导。

(2)建设单位:立即向中国铁路总公司、国家铁路局、地方政府报告,主要负责人组织相关人员赴现场指导抢险救援,调集本线抢险救援队参加救援。

(3)施工企业:发生坍方事故后,施工现场负责人除按相关程序上报事故情况外,应立即启动应急预案,迅速采取有效措施,组织应急抢救,防止事故扩大,减少人员伤亡和财产损失。

施工企业负责人接到事故报告后，应立即赶赴（或派员赶赴）事故现场，调动本企业抢险救援力量，提供人力、物力资源保障，并按照现场抢险救援指挥部指令，组织实施现场抢险救援工作。

(4)设计单位：设计负责人和单位分管领导参加现场抢险救援工作。

(5)监理单位：现场负责人和单位主要领导参加现场抢险救援工作。

二、现场组织机构及管理

按照安全生产属地管理的原则，根据事故等级和职责划分，由地方政府或施工企业负责组织现场抢险救援，成立现场抢险救援指挥机构，组建抢险救援专业小组，落实人员，明确职责，建立例会制度。

1. 各小组职责

(1)领导协调小组

按照《中华人民共和国安全生产法》相关规定，有关地方人民政府和负有安全生产监督管理职责的部门在现场组成领导协调小组，负责抢险救援过程中领导、组织、决策、部署和协调等相关事项。

(2)各工作小组

①技术组：制订救援技术方案，报领导小组批准，监督现场实施，根据现场实际情况及时调整。

②监测组：围岩、支护变形监测及安全评估，每小时报告情况。

③救援实施组：按照确定的技术方案，组织救援。

④后勤保障组：保障救援人员生活、办公条件、通信联络等。

⑤物资材料供应组：救援物资、设备的准备和供应。

⑥警戒保卫组：安全保卫、警戒、维持秩序。在洞内安全地带、洞口等设置警戒线，建立登记制度。

⑦医疗救护组：医疗救治、心理疏导。

⑧新闻发布组：新闻通稿的起草、审核，与媒体的接洽。

⑨安置组：善后、维护稳定、接待安置被困人员家属等。

2. 相关制度

一是建立救援例会制度，每日8、16点召开，研究救援工作；二是建立领导现场值班制度，处置救援过程中出现的相关问题；三是建立对口协商制度，及时就现场救援需要地方政府衔接的工作进行衔接。

三、救援方案

现场出现关门坍方险情后，首先要核实被困人员情况，采取应急措施防止发生次生灾害，按照生命通道先行、逃生通道多措并举的原则开展科学救援，做到快钻快挖，尽快施救被困人员。

1. 提供坍方基本情况

建设单位组织设计、施工和监理单位尽可能搞清楚坍方段围岩级别、起讫里程、距掌子面长度、监控量测情况，被困人员数量以及当时人员的大概位置（图8-1-1）。

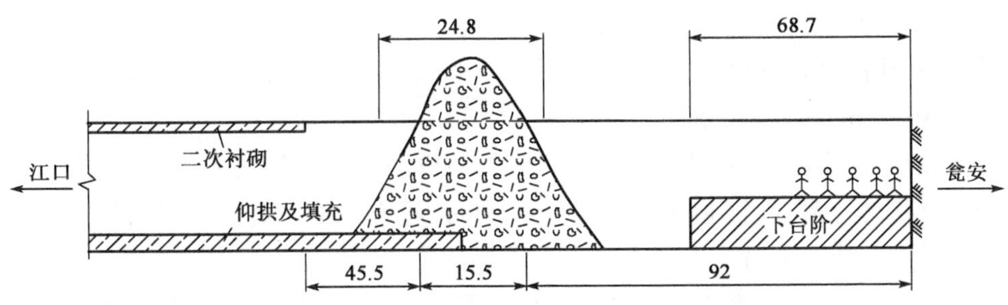

图 8-1-1 坍方基本情况调查示意图(尺寸单位:m)

2. 应急处置严防次生灾害

对坡脚回填反压至上台阶高度,并留出 5 ~ 25m 长操作平台(特别注意,大直径套管水平钻机需要反压平台的长度大于 25m,距拱顶高度 5.5m,宽度 6m),严禁清方或扰动坍体;采用临时竖撑、横撑、扇形撑等对结构进行加固,对坡面进行必要的防护(图 8-1-2、图 8-1-3);对围岩和结构进行连续监测,形成小时报告制度。

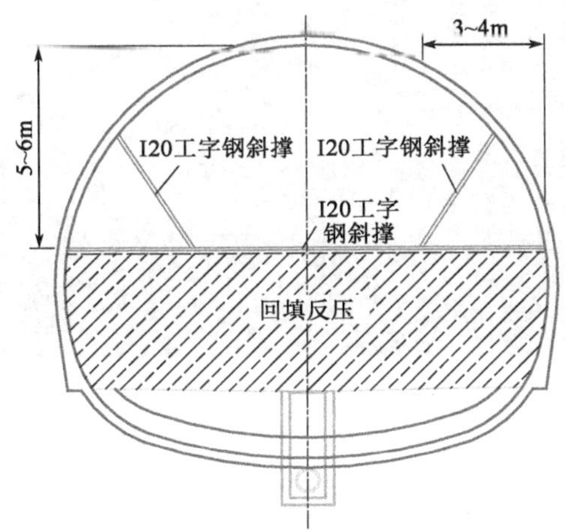

图 8-1-2 回填反压、支撑方式一

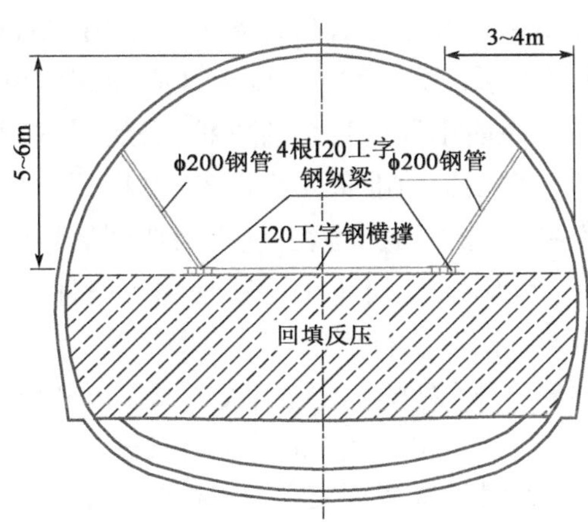

图 8-1-3 回填反压、支撑方式二

3. 生命通道先行

首先尽量利用洞内既有设施（如高压风管、水管等）对被困人员进行通风、通话、心理辅导，输送照明、通信、视频设施及食物等。

若无既有设施可利用，尽快调用大功率多功能钻机采用套管跟进打通给养管道。给养通道的位置应设在塌体上部，距隧道拱顶约 1.0 ~ 2.5m，通道定位、方向控制应准确。钻机宜由熟悉机器性能的专业人员操作。

“生命通道”是关门坍方救援过程中最重要步骤，设备要高效、操作人员要专业、定位要准确、实施要快速（图 8-1-4）。富宁隧道 28h 将“生命通道”打通（设备调转 20h，RPD-180CBR 钻进 8h）、两天窝隧道采用卡萨 C6 钻机 12h 将“生命通道”打通、小盘岭 1 号隧道 63h 将“生命通道”打通（用时时间长主要是先期采用普通钻机施工未成功，然后调用 C6 钻机）。

图 8-1-4　快速钻通生命信息通道

4. 多措并举实施逃生通道

（1）人工挖掘小导坑法

①三角形导坑。在初期支护完整的一侧采用三角形导坑（图 8-1-5），利用原有未被破坏的初期支护，开挖后架设另一条侧边和底边。高 1.5 ~ 1.8m，宽 1.5m，支护可采用 15cm × 15cm 方木，也可采用间隔架设工字钢、工字钢间铺设木板的方案，方木接头处必须用扒钉扒紧、工字钢接头处必须焊牢。小导坑开挖过程中采用超前小导进行超前支护，必要时进行注浆，浆液可采用水泥—水玻璃双液浆或水玻璃单液浆（现场提前准备注浆设备、材料），注浆工作应由专业技术人员完成。现场应提前准备切割设备，当救援通道施工过程中遇到坍塌下来的钢架或小导管时，可采用切割处理，避免阻碍施工；遇孤石时，对于影响不大的一般性孤石，可采用风枪破碎后予以清除，如孤石太大或所处部位特殊，可绕行。

②梯形导坑。在初期支护不完整的一侧采用梯形导坑（图 8-1-6），当人工风镐可开挖，不需爆破施工时，可以采用在初支侧壁开洞迂回导坑法，上宽 0.8 ~ 1m、下宽 1.2m、高 1.2 ~ 1.5m，支护采用 15cm × 15cm 或 20cm × 20cm 方木，必要时设置型钢支撑，小导管超前支护，必要时进行注浆，浆液可采用水泥水玻璃双液浆或水玻璃单液浆（现场提前准备注浆设备、材料、专业人员）。

图 8-1-5 利用一侧边墙三角形导坑开挖

图 8-1-6 采用梯形导坑开挖

③迂回导坑。当坍塌体极为松散、自稳能力极差时可采用选择迂回导坑(图 8-1-7),梯形断面,开口宜选在高位。

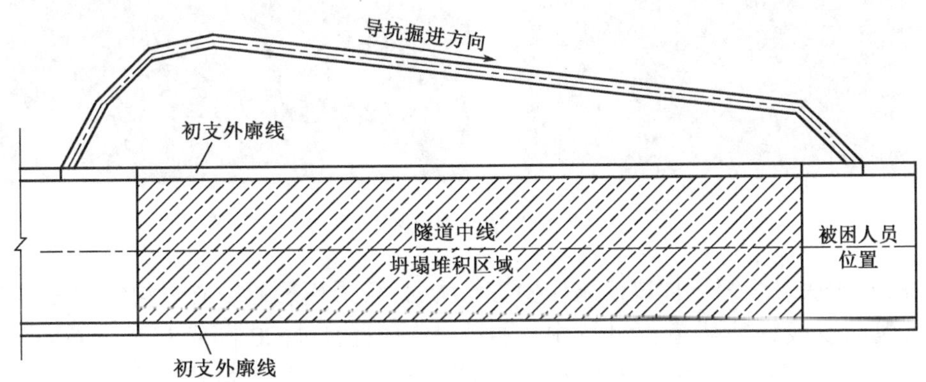

图 8-1-7 迂回导坑示意图(云桂铁路富宁隧道)

(2)大直径套管水平钻进法。采用专用的 $\phi620$ 大直径套管水平钻机进行施工(图 8-1-8),钻机要尽量靠近坍方面,基础要垫牢,防止设备下沉,套管外侧涂抹黄油等润滑剂,钻头伸出套管 20~30cm,套管与钻头宜为相反转向,钻进应匀速慢进。当钻机受阻时,也可采用管内套管顶管、人工开挖的方式作为预备方案。

图 8-1-8　大直径套管水平钻进

(3)顶管法。当坍方体为土质地层时,可采用顶管法施工,直径不小于 600mm。选择以下三种方法之一,挖掘机配合液压顶镐顶管(图 8-1-9),液压顶管,夯管锤顶管。

液压顶镐顶管挖掘机配合液压顶镐顶进法边顶进边人工出渣,当坍塌体对管道的握裹力增加,无法继续顶进时可在顶管内再安装一小直径钢管继续顶进,此法在兰渝铁路桃树坪隧道取得了成功。

图 8-1-9　液压顶镐顶管法

(4)中心水沟法。当坍方体段已施作中心水沟时,可采用疏通中心水沟的方法实施救援。

目前在建的双线铁路隧道都设置中心排水沟,有直径 $\phi600$ 圆管和沟宽 60cm、深 75~90cm 的盖板沟两种(图 8-1-10~图 8-1-12)。实践中如果救援人员疏通中心排水沟,救援时间最短,如宝兰客专阳坡庄隧道仅用 8h 全部人员成功获救。施工期间,施工单位应对圆管形中心排水沟及时清淤,盖板沟及时安装盖板或用钢板临时覆盖。

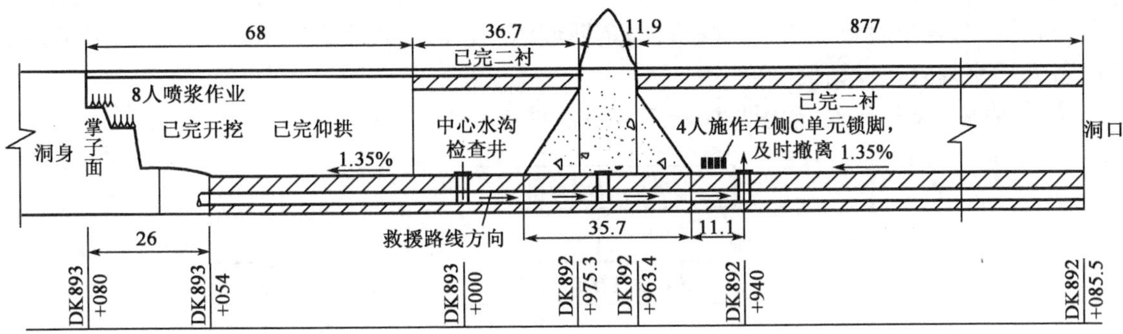

图 8-1-10　中心管沟逃生

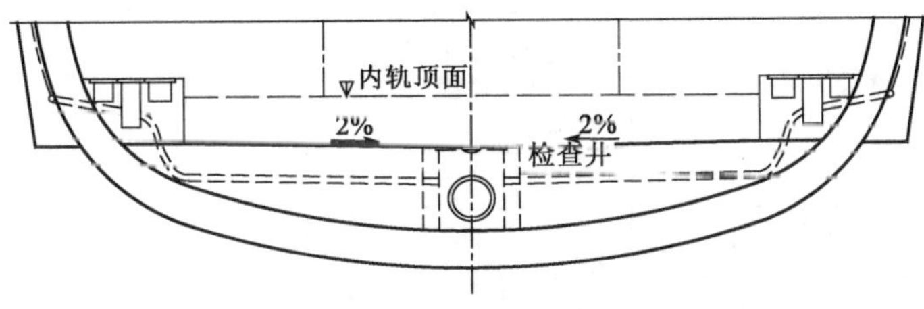

图 8-1-11　圆管式中心水沟

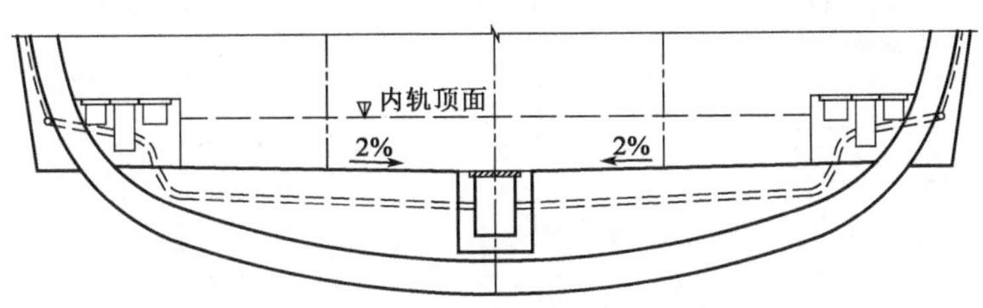

图 8-1-12　矩形中心水沟

四、抢险救援队伍

原铁道部设有 5 个抢险救援队。中铁二局设在昆明，负责西南片区；五局设在重庆、负责西南片区；十二局设在南昌，负责华东、华南片区；十七局设在太原，负责华北、东北片区；隧道局设在西安，负责西北片区。

各施工企业管理本企业抢险救援队；建设单位管理本线各项目部抢险救援队；施工项目部管理本部抢险救援队；与专业公司等社会力量建立联动机制，就近利用社会力量尽快到达现场开展抢险救援。

开挖小导坑逃生通道是抢险救援过程中最关键、最艰苦、风险极大的一项工作，实施中选择经验丰富、年富力强的人员组成作业小队，其中骨干成员不少于 15 人，并由经验丰富的队长带队。

项目开工就应按照“预防为主、应急有备”的原则，建立抢险救援预案，备好抢险救援应急设备与物资，与各抢险救援队建立联系，并定期演练。软弱围岩隧道较多的项目应指定相关单位配备大功率套管跟进钻机。

抢险救援队设备配置、救援程序及工程案例见表 8-1-1、图 8-1-13。

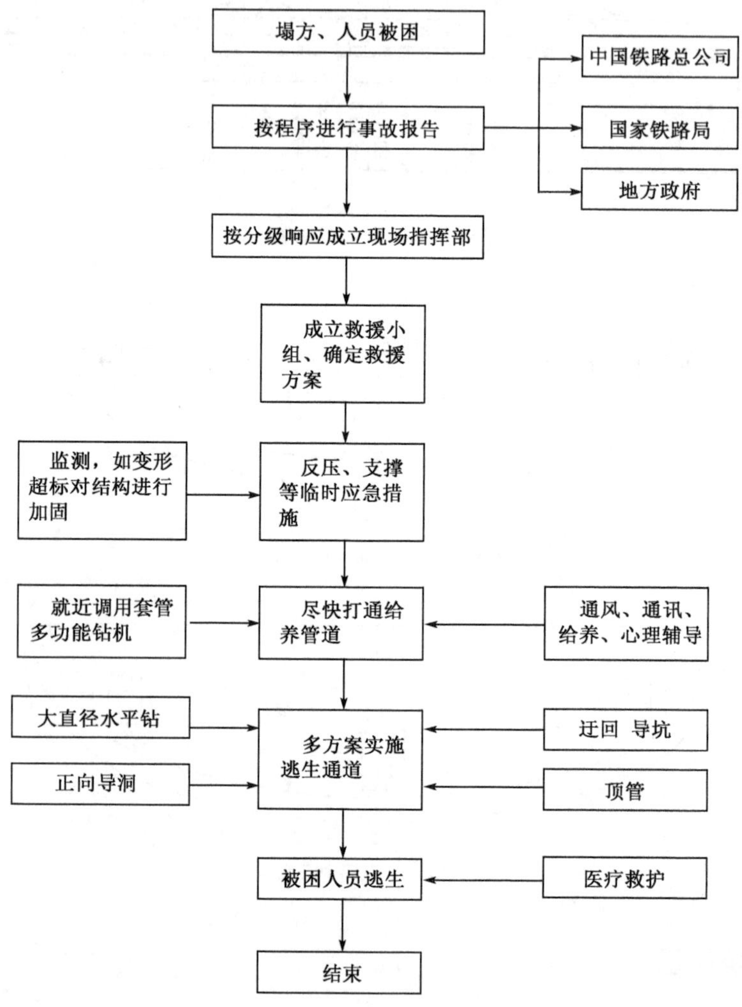

8-1-13　铁路隧道坍方抢险救援程序框图

五、关门坍方原因分析

（1）地质方面：地质基本为破碎、松散的软弱围岩；实际围岩别在Ⅳ级左右，半软半硬状态；在地下水、收敛变形或放炮振动作用下，荷载突然增大，致使初期支护破坏。

（2）施工方面：仰拱一次性开挖过长，未及时封闭初期支护，下台阶一次性接腿过多；仰拱和二衬施工步距超标；挖机违章作业。

（3）质量方面：初期支护钢架环、纵向连接质量不达标；锁脚锚杆（管）未达到设计要求。

抢险救援队基本设备配置要求 表 8-1-1

设备类别	设备名称	技术参数	数量	基本配置
钻探	水平定向快速钻机	平均钻进速度大于 20m/h	1 套	应配有不低于 100m 的钻杆、扩孔、套管组件
	垂直快速钻机	平均钻进速度大于 5m/h,	1 套	满足钻孔深度大于 150m 的钻具
探测生命	视频生命探测仪	有效探测范围大于 50m	2 套	音视频探头可实现救援双方的通话。整体为防水设计,视频探头具备照明灯,可在黑暗条件下工作
通信	无线救援音视频传输系统	无线距离 500m	1 套	以无线加有线方式将救援现场的图像、声音信息传输到指挥中心
	防爆对讲机		10 部	
破拆与支护	组合液压破拆工具	液压动力源输出工作压力大于 100Pa	2 套	由液压动力源、切割链锯、切割圆盘锯、破碎镐等组成,具有切、割、破碎等功能
	电动剪切钳	最大切割 22mm 直径圆钢	2 套	
	重型支撑套具	支撑主杆支撑力大于 60kN	1 套	配置:支撑主杆 6 个,加长杆 6 个,基座 16 个
	液压支撑套具	支撑范围大于 30m	100 套	
动力	发电机组	大于 500kW	2 台	
排水	大功率抽水机	大于 200kW	2 套	流量大于 $250m^3/h$,扬程大于 150m

第二节 FS-120CZ 大口径水平钻机简介

一、钻机简介

FS-120CZ 大口径水平钻机(图 8-2-1)是从国外引进具有国际领先水平,专门用于隧道坍方救援的大口径水平钻机。该钻机能够快速钻进生产 620mm 管径的救援通道,从而实现安全、迅速救援。

图 8-2-1 水平钻机照片

钻机外观尺寸为 9500mm × 3000mm × 2800mm，主机质量约为 34t，扭矩最大可达 195kN · m，推进力最大可达 1455kN。它由主机单元、控制单元（分体式操作台和 MWD 数据采集系统）、动力单元（电动机和发动机）及附具组成。钻机的动力系统，采用油电双动力，发动机额定功率 125kW。钻机平均钻进速度每小时约 4m，有效钻进深度 50m。

二、钻机就位条件

1. 场坪条件

（1）钻机行进路线坡度小于 15°，钻机就位场坪基础水平坚实，空间尺寸不低于 15m（长）× 5m（宽）×5.3m（高），钻机履带下方铺设 20mm 专用钢板，两张钢板保持水平状态且处于同一水平面。

（2）钻机就位点前部 2 ~ 5m 处为外钻管支撑架，支撑架场地要求水平，准备 15cm 方木、2cm 木板、3cm 木板作垫板。

（3）钻机前侧预留操作台空间位置，理想状态是为操作台搭建小平台，方便操作人员瞭望观察，保证钻机动作准确及安全。

（4）钻机就位场坪中间预留渣土传送带空间位置，其长宽高尺寸为 15m × 0.8m × 0.4m，钻机就位后，钻机最低点距离渣土传送带表面大于 10cm。

（5）龙门吊轨距为 4.25m，轨长至少 15m，龙门吊轨道前后端及两侧应处于同一水平面。

（6）龙门吊吊装钻具处应平整，方木钻具下垫方木，用制作的三角铁来固定钻具。

2. 风水电条件

（1）380V、50Hz 的电力，满足 225kV · A 使用负荷，接出电源点距电动机单元不超过 50m，电动机单元距钻机不超过 15m。

（2）若使用潜孔锤钻头钻进，现场需 2 台空压机、2 个储气罐、1 个风包的位置，合计 30㎡ 的空间位置。其中，风包距钻机不超过 30m，空压机距储气罐不超过 4m，储气罐距风包不超过 10m。

（3）使用潜孔锤钻头钻进除尘时用的 1000L 清水。

（4）10㎡的水平场地作为发电机或电动机单元场地。

3. 施工机械条件

安装龙门吊和吊装钻具的装载机和挖掘机。

三、钻机救援操作流程

（1）场地平整，包括钻机就位点、龙门吊轨道基础、渣土传送带基础、外钻管支撑架基础、操作台小平台搭建。

（2）安放外钻管支撑架。

（3）操作台预放置。

（4）龙门吊拼装。

（5）渣土传送带放置。

（6）20mm 专用钢板铺设。

（7）钻机就位。

(8)定位并连接操作台。

(9)连续吊装外钻管,推进至指定的开孔位置。

(10)调整外钻管支撑架并固定。

(11)吊装内钻头。

(12)连续吊装内钻杆,将内钻头推进至合适位置,开始钻进作业。

(13)依次吊装成套外钻管和内钻杆,进行钻孔作业,直至打通救援通道。

(14)退出内钻杆和内钻头,救援通道形成,被困人员从救援通道救出。

(15)退出外钻管。

(16)钻机及配套设备依次退场,救援结束。

四、注意事项

(1)钻机就位场地基础须水平坚实,场地空间尺寸必须满足要求。

(2)在钻机就位点前部2~5m处必须安装外钻管支撑架,钻机钻进过程中,需对外钻管涂抹润滑脂。

(3)龙门吊安装与操作、钻机就位、钻具吊装、钻机操作等过程安全风险较大,必须严格按规程进行作业,坚决禁止违章作业。

(4)现场必须配置专职安全员,负责现场作业安全。

第三节　铁路隧道关门坍方抢险救援案例

一、案例一:云桂铁路富宁隧道

2014年7月14日16:15,云桂铁路富宁隧道1号横洞往正洞进口方向D4K341+637处发生关门坍方,导致15名在掌子面和仰拱作业的人员被困。

坍方段隧道洞身地层岩性为硅质岩,灰黑色,风化后呈浅灰白、灰黄色,薄层状;岩体硬脆,节理、裂隙较发育,多为张节理,无充填或半充填,Ⅴ级围岩,埋深约160m。

生命通道采用中铁二局昆明救援队的RPD-180CBR(Ⅴ)钻机,经28h成功打通,为被困人员打开生命通道(图8-3-1~图8-3-3)。逃生通道采用人工开挖小导坑和FS-120CZ大口径水平钻机两种方案同时实施。人工开挖导坑的最初方案在坍塌体上台阶左侧开挖三角形导坑,实施过程中由于坍塌体过于松散,开挖工作面自稳能力极差导致该方案无法继续实施;后经救援指挥部决定,在隧道左侧初期支护外未扰动的围岩中实施迂回导坑方案,为上宽0.8~1m、下宽1.2m、高1.2~1.5m的梯形断面,实施中遇到松软的坍塌影响带后,水泥~水玻璃双液浆固结通过。FS-120CZ大口径水平钻机在钻进16m左右后,因坍塌体对套管的转动阻力增大而暂时受阻;总结经验调整措施后钻机重新就位,在原套管上方重新钻孔,采取套管外侧涂抹黄油等润滑剂、钻头伸出套管20~30cm、套管与钻头相反转向、钻进应匀速慢进等措施后,与迂回导坑同时将逃生通道打通。历经130h的救援,于2014年7月20日2时58分,被困人员中的14人成功获救,1人因当时处于坍体下方死亡。云桂铁路富宁隧道救援资源配置清单见表8-3-1。

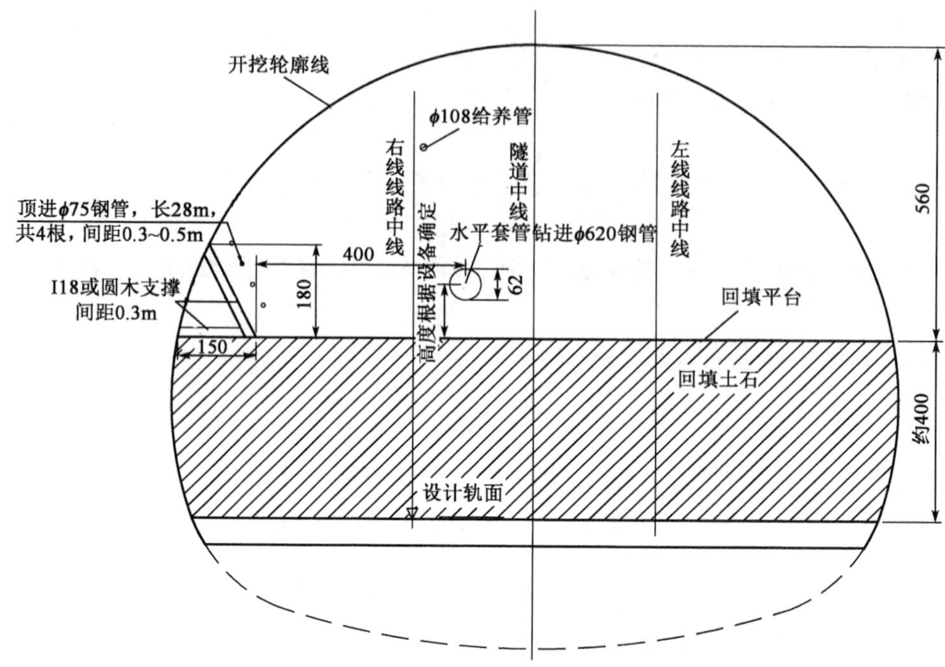

图8-3-1　生命通道、逃生通道横断面示意图(尺寸单位:cm)

云桂铁路富宁隧道救援资源配置清单

表8-3-1

序号	名　称	规 格 型 号	单位	数量	备　　注
1	生命通道组		人	20	熟练操作钻机人员6人,其余为辅助人员
2	导坑开挖组		人	110	按5个小组编制,每个小组20人,其余10人为管理人员
3	大口径水平钻机组		人	50	按2班编制,不含辅助人员
4	水平钻机	RPD-180CBR(V)	台	1	日本矿研株式会社生产
5	大口径水平钻机	FS-120CZ	台	1	日本矿研株式会社生产
6	钻杆	φ76 冲击型	m	50	
7	钢管	φ133 冲击套管	m	50	
8	装载机	ZL-50C	台	1	
9	挖掘机		台	1	
10	电焊机		台	3	
11	木工电锯		台	2	其中备用1台
12	氧气		瓶	10	
13	乙炔		瓶	10	
14	铁锹		把	20	0.5m长锹把
15	掏扒		把	10	
16	簸箕		个	40	
17	箩筐		个	40	
18	方木	12×15×200	m^3	10	
19	木板	5×30×200	m^3	5	
20	钢管	φ42	t	2	
21	槽钢	18cm	t	0.8	
22	工字钢	16cm	t	2	
23	安全防护用品		套	100	含安全帽、工作服、手电、雨衣、雨裤等
24	水泥		t	30	袋装,根据实际需求调整
25	水玻璃		t	1.5	可根据实际需求调整
26	双液注浆机		台	2	

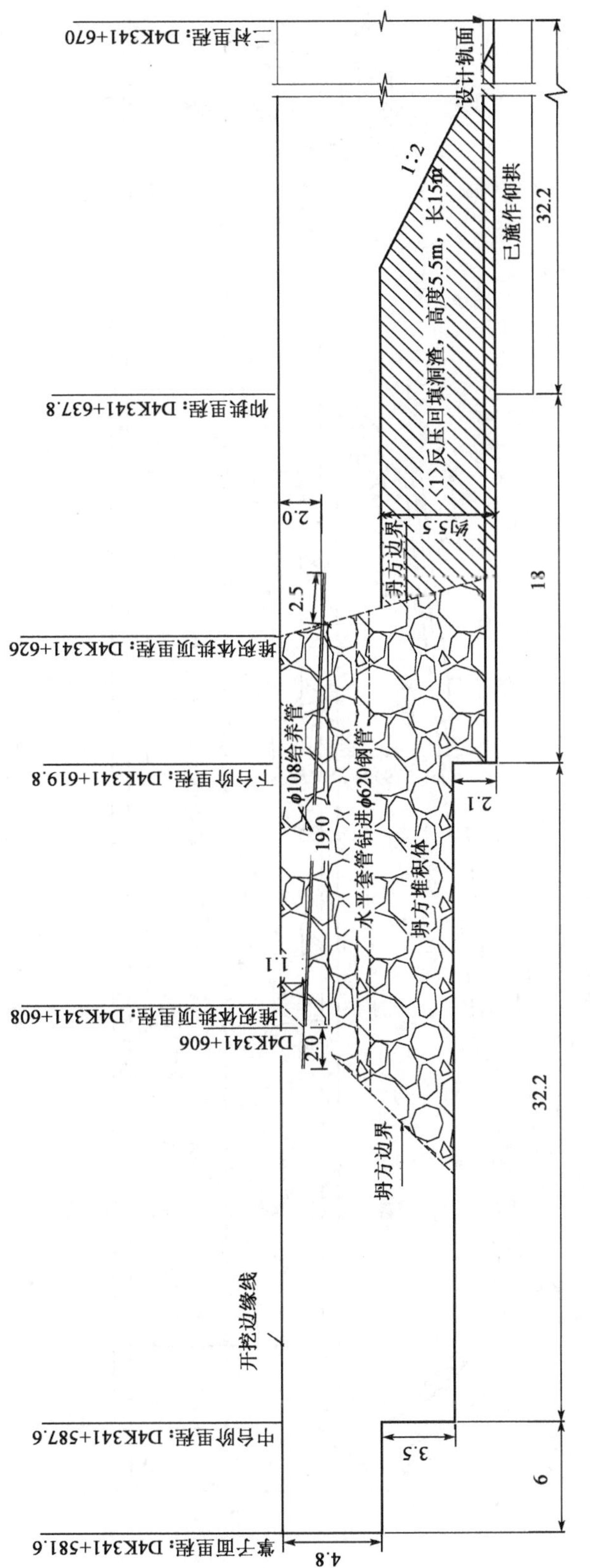

图8-3-2 生命通道、逃生通道纵断面示意图（尺寸单位：m）

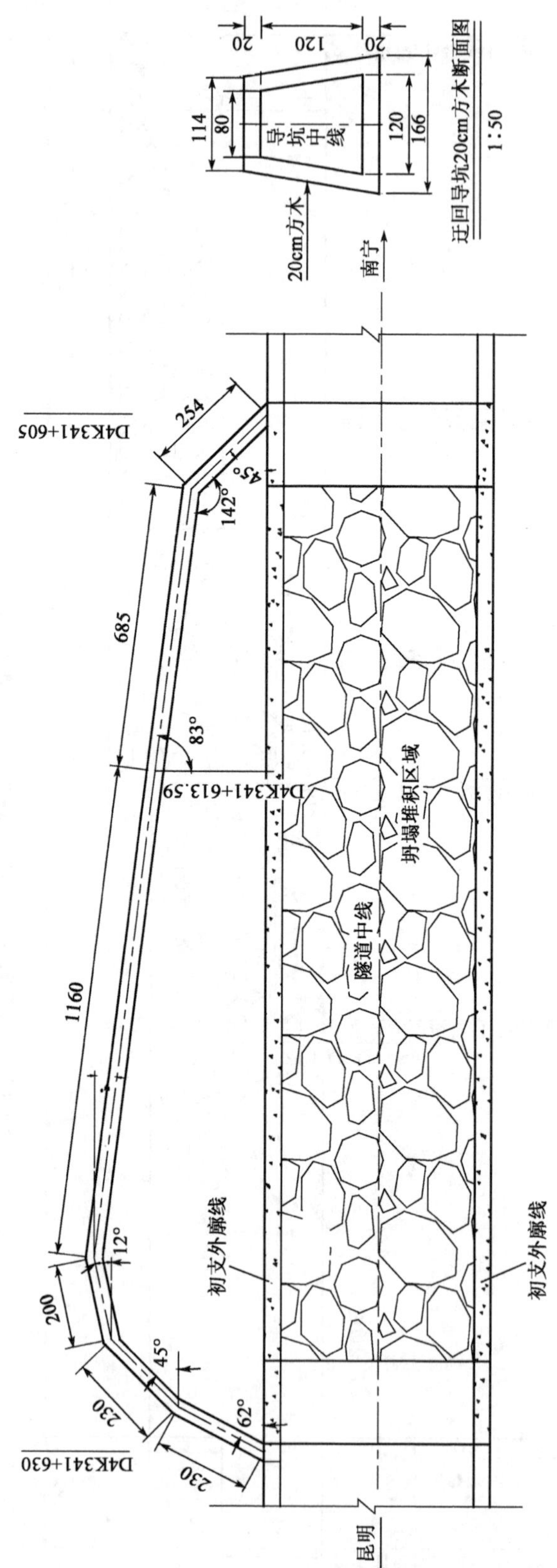

图8-3-3 迂回导坑方案平面以及横断面示意图（尺寸单位：cm）

二、案例二：吉图珲客运专线小盘岭隧道

2012 年 4 月 2 日零时 40 分，小盘岭隧道发生关门坍方，塌体长度约 18m，坍方处距离掌子面 52m，12 人被困。

坍方处地质为含碳泥质板岩，围岩分级为Ⅴ级，埋深约 100m，为石质隧道。

坍方后迅速就近调来 C6 钻机和专业救援队伍打通 $\phi140$ 给养管道，同时实施了上台阶右侧梯形导坑（上宽 0.8m × 下宽 1m × 高 1.2m）方案和上台阶左侧 1.5m ×1.5m 三角形导坑救援方案，导坑一侧为完整的初支边墙，支护采用 15cm ×15cm 方木，并预备了顶管方案，三角形导坑最先打通（图 8-3-4、图 8-3-5），洞内人员积极配合洞外救援，5 日 15 时 30 分全部人员获救。吉图珲客运专线小盘岭隧道救援资源配置清单见表 8-3-2。

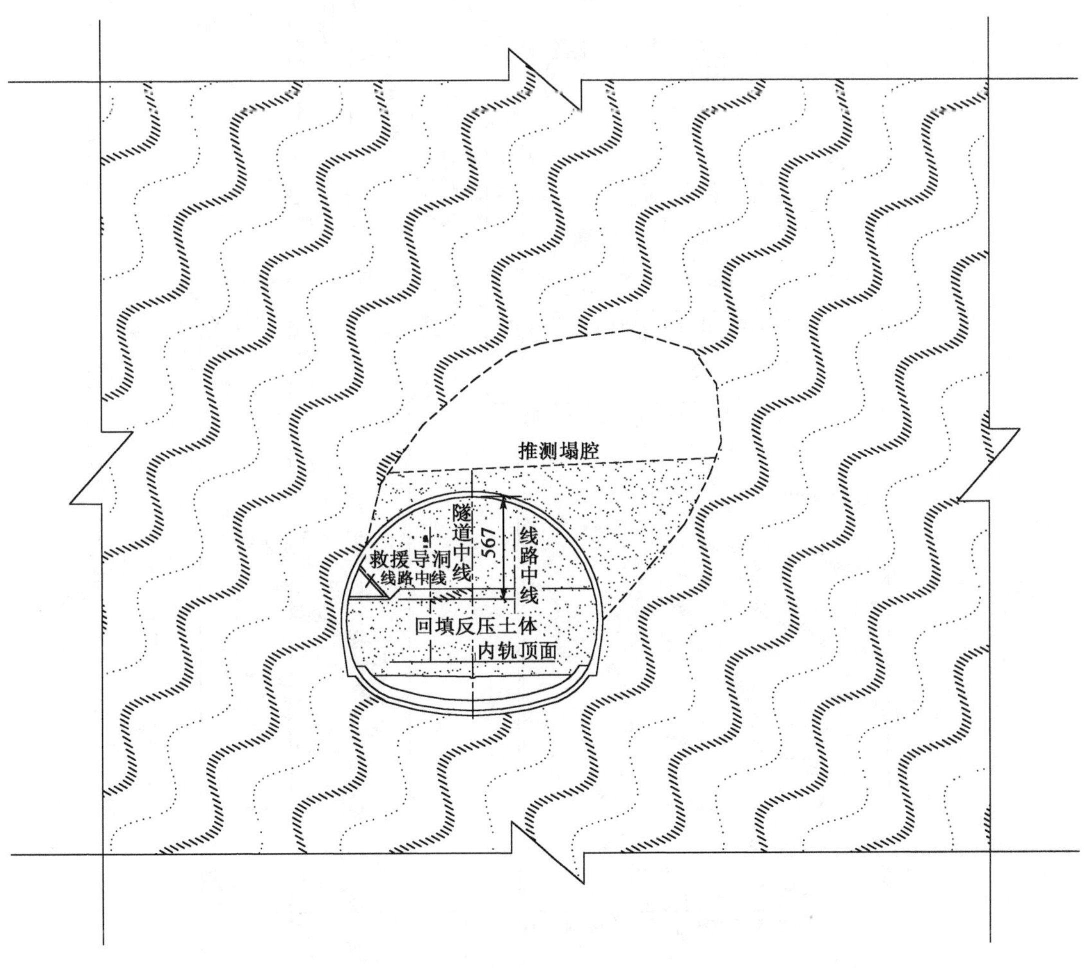

图 8-3-4 救援小导坑横断面示意图（尺寸单位：cm）

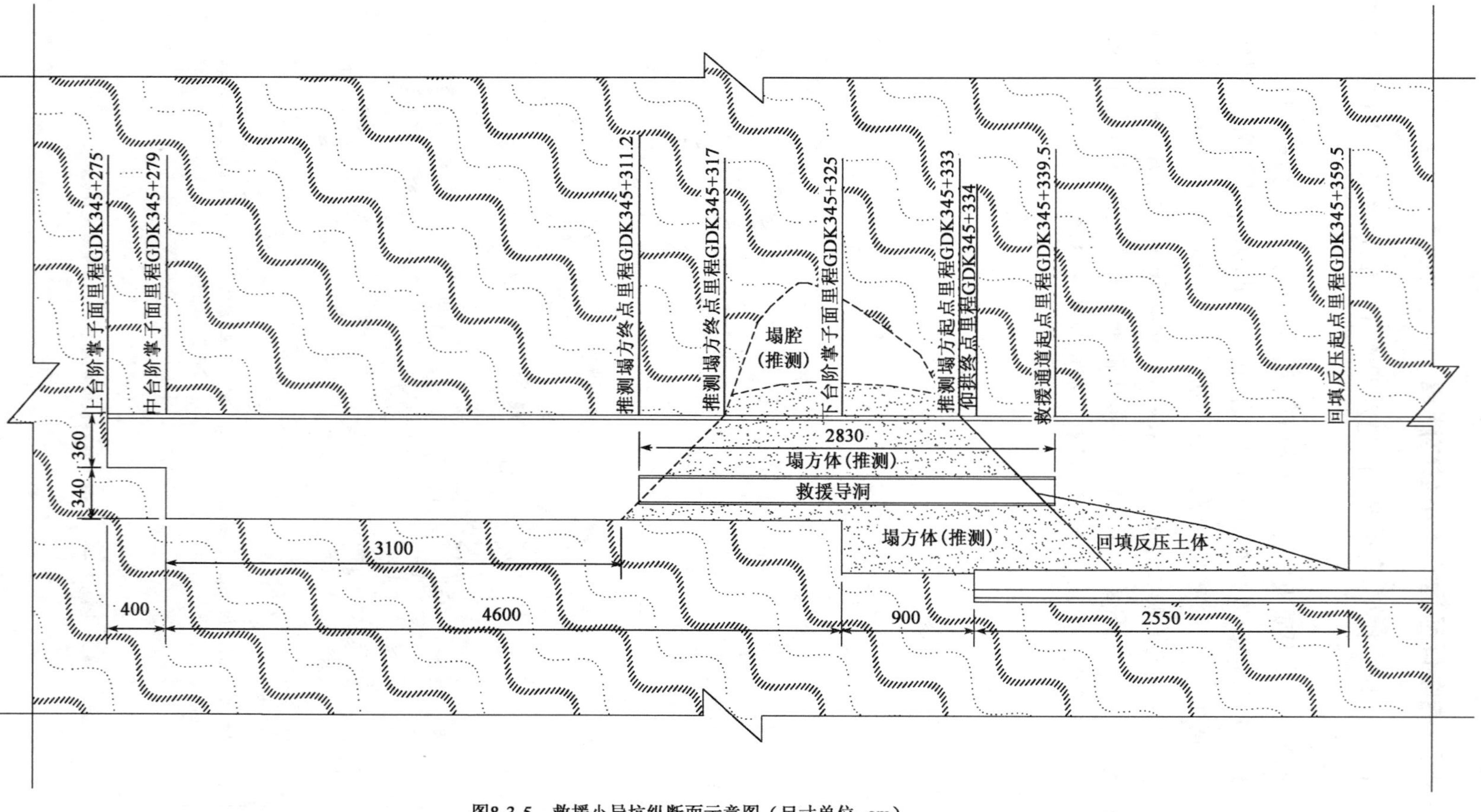

图8-3-5 救援小导坑纵断面示意图（尺寸单位: cm）

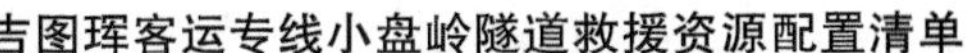

吉图珲客运专线小盘岭隧道救援资源配置清单 表 8-3-2

序号	名　称	规格型号	单位	数量	备　　注
1	钻孔组		人	20	熟练操作钻机人员 6 人,其余为辅助人员
2	导坑开挖组		人	80	按 3 个小组编制,每个小组 25 人,其余 5 人为管理人员
3	水平钻机	卡萨 C6	台	1	意大利产,最大扭矩 13550N·m,钻进速度 20~30m/h
4	钻杆	ϕ76 冲击型	m	30	
5	钢管	ϕ133 冲击套管	m	30	
6	装载机	ZL-50C	台	1	
7	挖掘机		台	1	含破碎头
8	电焊机		台	3	
9	木工电锯		台	2	其中备用 1 台
10	氧气		瓶	10	
11	乙炔		瓶	10	
12	铁锹		把	20	0.5m 长锹把
13	掏扒		把	10	
14	簸箕		个	40	
15	箩筐		个	40	
16	方木	12×15×200	m^3	10	
17	木板	5×30×200	m^3	5	
18	钢管	ϕ42	t	2	
19	槽钢	18cm	t	0.8	
20	工字钢	16cm	t	2	
21	安全防护用品		套	100	含安全帽、工作服、手电、雨衣、雨裤等

三、案例三：兰渝铁路桃树坪隧道

2012 年 12 月 12 日 14 时 30 分,桃树坪隧道发生关门坍方,塌体长度约 10m,坍方处距离掌子面 36m,5 人被困。

坍方处地质为第三系全风化未成岩砂岩,围岩分级为Ⅵ级,埋深约 200m,为土质隧道。

坍方后迅速就近调来 SM14 水平钻机和专业救援队伍打通 ϕ140 给养管道,同时实施横洞方案和在右导洞坍体上方采用了 ϕ610 顶管,后加装 ϕ530 套管救援方案(图 8-3-6、图 8-3-7),顶管方案最先打通,洞内人员积极配合洞外救援,14 日 22 时 07 分全部人员获救。兰渝铁路桃树坪隧道救援资源配置清单见表 8-3-3。

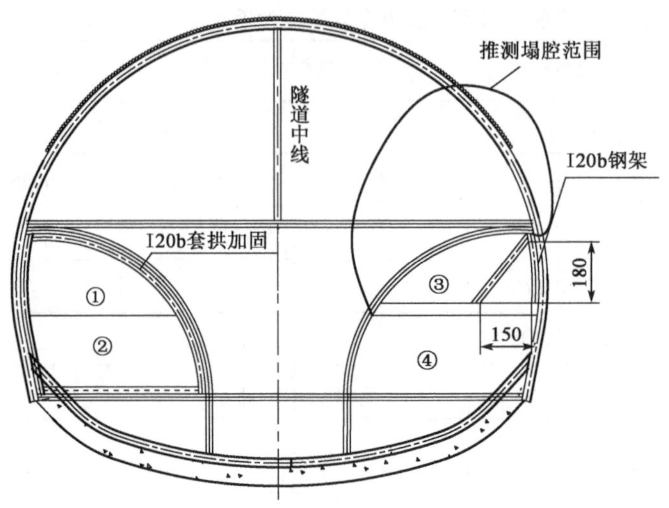

图8-3-6　三角形小导坑横断面示意图(尺寸单位:cm)

兰渝铁路桃树坪隧道救援资源配置清单　　表8-3-3

序号	名　称	规格型号	单位	数量	备　　注
1	钻孔组		人	20	熟练操作钻机人员6人,其余为辅助人员
2	顶管组		人	65	按3班编制,每班20人,其余5人为管理人员
3	水平钻机	SM-14钻机	台	1	
4	钢管	ϕ620	延长米	15	
5	钢管	ϕ550	延长米	5	
6	装载机	ZL-50C	台	1	
7	挖掘机		台	1	含破碎头
8	电焊机		台	3	
9	木工电锯		台	2	其中备用1台
10	氧气		瓶	3	
11	乙炔		瓶	3	
12	铁锹		把	20	0.5m长锹把
13	掏扒		把	10	
14	簸箕		个	10	
15	箩筐		个	10	
16	方木	12×15×200	m^3	5	既有结构加固和支撑
17	木板	5×30×200	m^3	2	
18	安全防护用品		套	60	含安全帽、工作服、手电、雨衣、雨裤等

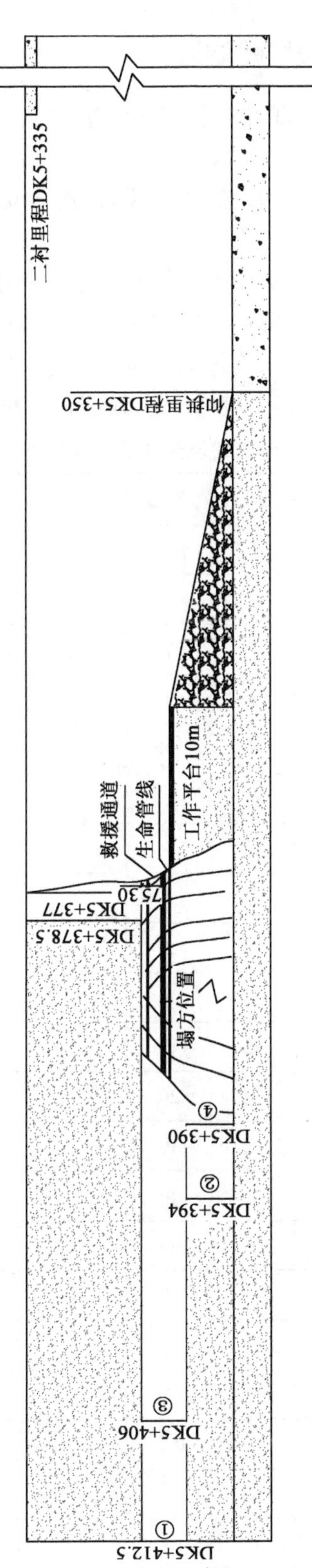

图8-3-7 三角形小导坑纵断面示意图

四、案例四：沪昆客专湖南段红岭隧道

2012 年 6 月 30 日 7 时 40 分，红岭隧道发生关门坍方，塌体长度约 43m，坍方处距离掌子面 43m，3 人被困。

坍方处地质为弱风化中厚层状砂质板岩夹板岩，围岩分级为Ⅳ级，埋深约 180m，为石质隧道。

坍方后迅速利用高压风、水管给被困人员输送给养，同时实施梯形导坑（上宽 0.8m × 下宽 1m × 高 1.2m）方案、迂回导洞（宽 3.5m × 高 4.2m）方案和利用既有 ϕ600 中心水沟方案进行紧急救援（图 8-3-8、图 8-3-9），中心水沟最先打通，洞内人员和设备积极配合洞外救援，7 月 7 日 23 时 50 分全部人员获救。沪昆客专红岭隧道救援资源配置清单见表 8-3-4。

沪昆客专红岭隧道救援资源配置清单　　表 8-3-4

序号	名　称	规格型号	单位	数量	备　　注
1	钻孔组		人	20	熟练操作钻机人员 6 人，其余为辅助人员
2	导坑开挖组		人	80	按 3 个小组编制，每个小组 25 人，其余 5 人为管理人员
3	水平钻机	卡萨 C6	台	1	意大利产，最大扭矩 13550N · m，钻进速度 20 ~ 30m/h
4	钻杆	ϕ76 冲击型	m	60	
5	钢管	ϕ133 冲击套管	m	50	
6	装载机	ZL-50C	台	1	
7	挖掘机		台	1	含破碎头
8	电焊机		台	3	
9	木工电锯		台	2	其中备用 1 台
10	氧气		瓶	10	
11	乙炔		瓶	10	
12	铁锹		把	20	0.5m 长锹把
13	掏扒		把	10	
14	簸箕		个	40	
15	箩筐		个	40	
16	方木	12 × 15 × 200	m^3	10	
17	木板	5 × 30 × 200	m^3	5	
18	钢管	ϕ42	t	2	
19	槽钢	18cm	t	0.8	出渣滑轨用，按预估导坑长度预估
20	工字钢	16cm	t	2	
21	安全防护用品		套	100	含安全帽、工作服、手电、雨衣、雨裤等

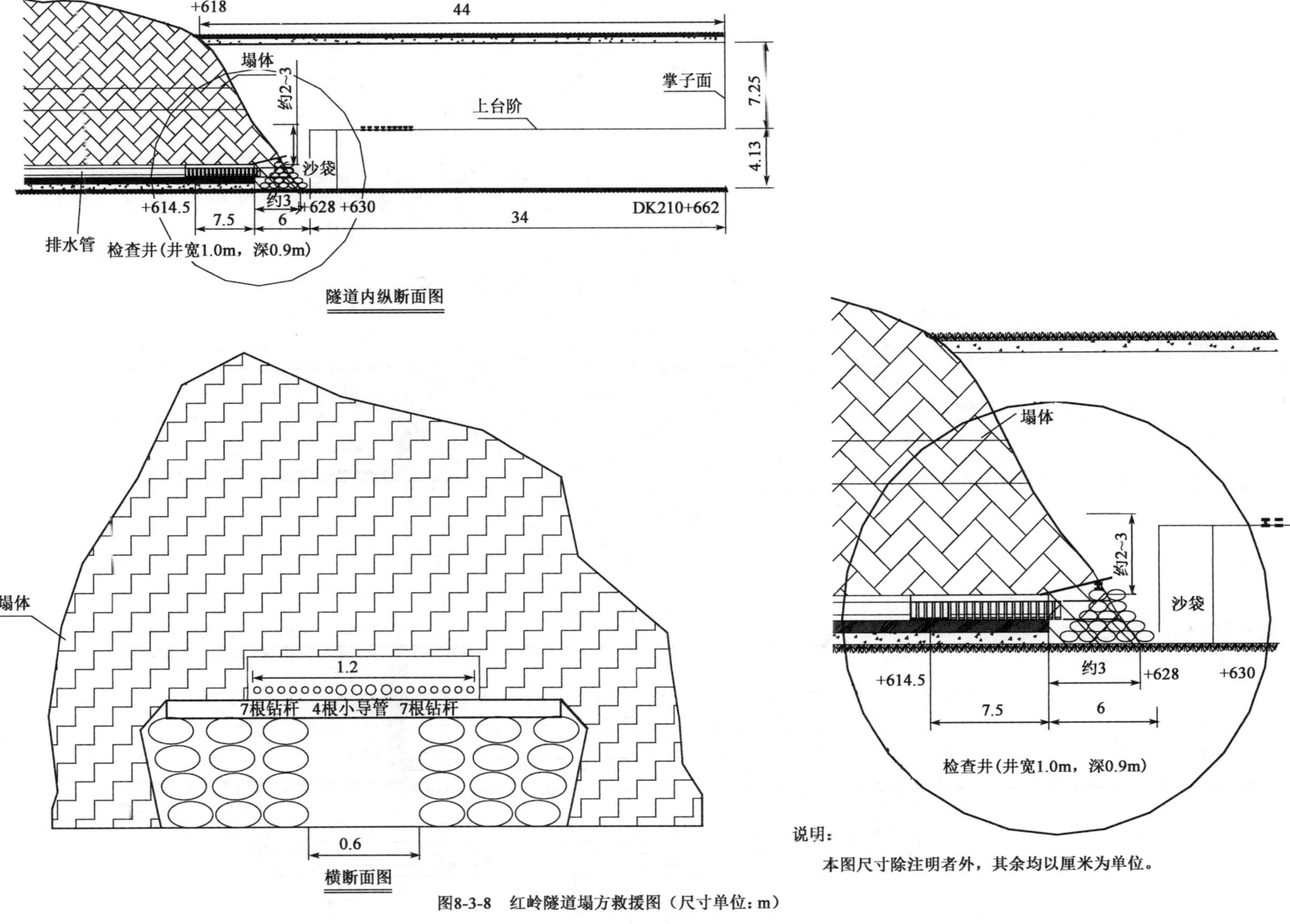

说明：

本图尺寸除注明者外，其余均以厘米为单位。

图8-3-8　红岭隧道塌方救援图（尺寸单位：m）

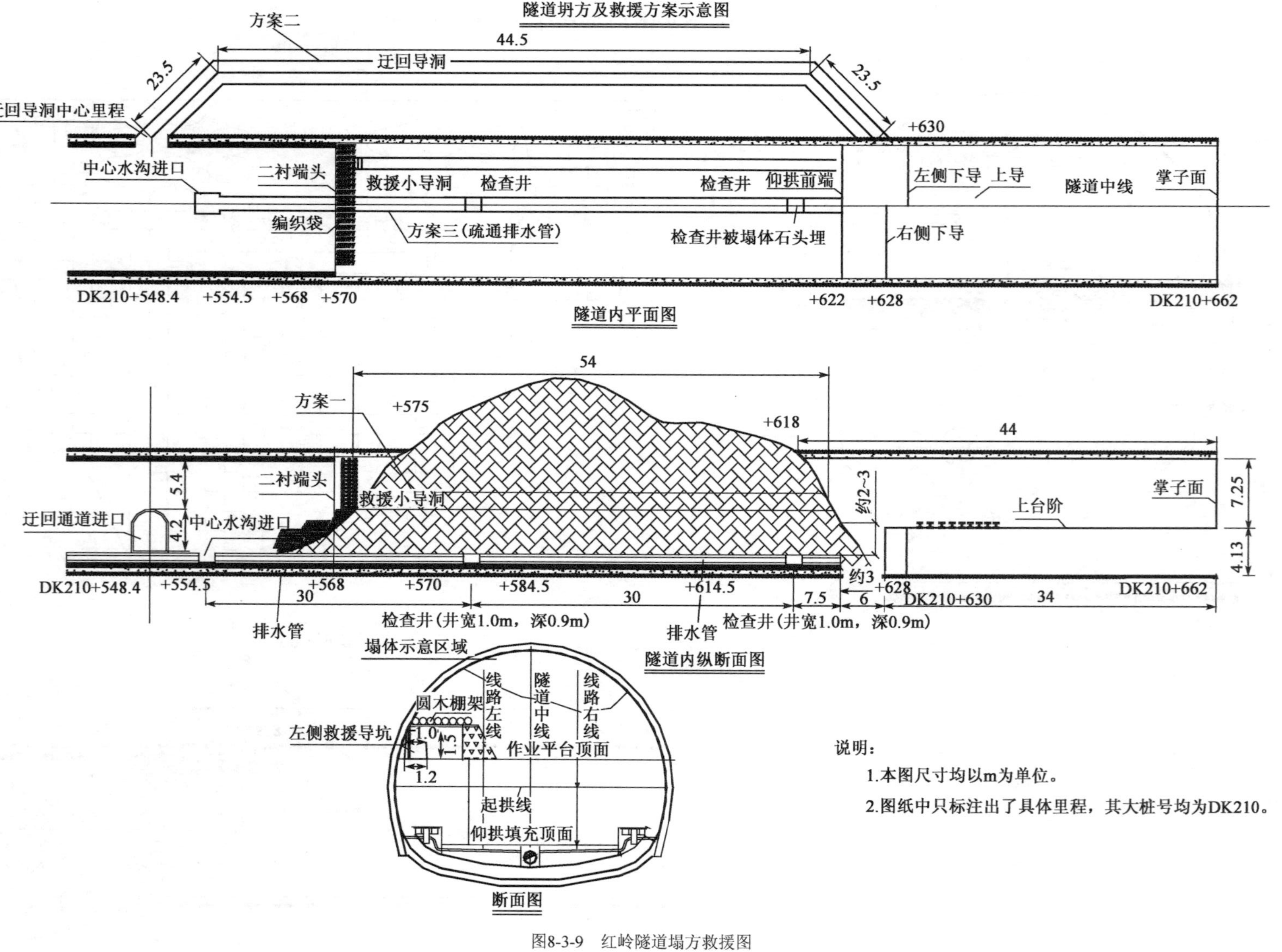

说明：

1.本图尺寸均以m为单位。

2.图纸中只标注出了具体里程，其大桩号均为DK210。

图8-3-9 红岭隧道塌方救援图

参考文献

[1] 中华人民共和国行业标准. TB 10120—2002 铁路瓦斯隧道技术规范[S]. 北京:中国铁道出版社,2002.

[2] 朱永全,宋玉香. 隧道工程[M]. 北京:中国铁道出版社,2005.

[3] 中华人民共和国行业标准. 铁建设[2008]105 号 铁路隧道超前地质预报技术指南[S]. 北京:中国铁道出版社,2008.

[4] 中华人民共和国行业标准. TB 10304—2009 铁路隧道工程施工安全技术规程[M]. 北京:中国铁道出版社,2009.

[5] 翁壁石,李小坤,龙广成,等. 硫酸盐环境下铁路隧道结构衬砌混凝土病害调查及分析[J]. 铁道科学与工程学报,2010,8(3):91-94.

[6] 关宝树. 日本铁路隧道维修养护管理技术的现状[J]. 隧道译丛,1993(6):1-8,19.

[7] 中华人民共和国行业标准. JTG H12—2003 公路隧道养护技术规范[S]. 北京:人民交通出版社,2003.

[8] 中华人民共和国行业标准. TB/T 2820. 2—1997 铁路桥隧建筑物劣化评定标准[S]. 北京:中国铁道出版社,1997.

[9] 罗鑫. 公路隧道健康状态诊断方法及系统的研究[D]. 上海:同济大学,2007.

[10] 中华人民共和国行业标准. TB 10003—2005 铁路隧道设计规范[S]. 北京:中国铁道出版社,2005.

[11] 铁道部第二勘测设计院. 铁路工程设计技术手册(修订版)[M]. 北京:中国铁道出版社,1995.

[12] 中华人民共和国行业标准. TZ 331—2009 铁路隧道防排水施工技术指南[S]. 北京:中国铁道出版社,2009.

[13] 中华人民共和国行业标准. TB 10005—2010 铁路混凝土结构耐久性设计规范[S]. 北京:中国铁道出版社,2010.

[14] 中华人民共和国行业标准. 铁建设[2010]241 号 铁路混凝土工程施工技术指南[S]. 北京:中国铁道出版社,2010.

[15] 吕康成,崔凌秋. 隧道防排水工程指南[M]. 北京:人民交通出版社,2005.

[16] 黄成光. 公路隧道施工[M]. 北京:人民交通出版社,2002.

[17] 铁道第三勘察设计院. 冻土工程[M]. 北京:中国铁道出版社,2002.

[18] 中华人民共和国行业标准. JTZ D70—2004 公路隧道设计规范[S]. 北京:人民交通出版社

版社,2004.

[19] 中华人民共和国行业标准. TZ 204—2008 铁路隧道工程施工技术指南[S]. 北京:中国铁道出版社,2010.

[20] 中华人民共和国行业标准. 铁建设[2010]88 号 铁路隧道施工抢险救援指导意见[S]. 北京:中国铁道出版社,2010.